周易古經真詮

張仲陽 纂

岳麓書社·長沙

張仲陽先生（1911—1991）

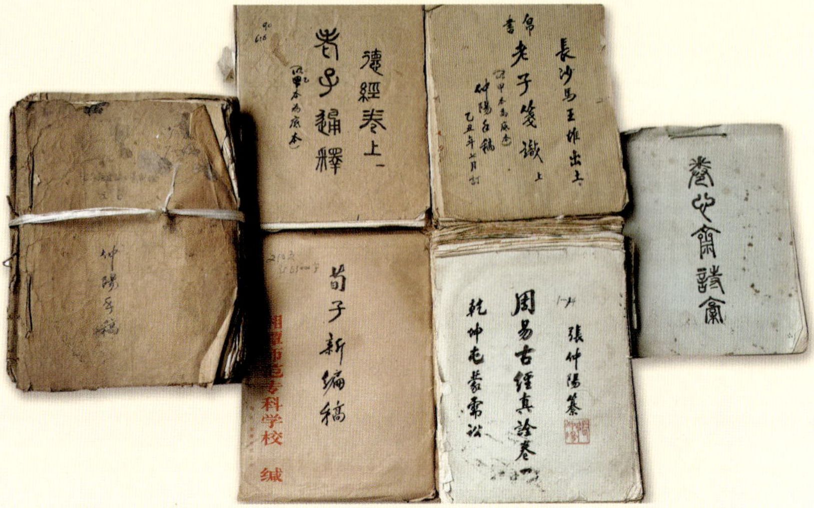

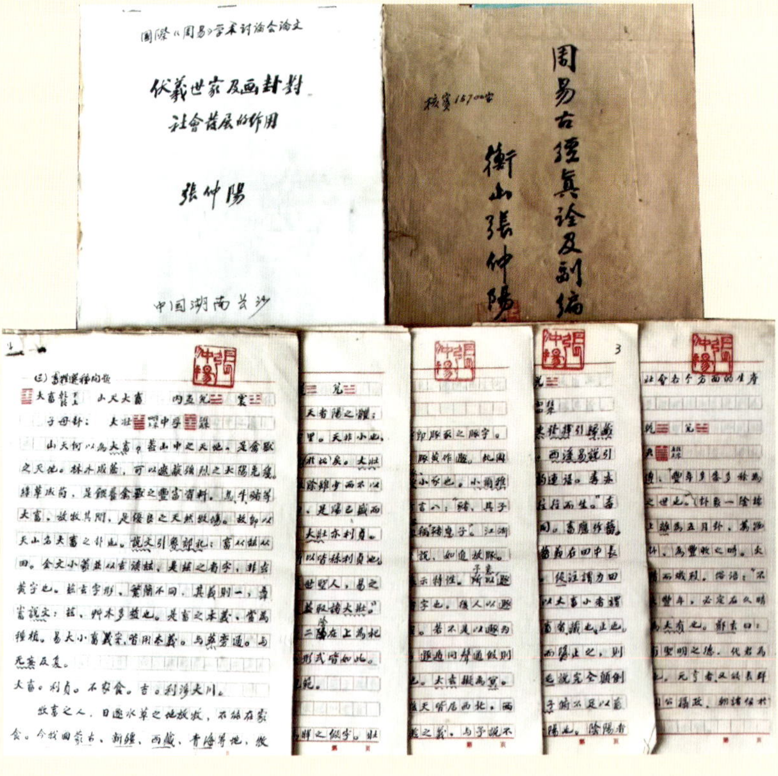

作者手稿

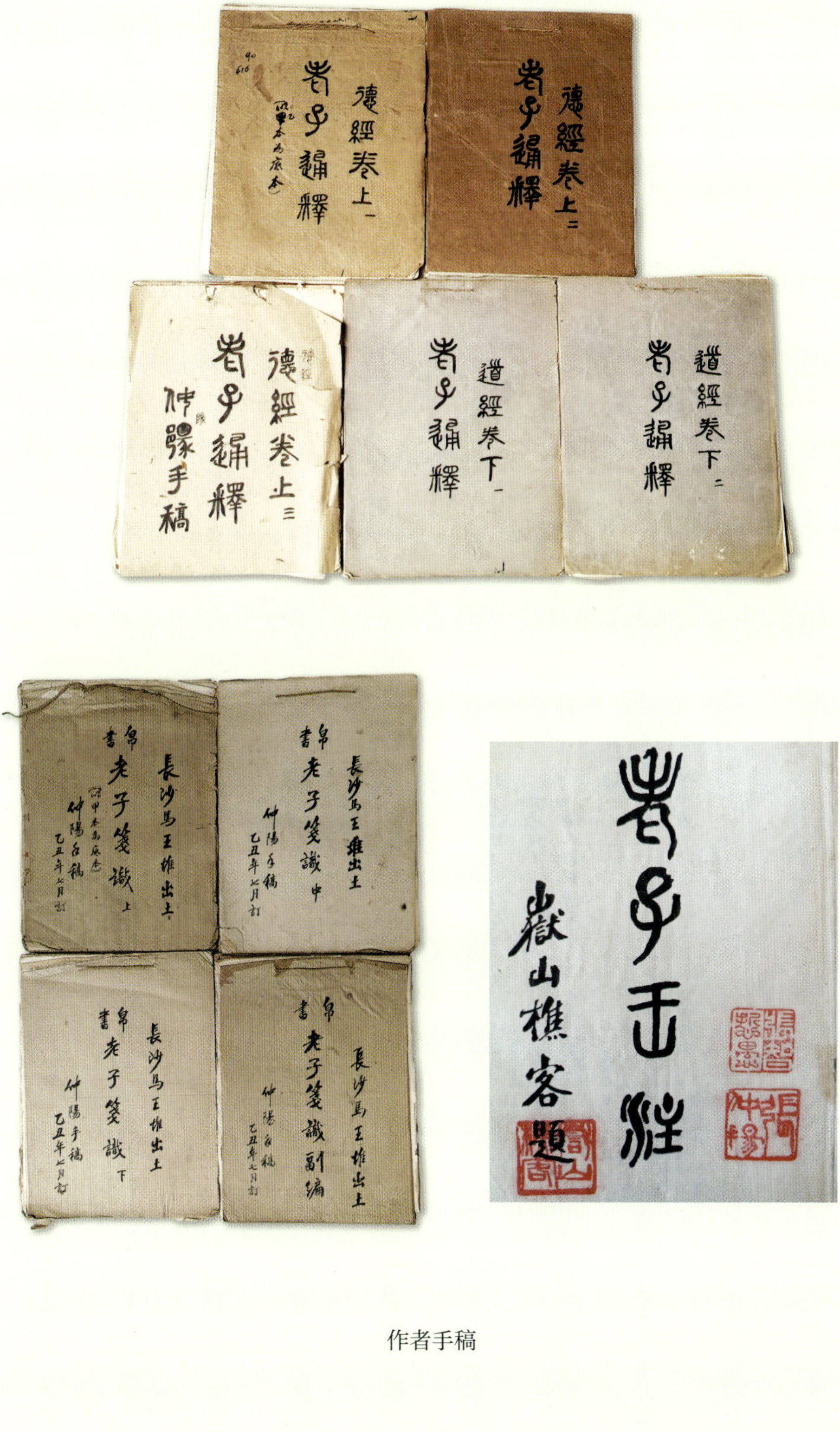

作者手稿

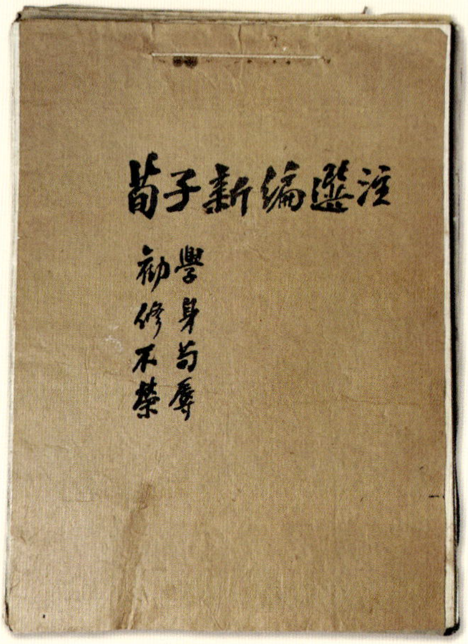

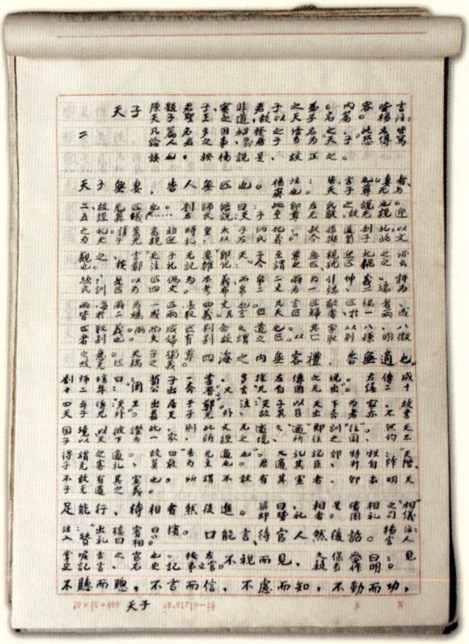

作者手稿

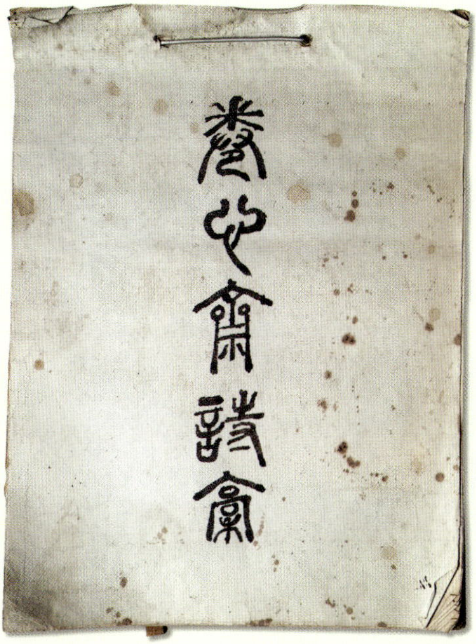

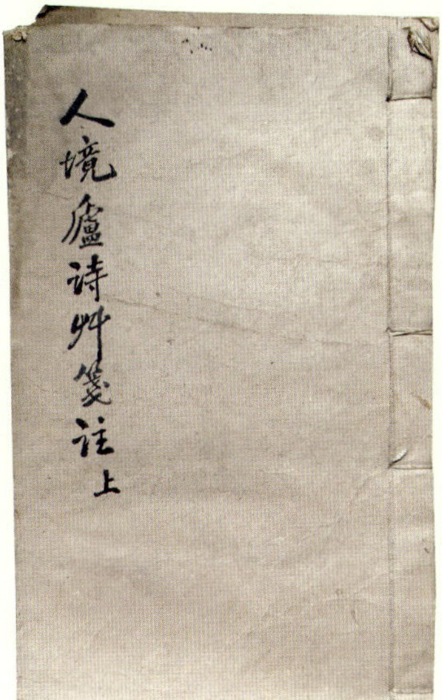

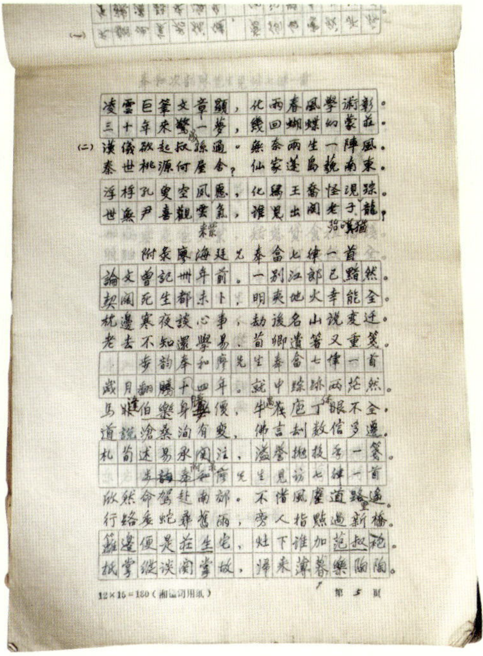

作者手稿

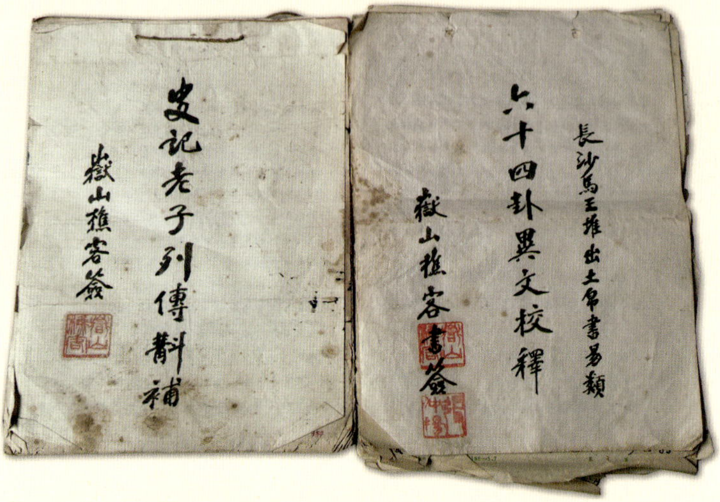
史記老子列傳斠補
嶽山樵客簽
六十四卦異文校釋
長沙馬王堆出土帛書易類
嶽山樵客書簽

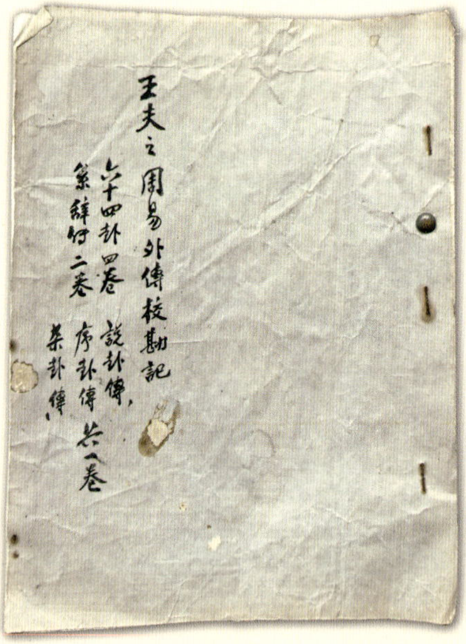
王夫之周易外傳校勘記
六十四卦四卷
繫辭傳二卷
說卦傳，序卦傳，雜卦傳，共一卷

作者手稿

家庭合影

家庭合影

作者的五個子女

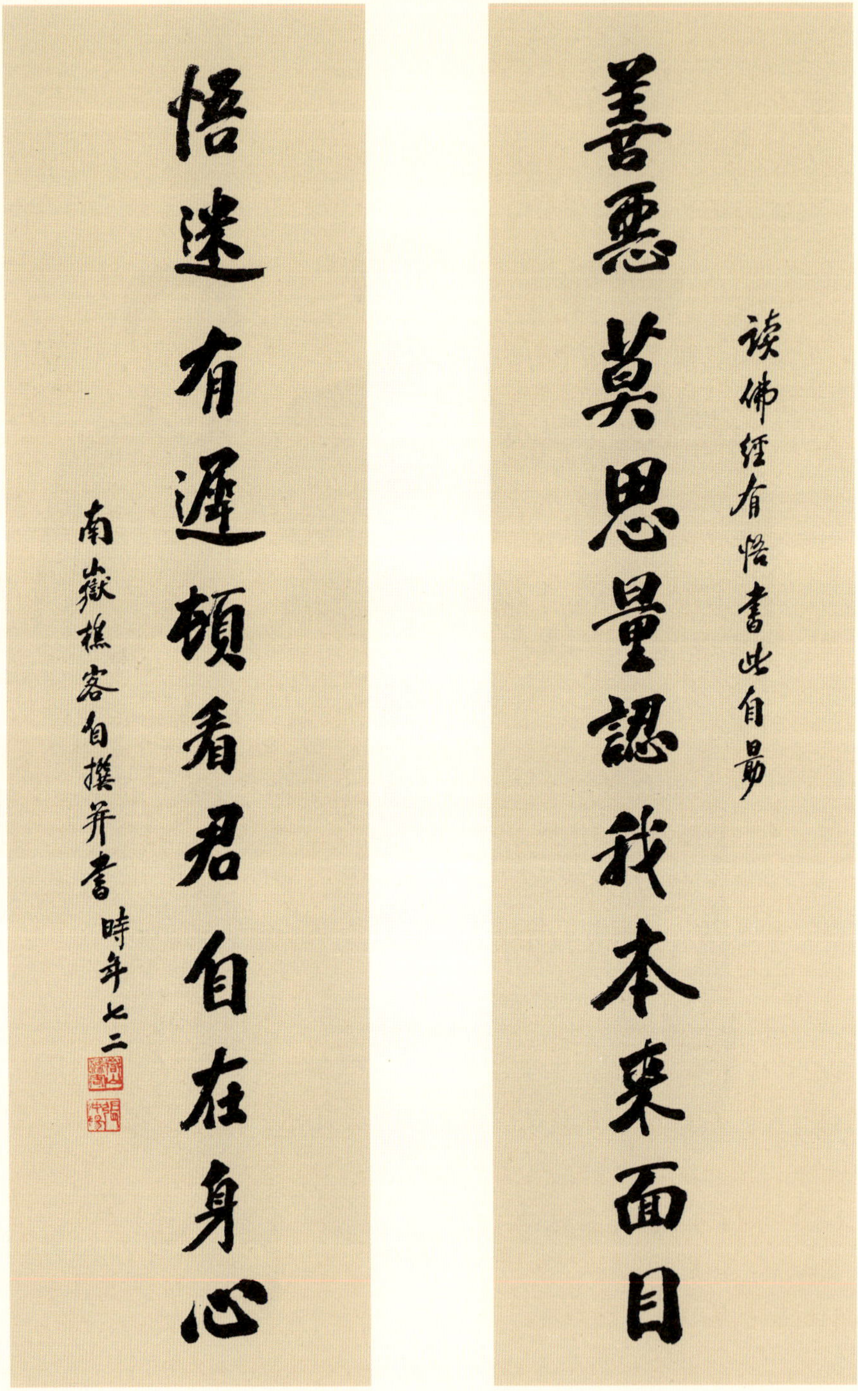

作者手書對聯

序

廖海廷

衡山有篤學士曰張仲陽，早歲嘗從湘潭許篤齋問故。篤齋，湘綺之高足弟子也。四十年前，余識仲陽於同邑魯君實先所。爾時仲陽撰《荀子札記》若干卷。魯君已擇其優引入所著《史記廣注》中矣。余因與仲陽訂交，書札往還，幾無虚日。如是者亦有年。解放之初，百端更始。余乃講學麓山，旋遭文網，流離瑣尾，二十餘年。家藏書稿，付之一炬。昔時朋輩，契闊死生。而仲陽羈旅何方，無由問訊。每懷前事，爲之黯然。

四凶既殛，元凱登庸。庚申之秋，余設教湖南財經學院。一日，仲陽來訪，則須眉盡白，隤然老矣。道其遭遇，略與余同。人世滄桑，能無感慨。於是縱談竟日，言之不足，繼之以詩。未幾，余改教湘潭大學。君亦不時枉道見存，至則商榷舊學，絮絮不休。頃者，君携其所著《周易古經真詮》全册示余，屬爲之序。

《禮記·經解》曰："絜静精微而不賊，則深於《易》者也。"然《易》之爲書，範圍甚廣。古之説《易》者，有漢宋學之分，又有今古文之别。所謂兩派六宗，互相攻訐，靡所折中。而天文、律曆、數學、醫學、導引、煉丹諸家，皆援《易》以爲言。雖見仁見智，并行不悖，皆非深於《易》者也。至若京、焦之主禨祥，陳、邵之窮造化，幾何而不入於賊耶？君則謂《易》在三代以前，爲製器尚象之模型書，在三代爲卜筮之書，而在周初爲指導社會科學之書。於戲！一言破敵矣。又謂今之所謂《河圖》《洛書》，雖肇自三古，實爲術士之所依托，亦一針見血之論。蓋君不爲門户之見所拘，探賾以求其真，索隱而不行怪。其素所蓄積者，然也。

經中文字簡古，錯簡衍敚，觸目多有，故學者苦其難讀。斯又不得不求助於斠勘，乞靈於訓詁。君綜合其詞，條分縷析，務使文從字順而後已。若“孚朋”兩字，屢見不鮮，諸家率以一義釋，俾生齟齬。君則謂“孚”字，本義爲孚卵，引申或爲忠信，或讀爲俘，爲桴，爲罦，爲莩，爲郛，或爲乳之省作。“朋”字或爲朋貝，或爲群鳥，或讀爲崩，爲倗。皆可謂犂然得當。又如卦辭之言“元亨利貞”者凡六，除《乾》卦外，悉有附加語，核其辭氣，顯與亨通之義相違，君則付之昆干，可謂矜慎之至。而卦辭言“利貞”者，君讀爲禎祥之禎。爻辭有“艱則”，又有“艱貞”，君徵諸《説文》，謂“艱則”即“艱貞”，亦是碻詁。至若《遯》卦之遯讀爲豚，《屯》卦之屯讀爲邨，《大壯》之壯讀爲牂，此不過君之嘗試，尚得海内外學人辨章然否。

抑又有言者，《旅》九四：“得其資斧。”資布聲類同，資斧猶言泉布。王輔嗣等以斧斤釋之固謬，諸家亦未之及，此一事也。《繫辭傳》：“一陰一陽之謂道。”又云：“形而上者謂之道。”“凡曰‘之謂’，以上所稱解下……凡曰‘謂之’者，以下所稱之名辨上之實。”見戴震《孟子字義疏證》。朱子云：“道即理之謂也。”是也。道聖雙聲。道，徒皓切，定母。聖，式正切，母釋透。定透二母互爲清濁。故聖有道義。《白虎通》云：“聖者，通也，道也。”今俗禱神稽疑，名爲問卦。卦者，削竹兜析兩片爲之。擲地觀其俯仰以斷吉凶。盡仰爲陽，盡俯曰陰，一仰一俯曰聖。聖即繫辭之道。聖則大吉，陰次之，陽則大凶。振古流傳，匪此有此。古有三《易》，《歸藏》首坤，坤地也。《周易》始乾，乾天也。此法以一陰一陽爲尚，殆即《連山》之遺傳乎？《連山》以艮爲首，艮 ☶ 卦一陽居上，二陰居下，人事之象。故夏正建寅，寅爲人正，於是爲春，東作之始也。夫陰陽燮理，萬類斯生，惟人道爲然。此二事也。

余於《易》學，未及精研，聊述管窺，以當芹獻，未審仲陽以爲然否也。

癸亥中秋節愚弟寧鄉廖海廷撰於湘潭大學無住生心室

自序

蓋聞龍馬負圖，伏羲則之以畫卦；乾坤定位，周文於馬而衍經。溯畫卦而重卦，廣開萬象之門；因衍《易》而推《易》，殿居三《易》之勝。顧《八索》之名，沿於上古。楚相能讀，應具初文。見《左傳·昭公十二年》，馬融："《八索》，八卦。"索爲思索，莫解大小之繩；孔安國《書序》："八卦之説，謂之《八索》，求其義也。"八爲父母，統言六四之卦。孔子"約史記而修《春秋》，贊《易》道以黜《八索》"，安國《書序》，詳哉其言之矣。夏《易》首《連山》，上艮下艮，故曰《連山》。亡於東漢以後，考桓譚《新論》，核有八萬言之記載。自伏羲下傳至夏代，約有兩三千年歷史。商《易》首《歸藏》，以坤爲首，坤爲地，萬物所歸藏也。佚於宋元之間，據《通志·藝文》，猶存司馬膺之所注書名。司馬膺之北齊人，作《歸藏注》十三卷，又作《太玄注》，今皆佚無存。逮及清代，馬國翰《玉函山房輯佚書》收羅《歸藏》條文不少。小屯村發掘殷墟甲骨文字，卜占契刻尤多。事迹具存，不容抹殺，《周官》著録，豈我遐欺哉？

在昔古賢所稱："人更三聖，世歷三古。"是信而可徵。於今時學瞽説，書造中行，寫當秦漢，乃妄而無稽。陳夢家批之於前，李鏡池駁之於後，雖一針見血，無動衷懷，尚百口交欽，拜崇偶像。風行水上，泛泛鳧鷗；響徹簷前，聲聲鴉雀。誰肯下深淵之潭，探驪龍之珠也哉！

《四庫全書總目提要·易類》云："《左傳》所記諸占，蓋猶太卜之遺法。漢儒言象數，去古未遠也。一變而爲京焦，入於禨祥；再變而爲陳邵，務窮造化；《易》遂不切於民用。王弼盡黜象數，説以老莊。一變而胡瑗、程頤，始闡明儒理；再變而李光、楊萬里，又參證史事；《易》遂日啓其論端。此兩派六宗，已互相攻駁。又《易》道廣大，無所不包。旁及天文、地理、樂律、兵法、韻學、算術，以逮方外之爐火，皆可援《易》以爲説。而好異者又援以入《易》，故《易》説愈繁。”斯言得之矣。

夫禨祥爲卜筮之流孽，實啓讖緯之端；造化乃《河圖》《洛書》之發展，宏開算數之術。王弼之理，融諸儒老；程胡之理，雜以儒釋；李楊證以史實，驗以人事，偏入質樸。五家之説，肇祖《彖》《象》，各得一體。而朱熹思攬其成，作《周易本義》，不脱宋儒科臼，遠離漢易規模。是乃狂瀾莫挽，孤掌難鳴。雖行之數朝，實無進展一步。

夫《易》之爲書，實啓上古；《易》之作用，開闢中華。作文化之鼻祖，擴眼界之神光。爻有尊卑，倫分父子；位别貴賤，職肇君臣。隨時代之轉移，指事物之進化。三代以前，尚象制器，《易》起模範作用；三代之世，人謀鬼謀，《易》起卜蓍作用。覽黄帝戰阪泉之兆，龜卜源遠；得巫咸作蓍草之占，算數攸長。東周以降，奴隸社會崩潰，封建社會漸興，諸子競起，百家争鳴。《易》漸爲儒家壟斷而講治道。標人事之修養，促社會之前進，賴孔門之傳述，樹政哲之光輝。神保之觀念頓衰，明智之觀點突起。卜筮吉凶，殊難取信，人道密邇，差可遵循。但蒙卜筮之名，得免秦火之災。其實内容不同，質量已變，時代遷移，作用亦異。觀此《古經真詮》，可窺見社會進化之涯涘矣。

於《益》見農業之大作；於《剥》見農民之困苦；於《需》見交通之艱難；於《旅》見僑居之迫害；於《坎》見牢獄之殘酷；於困見折獄之黑暗。用刑之慘毒具於《噬嗑》；階級鬥争之激烈顯於《小畜》。集團戰争之廣大，著於《同人》；豐收碩果之横吞，標於《大有》。《巽》表懦弱之順服，《鼎》表公卿之屋誅；《解》表田獵之收穫，《蠱》表隱士之高蹈；

《夬》表反動之暗殺，《豐》表亂君之胡迷。凡此皆當時富貴貧賤，生活圖景。若苦若甜，罔不躍然紙上；或歌或哭，要之盡在環中。然自秦漢以來，治《易》者無慮數千百家，或徘徊於宫墻之外，或陷溺於卜筮之中，徒逞臆説，茫失本旨，森立門户，黨同妒真。人事精神，任其淹没；治道要軌，付之荒蕪。豈可不痛心也乎哉。

若夫政治卓见，自有主张。《革》言革命斗争，汤武革命，顺乎天而应乎人。《兑》主會議精神，周召共和，無天王而攝行政。君臨天下之術，威智并用，輔比君王之臣，内外兼貞。《觀》察事務，分别主客，逐步深入；《頤》養人民，自求口食，更須禮節。《蒙》爲教育，周公之輔成王；《訟》爲親民，文王之化虞芮。《睽》多詭奇，夏少康之遭遇；《師》爲開國，周武王之征誅。《明夷》紀箕子之往朝鮮；《既濟》係高宗之伐鬼方。殺俘虜以祝祖宗，《萃》《升》見言利用；治逃亡而劫財貨，《咸》《艮》同具《繫辭》。親仁善鄰，古公助武乙而遷國都；見《益》六三、六四。伐叛討亂，周震從高宗以伐鬼方。《未濟》九四。發展畜牧，贍民富國：培養道德，齊家治身。具有新標，不落陋習。養豬爲《遯》，縶馬在《晋》；《大壯》息羊，《大畜》選種。《隨》修官舍，《賁》飾丘園，《涣》滌王居，《井》甃衆朋。《泰》吉濟友，《蹇》難忠君。《謙》恭自牧，《履》禮自尊。成事在《恒》，幹父爲《蠱》。《乾》健自强，《兑》悦人服。斯皆社會之基礎，抑亦科學之泉源。哲學光輝，人倫冠冕，推社會而前進，創國家於昌明者也。

觀夫先秦傳經，條詳班史，漢晋易説，薈萃李書。雖輔嗣正統，未發《周易》之微；而鼎祚糾偏，得裁各家之要。存康成之體制，不拒長篇；尚千寶之精微，多鈎沉史。仲氏推《易》之法，實窺春秋卜筮之秘；虞翻爻象之學，乃擴東西兩漢之傳。船山闡述義理，高出宋儒；湘綺彌綸漢魏，卓魁清代。成湘學之冠冕，流清室之餘暉者也。

至若當代出書，高公之見解輝煌，聞氏之探討深奧。李子雄於辯駁，腹笥便便；尚老偏於焦京，心城嶽嶽。于氏之説，間見鱗爪；宋氏之論，自落恒蹊。有能發揮己見，樹立家風，拆毀藩籬，拓開戰地，是有望於來哲。

余生不辰，飽經兵燹。身殘性癖，好讀故書。智暗神昏，罔知吏政，徒觀革命之旗，傾聽英雄之事而已。邇值撥亂反正、改革開放。學海波騰，文壇花燦。雖譾陋如余，亦聞風而雀躍；顧書成有日，乃鼓翼而鶱飛。惟汲長綆短，不無隕越之虞，希博雅鴻儒，勿吝臨文是正。斯則仲陽所馨香頂祝者也。

公元一九八一年大雪節，張仲陽書於長沙南區借廬東軒，時年七十一歲

凡　例

（一）本書采用李鼎祚《周易集解》、毛奇齡《仲氏易》和《周易注疏》爲底本。《集解》取漢易諸家之説，以爲近古也。《仲氏易》於卦爻變化具有規律，不是亂説，以明《周易》之所以爲卜筮書也。王氏注本自唐以來，定爲正經功令書至今未改，所以同用爲底本。又采用船山、湘綺之易説。於船山爲尊鄉賢，於湘綺爲重師傳，所引其説，并尊稱爲王先生曰，以示學之淵源所至也。此外，於今人采高亨先生《周易古經今注》、聞一多先生《周易義證類纂》、尚秉和先生《周易尚氏學》、李鏡池先生《周易探源》等家。集諸家之説，取長棄短，去僞存真，此余之所以命其書爲“真詮”也。若楊樹達教授、于省吾教授、范文瀾教授等家之説，稍有收入，則與古人同例等觀，無從軒輊。

（二）本書衹取古經部分者，以傳與經不能混合爲一談也。經的問題清楚以後，傳的問題不大了。衹看準經傳是矛盾或是統一？王夫之説：“文王有文王之《易》，周公有周公之《易》，孔子有孔子之《易》。”一部易經分爲三聖之書，還有伏羲畫卦之聖人。伏羲畫卦的作用，旨在開闢人類之文化與創造人世之應用什物，使人類脱離禽獸之行爲。而能贊助天地德理之化育，總理萬事萬物之作用。文王也、周公也、孔子也，皆與伏羲同心同德，故爲之發揚光大而成爲今天之《周易》也。自孔子而後，《易》之發展，是有突飛猛進之勢。但一厄於秦之坑儒，二厄於京房之遭誅，三阻於董仲舒之言災異。所以終漢之世，衹有焦京師生得留鴻爪。焦之《易林》認爲《易》是卜筮書，别開生面，乃沾沾艱於易辭、易理脱離民用。京氏著

《易》十四種，今僅存《京氏易傳》，還埋於大小叢書之中。亦少問津之人。若揚雄之《太玄》，鄭氏之《辰爻》，則《易》之駢肢贅疣也，實非孔門之學。文周孔門之學乃《易》之正經，如日月之懸天，江河之行地，萬古而不廢者也。周公之《彖辭》是釋卦爻之辭義，孔子之《大象》，推進文周又提高一步，《繫辭大傳》相傳孔子作發揮易理和哲理。馬王堆漢墓出土《易》類，有《二三子問》一篇，内容多與《大傳》合，文字又多於《大傳》。歐陽修《易童子問》評《大傳》文辭内多齟齬，非孔子作，殊爲唐突。《二三子問》整理出世後，大可明白。此不贅述。余之纂是書也，意在聚集衆説，間下芻言，非敢妄作也。稿經數易，猶不洽心，積纍多年，虚耗歲月。時不我與，敢佈梓梨。

（三）本書采用淺顯之文言，因爲所取材料，多是古典，近人之作很少，如全用口語翻譯，定多失真，費力不打彩。若是近人所説的話，仍照原句抄録，亦不改成文言，即是存真之一法也。蓋本書爲研究古代社會進化，包括農業生産、畜牧業生産、人文發展、歷史、哲學思潮等等，爲學者作一進入寶庫的階梯。如果此種文言皆爲攔路虎，則其他參考古籍，更難以有爲也。

（四）歷代治《易》者，有一種謬見：以爲書經三聖，世歷三古，書又未經秦火，於詞字錯簡，皆不精心改正。予未研究以前，亦以爲然。及讀高書《周易古經今注》，糾正錯誤，移正字句，始服其獨見。但一經深入，始知高氏，乃鳴鑼開道之功。而搜羅竄逆，尚希來者之探討也。本書所審正之錯簡、錯句、錯字，需欲移正、改正約有五十多處。但高氏所正，已有三分之一。余於原本之誤，不加删除，祇用（）[ ] 以括之；於新添入之字句，用［］以括之。以俟世之達者就正焉。

（五）字辭句解，務必簡易明瞭。取人之説，務必審定合乎本書之需欲與否。是所需要，不論説之長短皆録之。但中間有不要之辭句則删去，用……以表明之，標某曰或某云，表不掠其美也。若重大問題，有數家之説可收，則皆録之，若嫌重複，以昭鄭重，則舉原書以明之。而宋人之説，盡量不采，或少采，以免混淆，但必要時亦采之。

（六）凡纂者之意見，標一按字，但有不標按字者，於注内注之。除標某曰以外，用小字夾注以出之。餘皆纂者之言也。大注之中亦如之。

（七）本書是偏於漢《易》一面，如宋人之《理論》《圖書》《術數》，皆入副編。副編等於古人之外傳，如《韓詩》有的傳外傳之名也。而漢代之《纖緯》《禨祥》之學、焦京之語与本書無關重要，亦揚弃之。對费氏以傳解經之法則多取之，不標費氏名者，以費氏無書也。所取《繫辭》《雜卦》《文言》《説卦》《象傳》等各以類出之，不加評説。以其説各有所本也。鯫生小子，何得妄言。因以尊崇古説爲是。

（八）當今之談《易》學者，離開經句，暢談哲理，而所説之哲理，皆欧美之學，而非《易》學之真也。推考作者之姓名、時代，企圖推翻古先賢哲相傳之説，而所説離奇怪誕，令人啼笑皆非。如“中行”爲著《易》之人，乃晋之荀林父。《井》有三義，説始於王夫之。《明夷》有三義，世界上并無龍之怪物等等。又有竊西人漢學家之聲名，謂一爻有一字之義，某等實效爲之，不合而止。又有用緯書《乾鑿度》言丹竈爐火之説，以爲《易》之經傳，殊乖正旨。魔道的世界，魔道的學術，欲作魔道的鬥争。

（九）余之撰是書也，探古庫之寶藏，存《周易》之真實，後之來者，得以仁者見仁，智者見智，各有發揮，不受欺騙，則幸甚矣。而余得以學習哲學之思考應用，能得其環中，斯不隕越亦云幸矣。

（十）本書之作，承老友湘大廖海廷副教授，勞心勞力審閲全稿，并爲序言，多所指正。

目録

周易古經真詮卷一

乾

䷀ 乾上
乾下 **天天乾　内互二乾**互卦二至四、三至五。以後各卦皆同。

聚卦一名不易卦

此以不易爲陽卦之始。所謂乾坤成列者。毛奇齡説。

乾：元、亨、利、貞。馬王堆出土《帛書》："乾"作"鍵"。重"亨"字，剛。

乾，卦名。元亨利貞，卦辭。孔穎達曰："卦辭文王，爻辭周公。"大皞以龍紀官，爻辭用龍，蓋紀念伏羲。

釋"乾"：《説文》："乾，上出也。从乙。乙，物之達也。倝聲。"段玉裁曰："倝者，日始出光倝倝也。然則形聲中有會意焉。渠焉切。又古寒切。"籀文作，重作。按籀文卓内是晶字，重文明白。篆省作日，古文晶雙日在上，甲骨文品作般前五三五。可證今古文之分。王夫之曰："倝，日出之光氣；乙，氣之舒也。六陽發見，六陰退處於内，如朝日之升，清朗赫奕，無纖陰之翳滯，物以之蘇，事以之興，此乾之本義。"此一説也。聞一多云："疑乾即北斗星名之專字。"《易緯·逸象》乾爲旋。旋、斡義同。古人想象天隨斗轉，而以北斗爲天之樞紐，因假北斗爲天體之象徵。故或變天而言斡。《楚辭·天問》："斡維焉繫。"是也。考北斗又謂之旋機。《史記·天官書》北斗七星：一天樞，二琁，三璣，四權，五衡，六開陽，七摇光。一至四爲魁，五至七爲杓，合稱之爲北斗。《書·舜典》所謂"璿璣、玉衡以齊七政"者，此二説也。馬

王堆出土帛書《周易》簡稱《帛書》。乾作鍵，天鍵亦爲星名。《晋書·天文志》："鍵閉一星，在房東北，近鉤鈐，主關鑰。"故謂之天鍵。是古人即以星象解卦名，此三説也。孔穎達《周易正義》乾卦本象天，"而謂之乾者，天者定體之名，乾者體用之稱。故《説卦》云'乾，健也'，言天之體以健爲用"。天乾爲叠韻，乾健爲雙聲，此四説也。

釋卦辭：《文言》："元者，善之長也；亨者，嘉之會也；利者，義之和也；貞者，事之幹也。君子，體仁足以長人，嘉會足以合禮，利物足以和義，貞固足以幹事。"李鼎祚曰："元爲善長，故能體仁，仁主春生，東方木也；亨爲嘉會，足以合禮，禮主夏養，南方火也；利爲物宜，足以和義，義主秋成，西方金也；貞爲事幹，以配於智，智主冬藏，北方水也。"此以四德爲天四時，爲地四方，爲人五常，爲物五行。四德何以有五常五行？五常者文人之本也。而信貫於仁義禮智。孔子曰："人而無信不知其可也。大車無輗，小車無軏，其何以行之哉？"五行者，物之寶也。不言土者，萬物無土不生，所以土旺於四季也。易道廣大，無所不包，乾坤兩卦，是天地之蜕影耳，有何疑之哉！尚氏説："而天之德莫大於四時。元亨利貞，即春夏秋冬，即東南西北。"楊子《太玄》"罔、直、蒙、酋、冥"以釋此義。是楊子早已將天之四時，地之四方，人之五常，包含於《易》之"元亨利貞"之内也。經李鼎祚集合而衍繹之，則更明鮮矣。近人以"元亨利貞"爲兩個詞，否認先賢四德之説，不知古無雙字爲詞之概念，又不知此四字貫徹天地人三才之主要作用，更不知字形略變，則義亦隨之而變。例如"貞"字主要意義爲卜問，列到四德之内，則爲主幹作用，是假爲"楨"也。作吉凶義，又假爲禎，守正不阿，則又爲"貞"。"貞"是母音詞，可産生許多子音詞，不審文義，不究事勢，概以"元亨"爲"大亨"，"利貞"爲"卜問"，甚矣其陋也。

《周易》具此四德者，共有六卦，除《乾》卦衹有此四字毫無連帶外，其餘《屯》《隨》《臨》《革》《無妄》，皆有附帶成分，以爲限制。具體解釋見各卦下，兹不贅述。

初九：乾之姤。潜龍勿用。《帛書》："潜"作"浸"。

釋爻辭：淮南劉安及鄭玄并言文王作爻辭，陸績云周公作。初二三四五上，爻辭之次序也。之卦此爻陽變姤陰，陰爻變陽，亦曰之卦。之往也，變也。爻變則卦變。各卦皆然。

釋"龍"：應劭曰："以龍紀其官長，故爲龍師。春官爲青龍，夏官爲赤龍，秋官爲白龍，冬官爲黑龍，中官爲黄龍。"《説文》："龍，鱗蟲之長，能幽，能明，能細，能巨，能短，能長。春分而登天，秋分而潜淵。从肉，飛之形。《六書故》所見唐本，作"从肉从飛及童省"。按从⺕飛省也，從及謂與古文及也。童省聲。"龍之各類："有鱗曰蛟龍，有翼曰應龍，有角曰虬龍，無角曰螭龍。"見《廣雅·釋魚》。未升天曰蟠龍。王夫之曰："伏而不見之謂'潜'。'龍'，陽升而出，陽降而蟄，絶地而游，乘氣而變，純陽之物也。"《内傳》。《乾》用"龍"作爻辭是星占，一表示乾性象天，二紀念伏羲之畫卦。賈誼《新書·容經篇》曰："潜龍入而不能出，故曰'勿用'。勿用者，不可也。"《後漢書·魯恭傳》："《易》曰：'潜龍勿用。'言十一月、十二月陽氣潜藏，未得用事。"《淮南子·人間訓》："今霜降而樹穀，冰泮而求獲，欲其食則難矣。故《易》曰'潜龍勿用'者，言時之不可行也。""勿用"本書十見。用於句首者六，句尾者四。《左傳·昭公十七年》："太皞氏以龍紀，故爲龍師而龍名。"又《昭公二十九年》："秋，龍見於絳郊。魏獻子問於蔡墨曰：'吾聞之，蟲莫知於龍，以其不生得也，謂之知，信乎？'對曰：'人實不知，非龍實知。古者畜龍，故國有豢龍氏，有御龍氏。'"《韓非子·説難》："夫龍之爲蟲也，柔可狎而騎也。然其喉下有逆鱗徑尺，若有人嬰之者，則必殺人。"《史記·平準書》："天用莫如龍。"丘濬云："天下間動物莫健如龍。"故借龍以喻天之陽氣也，世人以爲世間無龍之怪物者，特詳備言之。潛水深不漏。浸水小流不止。

九二：乾之同人。見龍在田。利見大人。

王先生曰："《易》田皆田獵，非稼田也。"按《解》六二、《巽》六四兩田字，是田獵之畋，此爲田地之田。鄭玄曰："二於三才爲地道，地上即田，故稱'田'也。"《後漢書·張衡傳》："夫玄龍，迎夏則陵雲而奮鱗，樂時也；涉冬則淈泥而潛蟠，避害也。"此言哲人君子，出入進退需審時度勢，得時則駕，非時則藏。二與五應，五爲君位，故"利見大人"。《易例》："陽爲君子，陰爲小人。"大人有君王之位，小人無職位之齊民。本經稱"大人"二十次，"小人"十次。《文言》曰："夫大人者與天地合其德，與日月合其明，與四時合其序，與鬼神合其吉凶。"凡《易》稱大人以此例解。龍在田終將騰雲升天。比喻利見大人，即將通達顯貴。

九三：乾之履。君子終日乾乾，夕惕若。厲，無咎。《帛書》："惕"作"惿"，同爲舌音而相假也。按《說文·夕部》："厲"作"夤"，段正作"厲"。《骨部》："惕"作"鶻"，"他厲切"，以音同通用。凡漢人引《易》，皆作"夕惕若厲"，不勝枚舉。

王先生曰："三不言龍者，內卦之中，乾道小成，無變理也，故曰'終日'。"鄭云："三於三才爲人道，有乾德而在人道，君子之象。"干寶曰："爻以氣表，繇以龍興，嫌其不關人事，故著'君子'焉。"尚秉和曰："乾爲君子，爲大明，故爲日。……三居下卦之終，故曰終日。"三又居兩乾之際，故曰"乾乾"。《廣雅·釋訓》："乾乾，健也。"《呂覽·士容》："乾乾乎取舍不悅。"高誘注："乾乾，進不倦也。"《淮南子·人間訓》："故'君子終日乾乾，夕惕若厲，無咎'。終日乾乾，以陽動也；夕惕若厲，以陰息也。因日以動，因夜以息，唯有道者能行之。”“厲無咎”，漢人都以“厲”字屬上句讀。而《文言傳》：“故乾乾因其時而惕，雖危無咎矣。”正以“危無咎”釋“厲無咎”。何以漢人引《易》都屬上讀，王弼注與《文言傳》同。其實若作語尾詞用，本書實例有：“惕若”“顒若”“嗟若”“沱若”“發若”“紛若”“節若”等。若、如都爲語尾助詞，表形象。《繫辭傳》曰：“無咎者，善補過也。”本經共用九十九次，皆指人事言。歸納言之，衹有兩義。一前有厲字，厲者危也。《姤》九三作厲無大咎者，是皆有小咎也。與此同例此以有咎而惕若内省，故無之也。二禍由自招，無所怨咎，《節》六三無咎，是也。

九四： **乾之小畜。或躍在淵。無咎。《帛書》：“躍”作“鰪”。今字書無此“鰪”字。鰪取跳躍義。余見魚形古鎖，又取魚死眼不閉。**

干曰：“此武王舉兵，孟津觀釁而退之爻也。”此仍言龍之動態。初與四應，初潛静也，四躍動也。此爻變成觀，天空躍龍，地水成淵。尚云：“乾亦爲淵。”按非也。乾之成江河，以旁通於坤也。管輅説：“龍陽精而居於淵，陽中之陰，故能興雲。”王夫之曰：“四超出於下卦之上，故曰‘躍’。居上卦之下，仰承二陽而爲退爻，以陽處陰，故又曰‘在淵’。或躍也，或在淵也，疑而未决。志健而慮深，則其躍也，不以躁進爲咎；其在淵也，不以怯退爲咎，兩俱似咎而皆無咎也。”

九五： **乾之大有。飛龍在天，利見大人。《帛書》：“飛”作“翡”，有羽能飛也。今字書無此字。**

干云：“五在天位，故曰‘飞龍’。此武王克紂正位之爻也。”劉向曰：“賢人在上位，則引其類而聚之於朝。”《易》曰：“飛龍在天，大人聚也。”《莊子·天運》：“孔子曰‘吾乃今於是乎見龍。龍，合而成體，散而成章，乘乎雲氣而養乎陰陽’。”《慎子》：“飛龍乘雲。”鄭玄曰：“五於三才爲天道。天者清明無形而龍在焉，飛之象也。”王先生曰：“飛龍，應龍，應雷而起行雨者也。成離爲雉。應龍，雉類。下乾爲天。”古稱龍之有翼者曰應龍。班固《賓戲》：“泥蟠而天飛者，應龍之神也。”《山海經·大荒東經》：“應龍處南極，殺蚩尤與夸父，不得覆上。故下數旱，旱而爲應龍之狀，乃得大雨。”龍上水於天，佛家亦言之。《華嚴經》有無量諸龍王，如毗樓博義龍王、娑竭羅龍王等，莫不勤力興雲施雨，令諸生熱腦清滅云云。是古印度亦有龍王興雲施雨之事。龍見田躍淵，飛翔於天，皆龍之本能也。大人居極尊之位，履萬物之上，向明而治，萬邦協和，亦大人之德也。

上九：乾之夬。亢龍有悔。《帛書》：“上”作“尚”，全書同。“亢”作“抗”，《孟氏易》作“忼”，《説文》同。《九經字樣》，漢簡，皆與《説文》同。《子夏傳》，與通行本同。

《説文·心部》：“忼，慨也。”忼慨，壯士不得志於心也。“从心亢聲”。亢爲人頸，引申有直項之義。又有高舉之義。杜預注：“亢，極也。”《文選》李善注引《廣雅》：“抗，高也。”是今《易》作“亢”，餘作“抗”，作“伉”，皆假字也。高而無民，直而無當。故曰“有悔”。《史記·天官書》：“東方蒼龍……不欲直，直則天王失計。”考金文：龍作，邵鐘。甲骨文作，殷前454。，《鐵雲藏龜》163頁。，《集殷墟文字楹帖》。皆非直形。《史記·蔡澤傳》蔡澤謂應侯曰：“《易》曰：‘亢龍有悔’，此言上而不能下，信而不能詘，往而不能自返者也。”賈誼《新書·容經篇》：“亢龍往而不返，故《易》曰‘有悔’。”悔者，凶也。按此爻亡國君王之象也，桀紂足以當之。桀無道以爲有命在天，武傷百姓，百姓弗堪，有時日曷喪予及爾偕亡之怨。湯伐之，是鳴條而敗。桀謂人曰：“吾悔不殺湯於夏臺，使至此。”武王東伐紂至孟津，諸侯會者八百，“皆曰：‘紂可伐矣。’武王曰：‘爾未知天命。’乃歸”。紂不知悔。

殺比干囚箕子，微子去之。武王復率諸侯伐紂。紂兵敗，奔鹿台，赴火而死。文中子曰：“平陳之後，龍德亢矣，而卒不悔，悲夫！”居至高之位，而不以亢滿自戒，乃取禍敗之道也。

用九：乾之坤。**見群龍無首，吉。**

《帛書》：“用”作“迵”。同，用，東部，定紐字。《説文》：“用，可施行也。”可施行則通矣。《廣韻》：“用……通也。”陸賈《新語·慎教》：“大化絶而不通，道德施而不用。”通，用爲對文。迵从同聲。《正韻》：“同……通也。”揚子《太玄》：“中冥獨達，迵迵不屈。”范望注：“中心冥冥獨達於事，故通而不盡。”是“迵”“用”又同義爲通假出。

聞曰：“群龍即捲龍。……《詩·九罭》《傳》曰：‘衮衣，捲龍也。’……卜辭龍字或作，《殷虛書契·後編》下卷第六葉。……其狀尾交於首，曲身若環，豈所謂捲龍歟？”按群龍即上各爻所言之龍，殆非捲龍也。

無首者，王先生云：“乾爲首，成坤故無。”是也。《繫辭傳》曰：“吉凶者，言乎其失得也。”得位吉，失位凶。用九實無位也，何以云吉？仍從陽而言也，從陽則有首有位。

［附補］

《説文》：“七，陽之正也。”段注：“《易》用九不用七，亦用變不用正也。”尚云：“用者，動也，變也。”查 1981 年《文物》第九期載：陝西扶風縣齊家村出土西周甲骨上刻六九八一八六，九一一一六五，有九，有六，而無七。《考古學報》1980 年第四期載：1978 年湖北江陵天星觀戰國墓出土八組有十六個卦，除一個數字殘缺外，六出現四十九次，九出現四次，八出現五次，一出現三十七次。衹有四個數字，也没有七，皆可證也。《左傳·昭公二十九年》蔡墨曰：“在乾 ䷀ 之姤 ䷫，曰：‘潛龍勿用。’其同人 ䷌ 曰：‘見龍在田。’其大有 ䷍ 曰：

‘飛龍在天。’其夬 ䷪ 曰：‘亢龍有悔。’其坤曰 ䷁ 曰：‘見群龍無首，吉。’坤之剥 ䷖ 曰：‘龍戰於野。’”此可證《周易》卦爻之間，全是陰陽變化之理。

凡卦爻之變化，即陰陽變化。乾一變爲姤 ䷫，二變爲同人 ䷌，三變爲履 ䷉，四變爲小畜 ䷈，五變爲大有 ䷍，六變爲夬 ䷪，此爻變之道積爻變而漸進。則陽消陰長，自姤 ䷫ 而遯 ䷠ 而否 ䷋ 而觀 ䷓ 而剥 ䷖ 而坤 ䷁，此卦變之道也。

坤

䷁ 坤上坤下 **地地坤　内互二坤 ☷ ☷**

聚卦一名不易卦

乾坤爲卦首，凡六十四卦，皆二卦所變。如《乾》變《坤》，《坤》變《震》類。而《周易》所演，則偏使二卦無易法，以别於畫變與占變。所謂不易之謂易是也。此真焦贛、蜀才、虞翻諸儒所傳三易遺秘。毛奇齡説。

坤：元亨。利牝馬之貞。君子有攸往，先迷，後得主。利。西南得朋，東北喪朋。安貞吉。

詮“坤”：《歸藏》作“𡘟”。《帛書》作“川”。《漢石經》同。《漢故衛尉卿衡府君之碑》作“巛”。古文皆作“巛”，王筠《説文解字句讀》以“巛”爲“坤”。王引之以巛即川字。《玉篇》：“巛……古爲坤字。”《繫辭下》：“黄帝堯舜垂衣裳而天下治，蓋取諸乾坤。”《説文·土部》：“坤，地也。《易》之卦也。”《説卦傳》：“坤，順也。”水性順下而不返，故古坤即川字。从土申，土位在申也。

古人以柔順爲女子之德，孟子所謂：“以順爲正者，妾婦之道也。”此以水德配婦道，是坤卦之一德，此一義也。坤字从土，土生萬物，養萬物，載萬物。《大學》所謂："有人此有土，有土此有財，有財此有用。"坤爲地道之土德，此二義也。《坤》爲陰卦之首故稱"元"，與《乾》合德故稱"亨"。"利牝馬之貞"，"天用莫如龍，地用莫如馬"。龍飛於天，馬行於地，天地之交通矣。《文言》曰："地道也，妻道也，臣道也。"地道從有土義出，妻道從陰義出，臣道從順義出，各有所本也。

崔憬曰："西方坤兑，南方巽離，二方皆陰，與坤同類，故曰'西南得朋'。東方艮震，北方乾坎，二方皆陽，與坤非類，故曰'東北喪朋'。"余按崔説，似不可從。一方位是用後天圖，用先天圖則不合也。《彖辭》"東北喪朋乃終有慶"，喪，亡也。《帛書》即作"亡"，死亡對朋友言，是大悲慟之事，何以能説喜吉之慶也？此兩朋字，不是朋友，而是朋貝也。卦辭云："君子有攸往。"攸往者，所往也。"先迷，後得主。利。"此明言君子出門外往，先迷失道路，後得東主居所，則迷解，亦是吉利。王國維云："古貝五枚爲系，二系爲朋。"《周禮》曰："泉布。"《旅》《巽》稱資斧，《損》《益》言朋貝。貝爲散數，朋爲系數。《震》六二言喪貝，此言喪朋。其義一也。往外經商，貨物之價起跌無常，路途往來，明搶暗劫，亦是常事。何以喪朋，反而有慶？蓋財喪失而人無恙。俗言"退財人得福"。慶即福也。故總結説："安貞吉。"安，居也。居而不動反吉利也。此言陰居不動，動則無功之證。

初六：坤之復。履霜，堅冰至。《帛書》："履"作"禮"。"履""禮"同聲系，通假。

此言凡事皆由積漸而來，不是一朝一夕之故。履霜在秋，堅冰在冬。卦純陰，消息值十月。初爻履霜，陰氣來矣，勢必至於堅冰。《象傳》："履霜堅冰，陰始凝也。"《淮南子·齊俗訓》："'履霜，堅冰至。'聖人之見終始微言。"按《乾》初爲《姤》，子時當冬至。《坤》初爲《復》，午時當夏至。《乾》順行，

《坤》逆行，皆會於會。

六二：坤之師。（直）[省]方：大[來]不習，無不利。聞説："直方疑即省方。"原脱來字，予據例補。

此言帝王出外巡狩，無不利也。聞一多曰："方謂方國。古直省同字，直方疑即省方。《觀·象傳》曰：'先王以省方觀民設教。'《復·象傳》曰：'後不省方。'《吕氏春秋·知分篇》：'禹南省方'《淮南子·精神訓》同。卜辭作徝方，云：'□午卜，㱿貞今春王徝方。帝受我□'；《簠》游一、一。……'貞王徝方'；《簠》游二、九。'戊寅卜，亘貞徝方'；《簠》游一、二。'貞徝方'；《拾》一〇、五。'徝方，寅'。《簠》游一、四。省方猶後世之巡狩。《東京賦》：'省方巡狩。'"是也。卜辭所言徝方，皆在周文以前，證據確鑿，當可依從。徝即省之異體，今無此徝字。

"大不習"三字似不成句。讀《象傳》《文言》，皆以大字爲衍文，《帛書》亦是"大不習"，則來字脱落已在秦前。何以知是來字？仔細讀《象傳》："六二之動，'直'以'方'也。'不習無不利'，地道光也。"陰動變陽則成《坎》。陰小陽大，故曰大來。《泰》是小往大來，《否》是大往小來。六二内卦大來成《坎》，坎古名習坎，《釋文》："習……重也。"不習，不重也。不重險則無不利也。成坎爲《師》卦，帝王出巡，軍師保衛，有何不利焉。

熊朋來《經説》："鄭氏《古易》云：'《坤》爻辭"履霜""直方""含章""括囊""黄裳""玄黄"協韻，故《象傳》《文言》皆不釋"大"字。'疑'大'字衍。"丁壽昌《讀易會通》："熊説非也。荀慈明注：'大者，陽也。"干令升注：'地體其大。'"是漢晋《易》家不以大爲衍文。《集解》干注云："道成於我，而用之於彼，不方以仕學爲政，不方以嫁學爲婦，故曰'不習，無不利'也。"此亦無味之言也。近今學者，以"大"字爲衍文者，蓋比比然也。

六三：坤之謙。**含章可貞，或從王事，無成有終。**

王先生曰："成嗛爲含，坤爲文，互離，日光爲章，下卦小成，故'可貞'。"仲按《説卦傳》：乾爲玉爲璋，章即璋之省字，章爲璋之母音詞。古人以珪璋瑞玉爲信符。天子派行人之官，傳達王命於諸侯之國，需執珪璋之信符，達到彼國需驗璋符，乃將天王之寶命呈諸侯，責令照辦。《後漢書·張衡傳》注："函猶含也。"《漢書·禮樂志》，又《宣帝紀》函與含同。是"含章"乃殷帝之誥命，命周太王或文王從事王室之事。雖無成功，但保持美善之終結，其事坐實。待考。六三動變成《謙》。《彖》曰："天道下濟而光明，地道卑而上行。天道虧盈而益謙，地道變盈而流謙，鬼神害盈而福謙，人道惡盈而好謙。謙尊而光，卑不可逾，君子之終也。"《睽》六三，"無初有終"。訟六三，"或從王事，無成"。《履》六三，"武人爲於大君"。皆以上承陽也。《乾》息從《復》始，《坤》消從《姤》始。《乾》《坤》是旁通。《坤》無乾爻，而爻辭視乾而繫。《坤》爲事，《震》爲從，《否》上乾爲王，故曰"從王事"。位在三，陷在衆陰之中，所以從王事無威也。三爲内卦之終，故曰"有終"。

六四：坤之豫。**括囊。無咎。無譽。**

此言凡事不可信口雌黄，戒人謹言慎行也。

虞翻曰："括，結也……坤爲囊，艮爲手，巽爲繩，故'括囊'。"《後漢書》括囊大典，謂結而藏之。意謂結扎長袋之口，使内物不出，外物不入。於物無失。人事唯口興戎。若檄舌結口，有似於括囊，則"無咎無譽"也。《荀子·非相篇》引此文而總之曰："腐儒之謂也。"好其實不恤其文，是以終身不免埤污傭俗。蓋荀子之意，在講學傳道，不能默默無言也。與一般處世之士不同。本爻動成《豫》。其辭曰："由豫，大有得。"又云"勿疑朋盍簪"。

六五：坤之比。黄裳，元吉。《帛書》："裳"作"常"，同音通假。

此言禮制之治，不可忽也。丁壽昌曰："乾九五爲天子，則坤六五以王后配之。所謂'黄裳，元吉'者，王后正位中宫之象也。"《左傳·昭公十二年》季平子之臣南蒯據費邑以叛，事先筮得坤之比即此爻。以告子服惠伯。惠伯曰："忠信之事則可，不然必敗。"《繫辭傳》曰："黄帝、堯、舜垂衣裳而天下治。"蓋取諸《乾》《坤》。《九家易》曰："衣取象乾，居上覆物。裳取象坤，在下含物也。"典章文物，至五帝始備。孔子曰："後世雖有作者，虞帝弗可及也已矣。"當時垂作會之衣，希繡之裳，而天下治。五位極尊，故曰"元吉"。元吉以德言，大吉以時言。

上六：坤之剥。龍戰於野，其血玄黄。《帛書》："上"作"尚"。

此言陰陽交戰，有如龍焉。干曰："陰在上六，十月之時也。爻終於酉而卦成於乾，乾體純剛，不堪陰盛，故曰'龍戰'。"《説文》壬下引《易》曰："龍戰於野，戰者接也。"上六陰極反陽則成《剥》，剥陽稱龍。《後漢書·王劉張李彭盧傳》贊曰："天地閉革，野戰群龍。"又《朱穆傳》："'龍戰於野，其道窮也。'謂陽道將勝而陰道負也。"《乾鑿度》曰："陽始於亥，形於丑，乾位在西北，陽祖微據始也……是以乾位在亥。"許慎以亥壬合德，亥壬包孕陽氣，至子則滋生矣。《坤》爲地道故稱野。《坤》體未變故稱血。《文言》曰："'玄黄'者，天地之雜也。天玄而地黄。"于載治認爲此蓋指殷周牧野之戰。據："《禹貢》：'荆河惟豫州……下土墳壚。'顔師古曰：'玄而疏者謂之壚'，《説文》：'壚，黑剛土也。'"是以黄喻周，以玄喻殷。而《武成》"'會戰於牧野……血流漂杵'，正所謂'龍戰於野，其血玄黄'"。其説新穎，可備一説。

用六：坤之乾。**利永貞**。《帛書》："用"作"迵"。迵達通而不盡也。

惠棟曰："爻有九、有六，凡稱九、六者，陰陽之變用九、用六，六十四卦皆然。皆言變，故《乾》用九稱其《坤》，則《坤》用六亦當云其《乾》也。其《坤》、其《乾》者，言《乾》《坤》六爻之變，非《乾》變《坤》、《坤》變《乾》也。"

貞爲禎之假，永貞，長久吉祥也。《象》曰："'永貞'，以大終也。"《坤》旁通於《乾》，陰通於陽也。《坤》之"永貞"終賴於陽，陽者大也，故曰大終。猶之臣顯達賴於君，妻榮耀賴於夫，人之窮達皆係於時。《繫辭傳》曰："變通者趣時者也。"其然，豈其然乎？

附陰陽變化之例：《坤》陰一變爲《復》䷗，二變爲《師》䷆，三變爲《謙》䷎，四變爲《豫》䷏，五變爲《比》䷇，六變爲《剥》䷖，此爻變之道，積爻變而漸進，則陰卦變成陽卦。自《復》䷗而《臨》䷒而《泰》䷊而《大壯》䷡而《夬》䷪而《乾》䷀以陰消陽長之變。《乾》《坤》爲《易》之門户，故爲例以示之。各卦皆於此，漢《易》家謂之旁通。有人認爲是京房之飛伏，余未考其然否。

《乾》爻稱龍，"天用莫如龍"也。《坤》卦稱馬，"地用莫如馬"也。飛龍於天，馬躍於地，而天地之交通矣。龍馬負圖出河洛，而人類之文明肇矣。龍陽德而陰潛，馬陰德而陽用，陰陽之用廣矣。龍體其健，馬性其馴，飛躍其能也。龍爲陽龍，剛之至矣；馬爲牝馬，馴之至矣。一剛一柔，迭相爲用，是所以生生不息者也。此《周易》所以用《乾》《坤》爲首者，其以此歟？非耶？

屯

☵☳ 上坎 下震 **水雷屯** **内互坤** ☷ **艮** ☶

四易卦一名分卦 **觀** ☴☷ 上來 初往 **臨** ☷☱ 二往 五來

萃 ☱☷ 四來 初往 **頤** ☶☳ 上來 五往

此兩陽四陰之卦，大抵兩陽所分，約有六卦。而此卦所分，一自《觀》《萃》以上四陰兩陽，《易》之《坤》初以爲《震》。一自《臨》《頤》以上二兩陽，《易》之《坤》五以爲《坎》。則此卦惟第三爻不易。而初、二、四、五、上，五爻，無非以移易爲義者。所謂易者易此耳。毛奇齡説。

本卦坎上震下，雷雨交加，坎爲雲雨，在天中吸收陽電，雷伏於地爲陰電。二電相接觸，則能發聲成雷。無雲雨則不發聲。雷藏於雲，民集於君，其義一也。北人叫村爲屯，古村字作邨。屯者聚居一地而不散。震爲仰盂，水入盂内，屯留不出。邨止於山下，人民安居樂業，亦不外逃。此周民族，繼古公亶父之後，大定民居，發展農業生産。《周易》以屯紹乾坤之生，立人之道也。顯示天地人三才，爲開辟世界之三大作用。中國兩千多年之封建政權，基本建立在農村，蓋始於此歟？而政權之興廢，則視執政者之賢愚，賢則政舉，愚則政息。政舉則國昌，政息則國亡，而立國之基礎無恙也。斯所以我國在世界古國之中，巍然獨存者，其在斯乎？其在斯乎？

屯：元，亨，利，貞。勿用有攸往。利建侯。《帛書》："建"作"律"，二字應同聿聲。《説文》："律……从彳聿聲。""建……从聿从廴。"無聲字。蓋二字同聲，又形相近。故古通用。

端木國瑚曰："《易》遇東南方春夏之卦，則曰'元亨'。遇西北方秋冬之卦，則曰'利貞'。"尚秉和曰："由其言推之，《屯》下震春也，故曰'元亨'；上坎冬也，故曰'利貞'。《隨》

下震春也，故曰‘元亨’；上兑秋也，故曰‘利貞’。《臨》下互震，故曰‘元亨’；上坤下兑，故曰‘利貞’。《無妄》下震，故曰‘元亨’；上乾爲冬，故曰‘利貞’。《革》下離互巽，故曰‘元亨’；上兑爲秋，互乾爲冬，故曰‘利貞’。”按此説足可徵信，而破千古之迷。古人雖有説，但不全面。例如本卦虞注：“坎二之初，剛柔交震，故‘元亨’；之初得正，故‘利貞’矣。”是知元亨從震得，而不知利貞從兑來也。更不知還有四時四方包含在内也。之外稱往。勿用，不可用也。此對群衆言不可外往，宜安居。《震》爲侯，《坤》爲國，爲土，爲川，爲民衆。《艮》爲山，五爲王，河山表裏，王民俱全，故“利建侯”也。劉瓛曰：“彖者斷也。”《彖》曰：“屯，剛柔始交而難生。”《乾》交《坤》初成《震》，《乾》交《坤》成《坎》，故曰始交。此《屯》之所以成爲人事而繼《乾》《坤》也。

初九：屯之比。磐桓。利居貞。利建侯。《釋文》：“磐，本亦作盤，又作槃。”湘綺樓作“般”。《集解》作“盤”。《帛書》：“磐桓”作“半遠”，諧音詞也。桓讀垣。遠从袁得聲。垣袁同寒桓部。半，般，唇聲字。聲類。磐，大石也。

此言人民定居問題，發展農業生産，利於建設國家。屯有包圍屏藩聚落之義。屯初至五，體頤象。“利居貞”者，以外坎險阻爲固也。王夫之曰：“初九一陽處三陰之下，堅立不可動摇。”上承九五，故有磐石，桓木，安貞，建立之象。桓讀爲垣，墻也。卑曰垣，高曰墉。《釋名》：“垣，援也，人所依阻，以爲援衛也。”《詩》曰：“大師維垣。”利居利建，皆取周圍有堅固之墻垣，以爲保障。盤、磐皆从般得聲，从皿从石，皆後起字。古時邨的形成，以臨潼姜塞和西安半坡等遺址爲例。一臨潼姜塞遺址，位於驪山脚下，臨河東岸，第二層台，地上面積達五萬平方米。其佈局中心爲廣場，此爲成員住所。廣場蓋是晒穀、公共集會娱樂活動的場所。住所周圍有三條圍溝環繞，類似栅欄。後世之城池，具有防禦作用。南面和東面的圍溝，没有連接，留有通道成爲全村的門户。西面臨河岸邊，爲製陶區。圍溝以東爲氏族墓。居住區分爲幾個部分，每一部分有一大四方屋和若干小房屋。大四方屋，當是母系大家族的公共場所。附近的三角房室，蓋氏民已婚的小家庭。予疑爲是厠所或灰廠，今農村還有之。二西安半坡遺址，房屋大部分圓形通穴式，直徑約五六米，最小有兩米多。中有灶炕，表示中原地仰韶文化特點。

六二：屯之節。**屯如，邅如，乘馬班如。匪寇。婚媾。女子貞不字，十年乃字。**《説文》："班"作"驙"，張連切。湘綺樓"邅"作"驙"，"班"作"般"。《帛書》："班"作"煩"，"邅"作"壇"，"婚媾"作"閩厚"。皆讀同聲詞。邅、壇蓋驙皆同聲系，而相通假。

此言搶婚，女子不從。如，狀事助詞，用於動詞或形容詞之尾。屯如，陳列聚集之貌。邅如，流轉循迴之貌。此爲搶婚之陣式。班，斑之假字。《玉篇》："驙，知連切，白馬黑脊也。"匪，非也。"匪寇婚媾"，言不是搶劫財貨之寇盜，而是掠奪女子作婚姻。與《賁》六四爻辭相同，唯少"女子"以下九字。《説文》："媾，重婚也。"段注："重疊交互爲婚姻也。"《左傳》杜注："重婚曰媾。"重婚，親上加親也。王先生曰："今成兑爲少女，四亦成兑，是重婚也。"聞曰："《販叔多父盤》：'使利於辟王，卿士，師尹，倗友，兄弟，諸子，婚媾，無不喜'；《克盨》：'唯用獻於卿尹，倗友，婚遘'；《壴卣》：'其以父癸夙夕鄉爾百婚遘'；媾遘同聲通假。《乖伯簋》：'好羞。倗友雩與。百諸婚媾。'"凡此婚媾一詞，等於今日親戚的涵義。《帛書》："婚媾"作"閩厚"，婚閩同魂痕部。冓侯部。《詩·曹風·侯人》："不遂其媾。"《傳》："媾厚也。"音古候切。毛奇齡曰："屯有四陰，惟六三無所移，而二、四與上皆與陽爻爲對易，則皆有彼此婚媾之象。"字，許嫁也。《儀禮·士昏禮記》："女子許嫁，笄而醴之，稱字。"《禮記·曲禮上》："女子許嫁，笄而字。"不字不許嫁也，不嫁謂之貞女。虞翻以字爲妊娠，是已嫁也。何致搶婚，與上下文義皆不相合。貞字亦無解。何以十年乃字？《坤》爲地數，故十年乃許字也。

六三：屯之既濟。**即鹿無虞，惟入於林中，君子幾不如舍。往，吝。**

此言君子作事，不可執一，欲見幾而作。在周初田獵，是人民生活資料主要來源之一，故於此表出之。即爲揤之省文。《説文》："揤，捽也。从手此聲。"捽有搏捕義。《荀子·正論》："詈侮捽搏。"《漢書·王尊傳》："捽搏其頰。"引申有捕捉義。震爲麋鹿。又《震》《艮》皆爲木，故曰林中。虞翻、王肅王作麓。因三爻恰是互艮之初，故言麓也。《帛書》："無虞"作"毋華"。華讀爲嘩。毋嘩，毋喧嘩也。虞人，掌管山林之吏。田獵無虞人指揮，野獸走散難捕。《逸周書·大武解》有五虞："一，鼓走疑；二，備從來；三，佐軍舉旗；四，采虞人謀；五，後動撚之。"撚，蹂也。蹂其後而從之，此從禽之必要有虞人也。《古今韻會》："幾也，將及也。"將及則近矣，予謂此幾字應讀爲幾微之幾。君子處理事物欲見幾而行。鄭幾作機，"弩牙也"。王先生曰："機張則省括。釋矢，虞人事也。"不如，比較連詞。此言進不如退，取不如舍，往前進也。吝，困難也。往吝者，行難也。《帛書》："吝"作"㖁"，蓋古文也。今字書皆無此"㖁"字。帛書《老子》有此"㖁"字。

六四：屯之隨。**乘馬班如。求婚媾，往吉，無不利。班，應作斑，駁文也。**

此言搶婚不能改爲求婚。四進《坎》，又互坤，坎坤爲馬，故曰"乘馬"。《坎》又爲中男，故有求婚之象。一與四應，四與五鄰，五爲君位，近尊貴之女，下往求男，故

“吉，無不利”也。

九五：屯之復。**屯其膏。小貞，吉。大貞，凶。**

此言膏澤須下放於民，不可屯積於上也。虞翻云：“坎雨稱膏。《詩》云：‘陰雨膏之。’”雨露引申有德澤之義，居九五之尊，而膏澤不下於民，民必不附。《大學》所謂“財聚則民散”。《象》曰：“屯其膏，施未光也。”光者，廣也。古文光作炗，黄字古作灸，即从炗。《書・堯典》：“光被四表。”《漢書・王莽傳》“光”作“横”。横从黄聲。《詩・敬之》毛《傳》：“光，廣也。”《釋名》：“光，亦言廣也。”所照廣遠也。《水經注・濟水》：“光里……即《春秋》所謂守之‘廣里’者也。”又《濰水》：“横亭……世謂之光城。”是光、廣、横三字同聲通假。施不廣即《左傳》所謂：“小惠未孚，民弗從也。”《漢書・谷永傳》引此文孟康注曰：“小貞，臣也。大貞，君也。遭屯難饑荒，君當開倉廪，振百姓，振即賑之假字。而反吝，則凶；臣吝嗇，則吉。”此以大小意義分上下，是深得《易》義。尚氏曰：“小謂二，五應二，陰得陽應故吉。大謂五，五虚擁尊位，威柄下移，孤露無輔，故大貞凶。”此説亦當。

上六：屯之益。**乘馬斑如，泣血漣如。**《説文》作“泣涕憑如”。《帛書》：“泣”作“汲”。“漣”作“連”。泣汲同部。漣連同字，一省一不省也。無聲出淚曰泣。

此言搶婚而械鬥，眼珠受傷，出血不止。《淮南子・繆稱訓》：“小人在上位，如寢關、暴纊，不得須臾寧。故《易》曰：‘乘馬班如，泣血漣如。’言小人處非其位，不可長也。”乘馬班如，一語三見。互《坤》爲馬，《坎》亦爲馬。六二、六四爲乘坤馬。上六乘坎馬，《坎》爲血卦。互大離，離爲目，又爲兵戈。《艮》爲手，手持兵戈，進行械鬥，所以傷其目而“泣血漣如”也。漣如，如水波相連而不絶也。蓋定居開始，成家事急，故搶婚，求婚提到第一位。是定居之急務而不可緩者也。

蒙

䷃ 艮上 坎下	山水蒙	内互震 ☳	坤 ☷	
	四易卦	臨 ䷒ 上來 初往	觀 ䷓ 二往 五來	
		升 ䷭ 上來 三往	頤 ䷚ 二來 初往	

《周易正義》云："蒙者，微昧暗弱之名。"《尚書·伊訓》："具訓於蒙士。"《尚書正義》曰："蒙謂蒙稚，卑小之稱。"於是作偈曰：山川吐霧，天地迷合。大幕四垂，冥冥漠漠。中有伊人，童蒙幼弱。不識不知，區愚何作。"帝告我以至賾兮，重訊我以童蒙。義混合於宣尼兮，理齊歸於文王。"

蒙：亨。匪我求童蒙，童蒙求我。初筮，告。再三，瀆。瀆則不告。利貞。《帛書》："三瀆"作"參櫝"，下同。"則"作"即"，"告"作"吉"。

鄭玄曰："蒙，幼小之貌。齊人謂萌爲蒙也。"萌蒙叠韻。北人同盟讀同蒙。明从囧得聲讀盲。《廣雅·釋詁三》："矇……盲也。"盲，"从目亡聲"。《論衡·量知》："人未學問曰矇。"此矇即盲。俗謂不識字人爲光眼瞎子，亦是盲聲。互震，剛柔相接曰蒙亨。惠棟曰："我謂二，童蒙謂五。"本卦蓋明成王與周公之事。成王，君也，雖是幼稚之童而位在五。周公，臣也，又攝其行政，而位在二，亦當也。"匪我求童蒙，童蒙求我。"匪，非也。非周公欲求成王，而是成王欲求周公。《彖》曰："志應也。"謂其志相同而相應也。蔡邕《處士圂叔則碑》："童蒙來求。"與《釋文》"來求我"相合。今本及《帛書》皆無“來”字。崔璟曰：“‘初筮’，謂六五求决於九二，二則告之。‘再三瀆’，《坎》爲筮，互震爲言，故曰告。《艮》反爲《震》，言多故曰瀆。謂三應於上。四隔於三，與二爲‘瀆’。上艮又爲止。故二‘不告’也。”《禮記·表記》引此“初筮告三句”，子曰：“無辭不相接也，無禮不相見也，欲民之毋相褻也。”又《曲禮·少牢饋食禮》曰：“卜筮不過三。”又《禮記·少儀》曰：“不貳問。”皆説明告與不告之義。王先生曰：“筮从竹𢍰，竹策也。巫以竹問事也。後代以草，因爲蓍。問之專名，蓋起於夏時，初成兑爲巫，互震爲竹，故曰‘筮’，筮得至三而此不再，明，以筮喻問也。”蓋學者問師，當如問神。按王先生謂巫“起於夏時”，是也。筮卦起於夏之巫咸，見《山海經》。夏有十巫，巫咸第二，殷有九巫，巫咸亦第二。巫咸爲堯醫，豈傳至夏耶？《説文·黑部》“黷”字引《易》“瀆”作“黷”。崔璟曰：“瀆，古‘黷’字。”鄭注“瀆，褻也”，“嬻，嬻媟也”，二字轉注。今皆用嬻，瀆行而嬻廢。《説文》：“童，男有罪曰奴，奴曰童，女曰妾。”“奴”字曰：“奴婢皆古之罪人也。”《周禮》：“其奴男子入於罪隸，女子入於舂稾。”人部：僮，未冠也。據此《易》之童，應是未冠之僮，而不是奴童也。今以奴童爲正矣。《漢石經》殘片：“告皆作吉。”與《帛書》同。帛書《繆和篇》云：“瀆弗敬，故曰‘不吉’。”則即雙聲通用。即，就也。《漢書·王莽傳》：“則時成創。”注“則時，即時也”。《經傳釋詞》：“‘則’與‘即’古同聲而通用。”

初六：蒙之損。發蒙，利用刑人，用説桎梏。以往吝。《帛書》：“發”作“廢”，二字古通用。“以”作“已”。“吝”作“閵”。閵，轢踐也，與遴義近。走部。

此蓋成王受周公之教，覺悟過來，故曰“發蒙”。欲殺一批有罪之人，挽救一批受冤屈被關押的無罪之人。刑人，應殺之罪人也。桎梏是手梏脚鐐的刑具關押在牢房待罪之人。解脱他們所負的刑具并放出獄。此事蓋自周公東征勝利以後，歸政成王，公元前1055年。成王親政，清理積案，乃知周公所行所爲，皆是爲周與他，如撥開雲霧見青天，此即發蒙之微義也歟？若是其他學童，何以有權能用刑人解脱桎梏之罪人耶？坎爲法律，寅爲廉貞，以貞用刑，故利用刑人以救刑人。此成王欲正四國之象也。既感金縢之文，追憾昭德之晚，故曰“以往吝”。以往吝者，追恨以前未做好也。過去爲往，尚氏云：“王安石、朱震、王宗傅、朱熹皆訓爲以後，大誤。”

九二：蒙之剥。**包蒙，吉。納婦，吉。子克家。**《帛書》：“包”作“枹”，“納”作“入”。

孟、京“包蒙”作“彪蒙”，《漢司徒袁公夫人馬氏碑銘》云：“蒙昧以彪。”胡廣《徵士法高卿碑》：“彪童蒙與。”《釋文》：“鄭曰：‘苞當作彪。’彪，文也。”謂小時即以文彩之物包裹之故曰彪蒙，表求珍愛也。本爻以周公表示又爲之納婦成家。包讀抱。《吕氏春秋·下賢》：“周公旦抱少主而成之。”《後漢書·輿服志》：“袍者，或曰周公抱成王宴居，故施袍。”《尚書·召誥》：“夫知保抱攜持厥婦子。”《釋名》：“抱，保也，相親保也。”童蒙得保抱以致成人故曰吉。包蒙與納婦同列一爻，包蒙既是周公保抱成王成立，則納婦亦是周公爲成王娶婦成家故事。《爾雅·釋親》：“子之妻爲婦。”武王崩，周公爲成王娶婦，亦是義不容辭。其取象互震，《震》爲長子主器者，上艮互巽，《巽》爲長女。長男長女相配，剛柔相接也。克家者，成家也。今俗言爲子娶婦曰成家，猶存古義。

六三：蒙之蠱。**勿用取女。見金（夫）[矢]，不有（躬）[弓]，無攸利。**取爲娶之省字，《帛書》：“躬”作“竆”。

此蓋戒童蒙不可早婚，舊解迂腐，以矢訛夫，弓訛躬，遂污蔑女子賣身以圖其説。王先生曰：“金夫，持戈兵衛士。見者，軍容也。”聞曰：“疑夫當爲矢，躬當爲弓，并字之誤也。金矢，銅鏃也。《孟子·離婁下篇》：‘抽矢扣輪去其金。’即去其鏃也。《噬嗑》九四‘得金矢’，《蒙》下坎互震，上艮互離，《蒙》六三即《噬嗑》九四，故皆云金矢。”《周禮·樂師》：“燕射帥，射夫以弓矢舞。”故書，射吏爲射矢。此矢夫互訛之證。余按《説文》矢篆作，夫作形近而訛。

按聞説是，《蒙》下是坎，《噬盍》九四是互坎之中，故兩卦皆云金矢。《説卦》：“坎……爲弓輪。”弓矢一類也。《九家易》：“坎……爲狐。”狐亦弓也。弓之所以訛爲躬者何也？《説文·矢部》：“䠶，弓弩發於身而中於遠也。从矢从身。”又云：“篆文䠶从寸。寸，法度也，亦手也。”甲骨文作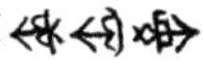，羅振玉曰：“卜辭中諸字皆爲張弓注矢形，或左向，或右向。許書从身，乃由弓形而訛，又誤横矢爲立矢，其从寸，則从又之訛也。”從羅説可以明弓之所以訛爲躬也。三爻内卦已成，故有弓等於無弓。有矢無弓不能射，比喻童蒙未成年，有女不能用。中國古代社會，在婚姻方面有兩奇態：一貧家養童養媳，二富家怕絶代，子小娶大媳婦。以防女蠱男成癆而死，女成寡婦。大約此風在殷周時形成。故作《易》者特著戒於此。

六四：蒙之未濟。困蒙。吝。

此説困苦學習之難，勉人以自生。《象》曰：“困蒙之吝，獨遠實也。”王蒙曰：“卦凡四陰，而初與三爲二比，五爲二應。故惟四獨遠實。”王弼曰：“陽稱實也獨遠於陽，處兩陰之中，暗莫之發，故曰‘困蒙’也。困於蒙昧，不能比賢，以發志，亦鄙矣。故曰‘吝’。”子曰：“生而知之者，上也；學而知之者，次也；困而學之，又其次也；困而不學，民斯爲下矣。”《論語·季氏》。困蒙即困而學之之人，此則勉其自力更生之志。

六五：蒙之涣。**童蒙。吉。**

《淮南子·齊俗訓》："古者，民童蒙不知東西。"陸績曰："六五陰爻在蒙暗。蒙又體艮，少男，故曰'童蒙'。"《象》曰："童蒙之吉。順以巽也。"鄭注："'巽'當作'遜'。"虞云："艮爲童蒙，處貴承上，有應於二，動而成巽，故'吉'。"按順謂臨之坤，巽謂觀之巽。

上九：蒙之師。**繫蒙。不利爲寇，利禦寇。**虞"繫"作"擊"。馬、鄭作"繫"，湘綺樓本同。《帛書》："禦"作"所"，所从户聲，户御同爲模部字。

王先生曰："蒙，蓋衣也。車蓋、弓衣，行乃建蓋，又衣而繫之。繫，系也，今作係。絜束而固之，作擊者非。"按王説非系蓋之説，與本爻無關。本爻是爲寇與禦寇的問題。古人對寇義是平等看法。以兵攻擊人曰爲寇，以兵抵禦外人之侵略曰禦寇。本卦艮剛居外，坎剛居内，互坤夾兩陽之間，體頤象。故上下爲之順，所以不利爲寇而利禦寇也。《帛書》："利禦寇"作"利所寇"。禦所古音同爲模部，故相通用。

需

䷄ 坎上 乾下 **水天需　内互離卦 ䷝　兑卦 ䷹**

四易卦　大壯 ䷡ 四往 五來　**中孚 ䷼** 上往 三來

大過 ䷛ 初往 四來　**大畜 ䷙** 五往 上來

一自《中孚》易三作上，則向爲正合，今爲側合，故有孚象。一自《大畜》易五作上，則向爲大離，今成正離，故有光象。一自《大壯》易四作五，則向一剛中，今二剛中，故有貞象。一自《大過》易四作初，則向爲大坎，今爲正坎，故有涉川象。虞翻曰："《大壯》四之五。"蜀才云："此本《大壯》卦九四升五，皆四推之一也。"毛奇齡説。

《帛書》："需"作"襦"。《説文》："襦，短衣也。"《釋名》："襦，耎也。言温耎也。"據此則襦爲短棉衣。與通行本需爲飲食之義不相合。《象》曰："雲上於天，需，君子以飲食宴樂。"《序卦傳》曰："需者飲食之道也。"需何以爲飲食之道？卦體坎上乾下，坎爲水爲雲，雲上於天而成雨，雨足則糧食萬物皆豐長豐收，食爲民之天。需爲飲食之道者，蓋以此也。互離爲火，互兑爲口，火以烹之，口以食之。故君子宴樂也。此卦之本旨歟？

需：有孚。(光)[元]亨。貞吉。利涉大川。

坎爲大川，又爲孚。孚者，浮也。讀"乘桴浮於海"之桴。馬融曰："桴，編竹木也。大者曰筏，小者曰桴也。"《齊語》："乘桴濟河。"乘桴是渡江河，漂大海，春秋時猶如此。而我國舟船之興，創始於黄帝。《世本》："黄帝臣共鼓與化狄作舟。"《吕氏春秋》："虞姁作舟。"《山海經》："淫梁生番禺，是始爲舟。"《物理論》："化狐作舟。"《束晳發蒙記》："伯益作舟。"在殷時鑄造饕餮紋鼎銘文，有人挑物立船中，船後有櫓，划船前進之形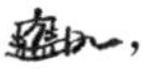，此爲實物圖畫之證。又需讀爲濡，濡滯也。"需於郊"，"需於沙"，"需於泥"，是步步向前推進，而直至水際，艱難困苦之狀，歷歷如見。"光亨"一詞，除此無見，殆"元亨"之誤。光、元形近而誤也。"元亨"出於内乾，説詳《乾》卦。此與《損》卦"有孚。元吉。無咎"，《井》上六"有孚。元吉"，句法全同，可爲例證。

《禮記·儒行》："其飲食不溽。"注："恣滋味爲溽，溽之言欲也。"疏："故飲食常質，不濃厚也。"楊氏《古音》："溽，人余切。"《歸藏易》，需卦作溽，同濡。

初九：需之井。需於郊，利用（恒）[垣]。無咎。

《帛書》："郊"作"茭"。需，讀爲濡。濡，滯也。《雜卦傳》："需，不進也。"亦濡滯義。《孟子·公孫丑》："三宿而後出晝。"是何濡滯也？《彖》曰："需，須也。"須，翌也。此翌爲等待義。王先生曰："距國百里爲郊。需，宿也。"邑外謂之郊。恒爲垣之假。垣，墻也。宿於邑外之郊，必須利用什物沙石以爲墻垣作憑藉，以防萬一。何以取象？中互離，離者籬也。籬落亦圍垣之義。若是恒久，何必利用耶？何以不前進？前是重陽，陽遇陽爲敵。又有大川之險不可飛過。《説文》："茭，乾芻。"此取與郊音同而已。

九二：需之既濟。需於沙，小有言。終吉。鄭"沙"作"沚"。喜作沙衍。《帛書》："小"作"少"，"終"作"冬"。

此言濡鹵，於沙衍以待濟也。二爲互兑之始，兑爲剛鹵，即沙也。王先生曰："沙，水散石也，水少沙見。譚長説从尐，尐即少也，丿乀異耳。動成既濟，需沙，待渡將濟之象。"

高亨曰："言疑當作䛠……形近而訛。《説文》：'言，直言曰言，論難曰語。从口辛聲。䛠，語相訶歫也。从口辛，辛，惡聲也。讀若櫱。'考甲骨文作，《殷虛書契前編》卷五第二十葉。，《殷虛書契後編》第十葉。奇作，《殷虛書契前編》卷四第二十八葉。，《殷虛書契前編》卷六第二十九葉。二字釐然有别。《易》此言乃訶譴之義，當作䛠，不當作言。小有言，謂小受訶言遣也。《訟》初六：'不永所事，小有言，終吉。'《明夷》初九云：'有攸往，主人有言。'《震》上六云：'婚媾有言。'《漸》初六云：'小子厲，有言無咎。'諸言字并與此同義。"按高説甚是，但經史子集諸文内，凡責難訶譴之字，皆作言不作䛠，是䛠已成廢字矣，録此以存古。

二互兑，兑爲口舌。《易林》亦以兑爲言，兑言向外，與乾言相背，故起争訟。《尚》云："凡《易》云有言，及聞言不信，有言不信者，皆争訟也，非言之有無也。”兑前即離，離即致譽。此争訟而終吉者，以得中位也。

《説文》：“冬，四時盡也。”終从冬聲爲事物之盡。古文終作𠔾，表示絲綵以後之形。

九三：需之節。需於泥，致寇至。鄭本：“寇”作“戎”。

此言濡滯泥灘之上，表示一步一步向前推進之苦難形象，寫出渡濟大川不易也。九三已近坎水，此曰“需於泥”也。王先生曰：“《説文》以泥爲水名。别製埿、坭字。埿，澱也。坭，反頂受水也。漢人又以涅爲泥。涅，黑土在水中也。承上沙言泥沙可需，泥則陷矣。”互離爲戈兵，故曰：“致寇至。”致，招也。《周禮》：“以致萬民而詢焉。”又《左傳》“致”“師”之意同。《象》曰：“‘需於泥’，災在外也。”謂在外卦也。九三在中孚爲六三，中孚，忠信也。信，誠也。忠誠具於内，自能敬慎，敬慎不敗之理也。故曰：“災在外。”

九四：需之夬。需於血，出自穴。

《歸藏易》：“需”作“溽”，蓋爲此爻也。予疑此爻爲夏代少康之故事。《左傳·哀公元年》：“昔有過澆殺斟灌以伐斟尋，滅夏後相。後緍方娠，逃出自竇。”按緍應爲夏少康食邑，《左傳·哀公元年》及《史記·吴太伯世家》，字并作綸，無作緍者。此從《敦煌舊鈔楚辭音殘卷》作緍。王先生曰：“讀需爲濡也，濡血，插盟以接聘客。”竇，穴也。尚云：“兑爲穴，《易林》乾之咸云：‘反得丹穴。’豫之兑云：‘秋蛇向穴。’皆以兑爲穴。”歸於有仍，生少康焉。古人穴居，穴即家也。古時婦女生産後，坐床一月，謂之坐溽，又作蓐，作縟。溽於血即謂坐血盆之溽也。故《象》曰：“需於血，順以聽也。”離爲中女，順爲婦德，聽從先人之命而坐溽也。

九五：需之泰。**需於酒食，貞吉。**

需，讀爲臑。羊豕之肉曰臑。《楚辭·招魂》："臑者芳兮。"又《大招》："鼎臑盈望。"注："臑，熟也。"饜飲酒食，以禮客也。五爲君主，互離爲火，坎水在火上，有烹飪酒食之象。古以酒食爲禄，"貞吉"爲吉禄。此蓋以君宴臣，臣受其享。王先生曰："讀需爲餪也。乃管切。餪，饋女酒食之名。"按《集韻》："女嫁後三日，餉食爲餪女。"今俗謂之回門酒。新婚夫婦同來同去，女家可大宴賓客。王夫之曰："此言'酒食'，文與《大象》同，而義自别。《大象》觀全卦之象，示學《易》者之大用，爻乃《彖辭》旁通之情，示占者時位之宜。《大象》言'飲宴'，發憤忘食後樂之旨；此言'酒食'，明宴好待賢之義。文偶同爾。讀《易》者不可以《大象》强合《爻辭》，類如此。"

上六：需之小畜。**入於穴，有不速之客三人來，敬之，終吉。**《帛書》："速"作"楚"，按古音速錫部，楚模部，音近相假。

此爲渡過大川，回到家中，有不速之客三人來也。穴即家，古人穴居野處。《説文》訓穴爲土室。《詩》："陶復陶穴。"復即覆之省，亦穴也，後人名窑洞，山西現今還有穴居。何以名"不速之客"？速，召也，召，請也。未有召請他而自來的人，就叫不速之客。荀爽曰："三人，謂下三陽也。須時當升，非有召者，故曰'不速之客'焉。"陸宗達曰："'速'本字應是'誎'。《説文·三上·言部》：'誎，餔旋促也。'段注云'未聞'。案：'餔'是日加申時食。也見《説文》，也就是晚餐，有客不按時來，便需催請。'旋促'者，催其快來入席。"按《毛詩·小雅·伐木》："既有肥羜，以速諸父。寧適不來，微我弗顧。於粲洒埽，陳饋八簋。既有肥牡，以速諸舅。"《禮記·鄉飲酒義》曰："主人親速賓及介，而衆賓自從之。"《儀禮·鄉飲酒禮》："主人速賓。"又《鄉射禮》："乃速賓。"鄭玄注《禮》與箋《詩》，皆訓速爲召。“敬之”謂以禮相待，故“終吉”也。孔子所謂“禮之用，和爲貴”，即此可見其效。

訟

☰☵ 乾上坎下　天水訟　内互離 ☲　巽 ☴

四易卦　遯 ䷠ 三來二往　中孚 ䷼ 初往四來

無妄 ䷘ 二來初往　大過 ䷛ 三往上來

今訟所自來：一自《中孚》，《中孚》本正合而改四作初，中虛稍實。然其側合者自在也，則有孚也；一自《無妄》，《無妄》以大離而近噬嗑，訟口善噬，而今以剛橫坎中，是塞也，則窒者也；一自《大過》，《大過》體大坎，坎爲憂爲勞，而今《易》三上而坎仍見焉，合大坎小坎而憂見於中，是惕中也。一自《遯》，《遯》三上俱剛，三上爲兩卦之終，而健不可止，必致終訟。今以三易上，而上下相應，不成不終，是吉也。終則凶，不終則不凶也。毛奇齡説。

王夫之曰：“凡勢位不相敵，而負直以相亢、懷險以求伸，則訟。此卦三陽上行，有往而就消之勢，已成乎《否》，將成乎《遯》，九二不恤險陷，退而下行，爲主於内，以止陽於將消，其爲功於《乾》，大矣。”《周易内傳》。按王説卦體，未明其義。

古時洪水爲患，人民被其淹没，不能生存。居於山阜之中，樹巢之上，看到天大水大，無力相抗，故起爭訟。《象》曰：“天與水違行。訟。”荀爽曰：“天自西轉，水自東流，上下違行，成訟之象也。”此違行之一。天自上浮，水自下流，終不相會，此違行之二。鯀禹父子治水，一塞一疏，其中爭訟，當是酷烈，此違行之三。王夫之又云：“若‘天與水違行’，則以經星之天而言。經星之天左旋，而水右行以歸於海，故曰‘違行’，莫非自然之象。”《周易稗疏》。按左旋爲西，右行爲東，此與荀爽説相同。在三千年以前，此種自然科學知識，水與天違行規律，掌握無有偏差，似非世界其他民族所能企及也。然而今非昔比，《序卦》説：“飲食必有訟，故受之以訟也。”鄭玄曰：“訟，猶争也。言飲食之會恒多争也。”此人事紛紜之訟，《彖》所謂“險而健訟”者也，本卦獨詳此義。

訟：有孚，窒惕。中吉。終凶。利見大人，不利涉大川。《帛書》：“孚”作“復”，全書同。“窒惕”作“洫寧”。“中”作“衷”。“終”作“冬”。“利見”作“利用見”。馬、鄭本：“窒”作“咥”，“孟”作“恎”，恎、咥、窒三字皆从至得聲，同聲通假。

《説文》：“孚……一曰信也。”徐鍇曰：“鳥之孚卵，皆如其期，不失信也。”《禮記·聘義》：“孚尹旁達，信也。”馬注：“玉之爲物，孚尹於中，旁達於外，所以爲信。”此言訟情欲誠信，不能虚僞。《帛書》：“窒惕”作“洫寧”，此言訟情要儆惕窒塞不通。洫，田間水道，通則安寧無事。《論語·陽貨》：“惡果敢而窒者。”朱熹注：“窒不通也。”《損·彖》曰：“君子以懲忿窒欲。”謂抑制憤怒，塞止欲望也。對世務欲開通，對欲望欲塞止，則訟自消亡。遯三之二剛來横中，艮來制止，故“中吉”。遯將成否，則子弑父，臣弑君，二來得中，弑不得行故“吉”也。“終凶”者謂上九終朝三褫之也。《説文》：“褫，奪衣也。”卦辭主一卦之事。非終凶而何？大人謂九五君主。王弼曰：“處得尊位，爲訟之主，用其中正，以斷枉直。”六爻除上九外，皆曰吉，曰終吉，則以不終訟故耳。初固畏罪，三亦悔非。二四與上，三陽蟠結。一以不勝而逋逃，一以不克而歸命，獨上九陽陽自得，受賞束帶，但不須刻而三褫奪之。然則訟亦何利乎？王夫之曰：“《訟》之凶，二任之，涉川之不利，則上九之亢而不知退也。”《内傳》。

初六：訟之履。**不永所事，小有言。終吉。**

此言不長久困溺於獄，則終吉也。王先生曰："'所事'者君上，宜永事者也，不永者訟其曲直，故曰'有吉'。初有違言，於四也，失天澤之義，又成兑而爲言。"年少人不更事者，初爲中孚之兑。兑爲口舌，故"小有言"。前進互離，離爲光明，故"終吉"。《後漢書》永元五年，梁相訟節王暢不道，暢上疏謝。朝廷下詔曰："《易》不云乎：'一謙而四益。小有言，終吉。'"亦指不終訟則吉也。

九二：訟之否。**不克訟，歸而逋，其邑人三百户，無眚。**《帛書》："眚"作"省"，眚、省古韻同吉部，同部相通假。

此言不成訟，逋逃而歸，所争之邑人三百户無損失也。此蓋虞芮兩國君爲争田事，久而不平，願質於文王。兩君入其境，見"耕者皆讓畔，民俗皆讓長"。虞、芮之人慚，相謂曰："吾所争，周人所耻。何往爲？衹取辱耳。"讓而去，故邑人無損。《詩・大雅・綿》："虞芮質厥成，文王蹶厥生。"是也。"歸而逋"，逋者，逃也，内動詞，不帶賓語，與今文法稍異。坎爲眚，無眚，無災禍也。三百户，古侯伯賜大夫之數。《論語・憲問》桓公奪伯氏駢邑三百賜管仲。齊子仲姜鎛："侯氏易之邑二百九十九。"皆其證。眚、省音同通假。《尚書・洪範》："王省惟歲。"《史記・宋微子世家》："省"作"眚"。《公羊傳・莊公二十二年》："春，王正月，肆大省。"《左傳》《穀梁》作"眚"，皆其證。

六三：訟之姤。**食舊德。貞厲。終吉。或從王事，無成。**《帛書》無"終吉"二字。

此言因訟事敗壞先人之德業，或不能從王事。

惠棟曰："食讀如'日月有食'之食。"則作蝕解。《説文》："蝕，敗創也。"《史記・天官》："日月薄蝕。"《吕覽・明理》：

“其月有薄蝕。”《漢書·劉向傳》：“日有蝕之。”經傳皆作食。《爾雅·釋蟲》：“食苗心，螟。食葉，蟘。食節，賊。食根，蟊。”《左傳·哀公七年》：“鼷鼠食郊牛角。”此假食爲蝕。是食蝕古字通用。食舊德敗壞先人之德業也。厲，危害也。“貞厲”謂失位也。卜問事則危害。“終吉”謂承陽有應，結果吉利。此以爻言則終吉不可删，以卦言則不可有。厲，謂遯之三剛來成坎。吉，謂初往四來成中孚。乾爲王，二變坤爲事，故曰王事。成否坤柔，故從王事無成也。

九四：訟之涣。**不克訟。復即命。渝，安貞。吉。**《帛書》：“渝”作“俞”。

此因敗訟，而自認輸，從命安居而得吉也。《坤》卦“安貞吉”，與此句全同，則不能讀“渝安貞吉”也，明矣！渝讀“鄭人來渝平”之渝。《左傳·隱公六年》。《公羊》《穀梁》作“輸”。渝讀爲輸，一聲之轉也。輸者，自認爲負也。自認爲負，則心地喜悦而安和。巽爲命令，即從也。自認輸而從命不訟，故曰“安貞吉”也。

九五：訟之未濟。**訟。元吉。**

此爲聽訟之主。《禮記·大學》：“子曰：‘聽訟，吾猶人也。必也使無訟乎？無情者不得盡其辭，大畏民志。此謂知本。’”《論語·顔淵》：“子曰：‘片言可以折獄，其由也與？’”王弼曰：“處得尊位，爲訟之主，用其中正，以斷枉直。中則不過，正則不邪，剛無所溺，公無所偏。故‘訟，元吉’。”元吉以德言，大吉以時言。

上九：訟之困。**或錫之鞶帶。終朝三褫之。**

鄭、虞、李：“褫”作“拕”。解也，義同。《帛書》作“摅”，今作褫奪。言勝訟之人得王命錫寵，乃終朝三褫之。錫，賜也，二字皆从易聲，易與益同聲。益者，增加也。增加故有賜予之義。鞶帶，大帶也，又謂之紳帶。鞶帶，用以束朝服佩玉。終朝，一個早晨的時間，極言其短暫也。褫音蚩，有剥奪解除義。互巽爲命令，上應在三，三在互離中，離火克上乾之金，故有三褫之事。宋項安世《周易玩辭》引鄭注“三拕，三加之也”。楊慎、臧琳、朱芹等皆謂三拕其紳以爲夸耀。殊乖拕字之義。《釋文》褫，鄭本作拕，俗拖字。《説文》：“褫，奪衣也。”讀若沱。《淮南子·人間訓》：“拖其衣被。”高誘注：“拕，奪也。”拖、奪雙聲，拖、拕同字，沱亦同音也。《易疏》：“三見褫脱。”脱、奪同聲，皆謂解脱。項、王等人見字不考其義，自誤又以誤人，誠可哀也已。

師

䷆ 坤上 坎下 **地水師　內互震 ☳　坤 ䷁**

二易卦　剥 ䷖ 上來 二往　復 ䷗ 二來 初往

九二一陽獨尊爲衆陰之長，凡兩變而成。一自《復》來，《復》之震，長男也。一自《剥》來，《剥》之艮，少男也。今又见爲《坎》，《坎》中男也。以一爻厲三男，在《復》爲長，在《剥》爲高位之長，今在《坎》爲互震之長。則無往非男，無往非長，儼然一丈人矣。毛奇齡説。

《象》曰：“地中有水。師，君子以容民畜衆。”陸績曰：“坎在坤内，故曰：‘地中有水。’”何晏曰：“師者，軍旅之名。”《周禮》：“二千五百人爲師。”《説文》：“師……从帀从𠂤。”𠂤爲𠂤之省，高地也。帀圍繞一周，駐軍之營盤地。師尊唯帥。《説文》：“帥，佩巾也。”巾，衣。卦象一陽爲群陰主。受鉞專征，衣服佩帶，各有特製。故師、帥衹有一筆之差。

師：貞。大人吉，無咎。王本"大人"作"丈人"。《子夏傳》作"大人"。崔憬，李鼎祚從之。吴澄曰："丈字蓋大字之訛。"姚配中曰："此亦當從《子夏傳》作'大人'。"

仲按《易》傳無丈人解釋，反之《困》卦有："亨，貞，大人吉。"五字全與此同。《否》卦："大人吉。"衹無貞字。丈人爲尊老之稱，師中戰鬥，老者衹可作謀主而不可作主帥。大人爲君王之稱，老子曰："域中有四大，而王居其一焉。"古人出征皆王者親身自任。黄帝征蚩尤，殷高宗伐鬼方、次於荆，湯伐桀，武王伐紂，皆其明證也。《彖》曰："能以衆正，可以王矣。"崔憬曰："剛能進義，中能正衆，既順且應，行險戡暴，亭毒天下，人皆歸往，而以爲王，'吉又何咎矣'。"其卦組織，坤舍於坎，俱居子方，坤坎皆爲衆，故曰師。猶乾舍於離，俱居午位，爲《同人》也。

初六：師之臨。**師出以律，否，臧，凶。**否，馬、鄭、王肅皆音方有切。晁氏謂"先儒多作不"，韓康伯讀作否泰之否，《帛書》："否"作"丕"，詳見《否》卦。

此言出師必合律，違律則必敗。《史記·律書》："六律爲萬事根本焉。其於兵械尤所重，故云'望敵知吉凶，聞聲知勝負'，百王不易之道也。武王伐紂，吹律聽聲，推孟春以至於季冬，殺氣相并，而音尚宫。"《六韜·五音》："武王問太公曰：'律音之聲，可以知三軍之消息，勝負之决乎？'太公曰：'……夫律管十二，其要有五音：宫、商、角、徵、羽，此真正聲也，萬代不易。……'武王曰：'善哉！'"此卦開國承家，王是武王滅紂之事。而行師吹律以候吉凶之術，自古有之，至春秋時，師曠猶能行之。《左傳·襄公十八年》："楚師伐鄭……晋人聞有楚師，師曠曰：'不害。吾驟歌北風，又歌南風，南風不競，多死聲，楚必無功。'"服虔《禮記疏》、賈公彦《周禮注疏》、杜預注俱以歌風爲吹律。

否臧并舉，《爾雅·釋詁》："臧……善也。"《詩·駉》："思馬斯臧。"《閟宫》："俾爾壽而臧。"臧、壯皆从爿聲，同聲通假爲莊。《周書·謚法》："兵甲亟作曰莊，睿通克服曰莊，死於原野曰莊，屢征殺伐曰莊。"《獨斷》："好勇致力曰莊。"是莊謂甲兵整齊，好勇致力，故稱善也。《左傳·僖公二十八年》："師直爲壯，曲爲老。"以壯老并稱，壯即莊字，謂强盛，老謂衰頽。臧、莊、壯三字同音通假。此臧否并稱，簡言之謂軍强與不强。軍隊雖强，而出師不合乎律，即失律，亦凶。王先生曰："臧，善也，从臣戕，能服戕害爲臧。否，不也，从不口。不服者凶，恃衆以犯正。"楊樹達訓臧爲順，"執事順成爲臧"。《周易古義第一》。陶鴻慶曰："大抵師律不一。如《甘誓》攻禦、《牧誓》步伐、《周官·司馬法》坐作進退有常、《魯侯誓費》出師馬牛臣妾勿逐皆是。"未得其旨也。吹律之法，《六韜》《黄帝兵法》均有記載。聞一多引之甚夥，并揭出《六韜》武王問太公一節，則與《師》卦尤相契合也。學者可詳閲《聞集》。

九二：師之坤。**在師中，吉。無咎。王三錫命。**"錫"，鄭作"賜"。《帛書》作"湯"，今古字書無此字。从水从易，蓋易水之本字，《帛書》用以代逖、逿、惕、賜，易、狄同部通假。

此言軍將在師中，爲國主所倚重。《九家易》曰："雖當爲王，尚在師中，爲天所寵，事克功成，故'吉，無咎'。二非其位，蓋謂武王受命而未即位也。受命爲王定天下以師，故曰'在師中，吉'。"王先生謂"二體互震，震木數三，'王三錫命'之象。《周禮》云'一命受職，再命受服，三命受位'，是其義也"是也。《曲禮》："一命受爵，再命受服，三命受車馬。"兩説有所不同。職位即爵也，似以《曲禮》爲是。

六三：師之升。**師或輿尸。凶。**《帛書》："輿尸"作"輿㞒"，尸下从示，表神祇。猶死尸下从死字也。

此蓋武王以車載文王之尸人以伐紂之事。《楚辭·天問》："武發殺殷，何所悒？載尸集戰，何所急？"《淮南子·齊俗訓》："武王伐紂，載尸而行。"《史記·龜策列傳》："入於周地，得太公望。興卒聚兵，與紂相攻。文王病死。載尸以行。太子發代將，號爲武王。戰於牧野。"又《伯夷列傳》："及至，西伯卒，武王載木主，號爲文王，東伐紂。"又《周本紀》："爲文王木主，載以車，中軍。"輿謂互震與坤。震爲車，坤爲輿，輿尸即載尸，亦即載主。主者，木主也。入廟則成祏主。祏从示，神之也。木主則入石室。今俗通稱神主，而祏主已廢矣。此輿尸即文王死，而用人作文王之尸主。而進行伐紂，非戰死之軍人尸體也，何以謂之凶？古謂喪禮爲凶禮。伯夷叔齊諫武王伐紂説："父死不葬，爰及干戈。"責備武王不守父喪之禮。喪戰皆凶事，故曰凶。王先生曰："輿敵尸以爲功，非不重傷之義。"其説非也。高亨云："輿尸者，以輿載死人也。戰敗卒死，載尸而還，是凶也。"其説亦非也。

六四：師之解。**師左次。無咎。**

此蓋武王伐紂，陳師牧野，以待紂之整旅也。王夫之曰："兵法：前左下，後右高。高者在後，據險以結屯；下者在前，馳野而趨利。前左不行，則後右皆止。不言前而言左者，軍雖不進，前軍猶必遠哨以防敵，惟左則屯聚以止耳。"《稗疏》。按兵家尚右，以退爲左。駐扎，則上將軍居右，偏將軍居左，皆軍禮也。此以右待紂蓋尊之也。次駐扎也。《左傳·莊公三年》："師一宿爲舍，再宿爲信，過信爲次。"荀爽曰："二與四同功，四承五，五無陽，故呼二舍於五，四得承之，故'無咎'。"

六五：師之坎。**田有禽。利執（言）[訊]，無咎。長子帥師，弟子輿尸。貞凶。**“言”，王本作“之”，郭京《舉正》云：“王弼本作之以行書向下引脚似言字，遂誤。”其説非也。廖海廷曰，言音義同焉。語末表决定。亦非也。詳王、聞説。

五爲君位而曰田獵，諱之也。《白虎通·田獵》：“禽者何？鳥獸之總名，明爲人所禽制也。”聞曰：“言當讀爲訊，言从辛，辛辛古同字，而辛卂音同，《説文》杋讀若莘，《爾雅·釋地》‘東陵杋’，錢大昕謂即《左傳·成二年》之莘。是古音言訊亦近。音近則義通，故訊問之訊謂之言，《爾雅·釋言》：‘訊，言也。’俘訊之訊亦謂之言。《虢季子白盤》‘執訊五十’，《不嬰簋》《兮甲盤》‘折首執訊’，《詩·出車》《采芑》‘執訊獲醜’，《皇矣》‘執訊連連’。‘執言，犹執訊也。《兮甲盤》：‘折首執訊，休，亡愍’與《易》‘執言，無咎’語意詞例并同。”是執言爲執訊之誤也，甚確。王先生曰：“執言，執訊也。《詩》曰：‘執訊’，謂生俘以歸問其罪。”是也。古者田獵軍戰，視爲一事，故通假用軍戰斷耳以計功，田獵亦同，未獲之前，田物謂之醜，敵衆亦謂之醜。既獲之後，田物謂之禽，敵衆亦謂之禽。是古人視田時之獸與戰時之俘虜，等量齊觀。所以田獲禽亦執訊也。李鼎祚曰：“六五君尊失位，在師之時，蓋由殷紂而被武王擒於鹿台之類是也。以臣伐君，假言‘四獵’。六五離爻，體坤，離爲戈兵，田獵行師之象。”虞云：“長子謂二，震爲長子，在師中，故‘帥師’也。”弟子謂三，三體坎，坎震之弟而乾之子，失位乘陽，遂敵貞凶。

上六：師之蒙。**大君有命，開國承家，小人勿用。**《帛書》：“開”作“啓”，《玉篇》：“啓……開發也。”《尚書·堯典》：“啓明。”《孔傳》：“啓，開也。”

用師已畢，論功行賞。《師》與《同人》爲旁通。虞云：“《同人》乾爲大君，巽爲有命。”據《同人》言也。干云：“大君，聖人也。有命，天命也。……以見武王親征，與師人同處於野也。……上六爲宗廟，武王以文王行，故正開國之辭於宗廟之爻，明己之受命，文王之德也。故《書·泰誓》曰：‘予克紂，非予武，惟朕文考無罪。受克予，非朕文考有罪，惟予小子無良。’開國封諸侯也。承家，立都邑也。”小人謂上六坤陰，二升五，爲開國承家。上六獨居五後，乘陽勢逆，不順承五，故戒“勿用”也。勿用，不可用也。戴震曰：“自古未聞知其人而目之曰‘小人’而用之者。《易》稱‘小人’，所以告也。言乎以小利悦上，以小知自見；其奉法似謹，其奔走似忠；惟大君灼知其小，知亂之恒由此起，故曰‘必亂邦’也。”大君一詞古經三用，《師》《履》《臨》也。

比

䷇ 坎上坤下 **水地比** **内互坤** ☷ **艮** ☶

二易卦 **剥** ䷖ 五往上來 **復** ䷗ 初往五來

水與地相比，不可分割也。地無水不生，水無地不容，二者相輔相成也。《象》曰：“地上有水，比。”何晏曰：“水性潤下，今在地上，更相浸潤，比之義也。”比有入義者以此也。《子夏傳》曰：“地得水而柔，水得地而流，故曰比。”崔憬曰：“‘方以類聚，物以群分。’人衆則群類必有所比矣。上比相阿黨，下比相和親也。相黨則相親，故言‘比者，比也’。”《論語·爲政》：“君子周而不比，小人比而不周。”斯言也，殆發揮《比》卦之義也歟？《孔傳》：“周，忠信也。”鄭玄云：“忠信爲周。”孔安國曰：“忠信曰周，阿黨爲比。”《荀子》：“交親而不比。”楊注：“比，謂暱狎。”是謂周爲公，比爲私耳。亦可以發揚此卦之義，其義維何？臣輔君之義也。

比：吉。原筮，元［亨］永貞。無咎。不寧方來。後夫凶。各本皆脱“亨”字，從高説據《左傳·昭公七年》補。

蓋武王伐紂以後，或曰周公東征勝利後。會諸侯而大射，并開宴享以會群臣而親賢也。毛奇齡曰：“《比》自《復》來，以初剛之偏而居五中。又自《剥》來，以上剛之偏，而亦居五中。是其得正中以爲上下之應，必再筮而始得之……‘筮’者，推也。‘原筮’者，再推也。原意多誤解，唯《唐氏易》謂内卦曰初筮，《蒙》是也。外卦曰原筮，《比》是也。”衹以内外分初原，則於筮義何居？若謂卦曰筮，則凡外卦皆原筮矣，且《蒙》之初筮，未嘗指内卦也。若内卦曰初，外卦曰再，則再三瀆，有三卦乎？《周禮·太卜》之原兆，與筮不同？按毛定本卦爲二易卦，因此解原筮爲再推。一推自《復》來，一推自《剥》來，合則合矣，然《仲氏易》有三易四易，豈有三推四推之卦乎？則此説亦未確。蜀才解“原”爲“究”，孔疏同。朱熹朱震皆解作“再”，顧炎武説同。俞樾解作“初筮”。王夫之謂爲“本筮”。“筮，擇也。”謂“擇主者審之於初，而不可懷疑貳於既審之後”。此是從卦義立論。他説：“此卦群陰類聚，氣相協，情相順，而一陽居中，履天位，爲群陰之所依附，無有雜間之者，故爲《比》。”《内傳》。按古人凡事皆筮，有日筮旬筮等名，若自身之出處進退，當然有筮。細推王説即是原來之筮也。王先生曰：“原兆者，視龜兆之法。先筮後卜，相比成事，故有‘原筮’也。周法曰原以龜高名之。”王先生之説，本《周禮》三卜，一曰“原兆”。其説古而有徵，當可信從。虞曰：“師二上之五，得位，衆陰順從，比而輔之，故‘吉’。”

本爻“元”下皆脱“亨”字。“《左傳·昭公七年》：‘衛襄公夫人姜氏無子，嬖人婤姶生孟縶。孔成子夢康叔謂己：“立元！余使羈之孫圉與史苟相之。”史朝亦夢康叔謂己：“余將命而子苟與孔烝鉏之曾孫圉相元。”史朝見成子，告之夢，夢協，晋韓宣子爲政聘於諸侯之歲，婤姶生子，名之曰元。孟縶之足不良，弱行。孔成子以《周易》筮之曰："元尚享衛國，主其社稷。"遇《屯》䷂。又曰："余尚立縶，尚克嘉之。"遇《屯》䷂之《比》䷇。以示史朝。史朝曰："元亨。"成子曰："非長之謂乎？"對曰："康叔名之，可謂長矣。孟非人也，將不列於宗，不可謂長。且其繇曰：'利建侯。'嗣吉何建，建非嗣也。二卦皆云。子其建之。康叔命之。二卦告之。筮襲於夢。無望所用也。弗從何爲？弱足者居，侯，主社稷，臨祭祀，奉民人，事鬼神，從超會，又焉得居，各以所用，不亦可乎！"故孔成子立衛靈公。'考史朝所謂'元亨'者，《屯》卦之辭也。所謂'二卦皆云'者，《屯》《比》二卦皆云'元亨'也。今本《周易》《屯》卦辭有'元亨'，而《比》卦辭有'元'無'亨'，此元下脱亨字之鐵證。"參閲高亨《周易古經今注》。今據補之。

"不寧方"謂不安寧之方也。猶《詩·韓奕》："幹不庭方。"王先生曰："'不寧方'，不朝之國也。《禮》曰：'不寧侯，不屬於王所。'"《説文》："矦，春饗所射矦也。"矦者，的也。古人用各種獸皮爲之，今人謂之把子。段云："饗者，鄉人飲酒也。春饗所射矦，謂天子諸侯養老，先行大射禮之矦。"又云："天子射熊虎豹，服猛也；諸矦射熊虎；大夫射麋，麋，惑也。……士射鹿豕，爲田除害也。……其祝曰：'毋若不寧矦，不朝於王所，故伉而射汝也。'"《周禮·梓人》："祭侯之禮，以酒脯醢，其辭曰：'惟若寧侯，毋或若女不寧侯，不屬於王所，故抗而射女。强飲强食，詒女曾孫諸侯百福。'"《大戴禮》略同。"伉"作"抗"，同亢聲，此爲天子諸侯先大射於澤於射宫。射後舉行鄉飲酒禮。比射即比武。比武可以親密諸侯大夫，亦有攝服之義。鄉飲酒之所以尊賢蓋當時紂雖滅，東方還有不安寧之國、叛逆之徒，進行擾亂。故武王或周公。效大禹爲會稽之會，防風氏後至，禹殺而戮之，事是《國語·魯語》及《竹書紀年》。《竹書》云帝禹"八年春，會諸侯於會稽，殺防風氏"。蓋罪以後至也。此亦云後夫凶。陽稱夫，後夫者，後到之國君也。此卦一陽居九五之尊，爲群陰主。而上六猶處於外，有相抗意。故提出“後夫凶”以警之。

初六：比之屯。有孚比之。無咎。有孚盈缶。終來有它。吉。

《帛書》："有它"作"或池"。于省吾云："來疑未字之讹。"

此蓋進行宴享群臣之會，表示親愛團結氣氛。前有孚讀爲莩，有親近之義。孚，付也，相比附也。孚比即親比，今俗言親密。《漢書·中山靖王傳》："今群臣非有葭莩之親，鴻毛之重。"顔師古注曰："莩，蘆也。莩者，其筒中白皮至薄者也。"後有孚讀爲酹，醉也，假言酒漿。《九家易》："坤……爲漿。"古人酒糟一起吃，糟浮面不沉。《法言》："糟莩曠沉。"莩、浮同聲通假。《説文》："缶，瓦器，所以盛酒漿。"《爾雅·釋器》："盎謂之缶。"《急就篇》："缶即盎也，大腹而斂口。"故可盛酒漿至滿缶也。荀爽曰："初在應外，以喻殊俗。聖王之信，光被四表。絶域殊俗，皆來親比，故‘無咎’也。"缶者應内，以喻中國。孚既盈滿中國，終來及初非應，故曰"它"也。"終來"畢竟來也，有結果義。于説來爲未訛似非。

《帛書》"有"皆作"或"。段注《説文》云："漢人多以有釋或。"《詩·玄鳥·毛傳》："域，有也。"《靈臺·毛傳》："囿，所以域養禽獸也。"域，或音字。囿，有音字。《考工記·梓人》鄭注："或，有也。"高誘注《淮南子》亦言"或，有也"。《毛詩》作"九有"，《韓詩》作"九域"，《易緯》作"九有"。蓋有古音，如以，或古音同域，相爲平入也。按有古音咍部匣紐，或德部匣匣，此所謂相爲平入也。

《周禮·夏官·職方氏》："并州……其川虖池。"鄭注："虖池出鹵城。"池，徒多切。揚雄《羽獵賦》池與河韻。《楚辭·九歌·少司命》池與阿韻。是池古讀爲沱。又查"虖池"《禮記·禮器》作"惡池"，《山海經》作"滹沱"，《戰國策》作"呼沲"，《詛楚文》作"亞駞"。韻書皆同。《説文》："它，蟲也。”重文作蛇。它，篆文作，金文作，甲骨文作，似蛇形。蛇從《復》卦來。既有酒，又有蛇，古人食蛇，故爲吉占。殷墟卜辭，有它，無它之文，皆謂蛇也。尚云：“它，古蛇字。”《易林》以坤爲蛇，《損》之比云：“大蛇當路，使季畏懼。”王先生曰：“上古草居患它，故相問無它乎？”按《大過》九四，《中孚》初六，巽爲蛇也。

六二：比之坎。**比之自内。貞吉。**

“比之自内”，如公卿在朝，作王股肱，是也。進可替否，朝夕救謀，亦是也。在朝廷作輔弼，而人民受聖君賢宰之恩惠，上下團結，内外安泰，生計富庶，國勢昌隆，《雜卦》云“比樂”之義，明矣，故曰“貞吉”。二在坤中，坤國之象也。自内者上應於五也，本卦唯此得正應。

六三：比之蹇。**比之匪人。[凶]。**李鼎祚本、王弼本皆無“凶”字。王肅本有，今從之補。

虞云：“失位無應，三又多凶，體剥傷象，弑父弑君，故曰‘匪人’。”《詩·何草不黄》：“哀我征夫，獨爲匪民。”匪人即罪人，又謂之罷人。《帛書》作“非人”。匪，《説文》一曰非也。聞曰：“匪聲轉爲罷。罷疲古通，匪轉爲罷，猶匪轉爲彼。《周禮·大司寇》曰：‘以圜土聚教罷民。’又曰：‘以嘉石平罷民’……鄭衆注：‘罷民，謂惡人不從化，爲百姓所患苦，而未入五刑者也。’‘匪人’猶‘匪民’，罷民也。”今俗謂搶劫人財物，曰土匪、盜匪，成群曰匪衆，藏地曰匪窩，猶存古語。所以親比匪人曰凶，古今一也。干寶曰：“六三乙卯，坤之鬼吏。在比之家，有土之君也。周爲木德，卯爲木辰，同姓之國也。爻失其位，辰體陰賊，管蔡之象也。比建萬國，唯去此人，故曰‘比之匪人’，不亦傷王政也。”王夫之曰：“當群陰比陽之世，而上六獨爲‘無首’之‘後夫’，非人情，非人理矣。六三與之相應，如莊助之於淮南，蕭至忠之於太平公主，不待言凶，自可知其必凶。"《内傳》。

六四：比之萃。**外比之。貞吉。**

干寶曰："四爲三公，在比之家，而得其位，上比聖主，下御列國，方伯之象也。能外親九服，賢德之君，務宣上志，綏萬邦也。故曰：'外比於賢，以從上也。'"按諸侯在國，作王室屏藩，大將遠征，消滅外醜，奉使鄰國，不辱君命，皆外比之義也。王夫之以"留侯之於四皓"，爲外比於賢。初與四應，四爲外卦得位，故"貞吉"。

九五：比之坤。**顯比。王用三驅，失前禽。邑人不誡。吉。**《帛書》："誡"作"戒"，古通用。

此言比武，飲宴，又較獵也。比五不應三，思天道之順也。乾爲天，坤爲順，坤順乎乾，故不應三，應三則比匪人矣。聞曰："顯讀爲韅。《左傳·僖二十八年》'韅靷鞅靽'，《说文》曰：'韅，着掖鞥也。'韅即㬎之省。此經下文曰'王用三驅'，則顯即韅字。《檀弓下》'子顯以致命於穆公'，鄭注曰'使者公子縶也'，又引盧植説曰：'古者名字相配，顯當爲韅。'案《記》以顯爲韅，例與此同。此疑讀爲紕。《禮記·大傳》'五者一物紕繆'，猶言乖戾也。按鄭注：'紕繆，猶錯也。'《釋文》："繆，本作謬。"……自後曰驅，自前曰逆，自左右曰翼。然析言，驅與逆翼異，混言之，三者皆可曰驅。……韅紕，則不良於御，故三驅禽而射皆不中。……射不中而禽逸傷人，必令邑人驚駭。今邑人不駭。是禽雖逸而未傷人，故爲吉占。"按歷來注家，讀"顯比"爲本字，訓爲光明。與下文無關聯，獨聞先生爲"韅紕"，則豁然貫通矣。誡即駭字，《周禮·大司馬》："鼓皆駴。"《文選》李善注作"駭"。《大僕》："爲故書戒駭。"《儀禮·鄉飲酒禮》："賓出奏陔。"鄭注："陔，陔夏也。陔之言戒也。”亥戒古音同部，故通用。失前禽，虞謂：“初已變爲震，震爲鹿、爲驚走，鹿之斯奔，则‘失前禽’也。”禽獸互言也。

上六：比之觀。**比之無首。凶。**

凡《易》第六爻稱首，或稱頂，《大過》《既濟》《未濟》稱頂，頂亦首也。《易例》：“上爲首。”陰爲無首，無首者，亡首也。比，臣輔其君，而罹殺身之禍，若關龍逢，王子比干之類，是也。三爲匪人，與上相應，故爲無首。荀爽曰：“陽欲無首，陰以大終。陰而無首，不以大終，故‘凶’也。”尚云：“坎爲首。首謂五也，而五爲坎主。上六乘陽，首爲所蔽，故曰無首。……荀、虞皆不知首指五，故説皆不切。清惠士奇更實指曰首指上，謂木一在下爲本，一在上爲末，末即首，意謂上六爲末爻，故爲首也。説尤穿鑿。”按尚説非是，若五爻爲首，何以有首、無首、滅頂等詞，皆係於六爻而不係於五爻呢？《易例》初爻稱趾，上爻稱首，是《易》之定例，何以私臆妄改？此蓋周公東征而誅管蔡之卦。其事坐實。待詳。

周易古經真詮卷二

小畜

☴ 巽上 乾下 風天小畜 内互離 ☲ 兑 ☱

二易卦 姤 ䷫ 初往 四來 夬 ䷪ 上來 四往

《小畜》《大畜》内卦皆乾。《路史·發揮》引《歸藏》："乾……爲禾。"是《畜》主種植之證。《西溪易説》引《歸藏》作小毒畜，大毒畜。毒、畜叠韻。《老子》："亭之毒之。"注："亭以品其形，毒以成其質。"毒，徒篤反。今作畜。唐肅宗詔書："朕以中孚及物，亭育爲心。"張説《姚崇神道碑》："亭育之功存。"是皆以"亭毒"爲"亭育"。古毒育音義通。《周禮·地官》："以蕃鳥獸，以毓草木。"注："毓，古育字。"《班固·東都賦》："豐圃草以毓獸。"注："毓與育音義同。"皆其證。畜，應作"蓄"。《魯郊禮》："畜从田从兹，兹，益也。""蓄"在田中養苗，滋生穀物。《説文》："畜，田畜也。"段注："謂力田之蓄積也。"故爲農業卦。毛奇齡曰："以大畜小者，謂之《小畜》；以小畜大者，謂之《大畜》。畜者，藏也，又止也。……以一陰居衆陽之中，爲其所包藏而隱止之，則以大畜小，其名曰《小畜》，宜也。"按毛説完全顛倒卦名，因此意義就乖謬也。大小者，陰陽也。陰陽者在人爲女男之分。此卦互陽養一陰。應是大畜小，而反謂之小畜大何也？竊反復思之，始得其義。此爲奴隸社會，一個貴族女子，作爲奴隸主，《叔德簋》："王益叔德臣嬄十人，貝十朋，羊百。"臣嬄女奴隸名也。《集韻》："嬄，嫛，婦人皃。"養一群男奴隸爲她生産。此群男奴隸，爲一女奴隸主所豢養，故曰小畜。是陽爲陰所養，男爲女所養，即大爲小所畜也。故《彖》曰：“小畜，柔得位而上下應之曰小畜。”王弼曰：“謂六四也，成卦之義，在此爻也。”王夫之曰：“《艮》二陰得中庸而謂之《大畜》，《巽》一陰而謂之《小畜》者，《艮》體陽而《巽》體陰也。凡卦一爲主，二爲從。《巽》一陰而入於二陽之中，陰爲主而得位。《乾》之健行方鋭，而一陰以柔道止其健，五、上二陽，皆爲陰用，以成《巽》入之德，故爲《小畜》。”王説粗有所得而欠精密。

在殷周之際，水田種稻，已經盛行。甲骨文有田，[illegible]，[illegible]。第二田字，已是井田制盛行的反映。金文作[illegible]，表示田中有禾。《説文》：“田，陳也。樹穀曰田。象四口十阡陌之制也。”《易書》有數田字，唯《乾》卦“見龍在田”爲耕作之田。餘爲畋獵之畋，假田爲之。蓋其時西周之農業已落後於殷。甲骨文有[illegible]，[illegible]，似是牛耕。[illegible]似是犁頭，伴以牛是殷已用牛耕無疑也。考《山海經·海内經》：“稷之孫曰叔均，是始作牛耕。”是始爲田。江蘇儀徵破山口，西周墓葬出土一件青銅鐮，刀口鋒利，見《江蘇省出土文物選集圖》。甲骨文載耕田情況於下：

貞：王令多羌裒田。《粹》1222。

甲子，貞：於下尸刖裒田。《粹》1223。按刖則刖雙聲。《説文》：“刖，絶也。”徐曰：“足具斷爲跀，其刑名則刖。今文但作刖。”故此條作“刖裒”，下作“跀裒”。

甲子，貞：於□方裒田。《粹》1223。

己巳王裒田。《粹》1221。

癸亥，貞：王令多尹裒田於西受禾。《京人》2326。

貞：王令多✕裒。《粹》0544。按多✕多尹也。

癸巳卜，賓，貞：令犬征族，裒田於虎口。《京人》1281。《説文》征同徙。

裒是雙手弄土象，讀音闕。《説文·土部》：“圣，汝穎之間謂致力於地曰圣。从土从又。讀若兔窟。”蓋讀窟音。窟與若爲雙聲。日本人謂勞動人爲苦力，蓋即此圣也。从雙手之𡋨義音亦當同也。《卜辭》之𡋨與《説文》之圣，一省一不省耳。古字多繁，𡋨當是古文。裒，《説文》作捊，義爲引取。取，聚也。將散土相聚成堆。多尹者，衆官吏也。農忙之時，王令衆官吏下與農民作田。此外奴隸還可買賣。周孝王時《曶鼎》載：“五夫用百寽。”郭沫若説：“寽等於十一銖又二十五分之十三……每個奴隸换不上二百五十銖。漢朝的錢，五銖爲一文，即五十個有眼錢，可買一個奴隸。”《論古代社會》。郭説，據《説文》計算的。

小畜：亨。密雲不雨，自我西郊。《帛書》：“小畜”作“少蓺”，字書無此“蓺”字。“郊”作“茭”，取同音而已。埶亦同。

雲雨者陰氣所聚也，水之母也。農業生産，水尤重要，無水則一切不能耕種。毛奇齡曰：“以《姤》之初六升爲六四，是在《姤》時止得《坎》之下半。以《夬》之上六降爲六四，是在《夬》時又袛得《坎》之上半。而今則四居互離在下半上半之間，是皆徒有雲而不成雨之象也。”王夫之曰：“所從來曰‘自’。自西郊者，自西而鄉東也。凡雲鄉東行，乃不雨之徵，諺所謂：‘雲向東，一場空。’也蓋《乾》位西北，陰雖上升，而至陽之氣之以行，故不得雨。若上九重陽上覆，陰不得升，則又降而成雨矣。”《稗疏》。毛奇齡曰：“夫《姤》《夬》《小畜》所在皆雲。”故曰“密雲”。又互兑澤，澤亦興雲雨，何以不雨？風起雨止也。《姤》下巽風，此上巽風，《小過》互巽，故皆不成雨也。《乾》爲郊，爲我，故曰“自我西郊”。互兑爲西。《説文》：“距國百里爲郊。”

初九：小畜之巽。**復自道，何其咎。吉。**

此言人能反復從道，故吉而無咎也。《復》卦與本卦，實不相連，虞氏亂扯，“謂從《豫》四之初成《復》卦，故‘復自道’”。又無解釋。何其咎以《復》卦辭出入無疾，朋來無咎當之。如此解經，殊覺憒憒。按復，反復也。道，乾道也。自從也。以《小畜》爲正，《乾》在下；反爲《履》，則《乾》在上。是反復皆來自乾道。《乾》爲天、爲陽、爲君、爲父、爲首，所以吉無咎也。荀子曰：“《易》曰：‘復自道，何其咎？’《春秋》賢穆公，以爲能變也。”此言穆公有改過自新之意，能從道也。《象》曰：“小畜，君子以懿文德。”義在斯手？王夫之云何讀爲負何之何，曰：“若《易》‘何挍’，《詩》‘何簑’，則仍本字。此云‘何其咎’者，以《小畜》本陽盛之卦，乾德欲行，而爲六四之陰所阻，初乃與四爲應而受畜，則不能無咎。特以初德在潛，以返歸不進爲道，獨任其咎，而不以纍二、五，是善則歸君、過則歸己之義，故曰‘其義吉’也。”

九二： 小畜之家人。**牽復。吉**。《帛書》：“牽”作“堅”，堅、牽疊韻，細縛之緊迫也。今作“𦃇”，通作“堅”。

此言奴隸逃亡在外流落，防害治安。有關主管機關，全部捉捕收養。甲骨文：“癸巳卜㝐貞，臣執。王固曰：‘吉。其執，惟乙、丁。’七日丁亥既執。”《合》九五。執是捕捉逃亡奴隸，用繩子牽引，分配到各個奴隸主作業場，復作奴隸。故曰“牽復”也。巽爲繩，故有牽復之象。牽復何以得吉，二以中和牽復自守，不失於行。《繫辭傳》曰：“二多譽。”又位得中，故吉也。

九三： 小畜之中孚。**輿說輻，夫妻反目**。《子夏傳》：“輻”作“輹”。

夫妻之間，進行階級鬥争，妻乘夫出。三四人事，六四爲主。九三雖是奴隸，但是主之拼夫。因階級不同，不能正室。所以遭受白眼，因而反目，既而乘夫外出。首爲比喻句。説即挩字。《説文》：“挩，解挩也。”“輻，輪轑也。从車，畐聲。”

《考工記·輪人》："輻也者，以爲直指也。""直指"謂車輪内之直木。輻木捝則輪敗，車不能行。《子夏傳》"輻"作"輹"。車下伏兔也。馬曰："車下縛也。"《説文》："輹，車軸縛也。"軸所持輪者也。"轐，車伏兔也。"戴震云："轐、輹實一字，其下有革，以縛於軸。"今《易·小畜》作輻，係傳寫者誤也。

虞云："豫坤爲車，爲輻，至三成乾，坤象不見，故'輿説輻'。""豫震爲夫，爲反。巽爲妻，離爲目。今夫妻共在四，離火動上，目象不正，巽多白眼，故'夫妻反目'。"輿以輪成車，夫以妻成室。妻當居内，夫當居外，今妻乘夫外出，其道逆。《象》曰："'夫妻反目'，不能正室也。"因階級不同也。《雜卦傳》曰："《小畜》，寡也。"乘夫在外，故成寡婦。

六四：小畜之乾。**有孚，血去惕出。無咎。**《帛書》："惕"作"湯"。字書無湯字，蓋易水名詞。

此言奴隸主被奴隸打出血，奴隸遠走高飛，未被捕得，故無災禍。孚讀爲俘，奴隸也。豫互坎爲血，又外震爲出。惕，警也，假爲逷。易狄同部通假，惕、逷、逖，皆同聲通假，逖出遠走也。遠走故無咎。《渙》上九："渙其血。去，逖出。無咎。"辭句一例。

九五：小畜之大畜。**有孚攣如，富以其鄰。**《帛書》："攣"作"総"，《説文》："攣，係也。"凡拘率連繫者，皆曰攣。省手者，義還相同。

此言奴隸偷盗奴隸主之財物，分給鄰人。有孚，有俘也。《説文》："攣，係也。"引申有綑縛之義。《巽》爲繩，《豫》《艮》爲手，故有攣如之象。兑西震東爲鄰，五竊四陰之財富，與奴隸共分之，是以富其鄰也。《象》曰："不獨富也。"得其義矣。

上九：小畜之需。**既雨既處，尚得。載婦，貞厲。月幾望。君子征。凶。**《注疏》本、《集解》本，"得"作"德"。京、虞本作"得"，

《子夏傳》同，今從之作“得”。得、德雖同聲通假，在此作“尚得”，謂尚可行也，以得爲妥。幾，《子夏傳》作“近”。《帛書》：“婦”作“女”，婦、女同類也。

此言得雨搶栽。處，停止也。謂天既雨又止也。載讀爲菑。《説文》：“菑，不耕田也。”《爾雅·釋地》：“田一歲曰菑。”郭注：“今江東呼初耕地反草爲菑。”菑轉爲表災害義字。《詩·載芟》《良耜》皆云“俶載南畝”，鄭箋：“俶載當作熾菑。”是俶讀爲熾，載讀爲菑也。《爾雅·釋言》：“熾，盛也。”《公羊·隱公九年傳》：“俶甚也。”甚、盛同音。載，《説文》：“从車，𢦏聲。”後起栽字亦同，古讀爲菑假音詞也。是“俶載”猶今言盛大舉行栽種也。“尚得”語氣詞，有未晚之意，尚可進行也。密雲不雨，謂初九前不雨，不得施耕，至上九得雨，仍可施耕也。婦有姑之詞。女，未嫁之稱。本卦全具三女，古人以三女成姦，醫家以三女成蠱，故曰“貞厲”。貞爲本之幹，今語謂幹得厲害。

尚氏曰：“自兑月象失傳，《小畜》《歸妹》《中孚》之月幾望，舊解皆以坎爲月。豈知《易》之言月，十九皆謂兑。《説卦》象，與經所用象不盡同也。《易林》復之臨云：‘月出平地。’以《臨》上坤爲地，下兑爲月也。又家人之小畜云‘杲杲白日，爲月所食’。以《小畜》互離爲日，兑爲月。兑月侵入離體之半，故曰爲月所食。兑月象，後惟邵子知之，而清易家皆不信。豈知邵子所用，與《易林》合，與《易》合哉！”按《説文》：“月，闕也。”《釋名·釋天》：“月闕也。滿則闕也。”月闕叠韻，以音爲訓也。其形以古文作作，正象圓闕形。兑上偶畫中闕，故以兑爲月象。幾，孟、荀作“既”。《子夏傳》作“近”，則非既也。京氏納甲法：“十五日夜乾象，月盈甲；十六日平明巽象，月退辛。上九處巽之終，正既望也。既望則陽將消，又三無應，三多懼。陽消成坎爲盗，故需征討。坎又爲险。故‘征凶’。”“婦貞厲”與“君子征凶”，相對爲文。

舊讀爲“尚德載婦”，非也。

履

䷉ 乾上兌下　天澤履　内互離 ☲　巽 ☴

二易卦　姤 ䷫ 三來初往　夬 ䷪ 三來上往

凡二易之卦，俱從《姤》《夬》《剥》《復》來，皆以中爻與初上相易，故演辭有意顯示踪迹，多在初上。如《師》之“出律”，《比》之“盈缶”，《小畜》之“復自道”，《履》之“其旋”，《大有》之“無交害”，《豫》之“由豫”皆是也。特其中要義處處皆見。如此卦與《同人》，特於五爻示其意，此尤其匪夷者，觀者審之。毛奇齡説。

《帛書》：“履”作“禮”。《説文》：“禮，履也。所以事神致福也。从示从豊，豊亦聲。……巛古禮字。”一代天。三巛，日月星三光也。乚像人跪行禮禱天。屨，履也。禮，履也。履同而義不同。崔憬曰：“履，禮也。物畜不通，則君子先懿文德，然後以禮導之，故言‘物畜然後有禮’也。”王先生曰：“履，足所依也。从尸彳夂，从舟，象履形。此卦取禮義，而爻取履象。”卦象重形，禮起於周公，爻辭亦作於周公。故寫禮於履也。《爾雅·釋言》：“履，禮也。飾足所以爲禮也。”卦以天澤名。然而天不可履，澤亦不可以履。人欲得天之恩澤，必須以禮得之。非禮弗得也。故《帛書》即用“禮”字，其義昭然若揭。

[履]：履虎尾。不咥人。亨。[利貞]。 第一“履”字據王先生和高亨説補。《帛書》：“咥”作“真”。“利貞”二字據《集解》本補。

王先生曰：“‘虎尾’上當更有履字。”王夫之曰：“凡《彖》皆先自言卦名，後乃繫以象占之辭。此徒連‘虎尾’爲句。則卦名《履》者省文也。"《稗疏》。高氏以無卦名爲脱字，王氏早已見到，但不以爲脱，蓋墨守成法也。王又對《同人》《否》《艮》，皆脱卦名亦有説明，見各卦名下。竊以爲此種脱字，皆爲卜筮者妄爲删削，兹并補正。

此言履險無凶，化凶爲吉，故亨。《釋文》："咥……馬云齕。"鄭云齧也。二字皆从齒从乞，从契得聲。乞契同聲通假，皆有咬義。尚云："乾爲虎，四虎尾，兑在乾後，故曰'履虎尾'。履，躡也。言三躡乾後也。乾爲人，兑口爲咥。人在外，故不受咥。"王先生曰："兑口在乾下，故'不咥'。"虞曰："震足蹈艮，故'履虎尾'。兑悦而應，虎口與上絶，故'不咥人'。"是蹈險而不凶，所以亨也。《帛書》以爲虎"不真人"，真假爲嗔，怒也，虎見持杖棍之人則怒。老獵人説："樹起杖棍虎自投之。"荀爽曰："二五無應，故無'元'。以乾履兑，故有通。六三履二，非和正。故云'利貞'也。"他本無"利貞"二字，蓋脱落。

初九：履之訟。素履往。無咎。《帛書》："素"作"錯"。按，素模部心紐，錯鐸部心紐，相爲平入。

《周禮·屨人》："掌王及后之服屨。爲赤舄、黑舄、赤繶、黄繶、青句、素屨、葛屨。"《儀禮·士冠禮》："素積白屨。"王先生曰："《禮》有屨無履，蓋以單複而異其稱。"殷以前唯有履耳。按古謂履曰舄，曰屨。素屨即素履。《禮記·檀弓》："素服哭於庫門之外。"《詩·素冠》："庶見素冠兮。"《毛傳》："練，冠也。"湅帛曰練。練亦素也。鄭箋："喪禮既祥，祭而縞冠素紕。"據此，素冠爲弔喪之服，素履亦爲喪服也。我國喪禮從古尚白，本卦互巽，巽爲白，素冠素履，往弔人喪，獨行禮義，故"無咎"也。白外稱往。荀爽以素履爲布衣之士，殆非也。布衣之士，何以往無咎也。此蓋言弔喪之禮也。

九二：履之無妄。**履道坦坦，幽人貞吉。**《帛書》："坦坦"作"亶亶"。坦、亶皆从旦聲。坦有寬大平坦之義。

此言王道寬大正直，幽人亦得其吉利也。虞云："二失位，變成震，爲道、爲大塗，故'履道坦坦'。訟時，二在坎獄中，故稱'幽人'。"古人獄室，抉地作空、罪人囚於地室。《歸妹》九二"利幽人之貞"，義同。《太平御覽·人事部》引《尸子》："文王幽於羑里。"來知德説："上爻爲離明，則下爻爲幽。如《歸妹》三爻離明，則二爻亦稱'幽人'是也。殊不知《歸妹》下卦亦衹是兑，故然耳。"此下初陽變坎成牢，故爲"幽人"。互離爲日，日放光明故貞吉。王先生曰："幽，隱也。成無妄，互艮爲山，本兑澤，入山故'幽'也。安步當車，故'貞吉'。獄囚不能利貞。"

六三：履之乾。**眇而視，跛而履，履虎尾。[真。]咥人。凶。武人爲於大君。**《注疏》本"而"作"能"，此爲《集解》本。《帛書》："眇"作"眇"。"爲"作"迵"。"尾"下有"真"字，今據補。真，省嗔之假也。

此戒非其人而妄自尊大者，必罹凶禍也。而、能古通用。段注《説文》："古音能與而同，叚而爲能，亦叚耐爲能。"耐，漢音讀奴代切。能讀如而，故通用。虞云："離目不正，兑爲小，故'眇而視'。視上應也。訟坎爲曳，變震時爲足，足曳，故'跛而履'。"乾爲虎，在兑下，故"履虎尾"。位在虎口中故"咥人"。咥人所以凶也。李鼎祚曰："六三爲《履》卦之主，體兑應乾，下柔上剛，尊卑合道。是以'履虎尾，不咥人，亨'。今於當爻以陰處陽，履非其位，互體離兑，水火相刑，故獨唯三被咥，凶矣。"王先生曰："明履虎尾爲履帝位之喻也。"陰居陽位爲武人，在《易》武人爲大君，《巽》在初六本卦爲互巽之三。考武人官，類似當今之衛隊司令，周代無此官名，以類求之，似以師氏一官。《詩·十月之交》："楀維師氏。”又《詩·雲漢》：“趣馬師氏。”兩詩皆言天王左右之官和管理天王之生活及政權。其中師氏一官，金文載師氏在周官屬司徒。管理征伐、戍守等武職。郭沫若《金文叢考》。使其屬帥四夷之隸，各以其兵服守王之門外，且蹕朝。在野外則守内列。據此師氏之官外可征伐，内則衛王，權重親王，故欲爲於大君也。以其職守爲武事，故夏殷之朝，呼爲武人也。夏之后羿恃其善射，弑夏后相而奪其位，是武人爲於大君之明證也。後寒浞殺羿而自爲之，亦是也，我國六朝之時，武人爲大君者，類皆焉爾。

九四：履之中孚。**履虎尾愬愬。終吉。**《吕覽·慎大覽》引作：“愬愬，履虎尾，終吉。”馬本“愬愬”作“虩虩”。《説文》引同。《子夏傳》曰：“愬愬，恐懼之貌也。”《帛書》作“朔朔”，愬之母音字也。

此言小心謹慎之人，終得吉祥也。愬爲假字，虩爲本字。音同通用。虩虩恐懼貌。“从虎㡀聲。許隙切。”《廣雅·釋訓》：“虩虩，懼也。”四爻多懼。逼近至尊，又履險而懼。若能化爲夷，則終吉也。此戒人履險，欲以禮自恃，不欲覬覦非分。如周公恐懼流言之日，忠心耿耿，祇謀求周室之安危。則雖有武庚之叛，管蔡之逆，周室新造，成王年幼。周公以枝伐主，討逆平亂，周室得安，成王厭然成長，所有群疑，涣然冰釋，天下享其太平，其謙恭謹慎守禮之效也。

九五：履之睽。**夬履。貞厲。**

此言以尊貴之身，而行難能可貴之事。高亨曰：“《説文》：‘𢁰分决也。从又、𠂇象决形。’按丨象决物之器，ㄐ象所决之物。是夬原爲斷裂之義。……夬履爲斷裂之履，明矣。《吕氏春秋·分職》：‘今民衣弊不補，履决不組。’不組就是夬履。《莊子·讓王》：‘納履而踵决。’二决字并斷裂之意。夬、决古今字耳。著夬履以行，將有傷足之虞。故曰‘夬履，貞厲’。”按高解夬履爲斷裂之履，言辯甚詳，但不合邏輯。履斷裂，即是廢履。如何能着？又如何能履？欲此有何作用？聞説："夬讀爲葛……夬履即葛屨。"夬、葛同爲曷末部見紐字。按葛屨履霜，兩見於詩。《葛屨》："其君儉嗇褊急，而無德以將之。"《大東》："刺亂也。東國困於役而傷於財。"《易》之葛屨、素履，皆非禮也。用非其時也。雖言無咎，無咎者，有咎也。又言貞厲，貞厲，危險也。《易》以素履、夬履并舉，《周禮》以素履、葛屨連稱。是葛屨即夬履。夬又讀快，古邁切。夬，輕夬也。葛言其質，快言其性。葛屨用於夏，霜結於秋。履霜則違時而非禮也。尚云："五居互巽之上，巽隕落，故危。《否》九五云'其亡其亡'，《兑》九五云'孚於剥有厲'。亦皆以居巽上故危也。"此亦是九五當巽上，故曰"貞厲"。以九五之尊，而著葛屨之倫。《象》曰："位正當也。"意謂以其地位正當如此也。此嘉王者，能履禮以示天下，可爲後世法也。

上九：履之兑。**視履，考（祥）[詳]其旋。元吉。**三本作祥，荀、鄭、李本，作詳。《帛書》："考"作"巧"。"祥"作"翔"。"旋"作"睘"。

王先生曰："《易》考皆言父，不爲考成。考，稽也。視不眇，履不跛，謂嗣子除服時能勝喪也。上爲宗廟，乾父終爲考。大祥稱詳。"又云："周旋旌旗之指揮也。嗣位朝禰建龍旗，車進迎賓，周旋中規，折旋中矩，王者改元大吉之禮。"王先生所言從"考祥"兩字着眼，由喪禮而説到嗣位之吉禮，詳矣備矣。余謂此爻主語是"視履"二字，"考詳"是動詞而非主語，王先生所説非也。謹按《公羊·隐公五年》："考仲子之宫。"《传》曰："考宫者何？考猶入室也。"《儀禮·士喪禮》："考降，無有近悔。"鄭注："考，登也。"《復》六五《象》曰："'敦復，無悔'，中以自考也。"王先生説："《易》考皆言父，不爲考成。考，稽也。"其説非也。祥、詳古通用。《大壯》上六《象》曰："'不能退，不能遂'，不詳也。"王肅作祥。《左傳·成公十六年》："詳以事神。"《正義》曰："詳者，祥也。"《帛書》作"翔"，有翱翔徘徊之意，亦即考慮端詳也。旋，及也。《説文》：“旋，周旋。”復返謂退還也。《帛書》作“睘”，旬宣切音旋，《集韻》：“復返也……通作旋。”古人席地而坐脱履於户外。後來之人，欲登堂入室者，必須詳察户外所脱之履，以端詳室内所坐之人，然後決定自己的進退。此之謂有德，故“元吉”也。大吉以時言，元吉以德言。此教人在日常生活之中，待人接物，周旋中禮之道。視履之事，蓋即當時通俗之禮節，著之於《易》，使人知所重也。三千年來，知其微義者，蓋鮮矣。

泰

䷊ 坤上乾下　**地天泰　内互兑 ☱　震 ☳**

聚卦 三陽三陰

此《周易》聚卦之首，以《乾》《坤》禪而爲《否》《泰》。《否》《泰》者，分聚之樞要也。故移易者，自一陰一陽，至五陰五陽止。而此以陰陽中分定聚卦之首，觀者詳之。毛奇齡説。

或曰，《泰》《否》兩卦名互訛也。何以言之？曰，從形象觀之，天位乎上，地位乎下。人民語言皆曰上天下地。《泰》《否》兩卦，皆由乾坤兩卦組成。乾下坤上，應是《否》而謂之《泰》。乾上坤下，應是《泰》而反謂之《否》。豈非訛也耶？子曰：“非也！”《劉向傳》曰：“君子道長，小人道消。小人道消，則政日治，故爲《泰》。泰者通而治也。”荀爽曰：“坤氣上升，以成天道；乾氣下降，以成地道；天地二氣，若時不交，則爲閉塞，今既相交，乃通《泰》。”王夫之曰：“天上地下，一定之理。而此相易以成乎《泰》，言其氣也。”何以謂之言其氣？天地之氣也，即陰陽之氣也。天氣下施，地氣上應，二氣相感相受，妙其變化，而生萬物。《説卦傳》曰：“《易》，逆數也。”畫卦由下向上，亦逆行也。下爲内卦，上爲外卦，内長外消，本卦陽長陰消，故曰“小往大來。吉也”。二氣相交而亨通也。附消息卦圖，學者玩之，可以悟陰陽變化之理，而明天地通與不通之道焉。

消息卦説明：此圖卦象層，相傳爲文王所製之消息卦。餘爲予所添置，以見消息卦之作用。確合乎二十四節氣，農業之生産。《泰》卦之立春，《否》卦之立秋。現代農業之生産，分早晚兩次。如果晚稻不在立秋以前插下，禾苗雖壯而不結實，此爲陰陽不交之明證。從立春《泰》卦至六月《遯》卦爲半年，陽多陰少，是陽氣太盛，爲春生夏長之時，地下轉爲冷氣。從七月立秋《否》卦至十二月《臨》卦，亦爲半年，陰多陽少，陰氣盛，而爲秋收冬藏之時，地下轉爲熱氣。冷熱氣之轉變，是非人力所能爲也。本圖對時間節氣爲現行之農曆，時間稍有出入，如立春有時在十二月之例。但時間早遲不出半月之間，所以有遲早者，也因有閏月也。

泰：小往大來。吉。亨。

小陰。大陽。虞翻曰："坤陰詘外爲'小往'，往者自内而達之外也。乾陽（信）[伸]内稱'大'來，來者自外而達之内也。内外以卦言。往來以爻言，陰陽相配，往來交通。天地交，萬物通，故'吉亨'也。"

初九：泰之升。**拔茅茹以其彙。（征）[貞]吉。**湘綺樓本彙作[illegible]。董遇作"夤"。蓋"彙"之訛。《帛書》："拔"作"犮"。"彙"作"胃"。

此言用人用材以類相連。虞云："'否泰反其類'，否巽爲茅。茹，茅根。艮爲手。彙，類也。"尚云："初應在四，四坤爲茅茹。"茹，菜屬也。《説文》"茅，菅也"。茹與茅爲二物，以其類者，言茅與茹同拔，連類以及也。王弼曰："茹，相牽引之貌也。"是讀茹爲拏。《説文》"拏，牽引也"。王夫之曰："茅、茹二草名。茹，蘆也，一名茅蒐，今謂之茜草。其草蔓生，與茅俱枝莖堅韌，拔之不絶，必連其根彙而拔之。《泰》之三陽，《否》之三陰，皆相連成體而無間斷，故有此象。"《稗疏》。廖海廷曰："茹當讀爲株，株，木根也。古音如兜，今通言茅兜。拔一兜其茅連帶而出。"或曰，《泰》初九與《否》初六陰陽不同。何以爻辭全相同也？答，一、位置相同，初與二屬地，地之生物，不論陰陽，得時則生。二、《泰》與《否》是反復，又是旁通，《泰》内是乾陽，《否》内是坤陰。陽陰旁通，故爻辭亦得通用。劉向曰："賢人在下位，則思與其類俱進，《易》曰'拔茅茹以其彙。征吉'。"

九二：泰之明夷。**包荒用馮河。不遐遺朋。[悔]亡。得尚於中行。**《説文》"包荒"引作"包巟"。《帛書》："包"作"枹"。"遐"作"騢"。"荒"作"妄"。"朋亡"作"弗忘"。高云："'亡'上當有'悔'字。"今據之增。

此言在困難環境之中，不遺棄朋友，乃出於自己良心之主張，不是希望得到同路人的贊美，而要譽於鄉黨朋友也。“包荒”，包即匏之母音詞，匏、瓠實一物。《説文》二字互訓，俗叫壺盧瓜。瓠、壺同聲通假。荒，空虛也，瓠瓜内有子瓤，瓜老摘下并挖出子瓤，使内空虛，故曰“包荒”。《帛書》作“枹”，取包音而已。我國黄帝以前，無舟渡河。人民用繩繫匏瓜之頸又并繫之腰間渡河，南人謂之“腰舟”是也。《莊子·逍遥游篇》：“今子有五石之瓠，何不慮以爲大樽而浮乎江湖。”《鶡冠子》：“中流失船，一壺千金。”壺即匏盧。《國語·魯語》：“夫苦匏不材於人，共濟而已。”馮河，《論語》：“暴虎馮河。”《詩·小雅·小旻》：“不敢馮河。”《毛傳》：“馮，陵也。”《正義》云：“涉水陵波而渡，故訓馮爲陵也。”《爾雅·釋訓》：“馮河，徒涉也。”《説文》：“淜，無舟渡河也。从水朋聲，皮冰切。”《康熙字典》以淜爲馮之古文。《帛書》：“荒”作“妄”，徒取亡聲而已，蓋爲“巟”之誤。“不遐遺朋”，《書·無逸傳》：“不遑暇食。”《字彙》曰：“遐在事，事冗曰不暇。”暇，遐同聲系，通假，作騢亦然。楊子《太玄》：“跌舡跋車，其害不遐。”《詩·邶風·匏有苦葉》：“人涉卬否，卬須我友。”即“不遐遺朋”之義也。二應在五，五坤爲大川河，互兑爲朋。《帛書》：“朋亡”作“弗忘”。余謂朋字爛脱爲弗，二字形象相近也。忘，取亡聲。妄加心字，《帛書》多有此例。高云：“亡上疑當有悔字，轉寫脱去。《易》常言‘悔亡’，即其證也。”按高説甚是。不遺棄朋友，即無悔之一端，即此一端，就得中行人之贊賞也。震爲大塗，即中行也。

九三：泰之臨。**無平不陂。無往不復。艱貞無咎。勿恤其孚，於食有福。**《帛書》：“陂”作“波”。“艱”作“根”。

此言世間事物，總是變化無常，禍福總是相依爲命。一切皆是相對而無絶對。平謂乾，陂謂坤。乾三陽極，必轉坤陰。猶之平坦必變傾邪。《繫辭傳》曰：“危者使平，易者使傾。”

故曰“無平不陂”也。往謂陽消，復謂陰息。過此即入坤。在此已形成復卦之體，所謂“無往不復”也。楊廷秀曰：“勿謂時平，其險將萌；勿謂陰往，其復反掌。”《仲氏易》引得此爻之義矣。

孚讀爲浮。古人酒糟合飲，酒沉而糟浮，故浮即酒也。《説文》：“畐，滿也。……象高厚之形。”篆作畐，高亨曰：“金文畐作畐，叔氏鐘。甲骨文作畐，《殷虚書契前編》卷四第二十三葉。并用爲福。金文福作福，虢叔鐘。福，國差罎。福，曾子簠。甲骨文福作福，《殷虚書契前編》第二十三葉。福，《殷虚書契後編》第二十三葉。福，《龜甲獸骨文字》卷一第十九葉。畐福當爲一字，祭神之酒也。畐象酒器，福又增示旁耳。《周禮·膳夫》：‘凡祭祀之致福者。’鄭注：‘福謂諸臣祭祀，進其餘肉，歸胙於王。’《國語·晋語》：‘必速祠而歸福。’韋注：‘福，胙肉也。’以字形證之，福爲祭酒，胙爲祭肉。致福歸福與致胙歸胙異義。一饗神飲之餘，一饗神食之餘。其物不同，其意則一。鄭、韋混福胙爲一，蓋福之古義湮沈久矣。此采羅振玉説，見《殷虚文字類編》。此云於食有福，正謂在食之時，有福酒可飲也。”

何以飲福酒，食胙肉是好事，爲何有憂恤也？蓋酒無量多飲則頭昏心亂，心亂則事亂。周初酒誥極嚴。“惟祀，德將無醉。”所以福酒亦不可多飲也。故憂之有禮。孔子亦言唯酒無量不及亂也。兑口爲食。坤爲憂恤。

六四：泰之大壯。翩翩。不富以其鄰，不戒以孚。《子夏傳》“翩翩”古文作“偏偏”，《釋文》作“篇篇”。皆从扁聲。扁先部，邦紐。

王先生曰：“翩，疾飛也。文無所係，當從《釋文》作篇。書也連簡爲篇。壯進爲夬，書契之象，版策連積，民富殷盛。”又曰：“二成明夷，既濟五亦成明夷，故象東鄰西鄰。小畜五成大畜，故‘富以其鄰’。謙五動互離，故‘不富’，泰五既濟亦互離，故‘亦不富’。凡鄰皆謂二伯也。由我使人則曰

‘以’，由人致然則曰‘以其’。”此爻言財富被盜竊而不富也。翩翩爲形容詞，應作䎱，《說文》：“䎱，頭妍也。从頁翩省聲。讀若翩。”翩翩，頭貌妍美，謂象富翁之體態。然而不富，是被小人盜去財物。《謙》六五與此同義。乾爲金爲玉爲財富，外卦爲坤虛，故不富。《象》曰：“皆失實。”是失乾陽之財實也。坤又爲迷，因迷而不警戒，所以其財爲俘虜所盜也。

六五：泰之需。**帝乙歸妹，以祉。元吉。**《帛書》：“祉”作“齒”。

此言帝乙歸妹於文王也。《九家易》曰：“五者帝位，震象稱乙，是爲‘帝乙’。六五以陰處尊位，帝者之姊妹。五在震後，明其爲妹也。五應於二，當下嫁二。婦人謂嫁曰歸，故言‘帝乙歸妹’。”虞云：“震爲帝，坤爲乙……震兄兑妹。”《說文》：“妹，女弟也。”歸妹，女弟嫁也。帝乙，紂父。《左傳·哀公九年》《文公二年》，皆曰宋祖帝乙。杜注：“帝乙微子父。”若是帝乙之妹是微子啓與紂之姑母也。其嫁與誰？《詩·大雅·大明》云：“大邦有子，俔天之妹。文定厥祥，親迎於渭。”周稱殷爲大邦，自稱爲小邦。子指妹，文謂文王，親迎於陝西之渭水上。又《思齊》云：“大姒嗣徽音，則百斯男。”大姒，文王之婦，武王之母。王先生云：“帝乙，殷天子之稱。妹，媵娣也。歸妹，則嫁於大夫爲内子。”后二句其说误。王夫之云：“商天子以‘乙’爲號者非一，此言帝乙，未詳何帝。”按此明言帝乙，何說未詳何帝？殷天子以乙爲號，雖有數人，但有品別：天乙、祖乙、武乙、小乙，此爲帝乙，乙上各有一字，區矣別矣，絶不可混。何得言不知何帝？王又云：“‘歸妹’與‘女歸’異。女歸者，歸嫁於夫家，正也。歸妹者，夫就婦而歸之，如後世之贅婿，變也。”此則歪曲經文，遺誤後世。《易》書兩言“帝乙歸妹”，以今語法言之：帝乙爲主語，歸嫁妹或嫁女。是動詞，作謂語。妹或女作賓語，合言之爲帝乙歸妹。何得云“夫就婦而歸之，如後世之贅婿”焉？贅婿是男贅於女家，湖南謂之招郎。據王説而推之，則是帝乙自嫁與妹爲夫也，既非血族婚姻，即是兄妹通姦。齊桓公内行則姑姊妹之不嫁者七人，《荀子·仲尼篇》是桓公與七人通姦而不出嫁者也。帝乙堂堂一天子，天下美婦人夥矣，何必自嫁與妹？此説極荒唐，未可從也。

《子夏傳》誤以爲湯之歸妹。京房又從而作之辭“無以天子之尊而乘諸侯，無以天子之富而驕諸侯。陰之從陽，女之順夫，本天地之義也。往事爾夫，必以禮義”。此爲京房之揑造，不見於他書。蓋誤以帝乙爲天乙也。

上六：泰之大畜。城復於隍，勿用［行］師。自邑告命。貞吝。

“隍”，《子夏傳》作“埠”。姚信作“湟”，《帛書》同。各本無行字，據高説補。

此言城壞，不能行師。《九家易》云：“‘城復於隍’，國政崩也。”復、覆通。傾，倒也。否艮爲城，坤爲積土。《説文》：“隍，城池也。有水曰池，無水曰隍。”隍，又作埠，或湟，皆同音而通假也。高云：“師上疑當一行字，轉寫脱去。《易》屢言行師。《謙》上六云：‘利用行師征邑國。’《復》上六云：‘用行師終有大敗。’《豫》云：‘利建侯行師。’即其例證。”高説甚韙，今據之補行字。虞云：“二動時體師，陰皆乘陽，行不順。”而變否。《書·西伯戡黎》：“西伯既戡黎，祖伊恐，奔告於王曰：‘天子！天既訖我殷命，格人元龜，罔敢知吉……故天棄我。’”此以隍傾爲西伯戡黎之事。待考。巽爲告命，命逆不順，坤道先迷，故曰“貞吝”。

否

☷☰ 乾上 坤下　天地否　內互巽 ☴　艮 ☶

聚卦 三陰 三陽

《帛書》《否》卦作《婦》卦。《集韻》："婦，扶缶切。"《唐韻》音"房九切"。諸韻書從之。徐鍇曰："不可之意見於言，故从口。"《釋文》《書・益稷》《詩・烝民》否字俱兼缶，鄙二音。《唐韻》："痞，符鄙切。"諸韻書亦從之。蓋六朝以前，《否》卦都讀婦，唐朝以來多讀痞。《玉篇》："否，閉不行也。"《廣韻》："塞也。"《集韻》："惡也。"其義皆由痞生出。《否》《泰》以陰陽之通氣與不通氣爲準則。《泰》卦陽氣上升，陰氣下降而通氣。《否》則《泰》之反也，《否》爲七月卦，陰長陽消。《釋文》："否……塞也，閉也。"天地之氣閉塞不通，則萬物不生。《劉向傳》曰："讒邪進則衆賢退，群枉盛則正士消。故《易》有《否》《泰》。小人道長，君子道消。君子道消，則政日亂，故爲否。否者，閉而亂也。"

[否]：**否之匪人。不利君子貞。大往小來。**各本不重"否"字。今據高説補卦名"否"字。《帛書》："否"作"婦"，以音同，相假也。"匪"作"非"。《説文》段注："有借爲非者。"

高曰："否字當重。'《否》：否之匪人'者，上否字乃卦名，下否字乃卦辭，此全書之通例也。"王夫之曰："'否之匪人'，非天上地下之爲否，唯三、四失位，人道不交，陽往而之於非人之道，乃有此象。"《稗疏》。王先生曰："卦以'否之'爲義，'否之'謂不從之也。"湘綺樓本读："否之：匪人不利，君子贞。"因爲無卦否字，而句讀不通。既補卦名，須照古讀。虞云："坤滅乾。以臣弑其君，子弑其父，故曰'匪人'。""陰來滅陽，君子道消，故'不利君子貞'。""陰信陽詘，故'大往小來’。”《泰》言上下交而志同，《否》言上下不交而天下無邦。上下謂君臣交相通也，君臣以道合而志同，則國事理而天下泰。君臣乖離，各懷鬼胎，必致邦崩離析而肇滅亡。故曰無邦，否之至也。

《説文·段注》：“不者，事之不然也。否者，説事之不然也。故音義皆同。”匪爲篚之省，竹器也。此段匪爲非，故《帛書》即作“非”。

初六：否之無妄。**拔茅茹以其彙。貞吉。亨。**《帛書》：“拔”作“犮”。“彙”作“胃”。

或曰：《泰》初九《象》稱“‘拔茅，貞吉’，志在外也”。《否》初六《象》稱“‘拔茅，貞吉’，志在君也”。同是拔茅而解不同，何也？答曰：《泰》乾居内，坤居外。五君位在外，乾欲上升到君位。故曰“志在外也”。《否》坤居内，乾居外，乾陽已居君位。坤陰欲上承君意，故曰“志在君也”。《九家易》曰：“陰志在下，欲承君也。”毛氏曰：“陽能進，則志在陰；陰能守，則志在陽，健順之理殊也。”皆得其義矣！《説文》：“拔，擢也。从手犮声。”《帛書》作“犮”，用母音詞也。《説文》：“犮，走犬貌。从犬而丿之，曳其足則刺犮也。”刺犮，刺草癶也。癶與犮音義同。

六二：否之訟。**包承。小人吉。大人否。亨。**《唐石經》“包”皆作“苞”。“否”一本作“不”。湘綺樓本同。《帛書》：“包”作“枹”。

坤爲囊，引申有包義。下同。高云：“承疑當讀爲脀。”脀以牲體登於俎，《祭禮》《燕禮》《饋食禮》皆用之。《周語》：“禘郊之事，則有全烝。王公立飫，則有房烝。親戚宴享，則有殽烝。”全烝，全其牲體。殽烝，謂體解節折升之于俎也。房，大俎，半解其體。是脀者，祭祀燕享時所升之肉。包脀，以葦茅包裹脀肉也。朱升讀丞爲脀，高氏從之也。本卦坤爲牛，艮爲狗，巽爲鷄，皆肉體，故可爲胥。包裹胥肉，小人如此，大人則受分賜。孔子去魯，爲祭肉不至。不知者，以爲謂肉也；其知者，以爲謂無禮也。齊桓公拜胙，拜天王之賜也，禮也。子思辭鼎肉，以爲亟拜也，用斥穆公之非禮也。所以“小人吉大人否”也。亨讀爲享，言五得二應而不享也。王先生曰：“不亨不受胥俎之獻也。《書》曰：‘儀不及物，曰不亨。’”二與五應故“小人吉”。尚云：“凡陰得陽應必吉，陽得陰應不皆吉。”是也。《象》曰：“‘大人否。亨’，不亂群也。”按群謂坤三陰，言不能應二，即天地不交。韓愈《雉朝飛操》：“群雌粥粥。”群陰之情，不得伸也。粥粥，呼叫聲之雜也。

六三：否之遯。包羞。湘綺樓本“包”作“苞”。《帛書》：“包羞”作“枹憂”。羞、憂同部相假，義不相近，不足取也。

《說文》：“羞，進獻也。从羊，羊所進也。从丑，丑亦聲。”此説从丑似非。按金文不其簋羞作□，武生鼎作□，甲骨文作□，作□，皆从□，用手持羊頭之形。是羞从又得聲，非从丑也。《廣雅·釋詁》：“羞……熟也。”《方言》卷十二：“羞厲熟也。”《周禮·膳夫》：“羞用百二十品。”鄭注：“羞出於牲及禽獸以備滋味，謂之庶羞。”字本作饈，皆熟食也。今湖南湘陰汨羅一帶，猶存包羞之俗。

九四：否之觀。有命，無咎。疇離祉。鄭作□，《帛書》：“疇離祉”作“檮羅齒”。

《九家易》：“巽爲命，謂受五之命，以據三陰，故‘無咎’。無命而據，則有咎也。”離，附也，祉，福也。疇，壽也。作齒，年齒，亦壽也。疇，鄭作□。《説文》□重文作□，金文多以□爲壽。蓋古經作□，鄭注可證。後衍作疇也。此言君有命加於身，不但無咎，而壽與福并至也。離、羅同歌戈部來紐，止、齒同咍部端紐，此歌支通韻也。

九五：否之晋。**休否。大人吉。其亡！其亡！繫於苞桑。**唐初刻《石經》作包，後改苞。《帛書》：“繫”作“擊”。

此言得君王之庇蔭，雖遭危險而無害。休爲庥之假字。《爾雅·釋言》：“庥，蔭也。”《漢書·王莽傳》注：“庥，庇蔭也。”《否》得九五君王之蔭庇，是爲休否，故“大人吉”也。李鼎祚云：“‘其亡其亡’，近死之嗟也，其與‘幾’同。幾者，近也。九五居否之時，下包六二，二互坤艮，艮山坤地，地上即田也。五互巽木，田上有木，莫過於桑，故曰：‘其亡其亡，繫於苞桑。’言二五包繫，根深蒂固，若山之堅、如地之厚者也。雖遭危亂，物莫能害矣。”鄭玄曰：“猶紂囚文王於羑里之獄，四臣獻珍異之物，而終免於難，‘繫於苞桑’之謂。”陸績曰：“苞桑則叢桑也。”京房曰：“桑有衣食人之功，聖人亦有天覆地載之德，故以喻。”王夫之曰：“雖爲柔韌之木，而枝弱尚易折斷，唯當道而生者，本幹瘣塊，繫風馬逸牛於其幹，則必不能逸。大人居否世而固本自强、得賢爲輔之象似之。”《稗疏》。尚云：“巽爲隕落，互巽之終。五雖居中得正，而風隕在下，故有其亡之懼。……言時時慮亡，如繫於苞桑之不足恃也。”按苞桑之喻，有兩種看法：一謂堅固，一謂巽弱。但是否世，小人盤據於内，賢人在外，是有其亡之勢。五爲君位，而在巽剛，巽爲命令，又互艮，艮爲山，山風蠱，蠱，惑也。讀者須三思之。余謂“其亡！其亡！”之句，是謂苞桑不足恃也。蜀有陰山棧道之險，吴有長江鐵練之鎖，猶不能生存苟活，况苞桑有何作爲乎？

上九：否之萃。**傾否。先否後喜。**

傾，倒也。倒《否》爲《泰》，即否去泰來也。侯果曰：“傾謂覆也。否窮則傾矣。傾猶否，故‘先否’也。傾畢則通，故‘後喜’也。”上反下成震，震爲樂、爲後，故曰“後喜”。

尚云：“按《否》《泰》云，大小往來。無平不陂，無往不復；終則曰，城復於隍，其命亂也。《否》則曰：否之匪人。皆言天地否泰之運，循環往來，自然如此，不假人爲，以上經爲天地水火之樞紐，明天道本如斯，不可易也。至下經第十卦之《損》《益》，則曰損益盈虛，與時偕行。曰損剛益柔。曰損下益下，損上益下。曰見善則遷，有過則改。所言皆履世之大經，修治之極軌，無絲毫委心任運之意，以爲《咸》《恒》《既》《未濟》之樞紐，明人事宜如斯也。盡人事，聽天命，斯學《易》之功也。”尚氏此説，兩言盡之，上經明天道，下經明人事。此兩言爲古人之泛論，非深於《易》學之言也。《易》以天地人爲三才，貫徹三才之道，尤以人事爲主。人能贊佑天地之大經，裁取天地之萬物，以爲生存。故《易》學爲古代社會科學，尤重於社會進化與生産。

同人

䷌ 乾上離下　天火同人　内卦互巽 ☴　乾 ☰

二易卦　姤 ䷫ 二来初往　夬 ䷪ 上来二往

蜀才曰：“此本《夬》卦九二升上，上六降二，則得位得中而應乎乾矣。”此正推易法之所始，特蜀才衹發其端，不令全著。如《姤》初六升二九，二九降初，亦得位得中而應乾，便不并及。俟後人類推之耳。毛奇齡説。

《同人》與《師》爲旁通。《同人》一柔而統五剛，《師》則一剛而統五柔。五柔者群衆也，引申則爲士兵。一剛者君王也，以君王而領群衆，進行征伐，正名之曰師。同人爲同志之人，以平等相呼喚焉。一陰爲臣，以臣統師，以攻同等之國，而救同類之國，正名之曰同人。余據歷史考證：此卦爲密須之國，侵阮徂共音恭。文王是時，奉殷紂之命，得專征伐。因此文王出師擊密須而救阮、共。同是國與國之間的戰争。卦稱同人，《大象》稱敵剛者，以陽爻强也。結果密須之民縛密須之君，投降於文王，文王遷其民於程。天火何以謂之《同人》？離乾皆爲日，日運行於天，是附麗於天而不得離天。同人集合在君王領導之下，是民麗於君而不可離君。所以謂之同人，此一義也。又民以食爲天，食非火不熟，人非食不生，所以天火爲同人，此二義也。鄭玄曰：“乾爲天，離爲火。卦體有巽，巽爲風，天在上，火炎上而从之，是其性同於天也。火得風，然後炎上益熾，是猶人君在上施政教，使天下之人和同而事之。以是爲人和同者，君之所爲也。故謂之‘同人’。”本卦敘述密須國舉兵入侵阮共之國，幸得周文王率其軍旅援救阮、共，遂致反敗爲勝之本末事件。

［同人］：同人於野。亨。利涉大川，利君子貞。原不重同人二字，據王、高等説補入。

《淮南子·繆稱訓》：“故至德者，言同略，事同指，上下一心。無歧道旁見者，遏障之於邪，開道之於善，而民鄉方矣。”荀爽云：“乾舍於離，相與同居。”《九家易》曰：“乾舍於離，同而爲日。天日同明，以照於下，君子則之，上下同心，故曰‘同人’。”王夫之曰：“必言‘於野’，以見非徒二之同五，而五陽皆其所同。”《稗疏》。《説文》同，合會也。《詩·七月》：“我稼既同”箋：“既同言已聚也。”吉日，獸之所同。箋：“同猶聚也。”同有會合，聚合猶今言集合也。《爾雅·釋地》：“邑外謂之郊，郊外謂之牧，牧外謂之野。”《説文》“冂”下：“邑外謂之郊，郊外謂之野。”《詩·駉》：“邑外曰郊，郊外曰野。”乾爲野。旁通師。師衆爲人，故曰同人。《易林》、《九家》、荀爽，皆以乾爲河、爲海，是乾亦爲大川。乾與坤旁通，故有坤象，故利涉。乾爲君子，故“利君子貞”。《新書·道術》：“言行抱一謂之貞。”二五得位有應，爲全卦主，故“利君子貞”。王夫之曰：“《易》無言利不貞者。……而此獨言‘利君子貞’者，以同非君子之道，則其利似非君子之貞。”《内傳》。故明言之也。

初九：同人之遯。**同人於門。無咎。**

此聚集軍民於王門，告以將與敵人作戰之事。《周禮·大司徒》：“若國有大故，則致萬民於王門。”蓋如天安門廣場，明清之朝有大事，則聚官民於廣場而詔告之，其遺制也。此以《姤》之初六，《易》本卦初九則成艮，艮爲門闕，乾爲君王，故曰“同人於門”也。

六二：同人之乾。**同人於宗。吝。**

《説文》：“宗，尊祖廟也。”古人祭祀在宗廟，又行賞宴會亦在宗廟。《書·甘誓》：“用命賞於祖。”此行賞也。《詩·湛露》：“厭厭夜飲，在宗載考。”此宴饗也。此《同人》於宗者，别祖出師也。尚曰：“卦五陽皆同於二，今二獨親五，則三四忌之，致吝之道也。”

九三：同人之無妄。**伏戎於莽。升其高陵。三歲不興。**《帛書》：“伏戎”作“服容”。“升”作“登”。

此敘述敵我情況及戰役結果。王先生曰：“莽、茻，通用字。茻，衆艸也。中、艸、茻皆屮，後分之耳。”又云：“以秋計者稱年，以星計者稱歲。故兑爲年，乾爲歲也。”巽爲草木，離爲戈兵，伏戎於莽之象也。《帛書》作“服容”。《爾雅·釋宫》：“容謂之防。”郭注：“形如今床頭小曲屏風。唱射者所以自防隱也。”所以容身防矢也。伏艮德部并紐，容戎東冬部，義異而音同。升、登同登部，升透紐，登端紐。此言其人埋藏以待敵，高陵，外乾也。升謂密須登上高岡而瞭望，見共人埋伏於草莽之中，密人窺得情實，知共城空虚，一面分軍圍攻伏軍，一面分軍進入共國城，入城乘墉而守，使共人進不能戰，退不能守。此次失敗損失嚴重，三年不能恢復原狀也。

九四：同人之家人。乘其墉。勿克攻。（吉。）墉，《集解》作“庸”，用母音詞也。《禮記·王制》：“小城曰附庸。”

《詩·崧高》“以作爾庸”。注：“庸，城也。”庸古文。《説文》：“墉，城垣也。”敵入城分兵乘垣布防而守，使共軍進退失據，不能反攻取勝，衹好率軍退出城垣。如此情況，不可謂吉。“吉”字應移下爻。聞曰：“乘猶增也。……謂增高其城墉，使敵來不能攻，故爲吉占。”非也。與下爻意義全不相合。《正義》云：“乘上高墉，欲攻三也。”意謂欲進攻敵人而説含糊。《子夏傳》：“三與四爲敵。”是陽遇陽，陰遇陰，愈近而愈不相得。

九五：同人之離。同人先號咷而後笑。大師克相遇。［吉。］此“吉”字由上爻移入。

《釋文》：“號咷啼呼也。”《説文》：“楚謂兒泣不止曰噭咷。”大師謂大國援助我之師旅，文王率領之軍。師之所以稱大者，以能仗義出師，扶持弱者打擊强暴之敵。二至五體姤，共軍在逃退路上，與文王援軍相遇。兩軍會合，進行反撲，攻取城垣，轉敗爲勝，得以復國，所以後笑也。

上九：同人之革。同人於郊。無（咎）［悔］。湘綺樓本“咎”作“悔”。虞，侯注皆作“悔”。

高謂郊爲郊祭，蓋以報神也。按此，郊不是郊祭，而是郊射。《禮記》：“散軍而郊射。”古時士兵，全是農民。戰争既畢，進行遣散，所謂解甲歸田也。在遣散之際，仍集合在郊外射箭比武一次，名曰郊射。同人以取得勝利，戰争結束。不是同人來參加郊祭而是進行郊射，散軍歸農。

附史事考證：

本卦敘述戰爭故事，但史實從來未有坐實。鄙見以爲是文王伐密須救阮、共兩國之亡。據《詩・大雅・皇矣》記載，與《易》此卦同人三四五爻辭，綜合寫出故事於下：

《詩》曰："密人不恭，敢距大邦，侵阮徂共。"不恭，謂無禮也。阮、共是兩小國名。言密須國君，不恭從王命，敢於抗拒殷天子紂王之命，私自興師入侵阮國，得勝不已，又移兵往伐共國，從阮國進兵打入共國。周文王聞其事赫然斯怒，於是整齊軍旅，前去救援，并制止密人往侵共國之寇軍前進。《詩》又云："王赫斯怒，爰整其旅，以按徂旅。"是也。是時文王已受殷紂之命，得專征伐。但文王出師行軍，稍有耽擱，未能及時趕到。而密人已登上共國之高岡。《詩》曰："陟我高岡，無矢我陵，我陵我阿。"《易》曰："莽升其高陵。"其義一也，皆言密須敵軍行動。"無矢我陵"，共人謂密須敵軍不欲用箭射伏戎於莽之戎士也。蓋密人登高陵望見共人伏軍，一邊用箭矢射共軍，一邊分軍入共城，登其城垣。《易》曰："乘其墉。"拒共軍之反攻也，《易》又曰："勿克攻。"共人説不能攻取也。於是共人號咷痛哭而退逃，路上遇文王率領援助大軍前來，兩軍合作打敗密軍。共人轉敗爲勝，先逃而哭，後勝而笑。《易》曰："先號咷而後笑"也。我以《詩》《易》相結合，得其本末如此。

歷史事實：除《詩》《易》本身外，《竹書紀年》：殷紂三十二年，"密人侵阮，西伯帥師伐密"。三十三年"密人降於周師，遂遷於程"。謂文王遷密國人於程也。《毛詩傳》："國有密須氏侵阮，遂往侵共。"《吕覽・用民》："密須之民，自縛其主而與文王。"

又《竹書紀年》："帝辛二十三年囚西伯於羑里，二十九年釋西伯，諸侯逆西伯歸於程。三十年春三月西伯率諸侯入貢。……三十三年……王錫命西伯得專征伐。"《史記・周本紀》：“乃赦西伯，賜之弓矢斧鉞，使西伯得征伐。”因爲能得專征伐，所以能救阮共而遷密須氏之民於程也。

大有

䷍ 離上乾下　火天大有　内互乾 ☰　兑 ☱

二易卦　姤 ䷫ 五往初来　夬 ䷪ 五往上来

大有者，陽實多也。卦象一陰居五陽之中，陽不亦多乎？王夫之曰：“《大有》者，能有衆大，大謂陽也。六五以柔居尊，統群陽而爲之主，其所有者皆大。”《内傳》。又云：“大有者，有也。所有者陽，有所有者陰。”《外傳》。《詩·豐年》：“豐年多黍多稌。”鄭箋：“豐年，大有年也。”火天何以爲大有？火在天上謂離日也，久晴而熾烈。俗語：“不冷不熱，五穀不結。”久晴無蟲傷，無水害，無虚花，故火天爲大有年也。鄭玄曰：“六五體離，處乾之上，猶大臣有聖明之德，代君爲政，處其位，有其事而理之也。”

大有：元亨。

高氏欲重“大有”二字，余謂此“大有”爲卦名，“元亨”爲卦辭，既已明白，何煩重贅。内卦乾故曰“元亨”。王先生曰：“大壯利貞，此不云利貞者，互兑象夬成大壯，乃顯大有之利。”《春秋·桓公三年》經：“有年。”《宣十六年》經：“大有年。”《公羊傳》曰：“此其曰有年何？僅有年也。彼其曰：大有年何？大豐年也。”《穀梁傳》曰：“五穀皆熟爲有年。”“五穀大熟爲大有年。”古人對於年成之豐歉，極爲關心。《漢書·藝文志》載有“《泰一雜子候歲》二十二卷。《子贛雜子候歲》二十六卷。”其用心之精研琢磨，有如此者。惜乎後世無知之輩，仍其湮滅無一存者，誠可痛心也。子貢貨殖專家，億則屢中，其學當有專造，後世之陶朱公三殖三散，豈非其流亞歟？姚規曰：“互體有兑，兑爲澤，位在秋也。乾則施生，澤則流潤，離爲長茂，秋則成收，大富有也。大有則元亨矣。”

初九：大有之鼎。**無交害，匪咎。艱（則）[貞]無咎。**《帛書》“害”作“禼”。“匪”作“非”。仲按“則”爲“貞”字之訛。

“交害”謂交相賊害。在久晴天，農家生産所需要是水，次是培養苗稼。在解放前，農民在大旱之年，往往偷水搶水，以致械鬥，扯壞禾苗，此是交相爲害之實。若無此行爲，則無大災難，故曰“匪咎”。匪咎者，非咎也。王夫之謂“‘匪咎’，詰詞，猶言‘豈非咎乎？’”爲此倘能團結一致，艱苦奮鬥互相幫助，則更無災害可言。

按《泰》九三：“艱貞無咎。”《明夷》卦辭“利艱貞”。《大畜》九三：“利艱貞。”《噬嗑》九四：“利艱貞吉。”《大壯》上六與《大有》九三作“艱則”。六卦四卦作“艱貞”，兩卦作“艱則”。因此疑兩卦作“艱則”，“則”爲“貞”字之誤也。《説文》：“貞，……从卜貝……一曰鼎省聲。”則从刀貝，貝，古之貨物也。籀文則从鼎成形。甲骨文鼎作，金文貞作，是貞字从鼎，金文可證，則文从鼎，《説文》籀文，亦是確證。貞上从卜，《説文·卜部》所收古文卜作，與則字从刀作形亦相似，因此貞訛爲則也。又見本書副編訂訛篇。

九二：大有之離。**大車以載，有攸往。無咎。**《集解》：“車”作“轝”。湘綺樓本同。

此言收穫之事。《考工記·車人》：“大車。”牛車也，兩轅，牛在轅内。凡載物皆用大車。虞云：“比坤爲大車，乾來積上。”載，據載也。攸往，所往也。即説收穫之時，割取禾稼，綑縛成把，大車載之以歸。或送打穀場，或送自家，當然没有災害，故曰“無咎”。大車載送禾稇之事，我國西方、北方尚有之。東海江浙桑田之地，都割成稛挑或車載歸，砌成團交，讓真穀粒自脱，晒乾入倉。我們兩湖就割就打。此爲農田收割情况。

九三：大有之睽。**公用享於天子，小人弗克。**"享"，原作"亨"。今從朱子《周易本義》改作享。《帛書》："亨"皆作"芳"。《玉篇》："芬芳香氣貌。"芳、享同唐部。

此言獻豐收作物於天子，天子享之。古亨、享、烹三字同一亯字。《説文》所載尚如此。《左傳·僖公二十五年》："狐偃言於晋侯曰：'求諸侯莫如勤王。'……公曰：'筮之。'筮之遇大有 ䷍ 之睽 ䷥，曰吉。遇'公用享於天子'之卦也，戰克而王饗，吉孰大焉。"是亨讀享之證。京房云："享，獻也。"干寶云："享，宴也。"可見漢晋時，亨享已分而不是一字。《釋文》各家皆音香兩反，正是享字之音。是唐初亦未誤亨爲享也。今訂正爲享。虞云："天子謂五。三，公位也。小人謂四。"按京房以享訓獻是也。獻，貢獻也。糧食大豐收，奴隸主之公侯，分一部分貢獻天子，天子享之。皆合禮合法，事之宜也。若是小人則弗能也。故曰"小人弗克"。弗克者，不能也。

九四：大有之大畜。**匪其尫。無咎。**《注疏》本"尫"作"彭"，湘綺本同，《子夏傳》作"旁"。《集解》本作"尫"，虞本同，今從之。《帛書》："匪"作"非"。

此言古時旱災，殺巫尫以祭天。《説文》："尣，跛曲脛也。"重文作尫。彭、旁、尫三字，同音通假，實以尫爲是。旁爲蹺之母音詞，蹺踉行不正貌。孔疏："彭，旁也。"曲脛者，兩股向兩旁彎曲也，俗稱蹺跨股。古者跛男作巫稱尫，女稱巫。《左傳·僖公二十一年》："夏大旱，公欲焚巫尫。臧文仲曰：'……巫尫何爲？天欲殺之，則如勿生。若能爲旱，焚之滋甚。'"《禮記·檀弓下》："歲旱。穆公召縣子而問然，曰：'天久不雨。吾欲暴尪而奚若?’暴爲曝之省，曬也。曰：‘天久不雨，而暴人之疾子。虐。毋乃不可與？然則吾欲暴巫而奚若?’曰：‘天則不雨，而望之愚婦人。於以求之，毋乃已疏乎?’”縣子以尪爲疾子，巫爲愚婦人，破古人以巫尪跳舞降神，治病驅鬼之迷信，一掃而空。在經文還有顧忌，用匪字，非也。否定他是巫尪，乃可無咎。從此可以看出民智日啓，迷信日破，社會進化，日新月異也。

六五：大有之乾。厥孚。交如。威如。吉。《帛書》："厥"作"闕"。"威"作"委"。厥、闕皆从欮聲，《説文》："瘚，屰氣也……居月切。"古音曷末部見紐。

厥，其也。孚讀《詩·文王之什》"萬邦作孚"之孚，具有君主之義。古音孚讀乳音，與主同在侯部。交爲皎之省字。《廣雅·釋詁》："皎……明也。"《釋訓》："皎皎……明也。"是皎如明白貌。威如嚴肅貌。《帛書》威、委古音同恢部影紐。言君王執政明而嚴，則無冤枉之案而民更畏服，是大豐收有利之保證。六五柔弱之主，非藉嚴明之刑罪，可難保全平安無事。故曰"交如。威如。吉"。

上九：大有之大壯。自天祐之。吉。無不利。

乾爲天。《説文》："祐，助也。"古祇作右，《帛書》作右，用古文也。《繫辭傳》曰："天之所助者，順也。通比比坤爲順。人之所助者，信也。信謂六五之孚。履信思乎順。又以尚賢也。"此言大豐收，不但欲有人力奮鬥，還欲有天之祐助，風調雨順，蟲滅災消，則吉無不利。天指上九而言，此贊六五之德至而受福也。王先生曰："乾上必亢，陰柔則消，故六十三卦皆非盡善，剛亦有窮，柔又不利，唯《大有》六五自居於柔，推上九爲先王，以登用四陽，則柔可當尊，乾德盡利。所謂‘後天而奉天時’，陰陽消息，莫善於此，故曰‘吉。無不利’。"

謙

䷎ 坤上艮下 **地山謙　内互坎 ☵　震 ☳**

二易卦　剥 ䷖ 上來三往　**復 ䷗** 三來初往

《象》曰："地中有山，謙。"劉表曰："地中有山，以高下下，故曰'謙'。"《九家易》曰："艮山坤地，山至高，地至卑，以至高下至卑，故曰'謙'也。"王夫之曰："'謙'，古與慊通用，不足之謂也。此卦唯一陽浮寄於衆陰之中，而不能如《師》《比》之得中、《復》之振起；與《剥》略同，其不足甚矣。"《内傳》。按山在地中，浙江之雁蕩，實有此形。沈括《夢溪筆談》："温州雁蕩山，天下奇秀。然自古圖牒未嘗有言者。……予觀雁蕩諸峰，皆峭拔險怪，上聳千尺，穹崖巨谷，不類他山，皆抱在諸谷中。自嶺外望之，都無所見。至谷中則森然干霄……從上觀之適與地平，以至諸峰之頂，亦低於山頂之地面。"此確是地中有山。但不能説《易》作者看到此山而名卦也。謙之爲道，降己升人。山在地上今居地中，亦降體之義，故爲謙象也。謙虚，謙讓，是人之善行美德，能謙虚則不自滿而驕傲人。能謙讓則不强争而排擠人。讓賢美行也，堯讓於舜，舜讓於禹，成爲千古佳話。而燕王噲讓子之，成爲千古訓誡。能以禮讓爲國，豈易言哉！若夫泰伯三以天下讓，民無得而稱焉，孔子稱爲至德。以岐周之興也，實泰伯有以成之。吴季札之讓位，則速吴之滅亡，有何嘉焉？然則讓爲謙之美德，果何而當？孔子曰："當仁不讓於師。"

謙：亨。君子有終。[吉。]《説苑》引有"吉"字，今據補。《歸藏》作"兼"，用語根詞也。《子夏傳》作"嗛"，《帛書》同，《漢書·藝文志》引同。

《説文》："謙，敬也。"《釋文》："謙，卑退爲義，屈己下物也。"《史記・樂書》："君子以謙退爲禮。"又假爲"嗛"。《說文》："嗛，口有所銜也。"師古曰："嗛與謙同。"嗛，歉也，歉者不自滿足也。鄭玄曰："艮爲山，坤爲地。山體高，今在地下，其於人道高能下。下，謙之象。亨者，嘉會之禮，以謙爲主。謙者，自貶損以下人，唯艮之堅固，坤之厚順，乃能終之，故君子之人有終也。"艮爲君子，坤焉終。

初六：謙之明夷。謙謙君子，用涉大川。吉。

荀爽曰："初最在下，爲謙。二陰承陽，亦爲謙。故曰'謙謙'也。二陰一陽，相與成禮，故曰'君子'也。九三體坎，故'用涉大川，吉'也。"

六二：謙之升。鳴謙。貞吉。

姚信曰："三體震爲善鳴，二親承之。三四五爲互震，與六二無涉。故曰'鳴謙'。"高云："《廣雅・釋詁》：'鳴，名也。'《莊子・大宗師篇》：'子以堅白鳴。'《寓言篇》：'鳴而當律，言而當法。'……鳴皆當訓名。……鳴謙即名謙，謂有名而謙，即有令聞廣譽，而自以爲不克當也。"復爲地雷，下卦爲震，震善名也。鳴謙謂對人講究謙恭之道，以卑下損己，而不欲高尚於人。此種心理，欲出於中心，而不可虛僞。體坎，坎爲中心。《象》曰："'鳴謙貞吉'，中心得也。"明其義矣。若王莽之謙恭下士，則非出於忠心而是虛僞盜名，成爲篡奪漢室之陰謀。以致身滅族誅，萬古罪人，有何貞吉焉？

九三：謙之坤。勞謙。君子有終。吉。

九三正在坎中，坎爲勞卦，萬物之所歸也。艮爲君子，又爲有終。此句卦辭是指陽爻，所以本爻又重言之，不可拆作兩句讀。事功曰勞，《周禮・司勳》《禮記・明堂位》成王以周公大有勳勞於天下。老子曰："不自伐故有功。"《繫辭傳》曰：

"勞而不伐，有功而不德，厚之至也。"語以其功下人者也。德言盛，禮言恭，謙也者，致恭以存其位者也。夫豐明而動故能大，苟大則虧矣。吾戒之！《説苑·敬慎篇》引孔子語象言萬民服，指坤衆，互師象也。

六四：謙之小過。無不利，撝謙。"撝謙"，京房作"揮謙"，《帛書》作"譌嗛"。撝、譌因爲聲系故通用。

六二"鳴謙"，九三"勞謙"，上六又是"鳴謙"，皆在爻數字下。獨此撝謙，在"無不利"下，蓋顛倒也。"無不"是雙重否定詞，否定之否定得正，猶負乘以負得正數也。"無不利"就是利與不利爲對文，是總結每爻的結果利與不利，何得居於爻辭之上？例以全《易》經文有十二次用"無不利"皆在辭尾。如果用在中間，是一爻有兩事，結束前事亦是用在前事之尾。因此愚意欲將"撝謙"提到"無不利"前。撝謙，《帛書》作"譌嗛"。《説文》："抲，撝也。从手，可聲。""擘，撝也。从手辟聲。""撝，裂也。从手爲聲，一曰手指也。"《釋文》："撝，指揮也。"馬注："撝，猶離也。"離與裂義合，荀注："撝，猶舉也。"舉與指麾義合。段注："撝謙者，溥散其謙，無所往而不用謙。裂義之引申也。"《説文》："譌，譌言也。"引《詩》作"譌言"，今本作"訛言"。《玉篇》訛與譌同。《書·堯典》："平秩南訛。"《史記·五帝本紀》作"便程南爲"，《索隱》作"南爲"，《周禮》注及《漢書》作"南僞"，是撝、僞爲訛，古皆同聲通用也。撝，謙者，用自己之謙德指揮自己之行動施爲。所以《易》之九德謙爲德之柄，柄者本也，人之根本也。又撝謙有施予於人，無居德之心，伐德之言，故曰"無不利"。

六五：謙之蹇。不富以其鄰。利用侵伐。（無不利。）此"無不利"三字涉上文衍。"侵"，王廙本作"寑"。

六五是君位而爲小人所據。他利用侵伐的强暴手段，奪取鄰國財富。互坎爲盜，互震爲侵。使鄰國不富。例如《孟子》所載："太王居邠，狄人侵之。事之以皮幣，不得免焉；事之以犬馬，不得免焉；事之以珠玉，不得免焉。乃屬其耆老而告之曰：'狄人之所欲者，吾土地也。'"此豈非狄人利用侵伐，而奪取大王之土地財富也哉！《左傳・隱公三年》四月："鄭祭足帥，師取温之麥，秋又取成周之禾。"其時温和成周，皆周人之地，其麥與禾，皆周王境内農民所生産的糧食。鄭氏周天王所封之侯國，祭足鄭大夫。此豈非鄰國小人利用軍力搶奪周王之財富也哉？上舉兩例，皆是歷史事實。

上六：謙之艮。**鳴謙。利用行師，征邑國。**

李鼎祚曰："上六兑爻，兑爲口舌，'鳴謙'之象也。"《九家易》曰："陰陽相應，故'鳴謙'也。"下九三可行師來，上體師象。坤謂邑國，蓋采食之都邑。征邑國，明不遠征也。三應上，上呼三征，進居五位。仍以陽剛領帥。俞樾曰："六二鳴謙，《傳》曰中心得，此曰志未得，何相反若是？疑鳴當作冥。與《豫》《升》上六同例。"按《豫》上六爲"冥豫"，《升》上六爲"冥升"。《釋文》："冥……鄭讀爲'豫'。"冥，暗昧不明也。暗昧於事實，行師征討，自不能得志。故曰志未得也。

豫

䷏ 震上坤下 **雷地豫　内互艮** ☶ **坎** ☵

二易卦　復 ䷗ 初往四來 **剥** ䷖ 上往四來

王夫之曰："一陽奮興於積陰之上，拔出幽滯之中，其氣昌盛而快暢，故爲豫。"按《説文》"象，長鼻牙。南越大獸"，"豫，象之大者"。大象爲豫，即象豫實一物也。卦名豫，當讀爲象。武王克商所作之樂名象。《墨子・三辯》："武王勝殷殺紂，環天下自立以爲王，事成功立，無大後患，因先王之樂，又自作樂，命曰《象》。"《春秋繁露·三代改制質文篇》："武王受命……作《象》樂。繼文以奉天。"此言其義。夫之曰："陰爻象門之兩扉。内三陰，外二陰爲'重門'。九四陽亘其中，象抱關擊柝者。又震爲雷，柝以象雷而驚衆。"五陰排成街坊，一陽横截栅門之象，擊柝者所居，夜間落鎖，不通行人。二爻市場管理，五爻衛生管理，擬然市場縮影。孔子欲作《春秋》，卜得陽《豫》之卦。宋氏云："夏商之卦名。"《易辨》："舊《易·豫》上原有'陽'字，如習坎類，而《周易》删之，然不可考矣。"尚云："《歸藏》作分。言震雷上出，與地分離也。又一陽界於五陰之間，使上下分别。與《周易》義异。"《帛書》作"餘"，全卦皆然。豫字从予得聲。予、余古音異。《儀禮》《尚書》《左傳》，予皆作余，餘又从余聲，故豫讀餘也。

豫：利建侯。行師。

《九家易》曰："震爲建侯，坤爲行師；建侯所以興利，行師所以除害。利興害除，民所逸樂也。天地有生殺，萬物有始終。王者盛衰，亦有迭更，猶武王承亂而應天地，建侯行師，奉詞除害，民得逸悦，君得安樂也。"

初六：豫之震。鳴豫。凶。

《雜卦傳》："豫，怠也。"《爾雅·釋詁》："豫射厭也。"是豫有厭倦之意。今人所謂懶，作事以懶鳴，一做不好事，二别人不同你合作做事，故曰凶。此儆儆戒人，不欲專尋逸樂而放棄工作。尚云："初六得敵，不能應四，故凶。"按得敵謂二三兩爻。何以鳴豫，震爲鳴，鳴與名同，字相通假。名豫者，出名的懶漢也。世上實有此種人。

六二：豫之解。**介於石。不終日。貞吉。**

此爲市場管理之法。聞云："介疑讀爲忦。《説文》曰'忦，憂也'；《方言》十二曰：'忦，恨也。'……憂恨與困辱義相因，'忦于石'亦猶'困於石'也。然而坐石之期暫，至'不終日'，則是過小而罰輕，故又爲吉占。"按"介於石"即介次之嘉石。《周禮·司市》："胥師賈師莅於介次，而聽小治小訟"。注："防誑豫也。"豫有大義，誑豫蓋謂賣買物者大其價以欺騙人也。《荀子·儒效》："不豫賈。"《淮南子·覽冥訓》《史記·循吏傳》皆云"市不豫賈"。豫賈即誑豫，欺騙非法行爲。次介爲小訟之所，故處罰人或立或坐於介次之石。艮爲石又爲終日。受幾小時的處罰，所以"不終日"也。此爲市場之管理法，儆豫賈之詐，今人謂之奸商。而勉人從善也。

六三：《豫之小過》。**盱豫悔，遲有悔。**《子夏傳》："盱"作"紆"。京房作"污"，姚作"旴"。《帛書》作"杅"。

《説文》："盱，張目也"。《六書故》："張目企望者，必猶豫不進也。"《子夏傳》作"紆"，《説文》："紆，詘也。"《廣雅·釋詁》："紆……索也。"京作"污"，水渟不流也。姚作"旴"，爲日始出，旭日始出而厭倦做事，與上六"冥豫"相對成文。杅與污又同。凡此皆言厭倦做事之人的醜態，不肯勠力工作，每到工作場所，東張西望，左顧右盼，似有悔恨憂虞之集。遲，後到也，既遲到誤時，又不勠力做事，做不好，功果不佳，又生悔恨之心。故曰"盱豫悔，遲有悔"也。

九四：豫之坤。**由豫，大有得。勿疑朋盍簪。**"簪"，京作"撍"，荀作"宗"，《集解》本虞作"戠"，馬作"臧"，鄭作"簪"，《注疏》本、船山本、湘綺本皆同鄭本。《帛書》作"讒"。"由"作"允"。"盍"作"甲"。

《釋文》："由……馬作猶，云猶豫，疑也。"猶攫屬。豫象屬。二獸進退多疑，人多疑惑者似之。人多疑惑，則多用思維，以考慮得失，做事必三思而後行。昔人有言，智者千慮，必有一失；愚者千慮，必有一得。故曰“大有得”也。尚云：“震爲髮，艮爲簪，而坎爲穿，陰以陽爲朋。”《帛書》：“朋”作“倗”，从人崩聲。《管子·幼官》：“練之以散群倗署。”注：“倗，猶曹也。”劉績注：“倗，即朋字。”尚云：“以一陽横貫於群陰之間，有若簪之括髮，故曰‘朋盍簪’。……杜詩云：‘盍簪喧櫪馬。’謂群馬縶於一杠之上也。”此解得其象而義不合。盍字亦無解，而“勿疑”二字，更無作用。按盍爲嗑之假字，《說文·口部》：“嗑，多言也。从口盍聲，讀若甲。”朁爲譖之語根詞。暗進讒言，以諿謗人也。《帛書》作“甲讒”，即諙讒，亦即嗑讒。《類篇》：“諙轄臘切，多言也。”《集韻》：“諙多言也。”與嗑同，或作譗。是“嗑譖”與“甲讒”義全相合。

此言猶豫多疑，其取象坤爲迷惑，互坎爲疑爲陷害。在此語提出正告：不欲疑惑朋友多讒言毀謗也。或曰：《詩·巷伯》“謀欲譖人”，又《桑柔》“朋友已譖”，何以不欲疑惑耶？曰，此爻入震，震爲雷，四互坎爲水，雷水得解，朋友何得譖毀也，故曰“勿疑朋盍朁”。此言謹慎謀猷，不須疑慮。高氏以由同游，由豫者，滋田而厭倦也。其說詳辯，但與上下文義，似不相合。

六五：豫之萃。**貞疾，恒不死。**

王先生曰：“豐象日食，豫象月食。月食，月行疾也，《詩》：‘如月之恒。’恒，緪也。月有上弦下弦，有死霸。讀魄。《尚書》旁死霸對纔生霸，二日纔生，十六日方死，月食望日而非死也。”此言問疾病是常病，不至於死也。俗語：常病不死。又云：日日病，救得命。可爲此爻作注脚。古人謂王有疾爲不豫。《孟子》曰：“吾王不豫。”《書·金縢》：“王有疾弗豫。”《說文》引《金縢》作“不悆”。《穆天子傳》：“天子使孟悆如畢討戎。”注：“悆音豫。”不豫，謂有疾不樂也。今謂病好曰愈，曰除。《晋語》：“寡君之疾久矣，上下神祇無不遍諭而除。”除謂病愈也。《廣雅·釋詁一》：“除……愈也。”《方言》：“愈或謂之除。”豫、悆、除、愈，皆模部喻紐字，同部通假。王夫之云：“衰周之君，徒延名號；矯廉之士，衹自困窮；皆其象也。”《内傳》。按此是衛生之經。

上六：豫之晋。**冥豫。(成)[戒]有渝。無咎。**《帛書》：“有渝”或“諭”。

仲按成疑爲戒字之訛。戒渝者，謹防變亂也。冥，夜也。《詩·斯干》傳。《太玄·玄文》：“冥者明之藏也。”馬注：“冥，昧也。”《禮記·學記》：“禁於未發之謂豫。”《中庸》：“凡事豫則立。”《荀子·大略》：“先患慮患謂之豫。”此爻豫字之義，皆含上述之義，是冥豫夜間之防患工作也。聞曰：“案《西溪易説》引《歸藏》有《夜》卦，于省吾謂‘夜’即‘豫’，引《繫辭傳》曰：‘重門擊柝，以待虣客，蓋取諸豫’，并《九家易説》：‘夜者，兩木相擊以行夜也’，以言正《豫》卦正字當爲夜。”《九家易》又云：“豫，上震下坤，中有互艮。而從外視，震復爲倒艮，兩艮對合，則重門之象也。”鄭玄曰：“艮爲門。震，日所出亦爲門，重門象。”若擊柝則震木而艮手持之。三五爲坎，坎爲盜即暴客也。待暴客與威天下，則皆有禁民爲非之意。如上所説，則“成有渝”不可解。余謂“成”當是“戒”字之誤。渝，變也。戒有渝，則是警戒夜間變亂，所謂以待暴客者也。《帛書》作“諭”，則有明白告誡曉諭之以義也。解放以前，各處市鎮猶有此制，名曰打更，人曰更夫，每夜敲梆或打鑼五次，通街行走檢查，叫喊各店户防火防盜，故“無咎”也。王先生曰：“冥日入也，从日六。十六日而月始虧，承上旭弦死而取冥象。”尚云：“冥昧不事事，功之成者必漸隳矣，故曰‘成有渝’。”按此説不合邏輯，既是不事事，何得有功之成耶？余疑“成”爲“戒”字之訛，謹戒有變，故曰戒有渝。

隨

䷐ 兑上震下　澤雷隨　内互艮 ☶　巽 ☴

三易卦　否 ䷋ 上來初往　咸 ䷞ 三來初往

益 ䷩ 上來四往

尚云：“《歸藏》曰馬徒。馬徒，即《周禮》太僕職所謂前驅。《越語》：‘勾踐親爲夫差前馬。’注：‘前馬，前驅，在馬前也。’按震爲馬，互艮爲徒隸。馬徒皆隨貴人馬，前行以辟道；而兑爲口，爲傳呼，於卦象頗合，兹《周易》名隨。”義相合也。《隨》從《否》來，又從《咸》來，又從《益》來，見三易卦。皆剛來而下乎柔。原是陽從陰，既易則是陰從陽，無所乖謬。故卦德與《乾》同宫而無咎也。從卦象説，震爲長男，兑爲少女，互巽爲長女，互艮爲少男。在本卦已是夫妻兩對相隨從。在變易上，《否》爲乾坤配合，《咸》爲兑艮配合，《益》爲巽震配合，亦雙雙成對而相隨從也。《震》動乎内而《兑》悦乎外，是以悦從動，以陰從陽，以柔從剛也。又從時位説：震位正東，時爲初春，雷動雨從，是陰從陽也。兑位五西時爲秋盡，雷收澤中，則陽又從陰也。《彖》所謂隨時之義大矣哉！《繫辭傳》曰：“服牛乘馬，引重致遠以利天下，蓋取諸隨。”王夫之曰：“《隨》上一陰引二陽，牛曳二轅大車以載重之象；二、三、二陰引一陽，四馬并駕引輕車之象。”卦之組織，兑上震下，兑上爲坤之終，坤爲牛。震初爲乾之始，乾爲馬。唯牛可以引重，唯馬可以致遠。故有服牛乘馬之象。

隨：元、亨、利、貞。無咎。《帛書》："隨"作"隋"。《説文》："隨，从也。从辵隋聲"。

隋，裂肉也。裂肉謂尸所祭之餘也。楊堅受封於隨，及有天下，以隨从走，周齊奔走不寧，遂去足作隋音妥，後人即以隋爲隨。古文作隋，今文作綏，綏即古文之隋。震爲春，故曰"元亨"。兑爲秋，故曰"利貞"。春秋包括四時，隋時而動，不愆不忒，故曰"無咎"。王先生曰："隨義不大，隨時乃大也。"鄭玄曰："震，動也。"兑，悦也，内动之以德，外悦之以言，則天下之人，咸慕其行而隨從之，故謂之隨也。既見隨從，能長之以善，通其嘉禮，和之以義，幹之以正，則功成而有福。若無此四者，則有凶咎焉。王先生曰："四德同乾，必無隨從之道。鄭、虞誤依《左傳》説耳。剛來下柔，無元之義，卦以隨名，咎孰大焉。故明之以隨，乾乃無咎，隨乾即奉天大有之義也。彼法先王，故無不利，此奉天時，故僅無咎。"

初九：《隨之萃》。**官有渝。貞吉。出門交有功。**蜀才本"官"作"館"，古今字也。

惠棟曰："官，本古文館。《穆天子傳》云：'官人陳牲。'"互艮爲閽寺。《三蒼》："寺官舍也。"《廣雅·釋室》："寺官也。"《漢書·元帝紀》："城郭官寺。"注："凡府廷所在皆謂之寺。"《何並傳》注："諸官曹之所通呼爲寺。"又爲門闕，震動兑爲毁折。艮爲官，内卦覆艮。故館渝也。官房毁折無傷，故"貞吉"。艮爲門，震爲出，巽爲工，工功通用。《周禮·肆師》："凡師不功。"注："工讀爲功。"《小爾雅·廣詁》："功，事也。"此謂出門交涉土木工事也。皆其證。陽遇陰則通，故有功，外兑悦，内震喜，故"貞吉"。

鄭玄曰："震爲大塗，又爲日門，當春分，陰陽之所交也。是臣出君門，與四方賢人交，有成功之象也。昔舜'慎徽五典，五典克從，納於百揆，百揆時序，賓於四門，四門穆穆’。是其義也。”按震當春分，即初九所值節氣，鄭從卦氣引春分時令，陰陽相交，附會人事，賢臣與賢人交，舉例引申，提出舜爲典型，所謂卦氣分析，亦此類也。鄭之爻辰，亦卦氣也。

六二：隨之兑。**係小子，失丈夫。**

虞云：“應在巽，巽爲繩，故稱係。”尚云：“初震爲小子，四艮爲丈夫。二近初，故‘係小子’。爲六三所隔，不能承四，故‘失丈夫’。”此説雖通，但與《説卦》相乖。予認爲，六二進入互艮，艮爲少男，近三互巽，故曰“係小子”。震男，爲丈夫，初九已過，故曰“失丈夫”。此兩爻皆言征發兵卒之情況。蓋謂紂之失天下，已失人心。舉老少爲例，則丁壯年不堪設想矣。《甲骨文》記征兵伐國有三條：（一）戊辰卜，宊貞：登人，呼往伐𢀛方。《續》三四四。（二）貞：王今𢦏以衆伐𢀛方。《後》上一六一〇。（三）貞：勿呼多臣伐𢀛方。《龜》二二七七。此三條第一條“登人”，登記發兵人數。第二條“今𢦏”爲將軍，率兵出伐。第三條不欲多呼老部下人去。

六三：隨之革。**係丈夫。失小子。隨有求得，利居貞。**

尚云：“三近四承陽，故上係丈夫。爲二所阻，故下失小子。《象》謂志舍下，是明以震爲小子，艮爲大夫也。”按三爻内震體完全，爲巽所係，故曰“係丈夫”。互艮則失其形，故曰“失小子”。《象》謂志舍下，是舍割小子也。《説文》：“隨，从也”。引申有追逐之義。若隨即追求，小子亦可不失。因互艮猶存在前，故曰“隨有求得”。利居貞，不利出門也，因上無應。

九四：隨之屯。**隨有（獲）[穫]，貞凶。有孚在道以明。何咎？**

此文言田獵。

穫原作獲，今從高説改正。獲户跨切，又胡郭切，从才蒦声，不从犭，又不从禾。《説文》："穫，刈穀也。""獲，獵所獲也。""擭，擊擭也。""擊擭，不正也"。三字音同而義不同。高云："逐而有獲，不得云貞凶。疑獲當讀爲擭，同聲係，古通用。《書・費誓》：'杜乃擭。敜乃阱。'僞《孔傳》：'擭搏獸機檻。'《周禮・雍氏》：'春令爲阱擭……秋令塞阱杜擭。'鄭注：'擭，柞鄂也。'《冥氏》：'掌設弧張，爲阱擭，以攻猛獸，以靈鼓驅之。'《禮記・中庸》：'驅而納諸罟擭陷阱之中。'"是也。阱爲陷坑。擭爲阱坑裝置挾椿弩箭之機械等，以搏猛獸。人隨其中，亦致傷命。所以云"貞凶"。

"孚"讀爲"桴"。《説文》："桴，棟名。"《爾雅》："棟謂之桴。"《儀禮》注："是製五架之屋也，正中曰棟，次曰楣。"棟又曰桴。獵人設陷阱，恐人誤墜其中，故用桴作標語，高懸掛於阱坑之前，令人遠地望見，避不前進。故曰："有桴在道以明。何咎？"

以、已通用。《帛書》作"已"。《孟子》："無以則王乎？"《漢書・張良傳》："殷事以畢。"《荀子・非相篇》："人之所以爲人者，何已也。"皆其證。

九五：隨之雲。**孚於嘉。吉。**

此爻言俘虜。

孚，虜也。"孚於嘉"，謂在有嘉戰役之中被俘虜。有嘉，國名。《離》上九云："王用出征，有嘉折首。"折首者，斷頭也。其君被殺，其隨從被俘虜而生存。故曰"孚於嘉。吉"。

上六：隨之無妄。**拘繫之，乃從維之。王用享於西山。**《帛書》："維"作"嶲"。"亨"作"芳"。

此爻言祀山川之神。

此蓋文王與紂之事。兩之字皆代詞，代文王也。拘繫，猶今言關押。從，讀縱，《説文》：“縱，緩也。一曰舍也。”《玉篇》：“縱……放也。”維，網羅也，猶言牢獄也。謂紂王囚文王於羑里七年，天下諸侯皆從之囚，紂患之，而釋放文王，是其事也。而文王以爲得神靈之保護而免於難，乃享祀西山以報之。西山蓋西岳華山也。饗，人道也。享，神道也。音同而義異。但《左傳》多假享爲饗，《禮記》多假饗爲享。《帛書》用芳字代享字，芳有芬芳之氣，形於外也。兑位西，艮爲山，故“享於西山”。隨有出義，具見於初與上。何楷《古周易訂詁》云：“兑爲巫。凡卦有兑者，多取祭祀。象《萃》之‘王假有廟’，《損》初九之‘祀事遄往’，《困》九五之‘利用祭祀’，《升》互兑之‘王用享於岐山’。”本卦之“王用享於西山”皆是也。王先生曰：“文王喻時事也。無明天子當用二伯，王用亦隨義也。而可以拘丈夫、係小子、維人心，是於西山用亨之利。會同有四亨，周西伯在西嶽，言山謙辭。”按岐山、西山是有區别的，西山即華嶽，王説不妄也。

紂囚文王：帝辛二十三年，囚西伯於羑里。諸侯皆從之囚。二十九年釋西伯。囚七年《竹書紀年》與《左傳》合。但《戰國策》云“拘之羑里之庫百日，欲令之死”。蓋先囚於庫，後改入獄。事見《史記·殷本紀》《周本紀》《尸子》《韓非子·難二》《淮南子·氾論》《道應》《吕覽·首時》等皆載其事。

蠱

䷑ 艮上巽下　山風蠱　内互兑 ☱　互震 ☳

三易卦　泰 ䷊ 上往初來　損 ䷨ 三來初往

恒 ䷟ 四往上來

虞翻以《隨》爲《否》上之初，剛來下柔。以《蠱》爲

《泰》初之上，剛上柔下，皆推易之法。毛奇齡説。

古時山林茂盛，蔭蔽天日，蟲蛇叢生，故山風盛爲蟲瘴之癘氣，是爲風蠱一也。《左傳·昭公元年》："女惑男，風落山謂之蠱䷑。"於文皿蟲爲蠱，器皿内生蟲，如蛀蟲粉蟲。晦淫之所生也。如女陽物而晦時，淫則生内熱惑蠱之疾。是謂淫蠱二也。《通志》："以百蟲置皿中，俾相啖食，其存者爲蠱。"是爲蟲蠱三也。但《易》文之蠱，皆訓爲事，別於上所訓之三蠱。故事爲蠱事，古人以蠱故同音相假。蓋謂以時代久遠，難於考證與徵實。《爾雅》云："蠱……疑也。"惑於事物，則有腐敗之義存焉耳。

蠱：元［吉］。亨。利涉大川。先甲三日，後甲三日。《帛書》："蠱"作"箇"，全卦皆然。"元"下有"吉"字，今據補。《歸藏》"蠱"作"蜀"。

尚氏云："《詩·豳風》：'蜎蜎者蠋。'蠋，葵中蠶也。《詩詁》蜀已有蟲，再加蟲，俗字。然則蜀亦蟲，與蠱義同也。"《帛書》作"箇"，从⺮从固。《説文》："固，四塞也。从口古聲。"按古文作㐀。李鼎祚曰："《尚書大傳》云：'乃命五史，以書五帝之蠱事。'按蠱事即故事，故亦从古聲。同聲通假。然爲訓者，正以太古之時無爲無事也。今言蠱者，是卦之惑亂也。時既漸澆，物情惑亂，故事業因之而起惑矣。故《左傳》云：'女惑男，風落山，謂之蠱。'是其義也。"虞云："泰初之上，與隨旁通，剛上柔下，乾坤交，故'元亨'也。謂二失位，動而之坎也，故'利涉大川'也。"《九家易》曰："此卦本泰，乾天有河，坤地有水，二爻升降，出入乾坤，'利涉大川'也。"一至四成大坎，故稱大川。

《子夏傳》："'先甲三日'者，辛、壬、癸也。'後甲三日'者，乙、丙、丁也。"按甲謂製造新令，古人制令，有甲乙丙丁之分。鄭玄曰："甲者，造作新令之日。甲前三日，取改過自新，故用辛也。甲後三日，取丁寧之意，故用丁也。"《漢書·武帝紀》："詔曰：'……望見泰一，修天文禮。辛卯夜，若景光十有二明。《易》曰："先甲三日，後甲三日。"……丁酉，拜況於郊。'"顏注："辛夜有光，是先甲三日也。丁日拜況，是後甲三日也。"馬融曰："甲爲十日之首，蠱爲造事之端，故舉初而明事始也。言所以三日者，'不令而誅謂之暴'，故令先後各三日，欲使百姓遍習，行而不犯也。"

王夫之曰："甲者事之始，庚者時之變，先者先事而告戒，後者後事而申飭，皆《巽》風申命之謂。……重《巽》而居外卦之中，爲更改後圖之象，故言庚。庚於時爲秋，乃寒暑生殺變易之候。'先庚後庚'，言未庚以前，已庚之後，申命以善始終也。其云'三日'者，誓戒以三日爲期也。"《稗疏》。虞曰："初變成乾，乾爲甲；至二成離，離爲日；謂乾三爻在前，故'先甲三日'，賁時也。變三至四體離，至五成乾，乾三爻在後，故'後甲三日'，無妄時也。"

初六：蠱之大畜。**幹父之蠱，有子，考無咎。厲。終吉。**

此言父死，遺事屬於蠱类，儿子即欲改正。王引之説："蠱又爲事，《釋文》曰蠱，一音故，蠱之言故也。《周官·占人》以八卦占筮之八故。鄭注曰：'八故謂八事。'襄二十六年《左傳》'問晋故焉'，昭三十年《公羊傳》'習乎邾婁之故'，杜預、何休注并曰'故，事也'。"虞云："泰乾爲父。"今與上易位而成艮剛是父死亡。父死稱考，《書》"如喪考妣"。《離騷》"朕皇考"皆注父死之稱。按《禮記·曲禮》："生曰父，死曰考。"父在做錯事，爲子必須糾正。虞注："幹，正。"父死亦須改正。故曰"有子，考無咎"。孔子言"三年無改於父之道，可謂孝矣"。何以《易》無此言乎？孔子所言常道也，《易》所言非常道也。蠱爲過錯之事，就欲急改，所謂從治不從亂也。雖是難爲之事，終歸是吉利，故曰"厲。終吉"。《帛書》："考"

作“巧”，二字皆从丂聲，同聲通假也。《唐韻》《集韻》，丂并音苦浩切。巧音古絞切，二字是雙聲。于省吾讀考爲孝，非義也。以子考連讀者，亦非也。

九二：蠱之艮。**幹母之蠱，不可貞。**

俗語：“子不可以幹母。”蓋因男女異務也。李鼎祚云：“位陰居内，母之象也。”貞，正也，直也。對母不可直諫，正面提出而直諫之，則逆志傷恩。非尊親親之道也。故曰“不可貞”。《象》以爲“得中道”是也。若訓貞爲問，不可問則何能幹也。

九三：蠱之蒙。**幹父之蠱。小有悔。無大咎。**《帛書》：“小”作“少”，義同，可通用。

此言父生存所行蠱事，爲子者必須當面進諫，請行改正，或代之改正。王弼云：“以剛幹事，而無其應，故有悔也。履得其位，以正幹父，雖小有悔，終無大咎。”李鼎祚曰：“爻位俱陽，父之事。”按“小有悔”，謂父受子之幾諫，對子小有責備，但子是無大過，應當授受，不可衝撞其父。或曰：悔應讀作誨，謂父教誨與斥責。三爲巽終，凡巽體上爻多不急者，以本弱也，故“小有悔。無大咎”也。

六四：《蠱之鼎》。**(裕)[格]父之蠱。往見，吝。**

此謂霚幹無改而欲强之。李鏡池云：“高亨謂裕當作格，形近而訛。《書·盤庚上》‘格汝衆’，《白虎通·號篇》引格爲裕。此裕格互訛之證。按《小爾雅·廣詁》：‘格……止也。’……父有所爲，子欲止之，筮遇此爻，雖往見父，難得俯從。故曰‘格父之蠱，往見吝’”。按高讀裕爲格，其義正確。《孟子》：“惟大人爲能格君心之非。”注：“格，正也。”《論語》：“有耻且格。”注：“格，正也。”格君與格父同一理。孔子曰：“父有争子，則身不陷於不義。”謂其能正父之非也。齊人匡章，人稱章子，曾爲齊將，其母爲父所殺，埋於馬厩之内，章子與父争論，欲遷母尸另葬。其父不准，以致生不見面。而通國皆稱不孝，孟子獨與往來。此“往見，吝”之明證。事見《孟子》與《齊策》。此在卦象，陰遇陰則窒，故往見吝也。

六五：蠱之巽。**幹父之蠱，用譽。**《帛書》：“譽”作“輿”。按《禮記·射義》：“則燕則譽。”鄭注：“譽或爲與。”譽从與聲也。《韻會小補》，譽通作與。

《孝經·援神契》：“天子之孝曰就……諸侯孝曰度。……卿大夫孝曰譽，譽之爲言名也。”據此條蓋言大夫之孝也。用譽者，蓋表揚其功德也。故《象》曰：“承以德也。”本卦“幹父之蠱”有三條，蓋分三等人而言也，大夫，士，庶人也。

上九：蠱之升。**不事王侯，高尚其事德［凶］。**

虞云：“泰乾爲王，坤爲事，應在於三，震爲侯，坤象不見，故‘不事王侯’。謂五已變巽爲高，艮陽升在坤上，故‘高尚其事’。”高尚，高貴也，以不事王侯爲高貴也。《禮記·表記》：“子曰：‘事君，軍旅不避難；朝廷不辭賤；處其位而不履其事，則亂也。故君使其臣，得志則慎慮而從之，否則熟慮而從之，終事而退臣之厚也。《易》曰：‘不事王侯，高尚其事。’”此言中途退職之道如此者，若言隱居不仕，則許由之於堯，伯夷叔齊之於周武，嚴子陵之於漢光武，差足以當之。于載洽曰：“此類之人，世代皆有，但周初之伯夷叔齊。當是最聞名者。”余永梁“疑爲伯夷、叔齊不仕的事”，不無道理。按夷齊扣馬諫武王時，左右欲兵之，《帛書》：“事”作“德”，下有一“凶”字，誠可意味也。趙威後問齊使曰：“於陵子仲尚存乎？是其爲人也，上不臣於王，下不治其家，中不索交諸侯。此率民而出於無用者，何爲至今不殺乎？”孟子批評仲子蚓而後可先其操。荀子批評子仲忍性情綦谿利跂，苟以分異人爲高，不足以合大衆，明大分；又説是奸人將以盜名於晻世者也。所以隱居不事之人，是人類之一蠹。作《易》者繫於《蠱》之上九，有意哉！有意哉！《帛書》有"凶"字，蓋古本也，今從之增。"事"作"德"，隱居不仕，是人之德行，非人之事業。德有自得之意，自得者必驕矜自喜也。驕矜故凶。此古《易》之可貴者也。

臨

䷒ 坤上 兑下　**地澤臨　内互坤 ☷　震 ☳**

聚卦 二陽 四陰

聞云："臨讀爲霝。霝霖古當同字。……《字鏡》淋古文作霝，《廣雅·釋訓》：'[illegible]，雨也。'是霖淋霝（[illegible]）一字。……《西溪易説》引《歸藏》臨作林禍，即霖禍。《周易》省霝爲臨，猶《歸藏》省霖爲林耳。"《周易》臨卦皆講大君臨民之道。咸臨、威臨、甘臨，大君臨民之政也。至臨、知臨、敦臨，大君臨民之法策略。也。金文[illegible]从目，从人，从品，品衆物之形也。篆文訛目爲臣，故《説文》云："从卧品聲。"非也。金文毛公鼎作[illegible]，盂鼎作[illegible]。俗言鼓目相視，即此臨字之義。臣面也，中一口即目。斗建丑而用事。消息卦《臨》爲十二月，至申入否。《易》書從《臨》倒數至《否》，亦是八數，《否》故有凶也。或以八日爲《遯》卦值位者，以康節所傳陳槫之圓圖，《遯》居正西也。或以八月值《觀》卦者，以魏伯陽參同契之卦氣，《觀》酉位也。二説皆出於緯書，不與消息《易》書合，是各有所見，而作用不同也。王夫之以八月秋中兑卦之成，《臨》内卦爲兑，其説與《説卦》之位合。兑爲正西，於時爲秋。秋爲時節之變，非有凶之謂也。亦不如與消息和《易》書之以否爲洽當。

臨：元亨利貞，至於八月有凶。《帛書》："臨"皆作"林"。

虞云："陽息至二，與遯旁通。'剛寖而長'，乾來交坤，動則成乾。故'元亨利貞'。"按内卦爲兑，兑爲正西。於時爲秋，故"利貞"也。《臨》消於《遯》，六月卦也。於周爲八月。遯弒君父，故至於"八月有凶"。鄭曰："《臨》卦斗建丑而用事，殷之正月也。當文王之時，紂爲無道，故於是卦爲殷家著興衰之戒，以見周改殷正之數。云《臨》自周二月用事，訖其七月，至八月而《遯》卦受之。按上明言《臨》建丑則至申爲八月爲《否》也。此中而復始，王命然矣。"李鼎祚曰："《臨》十二月卦也。自建丑之月至建申之月，凡歷八月，則成《否》也。《否》則'天地不變，萬物不通'，是'至於八月有凶'也。"此卦全言君臨天下之道，成爲一套全面的政治哲學。

初九：臨之師。**咸臨。貞吉。**《帛書》作"禁林"。

此言咸和臨民之道。咸假爲諴。《詩·棠棣序》箋："周公弔二叔之不咸。"《疏》："咸，和也。"《説文》："諴，和也。"《尚書·召誥》："其丕能諴於小民。"注："和於小民"。《無逸》："用咸和萬民。"是咸諴古人通用。臨有自上監下之義。《詩·大明》："上帝臨汝。"《皇矣》："皇矣上帝，臨下有赫。"此言上帝監臨下民也。《論語·爲政》："臨之以莊則敬。"《雍也》："居敬而行簡以臨其民。"此言君上監臨下民也。然諴和之道，首先欲用志行方正之人以感動人。孔子曰："其身正，不令而行；其身不正，雖令不從。"可見君子正己以感下，而民向化。故《象》曰："志行正也。"志行正是"咸臨。貞吉"之根本。初與四應，四入坤爲人民。

九二：臨之復。**(咸)[威]臨。吉。元不利。**各本皆作“咸臨”，與初爻同，今改作“威”。《帛書》作“禁林”。

此言以威嚴臨民，使之歸順也。初爻“咸臨”，《象》解爲“志行正”。二爻亦是“咸臨”，《象》解爲“未順命也”。未順命即是逆命，非咸和所能制也，此咸和是錯誤明矣。高云：“《周易》通例，一卦之筮辭，其文有相同者，其旨趣必異。如《謙》六二云：‘鳴謙，貞吉。’上六云：‘鳴謙，利用行師征邑國。’《蠱》初六云：‘幹父之蠱，有子，考無咎，厲，終吉。’九三云：‘幹父之蠱，小有悔，無大咎。’六五云：‘幹父之蠱，用譽。’《大過》云：‘棟橈，利有攸往。’其九三云：‘棟橈凶。’并其例。……初九《象傳》曰：‘“咸臨貞吉”，志行正也。’志行正方可感人，蓋讀咸爲感，是古本初九爻辭作‘咸臨’也。九二《象傳》曰：‘“咸臨吉無不利”，未順也。’民未順命，故臨之以威，是古本九二爻辭作威臨也。《書·吕刑》：‘德威惟畏。德明惟明。’《左傳·文公七年》引《夏書》曰：‘戒之用休，董之用威’，可見以威臨民，自古尚之。”按咸訛爲威高見甚韙，今據之改正。威之所訛爲咸者，威一作从咸不作从戌。《廣雅·釋詁二》：“㚴……健也。”朱駿聲云：“疑即威字，从咸，會意，今从戌者，咸省也。”俗人不識此㚴字，故去㚴下之女，又爲咸也。二與五應，五爲陰柔，二以陽剛臨之則威也。

六三：臨之泰。**甘臨。無攸利。既憂之。無咎。**

王先生曰：“甘，鉗也。鉗制臨下，下必叛之，故無所利。”高亦讀甘爲鉗。虞曰：“兑爲口，坤爲土，‘土爰稼穡作甘’，兑口銜坤，故曰‘甘臨’。失位乘陽，故‘無攸利’。言三失位無應，故‘憂之’。動而成泰，故咎不長也。”聞讀甘臨爲甘雨，甘雨者，惠政也。《書·皋陶謨》：“安民則惠。”《説文》：“惠，仁也。”仁惠之政，民之所歸往也。

六四：臨之歸妹。**至臨。無咎。**《帛書》作“至林”。

王先生曰：“至，下來也。自上下下，不以勢臨。”《禮記·中庸》：“唯天下至誠，爲能經綸天下之大經，立天下之大本。”即此“至臨”之義。初與四應，陰虛以至誠之心。接待陽實之來臨，是當位，故“無咎”。

六五：臨之節。**知臨。大君之宜。吉。**《帛書》作“知林”。

用極速之智謀，應付事物之變化。《禮記·中庸》：“唯天下至聖爲能聰明睿知，足以有臨也。”睿知即聖智，音同通假。知、智古音同支部。聖覃部，登部二部音近通轉。卜辭智作，《前》五一七。金文作，《毛公鼎》。或作，《蚰匕》。下从甘，《説文》作，从白爲从甘之訛，《説文》疾下有籀文作，从廿，與甘同。是籀文以智爲疾。意謂智謀在於疾速。夫人道敏政，地道敏樹。孔子所謂敏則有功，功則悦也，所以聖智足以臨天下。大君謂乾。二陽應升五，五帝位也。故曰：“知臨。大君之宜。吉。”陰能虛中體順，接受二陽之來臨，以剛輔柔，則所行爲得中道也。

上六：臨之損。**敦臨。吉。無咎。**

此謂以敦厚臨民，使民德歸厚。卦爲《坤》之盡，《坤·象》曰：“地勢坤，君子以厚德載物。”《易林》曰：“孔張四國，載福綏厚。”此“敦臨”之義也。敦厚即寬大，以敦厚寬大之政臨民，寬則得衆，而人民衣食豐足，故民德歸於厚。《象》曰：“‘敦臨’之吉，志在内也。”《九家易》曰：“志在升二也，謂升二陽爲五。陰以陽爲主，故‘志在内’也。”内謂内卦，二爲陰位，爻是陽爻，故位不當，所以欲升二爲五也。《臨》處於《泰》《否》之未成。成《泰》則處於周之興，成《否》則處於紂之時。所以鄭玄説：“是卦爲殷家著興衰之戒，以見周改殷正之數。”

周易古經真詮卷三

觀

☴☷ 巽上坤下 **風地觀　内互坤 ☷　艮 ☶**

聚卦 二陽四陰

《説文》："觀，諦視也。从見雚聲。"《穀梁傳》曰："常事曰視，非常曰觀。"凡我諦視物曰觀，人諦視我亦曰觀。風地何以爲觀？風，物之動態也；地，物之静態也。觀察物體，必須從動静觀之，動以觀其變，静以觀其形。則物之本質，無所遁矣。本卦談觀察事物之方法，實是我國三千年以前之科學認識論。再從卦之内容説：巽多白眼，故有觀念。互艮爲顧視，顧視反視也。古人重祭祀，故觀灌禮，爲其主體。爻辭言人之觀察事物之能力形成。"童觀""窺觀"是幼稚、片面、狹隘、初步觀察事物之方法。"觀我"生進退，則進入比較全面，深入一層，又能聯繫外界事物，而決定自己一生事業之奮鬥目標。再進一步，觀察國家之盛衰成敗和百僚之賢與不肖，其他國家之政策與廢興治亂等情況，則入於理性矣。

卦之組强配爲三對，初與二爲對，童男童女之觀察，是認識事物之初步，完全是感性。三與四爲對，個人與國家，則進入理性，有調查研究作出判斷，認識自己，并能選舉真賢而替不肖。第三對能掌握全國情況與别國情況，具有辯證方法，作出正確方針，有力措施，運籌於帷幄之中，取勝於千里之外，此爲全面深刻科學之認識論。此是三千年以前，我國先哲具有清新之頭腦，聖睿之智慧，多才多藝之才能，造成此種科學論之結晶。

觀：盥而不薦，有孚顒若。湘綺樓本“盥而不薦”作“盥而觀薦”。《帛書》：“薦”作“尊”。按“薦”作“尊”，古音在魂痕部精紐，同部通假也。

高亨云：“《釋文》馬注：‘盥，進爵灌地以降神也。’是馬讀盥爲祼。《説文》：‘祼，灌祭也。’《書·洛誥》：‘王入太室祼。’《詩·文王》：‘祼將於京。’皆此義。字亦作灌，《禮記·禮器》：‘灌用鬱鬯。’《論語·八佾篇》：‘禘自既灌而往者。’皆其例。盥、祼、灌古通用字。……古祭祀先灌後薦牲。《禮記·郊特牲》：‘既灌然後迎牲。迎牲而後獻薦。’即其證。盥而不薦，是祭不終禮也。”鄭曰：“坤爲地、爲衆，巽爲木、爲風。九五，天子之爻，互體有艮，艮爲鬼門，又爲宫闕。地上有木而爲鬼門宫闕者，天子宗廟之象也。”馬云：“‘國之大事，惟祀與戎’，王道可觀在於祭祀。祭祀之盛莫過初盥降神。”《穀梁傳》注：“無牲而祭曰薦。”降神而不薦牲，蓋殺人舉頭以代牲也。《説文》：“顒，大頭也。”孚，俘虜也。殺俘虜敬神，用大頭以獻。故曰“有孚顒若”。今人殺豬敬神，用豬頭以獻。

初六：觀之益。**童觀。小人，無咎。君子，吝。**

此言觀察事物，要有豐富智識與經驗。若是孩童之觀，在小人無咎，在君子則難有成也。虞云：“艮爲童。陰小人，陽君子，初位賤，以小人承君子，故‘無咎’。陽伏陰下，故‘君子吝’。”按童年之人，觀察事物，見識淺陋，看不到事物本質，俗謂“小人見識”是也。小人如此，無害於事；君子如此，則難有成。故曰“吝”。

六二：觀之涣。**窺觀。利女貞。**《帛書》：“窺”作“規”，蓋“窺”之異體，規、規亦同音也。

此言觀察人物，當觀其全面，門隙窺人，以管窺天，所見者小也。窺觀即竊觀，俗言偷看。王先生曰：“窺，閃也。閃頭在門，中艮爲門。”虞云：“臨兑爲女，竊觀稱窺。兑女反成巽。”是兑爲反巽也。李鼎祚曰：“六二離爻，離爲目，又爲中女，外互體艮，艮爲門闕，坤亦爲門。女目近門，窺觀之象也。”按古時男婦婚姻，由父母之命，媒妁之言。但女子許嫁之前，得一窺男子，而自决可否，亦可卜筮。二已進入互坤，故曰“利女貞”。“清白守節曰貞。”《謚法》。蓋古時女子婚姻失時，有鑽穴隙相窺，踰墻相從，則不貞矣。故《易》著女貞之戒。若《詩·行露》：“雖速我訟，亦不女從。”則女貞矣。二與五應，所窺爲九五。

六三：觀之漸。**觀我生進退。**

此言事物，總是變化無常。以爲一成不變者，未有不失敗者也。“我生”讀我身即我躬，一生的進退，《孟子》曰：“治則進，亂則退，伯夷也。……民治亦進，亂亦進，伊尹也。”若孔孟時可則進，時不可則退。觀風相幾，不失其道，則進退自有餘裕。荀爽曰：“三欲進觀於五，四既在前，而三故退，‘未失道也’。”尚曰：“凡我生皆謂應與。……《易》以陰陽相遇爲朋友，故謂應與爲我生。”此比初二大進一步，已有進退之機緣也。

六四：觀之否。**觀國之光，利用賓於王。**

坤，土也，爲國。巽，風也。爻動成乾，天也。互艮爲山。風爲天，於土上，山也。有山之財而照之以天光，於是乎居土上。四獨近五，故曰“觀國之光”。賓謂賢者。《書·立政》：“以覲文王之耿光。”謂朝於文王而睹其光明也。《毛公鼎》：“亡不閈於文武耿光。”亡讀無，亡，無開閉口通轉。閈借爲矙。《孟子》：“陽貨矙孔子之亡也，而饋孔子蒸豚。”瞰、瞯、覵同字異形，謂無不朝於文武而瞯視其光明也。與此國光之義相發明。崔憬曰："得位比尊，承於王者，職在搜揚國俊，賓薦王庭，故以進賢爲尚賓也。"《詩》曰："莫敢不來享，莫敢不來王。"是其義也。"來賓"今《毛詩》作"來享"。此言得近天子之榮光，賓薦賢於王廷。巽爲旅客，故曰賓。尊曰賓，卑曰客。

九五：觀之剥。觀我生，君子無咎。

此言觀察事物，宜泯除主觀，内觀諸己，欲平心静氣，認識真我周圍一切人事。此我生謂二，五應在二。二坤爲民。《象》曰："'觀我生'，觀民也。"虞云："生謂生民。"高云生謂百官庶民，即生民也。《史頌簋》："里君百生。"《伯吉父盤》："其維諸侯百生。"百生即百姓，百姓又即庶官。高亨云："觀察庶官，則知其賢否。知其賢否，則黜陟得宜。"而庶績咸熙也。《書》曰："百姓有罪，在予一人。"故"君子無咎"也。

上九：觀之比。觀其生，君子無咎。

此言外觀諸人，不可滯於表面，而欲深入。好而知其惡，惡而知其美，則庶幾可能得其真實。上九已極天下可觀之地，其境已窮。"其生"，他國之生民庶官，觀察他國之庶官賢否，政之舉廢，國之强弱，民之貧富。都從觀察中而得其人之賢否。斯人也。其志未平易也。不可不慎。唯君子德見，乃得無咎。

噬嗑

䷔ 離上震下　**火雷噬嗑　内互艮 ☶　坎 ☵**

三易卦　否 ䷋ 五來初往　益 ䷩ 五來四往

損 ䷨ 二往四來

盧氏、虞翻、侯果諸謂從《否》來，與《推易》合。若本義謂從《益》來，則是從變來，與此不同。毛奇齡説。

王先生曰："噬當爲啞，从筮非也。盍今皆誤加口。"按《序卦傳》作"盍者，盍合也"。《雜卦傳》："噬嗑，食也。"王夫之曰："《噬嗑》之象，上下二陽，設爲關肆；陰爲民爲利；九四象有司治市者，譏察於中，使三陰各退，不終合，以免黷貨無厭也。"按火與雷連合爲一卦，能化生一切，掀動一切，消滅一切，故以火雷名噬盍也。既能吞蝕，又能消耗，刑罰之於人象之，故卦辭爲"利用獄"，爻辭皆言刑罰也。尚云："震爲口，初至四正反震口合，上離正反兑口合，故曰噬嗑。"象曰："頤中有物曰噬嗑。"按物謂四。《繫辭傳》曰："神農氏作……日中爲市，致天下之人，聚天下之貨，交易而退，各得其所，蓋取諸噬嗑。"全卦隱語，暗喻用刑。

噬盍：亨。利用獄。

此爲動用刑罰之卦。離爲日、爲火，有光明之象。震爲雷，雷動有威。用刑之道，威明相兼。若威而不明，恐致淫濫；明而無威，不能伏物。故明威者，天王之所以肅奸詭而服萬民也。虞云："否五之坤初，坤初之五，剛柔交，故'亨'也。坎爲獄，艮爲手，離爲明，四以不正而繫於獄，上當之三，蔽四成豐，'折獄致刑'，故'利用獄'，坤爲用也。"李鼎祚云："案'頤中有物曰噬嗑'，謂九四也。四互體坎，坎爲法律，又爲刑獄，四在頤中，嚙而後亨，故'利用獄'也。"

初九：噬盍之晋。**屨校滅趾。無咎。**《帛書》："屨"作"句"。"趾"作"止"。

《説文》："屨，履也。从履省，婁聲。一曰鞮也。"《釋名》："屨，拘也，所以拘足也。"《説文》曰："鞮，革履也。"屨音句，故《帛書》即作"句"。《説文》："校，木囚也。"是刑具通名。析言之：施於足曰桎，施於手曰梏，施於項曰枷。

王夫之曰："滅猶没也，如水淹物，湮没其中而不見也。"曳校桎，淹没足趾，此輕罰也。初位得正，故"無咎"。干寶曰："趾足也。"《帛書》："趾"作"止"，古字也。《説文》無趾字。屨校，足貫械也。著作脛。初居剛躁之家，體貪狼之性，以震掩巽，强暴之男也行侵陵之罪，以犯屨校之刑，得位於初，顧震知懼，小懲大戒，以免刑戮，故曰"無咎"。《繫辭傳》曰："子曰：'小人不耻不仁，不畏不義，不見利不動，不威不懲。小懲而大戒，此小人之福也。《易》曰："屨校滅趾，無咎。"此之謂也。'"得其旨矣。

六二：噬盍之睽。噬膚，滅鼻。無咎。

此言黥面之刑，二至五皆言噬肉問題。噬肉者，肉刑也。實是隱語，而言噬肉者，坎爲肉。凡是刑罰皆是噬肉之工具。又爲照顧卦名之義，故以隱語出之。如此則一卦可作兩卦用。非然者，何以初九爲"屨校滅趾"，上九爲"何校滅耳"，皆是明言刑罰。如雲龍飛天，見首見尾，瞽者則莫之知也。況隱語在我國文學上成爲一種表達形式。《荀子·賦篇》，集其大成。漢賦擴大範圍，加以鋪張揚厲，淋漓盡致，開後世無數法門。而滑稽之徒，淳如髡、東方朔等，用以諷諫刺譏，亦得輔佐之道。用之於比擬刑罰，有何嘗不可焉。平心説："《周易》……是用諧隱文體和卜筮形式，寫成的特殊史書。"《關於〈周易〉的性質歷史内容和製作時代》，載《學術月刊》1963年7期。噬，食也。本卦噬字，皆有此義。"噬膚"隱語，實謂黥面之形。黥面之後，貼一膏藥，掩没其鼻。二互體艮，艮爲鼻。又爲黔喙，黔、黥諧聲。噬膚滅鼻之象也。王夫之曰："'膚'，大臠無骨。貪食無狀，捧而嚙之，則上掩其鼻。"《稗疏》。因乘剛，又得正，多譽故無咎。尚云："滅趾有類於刖刑，滅鼻有類於劓刑。"得其義也。

六三：噬嗑之離。**噬臘肉。遇毒。小吝。無咎。**《集解》："腊"作"昔"，省字也。

臘肉，脯肉也。艮堅故曰臘。坎爲肉、爲毒，毒苦也。"噬臘肉"，隱語，即打屁股之刑。賣淫，俗呼食鹹肉，證一。俗呼打屁股爲吃板子，證二。屁股隱爲臘肉者，當嚴寒之時，屁股坐在火爐之上以取暖，湖南俗呼爲"炕脯肉"，證三。"遇毒"者謂執刑之人，敲詐勒索金錢財物，多給者輕打少打，十打三，打五。無錢重打一拖，十足報數，把屁股打得血肉飛濺。半月不能行走。豈非毒也乎！但不致喪命而已，故曰"小吝。無咎"。離爲火、爲豬，故有臘肉、乾胏、乾肉等名。離又爲金，故有金矢，黄金之稱。荀爽曰："臘肉謂四也。三以不正，噬取異家，法當遇罪，故曰'遇毒'。爲艮所止，所欲不得，故'小吝'也。所欲不得，則免於罪，故'無咎'矣。"王弼曰："噬，以喻刑人；臘，以喻不服；毒，以喻怨生。"按三不當位而用刑，民必不服。豈唯不服，怨毒以生。言小民不知懲戒，似積惡不悛也。

九四：噬嗑之頤。**噬乾胏。得金矢。利艱貞。吉。**

《說文》胏作𦙶。"食所遺也。从肉仕聲。"揚雄說："'𦙶'从'𠂔'，今作'胏'。"《子夏傳》作"脯"。虞作"乾脯"。湘綺本同。馬、鄭本作"胏"。《帛書》："胏"作"璾"。璾蓋禮之異體字。按脯有鹿、麋、麕、田豕脯之類。大夫燕食禮，有膾無脯。有脯無膾，田獵所得之肉，故有曰"金矢"。金矢者，箭鏃之銅尖也。尚云："胏，《玉篇》：'肉帶骨也。'離艮皆爲火，坎肉居中，故曰'乾胏'。艮爲金，坎爲矢。""噬乾胏"隱語，即荆條抽背之刑。《管子·小匡》："無坐抑而訟獄者，正三禁之而不直，則入一束矢以罰之。"《齊語》："索訟者，三禁而不可上下，坐成以束矢。"韋注："索，求也，辭求訟者之情也。三禁，禁之三日，使審實其辭也。而不可上下者，辭定不可移也。坐成，獄訟之坐已成也。”此文三禁，謂禁閉三日，令其反省無訟也。不可，則令兩曹入束矢於朝而聽之。《周禮·大司寇》：“以兩造禁民訟，入束矢於朝，然後聽之。”束矢即金矢，束言其數，五十支爲一束。金言其質，箭矢上銅鏃也。王夫之：“古有茀矢、枉矢、殺矢之别，唯殺矢則銅鏃。”束矢兩造俱獻，不直者没收其矢以示罰，直者得領回獻矢。在三日禁閉之時，可能還欲打荆條，令其無訟，不可則聽其獄而折之。

六五：噬嗑之無妄。噬乾肉，（得黄金）[遇毒]，貞厲。無咎。

《帛書》無“得黄金”三字，有“遇毒”二字，今補正。“遇”作“愚”，遇、愚皆从禺聲，然此是遇非愚也。

尚曰：“離火，故仍曰‘乾肉’。離色黄，五履艮金上，故曰‘得黄金’。貞，卜問。失位，故‘貞厲’。得中，故‘無咎’。”《周禮·大司寇》：“以兩劑禁民獄，入鈞金，三日，乃致於朝，然後聽之。”鈞金即此所謂黄金。鈞三十斤，黄言金之色，蓋黄銅也。入金於朝，兩曹俱入。既斷之後，没收不直者之金以爲罰，直者之金得領回。第一勝利得束矢，第二勝利得黄金，再後噬乾肉。具今言乾蘄、乾脩之意。言毫無折扣而乾净得之也。王夫之曰：“且幸得曰得，不幸而得亦曰得；法所宜受，不可曰得。納鈞金束矢既爲常法，則不當曰得。”勝訟領回鈞金束矢曰得者，幸之也。王弼曰：“以陰處陽，以柔乘剛，以噬於物，物亦不服，故曰‘噬乾肉’也。然處得尊位，以柔乘剛，而居於中，能行其戮者也；履不正而能行其戮，剛勝者也；噬雖不服，得中而勝，故曰‘噬乾肉，得黄金’也。己雖不正，而刑戮得當，故雖‘貞厲’而‘無咎’也。”

上九：噬嗑之震。何校滅耳。凶。《帛書》：“何”作“荷”。

《説文》：“何，儋也。”負也。“从人可聲。”應是何爲本字，荷是假字。《易》《詩經》作何是用本字，《論語》作荷是用假字。校，枷也，長三尺，寬二尺九寸，重二十五斤。因於頸上，從下視上，則不見下，故曰"滅耳"。此重刑也。尚云："坎爲校，爲耳。上應在三，三坎體亦艮體，艮爲背爲何。坎校在艮背上，耳則遮矣，故曰'滅耳'。"鄭曰："離爲槁木，坎爲耳，木在耳上，'何校滅耳'之象也。"王弼曰："處罰之極，惡積不改者也。罪非所懲，故刑及其首，至於滅耳。及首非誡，滅耳非懲，凶莫甚焉。"《繫辭傳》曰："善不積，不足以成名；惡不積，不足以滅身。小人以小善爲無益而弗爲也，以小惡爲無傷而弗去也。故惡積而不可掩，罪大而不可解。《易》曰：'何校滅耳。凶。'"深得其旨矣。

賁

☶☲ 艮上 離下 **山火賁** **内互坎** ☵ **震** ☳

三易卦 **泰** ☷☰ 二來 上往 **損** ☶☱ 二往 三來

益 ☴☳ 五來 三往

《九家易》與虞氏皆謂從《泰》來，與推《易》法同。本義謂從《損》來，則推《易》亦有之。毛奇齡説。

尚云："《歸藏》作熒惑。熒惑，火星。《史記》'察剛氣以處熒惑，曰南方火，主夏日，丙丁'是也。卦上艮爲星，離亦爲星；下離爲火，艮亦爲火，離主夏位南，艮納丙亦南，故曰熒惑。於《象》恰合。至《周易》作賁。賁，《釋文》云'傅氏作斑，文章貌'；鄭云'文飾貌'。《太玄》擬作飾。按卦一陰一陽相雜，相雜則有文，故曰斑，曰文飾。又按《爾雅》：'龜三足曰賁。'卦離、艮皆爲龜，而震爲足，數三，正龜三足也。"《序卦傳》："賁者，飾也。"《説文》："賁，飾也。从貝卉聲。"王夫之曰："《賁》之爲卦，一陽甫立，即間以一陰，至於五而又改其常度，一陰而間以一陽，萋斐以成貝錦，人爲之巧畢盡，陰陽之變至此極矣，是不足與於天地之大文，而徒爲賁飾也。"《内傳》。《吕覽·慎行》："孔子卜，得《賁》。孔子曰：'不吉。'子貢曰：'夫賁亦好矣，何謂不吉乎？'孔子曰：'夫白而白，黑而黑，夫賁又何好乎？'"《家語》略詳。鄭玄曰："賁，文飾也。離爲日，天文也。艮爲石，地文也。天文在下，地文在上，天地二文相飾，成賁者也。猶人君以剛柔仁義之道，飾成其德也。"王先生曰："賁、斑、奔、墳，通用字。而飾之字今作扮。此賁相承讀若'秘'，非也。"此爲文飾之卦，賁趾，飾足也。賁須，染鬚也。賁丘園，裝飾園林也。白賁，白描素描也。即此可以窺見三千多年前，我國社會各種繪畫裝飾藝術，已輝煌發達，無可諱言也。按賁字从貝，貝之色相不一，有玄貝、黄貝、紫貝、絳貝、黑貝、文貝、白貝等，郭注《爾雅》："以黄爲質，白爲文點……以白爲質，黄爲文點。"皆文貝之類也。从貝者，取其雜色文飾之美也。此本卦名賁之實質也。《雜卦傳》："賁，無色也。"此説非也。《釋文》引傅氏云："賁，古斑字，文章貌。"又引鄭玄云："變也，文飾之貌。"又引王肅云："有文飾，黄白色。"皆其证。

賁：亨小。利有攸往。《帛書》："賁"作"蘩"。

《玉篇》："蘩……白蒿也。"《書·仲虺之誥》："实繁有徒。"《箋》："繁多也。"此言賁有繁多之飾，应是繁而不是蘩。作蘩者徒取其音也。古音賁，魂痕部邦紐。繁，寒桓部并紐。二部音近通轉。例如"番禺"《山海經》作"賁禺"，傅氏以賁爲古班字。此二部通轉之證。鄭云："剛柔雜，仁義合，然後'嘉會禮通'，故'亨'也。卦互體坎艮，艮止於上，坎險於下，夾震在中，故不利大行。小有所之則可矣。"按鄭説非也。本卦二五皆陰爻，故以"亨小"爲句。全《易》有四卦，本卦《遯》《既濟》《未濟》，據《易》例，小謂陰爻，則"亨小"者，所亨通唯陰爻。本卦二爻得位得中，四得位，五得尊位。豈不是所亨通者，非小也乎哉？

初九：賁之艮。賁其趾。舍車而徒。張惠言訂正《周易鄭注》本"車"作"輿"。《帛書》："趾"皆作"止"。

許書無趾字，止即趾也。《詩》"麟之止"，《易·壯》"於前止"，《賁》"賁其止"，《士婚禮》"北止"，鄭玄注曰："止，足也。古文止作趾。"許同鄭從今文，故不録趾字。《帛書》從古文也。車、輿之總名。輿、輪之總名。造車自輪始言車言輿，其義一也。《説文》："徒，步行也。"舍車不乘，徒步而走，故曰"舍車而徒"。高氏謂："賁其趾者，謂文其足也。……文其足，乘車則其文不見，舍車而赤足步行，則人皆見之矣。"王肅云："在下故稱趾。既舍其車，又飾其趾，是徒步也。"按車爲大夫代行之工具。孔子曰："以吾從大夫之後，不可徒行也。"吾於浙江曾見文身之人，從足背起，委延而上至膝下止，大約所謂文足也。

六二：賁之大畜。賁其須。

尚云："艮爲須。《象》失傳，詳《焦氏易林》。"《説文》："須，面毛也。从頁从彡。"賁其須，文飾其須也。猶今染須染髮之類。三千多年前，就有染須之文飾，足見古人修容之術，發展極早。或謂須賤妾之稱，《天官書》有"須女四星"。離中女無正配，故取其象。余謂此説不合本卦之義。

九三：賁之頤。賁如。濡如。永貞吉。《帛書》："如"皆作"茹"，如、茹音同通用，形況狀詞。

此承上爻而言。離爲文飾，須有黑白參差之貌，故曰"賁如"。坎水潤澤，須有油潤光澤之狀，故曰"濡如"。老人壽考吉利之兆也，故曰"永貞吉"。

六四：賁之離。**賁如。皤如。白馬翰如。匪寇婚媾。**《帛書》："翰"作"榦"。"匪"作"非"。"婚媾"作"閩詬"。鄭"皤"作"蹯"。

皤如謂騎馬之人，大腹皤皤貌。卦體大離，離爲大腹。王先生《爾雅集解·釋鳥》："今白鶾也，江東呼白翰，亦名曰雉。"擴充馬之白色亦曰翰。《禮記·檀弓》："夏后氏尚黑……戎事乘驪……殷人尚白……戎事乘翰……周人尚赤……戎事乘騵。"鄭注："翰，白色馬也。"翰从倝聲。《説文》："倝，日始出，光倝倝也。"本卦内離爲中女，互坎爲中男，故有婚姻之象。一與四應，四爲外卦之首，又與六相應。一女而二男從之，故有搶婚之象。互坎爲寇盜，四在坎中，故非寇而是搶婚也。

六五：賁之家人。**賁於邱園。束帛戔戔。吝。終吉。**《帛書》："帛"作"白"，帛从白得聲。

此爻又承上爻而言，搶婚不成，改爲求婚。王先生曰："園蓋大夫以下山居别宅之稱，人君曰囿也。"邱園蓋女家住宅。女家修飾住宅，迎接男家納聘。束帛，納聘之禮物。《子夏傳》："五匹爲束，三玄二纁，象陰陽。"《周禮·大宗伯》注："此帛亦束，束者十端，每端丈八尺，皆兩端合捲，總爲五匹。"今人訂婚要衣料，即其遺制也。戔戔，薄少之義。禮物薄少，發生意見，故曰"吝"。有人以戔戔爲甚多，則吝何生，其義何來？當是妄説也。以後又調解好，故曰"終吉"。何以見爲納聘之事？《象》曰："六五之吉，有喜也。"凡言喜慶一皆謂陽爻。此陰爻亦有喜耶？五爲君位，上九下降，坤當順從，則正位也。承陽，即喜事。《賁》與《困》爲旁通，《困》外爲《兑》，《兑》之九五，旁通於《賁》，亦有喜也。

上九：賁之明夷。**白賁。無咎。**

凡白色謂之素。白賁，謂以白色界畫各種顔色之間，使之色彩鮮明也。《論語·八佾》："子夏問曰：'素以爲絢兮，何謂也？’子曰：‘繪事後素。’”《周禮·考工》：“凡畫繢之事後素功。”比皆謂白素，爲繪事後，作爲加工界畫顔色，使各種顔色，更加燦爛分明也。故曰無咎。

程頤曰：“賁飾之極，則失於華僞。惟能質白其賁，則無過失之咎。白，素也。尚質素，則不失其本真。所謂尚質素者，非無飾也，不使華没實耳。”《張衡列傳》：“質以文美，實由華興。”可謂深發本卦之旨趣。

剥

䷖ 艮上 坤下　山地剥　内互兩坤 ☷　☷

聚卦 五陰 一陽

王先生曰：“剥或作卜刂。从刀。录，裂也。录，刻木录录。文飾雕鏤之狀。”按卜博木切，《集韻》：“剥，普木切。”音同通假。故古剥作卜刂，又作㓯。《字彙》：“㓯，古文剥。”《歸藏》作刀。本是《乾》卦，爲坤陰所剥，衹存一阳，一阳剥落，則成全坤，故卦名剥。有剥蝕、剥落、剥奪、剥削之義。三重坤陰，陰氣沉霾，小人道長，君子道消，子弑其父，臣弑其君。二五非陽。陰氣侵陽，上至於五，萬物零落，故謂之剥也。陸績曰：“艮爲山，坤爲地，山附於地，謂高附於卑，貴附於賤，君不能制臣也。”按山與地一類也。山生於地而上接於天，天僅存微微一綫之陽，下則陰氣重重上升，北陽爲陰所剥，卦名剥之一義也。剥運行於九月農曆。之時，草木枯黄，萬物凋委，霜雪彌蓋，天地肅然，生物爲時所剥，此卦名剥之二義也。再從卦之内容看：“剥床以足”“以辨”“以膚”，是人之生命爲疾病所剥奪，此卦名剥之三義也。而六五“貫魚，以宫人寵”，一則表示淫樂無涯，一則痛苦已極。兩相以照，兩個階級生活，何等鮮明。再看上九“君子德車，小人剥廬”。《説文》：

"德，升也。"德車升車，乘車也。"廬，寄也。"《詩·信南山》："中田有廬。"箋云："中田，田中也。農人作廬焉，以便其田事。"春夏居，秋冬去，而家人作田寄居之廬舍，皆欲剥奪乾净，兩個對照階級一寫，則軒豁如天地。勞動人民血汗所創造之勞動果實，成爲碩果，存於君子之家。勞動人民雖不能生存，尤不可能得到保全生命之糧食，此卦名剥之四義也。古代糧食極端困難，孔子説："耕也，餒在其中矣。"所以古字剥皆从刀，古文則雙刅或剛刀，赫然令人可畏。尚云："《歸藏》作僕。僕與撲通。《莊子·人間世》：'蚊虻僕緣。'僕緣即撲緣。撲，擊也。而《豳風》：'八月剥棗。'《傳》：'剥，擊也。'是撲與剥義同。"古音皆屋部字。孔子《序卦》曰："致飾，然後亨則盡矣，故受之以剥。剥者，剥也。物不可終盡，剥窮上反下，故受之以復。"

剥：不利有攸往。

此言到处皆受剥削，無可逃避之地。鄭玄曰："五陰一陽，小人極盛，君子不可有所之，故'不利有攸往'也。"毛云："陽往，則陽剥陰；陰往，則陰剥陽。往則息，剥則消。往則盈，剥則虚。此天行之道，今陽之止而待剥，已及五矣。尚安往乎？"故曰"不利有攸往"。按此卦僅一陽存於上九，則往者不是謂君子而是謂小人。小人熬不住統治者的剥削，思欲逃跑，但無樂土可以存身。《詩·碩鼠》可覆按也，天下老鴉一般黑，則有何往乎？

初六：剥之頤。**剥床以足。蔑貞，凶。**《帛書》："床"作"臧"，下同，讀收藏之藏。

此謂受足痛之剥蝕而落卧於床也。高氏云："古人病而後設床，床之故作爿，今日本人所用猶是古製。或疒，疾病類字多从疒，即其證也。"此爻謂受足痛病的剥蝕而落卧於床也。高氏又云："蔑疑當讀爲夢，古字通用。《穀梁傳·昭公二十年》經：'夏、曹公孫會自夢出奔宋。'《釋文》：'夢，本或作蔑。'即其證。《爾雅·釋地》：'雲夢。'《釋文》：'夢，本或作蒙。'《荀子·勸學篇》：'南方有鳥焉，名曰蒙鳩。'《楊注》：'蒙當讀爲蔑，《方言》云："鷦鷯自關而西謂之桑飛，或謂之蔑雀。"'此又夢、蒙、蔑三字相通之證。古人夢則占。《詩·斯干》：'乃占我夢。'《無羊》：'牧人乃夢。大人占之。'《正月》：'訊之占夢。'《周禮·春官》：'占夢以日月星辰占六夢之吉凶。'皆其證。蔑貞猶言占夢也。"病床無事，占夢以卜吉凶，所得皆凶。因無錢無藥可得救也。虞云："動初成巽，巽本爲床，復震在下爲足。"

六二：剥之蒙。**剥床以辨。蔑貞，凶。**

高氏云："《釋文》：'辯，薛、虞云："膝下也。"'王引之云：'辨當讀爲蹁。《釋名·釋形體》曰："膝頭曰膊，膊，團也。因形團圜而名之也。或曰蹁，蹁，扁也，亦因形而名之也。"蹁蓋髕之轉聲，《説文》："臏，膝耑也。"髕之爲蹁，猶獱獺之爲猵獺也。膝頭在足之上，故初爻言足，二爻言蹁。古聲辨與蹁通，猶周遍之遍通作辨也。遍與辨通，詳見《日知録》卷五。古字多假借，後人失其讀耳。'"二居下卦之中，猶膝關居下體之中，故取象於蹁焉。鄭玄曰："足下稱辨，謂近膝之下，詘則相近，信則相遠，故謂之辨。辨，分也。"按王説甚辯，鄭説簡而明。據其所説蓋關節炎也。此疾北方人甚多，針療比藥療效力甚高，善針者蓋寡耳。

六三：剥之艮。**剥無咎。**

王弼本剥下有之字，《集解》本無。《象》曰："剥之。"蓋加之字以足文氣，非原有也。《帛書》本無。此種闕文，蓋脱落在作《象辭》以前，故《象》曰"失上下也"，則是確證。

按驗上下文，俱言疾病，斷辭皆云凶，獨此三爻爲人事。脱落事實，斷以無咎，則不識廬山真面目矣。

六四：剥之晋。剥床以膚，凶。京房本“膚”作“簠”，簠爲祭器，祗取夫音。

此言切膚之痛，剥落於床也。虞云：“辯上稱膚，艮爲膚，以陰變陽，至四乾毁，故‘剥床以膚’。臣弑君，子弑父。故‘凶’矣。”此爲皮膚之病，《象》謂爲切身之災害，今有皮膚癌症，蓋即此歟？在古時毒害比今多，中毒者亦多，自生毒亦多，醫藥却少，療治不易，所以一落床，就凶多吉少。故曰“凶”。凡此病魔，殘酷無情地剥奪人民生命，所以列入《剥》卦，以上皆述窮人無錢醫治疾病之痛苦死亡生活。

六五：剥之觀。貫魚以宫人寵，無不利。《帛書》“魚”下有“食”字，各本皆無。“寵”作“籠”。

此爻爲卦主，證明人民之所以受剥削而落床無救者，是由於統治者之驕奢淫逸。有以致之也。古人以魚喻女人。《管子》：“桓公使管仲求寧戚。寧戚應之曰：‘浩浩乎！’管仲不知，至中食而慮之……婢子曰：‘《詩》有之：“浩浩者水，育育者魚，未有室家，而安召我居？”寧子其欲室乎？’”何妥曰：“夫剥之爲卦，下比五陰，駢頭相次，似貫魚也。魚爲陰物，以喻衆陰也。夫宫人者，後夫人嬪妾，各有次序，不相瀆亂。此則貴賤有章、寵御有序。六五既爲衆陰之主，能有貫魚之次第、故得‘無不利’矣。”虞云：“剥消觀五，巽爲魚、爲繩，艮手持繩貫巽，故‘貫魚’也。”崔憬云：“魚大小一貫，若後夫人嬪婦御女。”大小雖殊，寵御則一。按貫爲串，串魚即串女也，表現多而有秩序。考《周禮·九嬪》注：“女御八十一人當九夕，世婦二十七人當三夕，九嬪九人當一夕，三夫人當一夕。”此謂貫魚以宫人寵也。宫人者，受過宫刑之人，後世謂之閹官。殷周之宫刑，全部割去陽物，古文字有、、等形，是用刀割除陽生殖器之形。閹者，刵也，排除腎子而已。《帛書》有“魚食”字者，《漢書·外戚傳》：“房與宫對食。”應劭注：“宫人自相與爲夫婦名對食。”蓋設名也。《孟子》曰：“食色性也。”《説文》：“寵，尊居也。从宀龍聲。”一曰愛也、恩也。《帛書》作“籠”者，讀如鳥籠之籠。《莊子·庚桑楚》：“以天下爲之籠，則雀無所逃。”又籠亦从龍得聲，同聲通假。此爻與初六、六二、六三、六四爲一面，六五獨爲一面。與上四爻對照，寫天王之淫樂生活，無不吉利。勞動生産者，被剥削一無所有，倘得疾病，無可救藥，落床死亡。當然，六五爲王侯之生活，小人何可相比？

上九：剥之坤。碩果不食。君子德輿，小人剥廬。《帛書》：“碩”作“石”。“廬”作“蘆”。“輿”，李作“車”。

此再對照寫出君子小人懸殊的生活，進一步揭露剥削階級與被剥削階級兩個不同的生活情況。以君子小人对举之生活为图景。君子硕果不食，谓衣食皆有儲存也。出門不徒步行，皆有車可乘。有人馭車，馬前有僕服务。一車、一馬、一工、一僕爲一主人所役使。而勞動生産之農民，田中春夏照顧農耕的廬廠，都被剥奪去了。《帛書》：“碩”作“石”，以音同也。《廣韻》碩石同音，常隻切。《漢書·匈奴傳》：“時奇譎之士，石畫之臣甚衆。”師古曰：“石言堅固如石也。”亦作碩。李遁平曰：“碩與石通。”段玉裁曰：“碩與石二字互相借。”虞曰：“夬乾爲君子、爲德，坤爲車、爲民，乾在坤，故以德爲車。小人謂坤，艮爲廬，上變滅艮，坤陰迷亂，故‘小人剥廬’也。”《帛書》：“廬”作“蘆”，葦之未秀者。《説文》竹部：“籚，積竹矛戟矜也。”“矜，矛柄也。”《考工記》注：“廬，矛戟矜秘也。”《釋文》“廬”或作“蘆”。从竹从草古有混淆，但从盧聲，同聲通假，古音如此，是不錯的。

復

䷗ 坤上 震下 **地雷復　内互两坤 ☷　坤 ☷**

聚卦一阳 五阴 **与姤 ䷫ 旁通　与剥 ䷖ 反復**

復原作复，回来之意。甲骨文作、，金文作、，篆文作，因爲回來是一種行動，很難形象化。衹得將行囊之形象，給它裝上一個向邊之脚，行囊回復，人就自然回復了。楷書加上彳表示行走，所以説復是後起字，古文衹作复也。本卦一陽埋覆於五陰之下，但陽是新生，終必衝破重重陰霾而復蘇，所以云出入無疾，是得到健康發展而成長。據全卦爻辭以明復義，有反復、復反之義。反復其道者，謂與《剥》反復，與《姤》旁通。二爻一變成《臨》，三爻一變爲《明夷》，四爻一變成《震》，五爻一變爲《屯》，六爻一變爲《頤》。不變謂之迷復不返，所以凶也。

復：亨。出入無疾，朋來無咎，反復其道，七日來復。利有攸往。《释文》："朋……京作崩。"《帛書》作"堋"。

此提出本卦之綱要。何妥曰："復者，歸本之名。群陰剥陽，至於纖盡，一陽來下，故稱反復。陽氣復反，而得交通，故云：'復亨'也。"按《復》與《剥》是相互之兩卦，而意義相殊。皆是一陽。《剥》陽在上將死，《復》陽在下將生。衰老死亡，不可挽救，新生事物，不可抗殺。出謂外卦，入謂内卦。陰以陽爲朋，《剥》窮上返下，故曰"朋來"。《漢書·五行志》、京房《易傳》皆曰："《復》，崩來無咎。"讀朋爲崩，意謂剥艮覆在下，如山崩也。《帛書》作"堋"，《説文》："堋，喪葬下土也。"字又寫作崩、塴，與京房義合。余謂病與咎皆屬人言，則爲朋友似無疑義。陽遇陰則通，通則無咎。陽自姤而消，消至剥上爲六日，及復則七日。自復而息，息至夬上爲六日反姤仍七日。循環不已。故曰“反復其道”。“七日來復”者，古人以六十四卦，除《坎》《離》《震》《兑》四卦不用外，以六十卦分配於一年，内又抽出十二卦爲日值，謂之消息卦。餘四十八卦，每月分配四卦，連月值爲五卦，五六得三十，每日有一爻管事。每月六爻，到第七日，轉爲别卦，故曰“七日來復”也。《乾》《坤》二卦有七個爻辭可證也。餘日爲閏餘。李鼎祚曰：“《易軌》：‘一歲十二月三百六十五日四分日之一，以《坎》《震》《離》《兑》四方正卦，卦别六爻，爻生一氣；其餘六十卦三百六十爻，爻主一日，當周天之數；餘五日四分日之一，以通閏餘者也。’《剥》卦陽氣盡於九月之終，至十月末，純陰用事，《坤》卦將盡，則復陽來。隔《坤》之一卦六爻爲六日，復來成震，一陽爻生，爲七日，故言‘反復其道，七日來復’，是其義也。”王先生曰：“以七日計者，月弦望也。地之游行不可見，以月盈虧驗之。自朔月七日上弦，上弦七日望，望七日下弦，下弦七日晦，終而復，不易常軌。”侯果曰：“五月天行至午，陽復而陰升也；十一月天行至子，陰復而陽升也。天地運往，陰陽升復，凡歷七月，故曰‘七日來復’。此天地之運行也。《豳詩》曰：‘一之日觱發，二之日栗烈。’‘一之日’，周之正月也；‘二之日’，周之二月。古人呼月爲日，明矣。”按侯説爲消息卦之運行，消息十二卦，是推行一年，每月一卦，侯氏用以推天之運行是也。但用《詩》一之日，二之日，爲古人呼月爲日之證則非也。一之日，一月之日也。二之日，二月之日也。實省月字，不是以日爲月也。《易》之“七日來復”，從易之爻數而言，小言之耳。擴言之則以日爲月，亦無不可也。若拘於《易》之七日爲七月，則二七十四月，何止一年之數？豈不繆乎哉？

初九：復之坤。**不遠復，無祇悔。元吉。**唐石經作“祇”，王本作“祗”，《帛書》作“提”，是、氏亦同聲系。

此言行不遠而復返也。不遠復謂陽爻從《剥》反復而來，僅止易位爲初，故説“不遠復”也。若往而返，去而不歸，則不知所底止。《周易》以《復》爲吉。不遠而復，雖悔不多。祇，多也。《九家易》“祇”作“多”。《左傳·襄公二十九年》：“多見疏也。”服虔本作“祇”。《論語》：“多見其不知量也。”《正義》：“古人多、祇同音。”歌脂近旁轉也。“無祇悔”，鄭注：“祇，病也。”《詩·何人斯》傳。詁同。無祇悔，無病悔也。《帛書》作“提”，王肅本作“禔”。《注疏》本作祇，从是从氏，同灰部字。《説文》：“禔，安福也。”虞注：“祇，安也。”然則虞亦謂祇爲禔之假字，提訓挈無義乃禔之假，是氏同音通假耳。夫周公之坐以待旦，蘧伯玉之知非有年，孔子之欲仁達人，季文子之三思而行，顏子之不二過，子路之聞過而喜，曾子之三省吾身，皆不遠而復之道也。《象》曰：“不遠之復，以修身也。”明其義矣。

六二：復之臨。**休復。吉。**

此言休喜而復歸也。《爾雅·釋言》：“休，慶也。”《廣雅·釋言》：“休……喜也。”休復蓋今日所謂榮歸，喜悦光榮而遠歸也。項羽曰：“富貴不歸故鄉，如衣錦夜行。”司馬相如曰：“不乘高車駟馬，不過汝下。”皆休復之義也。《象》曰：“休復之吉，以下仁也。”王弼曰：“得位處中，最比於初。上無陽爻，以疑其親。陽爲仁行，在初之上而附順之，下仁之謂也。既處中位，親仁善鄰，復之休也。”此説亦明大義。

六三：復之明夷。**頻復。厲。無咎。**《帛書》：“頻”作“編”。

此言瀕於水濱而返回也。侯果曰：“處震之極，以陰居陽，懼其將危，頻蹙而復，履危反道，義亦無咎也。”按三爻内卦盡，外卦是坤，《九家易·説傳》：“坤爲水漿。”水漿者，水邊泥水如漿也。《説文》："瀕，水厓。人所賓附，頻蹙不前而止。从頁从涉。"人到水濱，爲水所阻，逼於危險事故，祇得愁眉苦臉而返。《帛書》："頻"作"編"，古音同屬先部，扁邦紐，頻并紐，二字同部通假。《史記·孔子世家》："孔子既不得用於衛，將西見趙簡子。至於河西聞竇鳴犢、舜華之死也。臨河而嘆曰：'美哉水'洋洋乎！丘之不濟此，命也夫！'"足以明此爻之義。故曰"頻復"。見瀕而返，雖厲而無咎，言危險而無禍也，得瀕復也。

六四：復之震。**中行獨復。**

此言行到半路，而獨返回也。一與四應，三與四連，雖有内外之稱，但同在一卦，三四是中道也。中道即中行。《文言·乾》九四云："中不在人。"中謂三四，居一卦之中也。《繫辭傳》曰："若夫雜物撰德，辯是與非，則非其中爻不備。"中爻謂中間四爻，即二與四、三與五也。此言重卦之中爻，二五則單卦之中爻，亦每卦之中爻也。以全卦言，則半路也出，四應一而返，故曰"獨復"。獨復所以獨道也。王先生曰："五自上行，四自下應，故曰'獨復'。不從五，故不言吉。"按不從五是目無君也。半道而返又有不與人同流之慨，猶之伯夷叔齊以武王伐紂爲不義，和馬而諫，不聽，返於首陽之山而餓死，是從道也。《荀子》曰："從道不從君，從義不從父。"毛云："《復》之四，即《剥》之三也。《復》之四應初，即《剥》之三應上也。兩爻相應，每倒觀而皆見之。故五陰上下各二，而四居其中，謂之中行。"

六五：復之屯。**敦復。無悔。**

此言被敦而返回也。《説文》："敦，怒也，詆也。一曰誰何也。"段注皆責問之意。《詩·北門》："王事敦我。"韓《詩》："敦，迫。"《唐書》："遣使者四輩敦趣。"敦趣者，催促就道也。

今言催促別人就道曰敦趣。趣促同聲通假，亦即此敦復之義。謂受人督促而返。受人督促，雖是被動，但非迷復，故“無悔”也，以其內心得自考慮也。廖云：敦復即執復。敦篆作𣪊。執作𡠀，皆从𦎫聲。《説文》：“孰，食飪也。”讀若純。《左傳·僖公二十八年》：“説禮樂而敦詩書。”敦亦孰字之借。

上六：復之頤。迷復。凶。有災眚。用行師。終有大敗。以其國君凶。至於十年，不克征。“災”，古文作“扻”，作“菑”。《帛書》：“災眚”作“兹省”。“不”作“弗”。弗，不之深者也。

此言受其迷惑而不返。行師終至大敗。《説文》：“迷，或也。”《廣雅·釋詁》：“迷，誤也。”虞云：“坤冥爲迷，高而無應，故‘凶’。五變正時，坎爲災眚，故‘有災眚’也。”李鼎祚曰：“坤爲先迷，故曰‘迷復’。坤又爲師象，故曰‘行師’。坤數十，十年之象也。”荀爽曰：“陽息上升，必消群陰，故‘終有大敗’。國君謂初也，受命復道，當從下升。今上六行師，王誅必加，故‘以其國君凶’也。”按上六非天子之位，故稱國君。五變坎爲災眚，災謂水旱，眚謂蟲螟。眚、省同青部心紐。兹、甾同咍部精紐。五變坎爲險，故率師敗喪。十年不能出師征討，是大敗之果報。此爲行師戰争，不熟地理，迷失歸途，爲敵所乘，而致大敗。坐實歷史待考。昔吴王夫差，在黄池與晉争盟長。越王勾踐伐吴，大敗吴師。獲太子友、王孫彌庸、壽於姚。按吴王爲壽夢之後，此壽於姚蓋其族屬。丁亥入吴，按魯哀公十三年，公元前482年。吴人告敗於王，王惡其聞也，自剄七人於幕下。此是吴王迷於與晉争長而不返國，卒爲越所滅。軍敗，身死國亡。漢之吴王濞亦然，初封時，高祖戒其慎勿反。已有反狀，文帝賜之幾杖。結果還是反而遭滅亡。則斯爻之著戒，誠綦重矣哉，後之人其可不警戒歟？

無妄

☰☳ 乾上震下　**天雷無妄　內互艮 ☶　巽 ☴**

子母卦　遯 ☰☶ 三來初往　**中孚** ☴☱ 二往四來

子母卦者，謂卦從《遯》《中孚》易之爲子。而又可轉易之爲《訟》《離》《睽》《革》諸卦之母也。蓋《無妄》《大畜》《頤》《大過》《萃》《升》六卦，雖可分卦，故仍可類聚，如所云環聚者，故仍可轉易如此。後五卦同。毛奇齡説。

《説文》："妄，亂也"。《廣雅·釋詁》："妄……亂也。"是無妄無亂也。乾，天也，天無妄行。震，雷也，雷無妄擊。何妥曰："乾上震下，天威下行，物皆絜齊，不敢虚妄也。"毛云："無妄者，不罔也。天下惟虚則有罔，而天之與雷，雖若至虚而自有至實者，存乎其間。實則不虚，不虚則有何罔。"是無妄者，皆真實而不虚妄也。王先生曰："無，从通'元'。王育説爲天屈西北。亡即無也，入而以ㄣ之。妄，亂也。望，出亡望其還也。復則不妄，以此爲義。無妄之往，字當从之土，草木妄生也。不取妄亂義。"《説文》："無……奇字无，通於元者，王育説：'天屈西北爲无。'"按王育蓋以爲西北之地方，是一片冰雪沙漠，無人烟和一切生物生命。屈者，盡也，竭也。天屈者，天竭盡之，所以是真真的無。其字从二、乂，二者天地也。古文作无，爲肯定無人。《集解》："京氏俗儒以爲大旱之卦，萬物皆死，無所复望。"焦、京、王充爲大旱之卦。妄，《釋文》云："馬、鄭、王肅皆云望，猶望，謂無所希望也。"《戰國策》："朱英謂春申君曰：'世有無妄之福，又有無妄之禍。'"《史記·春申君傳》皆作"毋望"。司馬遷受《易》於楊何，何以妄讀望。應劭曰："天必先雲而後雷，雷而後雨，而今無雲而雷。無妄者，無所望也。萬物無所望於天，災異之最大者也。"竊以爲卦名無妄，應以無妄爲正解。無妄之義，譬之儒家之明誠，道家之抱真，佛家之戒妄，一言以蔽之，是歸於無妄也。再明譬之，天之行也無妄，故春夏秋冬，寒暑霜雪，按時不亂。地之轉也無妄，故東西南北，江海河嶽，定位而不忒。日月之明也無妄，故晝夜晦朔，星辰光耀而不輟。無妄之義，誠大矣哉。若漢儒讀妄爲望，望、妄兩字，皆从亡得聲，同聲通假。

無妄：元、亨、利、貞。其匪正有眚，不利有攸往。《帛書》："無妄"作"無孟"。無"其"字。"匪"作"非"。"眚"作"省"。

虞云："遯上之初，此所謂四陽二陰，非大壯則遯來也。剛來交初，體乾，故'元亨'。三四失位，故'利貞'也。非正謂上也。四已之正，上動成坎，故'有眚'。變而逆乘，天命不佑，故'不利有攸往'矣。"京氏及俗儒，以爲大旱之卦，萬物皆無，無所复望。馬注妄，猶望，謂無所希望也。馬説非。王夫之曰："《無妄》云者，疑於妄而言其無妄也。若非有妄，則不言無妄矣。"《内傳》。王先生曰："《無妄》與《屯》相對，《屯》爲初生，《無妄》復生，故俱備乾象。"初生氣純，復生氣雜，其非正即眚也，正謂乾也，其猶若也。《帛書》無"其"字則語氣急促，不見反正的語氣意義。《帛書》："妄"作"孟"。《説文》："孟，長也。从子皿聲"。皿讀若猛。段注孟猛古皆讀如芒。芒、妄同亡聲系，故《帛書》假孟爲妄也。匪，《説文》段注："有借爲非者。"《玉篇》："非……不是也。"《廣韻》："眚……災也。"眚、省古通用。

初九：無妄之否。**無妄往。吉。**

此爻爲卦主。蓋言雷聲震厲，戒人無亂走。《説文》："妄，亂也。"《廣雅·釋詁》同。凡無實之言謂之妄言，不合禮之行謂之妄行。妄言妄行，猶今言亂行亂言也。由内走外謂之往。陽初往遇二陰故曰"吉"。陽遇陰則通，故《象》稱"得志"。《大畜》九三稱"上合志"，《涣》九二稱"得願"，上皆無應，又皆以前遇二陰也，此同。

六二：無妄之履。不耕，穫。不菑，畬。[凶]。則利有攸往。

《禮記·坊記》引《易》曰："不菑，畬。田。"今本皆無"凶"字，蓋脱也，據《坊記》補。《帛書》："畬"作"餘"。無"則"字。

此從反面説明無妄之理，猶今人不勞不得食也。高氏曰："《释文》：'菑，馬云："田一歲也。"畬，馬云："田二歲也。"'《説文》：'菑，不耕田也。'重文作甾。'畬，三歲治田也。'《爾雅·釋地》：'田一歲曰菑，三歲曰畬。'據此，菑者，今人所謂荒田也。畬者，今人所謂熟田也。"耕，今之犁田耙田，是耕作之開始。穫，《説文》謂"刈穀"，俗刹禾，爲工作之終。其中扯草俗叫踩田，即謂之菑，又曰耘。畬讀奢，杜甫詩："燒畬度地偏。"元結詩："田仰畬刀少用牛。"畬耕是深山窮谷之處，先用刀把柴草斬刹，晒乾用火燒之成灰。種乾糧即播下種子，再用鋤耙劚碎其土，掩其種子，生後不栽，不耘，所謂刀耕火種也。今湖南湘西南山沖尚用此種方法。此爻以菑畬對文，是今人除草積肥，屬於耕作培育方法，其意説：不耕作而欲收穫，不除草下肥而欲田之肥沃，苗之豐茂，豈有是理。説有者是妄也，而利早已他往也。則猶而也，轉折詞。《帛書》無此"則"字，非。今從俗本。耕作是實際問題，來不得半點虚妄。俗語云：人哄地皮，地哄肚皮。看誰得到勝利？《禮記·坊記》引《易》曰："不耕穫，不菑畬，凶。"各本《易》經皆無此凶字。蓋腐儒之見，以爲耕作田農何得遭凶闖禍？以致删削也。殊不知農民自己説：今年收成不好曰凶年，明年鬧饑荒。凶荒爲陽東通韻。明之亡也，亡於饑荒，人民不知死多少萬萬，崇禎皇帝自縊於煤山，其凶何如哉？此凶字不可少，余據《禮》補《易》當不妄也。《帛書》："畬"作"餘"，以諸切。古文作畭，余予古通用。

六三：無妄之同人。**無妄之災。或繫之牛，行人之得，邑人之災。**災从巛火。篆文作烖。古文作“扷”。《帛書》：“災”作“兹”。“繫”作“擊”。

此用事實申明無妄之災的哲理。内卦體離，離爲火故曰災。《九家易》曰：“離爲牝牛。”二陰成坤爲邑人。巽爲絶，艮爲手，外卦乾爲行人。此説邑人之家，發生火灾，有看牛人前來救火，把牛繫在邑人宅旁，火逾燒逾旺，牛債而奔，爲過路人所得而去。今人謂此類事實爲無妄之災，其理何在？看牛人因救災而失牛，行人無故而得牛，得失是事實。但失牛者受禍，得牛者受福，禍福是事實。皆非妄也，是無妄也。此言禍福無常。得牛之人去了，看牛之人賠牛不起。邑人已經受災，還欲賠牛，故曰“行人之得，邑人之災”。其取象也，艮爲牛，又爲看牛童，大離爲火，巽爲風，爲邑人。行人爲外卦之乾。尚氏以艮爲火，爲牛，巽爲盜，非也。

九四：無妄之益。**可貞。無咎。**

“可貞”上疑有脱文。因可貞是指一件事説的，無事可貞甚麼？王先生曰：“可，肯也。因請而肯曰可，謂上也。”虞曰：“動得正，故‘可貞’。承五應初，故‘無咎’也。”《象》曰：“‘可貞，無咎’，固有之也。”按此爻爲《益》之六四，爻文中行告公從，利用爲殷遷國，考《竹書紀年》武乙三年，“自殷遷於河北，命周公亶父賜以岐邑。”古公亶父躊躕不决，舉行問卦得到許可，故云“可貞”，并告以“無咎”。亶父於是進行協作，此“可貞。無咎”之史實也。詳本書《益》卦。

九五：無妄之噬嗑。**無妄之疾。勿藥。有喜。**

此言有喜，不須吃藥也。王先生曰：“妄，望也。望爲月滿，無爲元氣。通離爲大腹，氣通腹滿，孕妊之象，若有疾也。藥，治病草也。震爲草，互坎疾，故象藥。妊藥多忌，故戒之。”按王先生説甚是，古中醫稱孕婦爲有喜。《無妄》與《升》旁通。《無妄》外乾，變《升》外坤。坤爲腹，孕從坤來，乾健也，身健無疾。而從外得來，故曰“無妄之疾”。孟巽爲木，益艮爲石，故稱藥。勿藥不須服藥也。《帛書》作“樂”用母聲字。

上九：無妄之隨。無妄［之］行。有眚。無攸利。“行”上脱“之”字，據《帛書》補。《帛書》：“眚”作“省”。

無妄行，禁止亂行也。不聽而亂行，則有災眚。虞云：“動而成坎，故‘行有眚’。乘剛逆命，故‘無攸利’。”崔憬曰：“居無妄之中，有妄者也。妄而應三，上下非正，窮而反妄，故爲災也。”

大畜

䷙ 艮上乾下　山天大畜　内互兑 ☱　震 ☳

子母卦　大壯 ䷡ 四往上來　中孚 ䷼ 五來三往

山天何以爲大畜？蓋山中之天地，是禽獸之天地。林木成蔭，可以遮蔽强烈之太陽光綫。緑草成蔭，是畜牧喂養之豐富資料。馬、牛、豬等大畜放牧其間，是優良之天然牧場。故即以山天名《大畜》之卦也。《説文》引《魯郊禮》：“畜从田从玆。”金文小篆从玄，讀玆，是玆之省字，非玄黄字也。玆、玄字形繁簡不同，其義則一。《説文》：“玆，草木多益。”是畜之本義。《易》大小畜字皆用本義。王夫之云：“《小畜》，畜之者之志異，故相持而不解。《大畜》，畜之者之道同，故相待而終行。”與《萃》旁通，與《無妄》及《復》。

大畜：利貞。不家食。吉。利涉大川。《帛書》作“泰蓄”，輕重音之别也。

畜牧之人，日逐水草之地放牧，不能在家食。现今我国内蒙古、新疆、西藏、青海、宁夏等地牧人生活，還是如此。我國古時農民寒冬住在城邑，是在家食宿，農作忙時，出居中之廬，亦不在家食。少數人要家中婦女或兒童送飯到田野去食，《詩》所謂“饁彼南畝”是也。牧畜生産亦屬於農業範疇，故田畜雙重，“不家食。吉”者，以勞動終身，却能自食其力，以二五易位成《家人》，故“不家食”，又體坎故“利涉大川”。乾爲賢人，艮爲宫闕，今賢人居於闕下，監督，指揮，參加勞動，亦“不家食”也。所以不家食之人皆勞動，故“吉”。

初九：大畜之蠱。有厲。利已。

《説文》：“癘，惡疾也。”惡疾瘟疫病症，“有”者已有産生之現象，故曰“有厲”。厲即癘，本作疬。《公羊·莊公二十年》傳：“大瘠者何？疬也。”注：“民疾疫也。”《集韻》：“或作疬、㾐、癘、癧、通作厲。”已即祀之母體字，高亨説：“聞一多認爲已當作巳，云：‘已當讀爲祀。’李鏡池説同。利祀謂利於祭祀，以祈神鬼保佑。此解亦通。亨按《象傳》作者所據本確作已，不作巳。已、巳二字，隸書、楷書易於互誤，而篆文故不易互誤，仍以作已爲長。”他説：“筮遇此爻，將有危險，然亦無害，終於利已。”此則胡説也，不知厲字爲惡疾，兼人畜而言。畜牧主家，欲保人畜之安全，衹有利用祭祀求神庇佑雙禳之。解放以前，農村常用此種方法。故《象》曰：“不犯災也。”是作《象》者，明知此種風俗習慣也。現代醫藥發達，此風已止，專有獸醫管理。

九二：大畜之賁。輿説腹。“腹”或作“輹”，是也，腹爲輹之假字。《帛書》：“輿”作“車”。“腹”作“緮”。

虞云：“萃坤爲車、爲輹，坤消乾成，故‘車説腹’。”盧氏曰：“上應於五，五居畜盛，止不我升，故且‘説輹’。停留待時，而進退得正，故‘無尤’也。”按説是脱字，又作挩。腹是輹之假字，《帛書》作“緮”。三字皆从復得声，同声通假。完以輹爲正。《説文》：“輹，車軸縛也。”《集韻》：“車軸縛也。”《廣韻》：“車輹兔。”縛結處曰伏兔。輹爲車之鈎心，夾軸也。脱了鈎心謂之説輿，連箱與車軸不相連也。二爻進入互兑，兑爲損折，故“説輹”也。

九三：大畜之損。良馬逐［逐］。利艱貞。吉。日閑輿衛。利有攸往。《注疏》本“逐”作“遂”。“日”作“曰”，《集解》作“日”，今從之。“逐”，鄭本重“逐”字，今從之。《釋文》無“吉”字。《帛書》：“閑輿”作“闌車”。

乾爲良馬，種馬也。《周禮·校人》：“種馬一物。”上善似母者，蓋選上善之性格同於母馬者。鄭曰：“逐逐，兩馬走也。”姚曰：“逐逐，疾并驅之貌。”《顔氏家訓·書證篇》亦作“逐逐”。牝牡兩馬，追逐交會，因此走上幾十里或百里，幾天難尋回來，故曰“利艱貞”。馬未走失，能尋回來，故曰“吉”。闌，馬厩也。尋回之馬，闖入馬闌，每日用大車輿等物，擋住厩門，防衛他“利有攸往”。甲骨文衛作，四方有物圍繞之象。

六四：大畜之大有。童牛之告。元吉。“童”，《廣倉》作“㼿”，《説文》作“僮”，《釋文》《九家易》作“牿”。牿，牛馬牢也。《帛書》：“告”作“鞫”。

侯曰：“牿，楅也，以木爲之，横施於角，止其觝之威也。……童牛，無角之牛也。”按侯説自相矛盾，前説無角，何以又説横施於角。子考、童牛、豶豕詞語一例，前字皆是限制後詞。童牛是幼童小牛，就是無角之牛。何以欲用横木施於角，止其觝觸之威？無角又施於何處？此不可解者一也。《説文》：“告，牛觸人，角箸横木，所以告人也。从口从牛。《易》曰：‘僮牛之告。’”以童爲看牛之人，勉强可通，而詞例不相合，二也。予謂童牛即種牛，《説卦傳》：“坤爲牛。”童、種二字，音同通用。《説文》：“撞，凡擣也。从手童聲。”字亦作捶，衛通道也。从行童聲，字亦作衝。《禮記·檀弓》：“與其鄰重汪踦往。”注：“重皆當爲童。”皆其證。因此从童从重之字，多互相通假。尤其種、稑與衝異字，經傳幾無區别，并且皆用種字矣！《説文》：“穜，埶也。从禾童聲。”“種，先穜後熟也。从禾重聲。”故童牛即種牛也。馬有種馬，牛亦有種牛，毫無可疑者。古時牛馬并重。《繫辭傳》曰：“服牛乘馬，引重致遠，以利天下，蓋取諸隨。”馬用於戰陣，牛亦用於戰陣，田單用火牛以破燕而復齊，其明證也。種牛是雄牛，今農村雄牛，角尖而鋭，身壯而强，俗叫雄牯子。喜與牛鬥，亦常鬥人。所以欲繫横木於角，一以告人使加防備，二以止其鬥也。《帛書》：“告”作“鞫”。告鞫古音同蕭部見紐字。鞫，鞫訊問也。《説文》：“鞫，窮理罪人也。”《玉篇》：“問鞫也。”《釋文》鞫亦作鞠。鞫是問清對方，牛是否鬥人，請爲照顧，毋使受鬥，則人畜兩得安全，故曰“元吉”。

六五：大畜之小畜。豶豕之牙。吉。《帛書》：“豶”作“哭”。“豕”作“豶”。

《説文》：“豨，豕走豨豨。”“豶，劇豕也。”舊本。段本作“豶，羠豕也。”以劇爲劇字之訛。余謂段説非。劇豕謂其强烈有力之雄豬，猶今言劇盜、劇賊、劇藝也。皆含有甚大强烈之意。豕生下即分豶、草豬兩種，豶豬生下即割其勢，名曰割公豬。留作種豬者不割。草豬是母豬，起二三次草就閹割，不割成母豬，割則長肉成肥豬。何以“豶豕之牙。吉”？危克安云，公豬旺盛，牙齒長出口唇之外寸許，牙屬腎，腎旺用以接種，豬子繁多。故曰吉。廖海廷亦云。康殷曰：北方方言稱壯豕種豬曰芽豬，芽即豭聲之轉也。盧淅云：《埤雅》以杙系豕謂之牙，牙者系之者也。系而不去故吉。按此説非也。北地養豬，用杙系豕，普通如此，與種豬無關。豭之初文甲骨文作□，□象腹下有勢之形。《左傳·定公十四年》：“野人之歌曰：‘既定爾婁豬，盍歸吾艾豭。”豭，豬婆。豭，豬公。假牙同部可通用，但此事實不同，無須用也。虞云：“三至上體頤象，五變之剛，巽爲白，震爲出，剛白從頤中出，牙之象也。”李鼎祚云：“九二坎爻，坎爲豕也。按此以巽爲豕，與《姤》卦同。以陽居陰，而失其位，若豕被劇之象也。”故“吉”。按此之吉，爲多生廣生豬子，以發展生産爲吉。

上九：大畜之泰。**何天之衢。亨。**《帛書》：“衢”作“瞿”。

艮一陽在上，爲天，又爲背。何，當也，受也。《詩·長發》：“何天之休……何天之龍。”句法文義一例，意謂大畜之旺盛，受天之福也。衢者，通達之大道也。虞云：“乾爲天，震艮爲道，以震交艮，故‘何天之衢，亨’。上變坎，爲亨也。”初九“有厲。利已”，與“何天之衢”，正是殷周之際，尚鬼尊神之風俗，極相調和。中間選種是大畜發展牲畜之先進工作，推動社會向前進的奠基石。謂《周易》是專門卜筮迷信書者，是不知《易》者也。

頤

䷚ 艮上震下　**山雷頤**　**内互兩坤** ☷ ☷

子母卦　**觀** ䷓ 五來初往　**臨** ䷒ 二來上往

此卦惟侯果、虞翻得推易之法，宋儒多言從《觀》《臨》

來，指變卦言耳，與此不同。毛奇齡説。

王夫之曰：“《頤》之爲卦，以卦畫之象而立名。上下二陽，上齶下頷之象也。四陰居中，齒象也。頤之爲體，下頷動以噬，上齶止而斷之。《震》動於下，《艮》止於上，亦頷象也。……《頤》卦之象，中虛而未有物，静以待養，初無縱欲敗度之失。”《内傳》。《彖》曰：“‘觀頤’，觀其所養也。”此言養人之道，王者之養百姓而安海宇，禄以天下而非泰也。人子之養父母而保康寧，日有酒食，而非侈也。此養之正也，養正則吉矣。若鼎肉之餽，而勞賢者之亟拜，非尊賢也。醴酒不設，而輟敬師之禮，是畔師也。是養之不正，則却之退之宜也。《彖》又曰：“‘自求口食’，觀其自養也。”此言自養之道，在於自求。天生五穀百物，以養人也。若人無力以求之，則不可得也。然而求之有道，得之有命。嗟來之食，餓夫寧死；蹴爾之與，乞者不屑。耻非道之養也。夷齊守義，餓死首陽，是養其大體而廢其小體。孔子樂道，疏食飲水，是養其小體以存其大體。翳桑之夫，得壺飧而活。失時之雄，依漂母以生，是求之無道，而得之有命也。飲食人之大欲也，大欲必據之以禮，否則必争亂矣。

《釋名·釋形體》：“頤，養也。”動於下，止於上，上下咀物以養人也。或曰：頤輔車，或曰牙車，或曰頰車，或曰鼠車。凡繫以車者，皆取其在下載上物也。按車載食物而動，形容含食在口中滚來滚去之象也。側視卦畫，正象口齒形。卜辭作，《説文》引古文，與卦畫皆相合。此卦形與文字相通之證。

頤：貞吉。觀頤，自求口實。

鄭玄曰：“頤者，口車輔之名也。震動於下，艮止於上，口車動而上，因輔嚼物以養人，故謂之頤。頤，養也。”按段玉裁云：“鄭意謂口下爲車，口上爲輔，合口、車、輔三者爲頤。”能行養則其幹事，故吉矣。二五離爻皆得中，離爲目，觀象也。觀頤，觀其養賢與不肖也。頤中有物曰口實。自二至五有二坤，坤載萬物，而人所食之物皆存焉。觀其求可食之物，則貪廉之情可别也。”侯果曰：“此本《觀》卦，初六升五，九五降初，則成《頤》也。”因是《觀》卦，固有觀象。卦辭之“觀頤”，初九之“觀我朵頤”，皆從《觀》卦來也。李鼎祚云：“口實，謂頤口中也。實事可言，震聲也；實物可食，艮其成也。”本卦主旨：《象》曰：“慎言語，節飲食。”所繫爻辭，皆從此出。古語云：“病從口入，禍從口出。”言語之慎，飲食之節，似若細行，而人欲之流止，天理之存亡，君子小人之大閑，莫不由此分之矣。

初九：頤之剥。**舍爾靈龜，觀我朵頤。凶。**朵，《釋文》：“京，‘朵’作‘椯’。”《帛書》：“爾”作“而”。“朵”作“揣”。

《玉篇》：“你……爾也。”《禮記·檀弓》：“爾毋從從爾！爾毋扈扈爾！”兩爾毋皆言你莫之意。爾，汝也。《書·洪範》：“而康而色。”孔《傳》：“汝當安汝顔色。”以汝解而，而即汝、爾，今言你。《帛書》作“揣”，字書無此字。《集韻》有“拒”字，音覩緩切，讀从端上聲。是拒爲揣之或體，正體反漏收也。京房作“椯”，與短音近。《急就篇》注音兜白反，碑本作摶，蓋取團圓之形象。《康熙字典》以椯爲朵之古文。京房讀“椯頤”爲“朵頤”。食物在口中咀嚼兩頤鼓起，出現團圓朵朵，故曰朵頤。

舍龜觀頤，意在取法先賢飲食之道。《爾雅·釋魚》：“龜俯者靈。”《周禮·龜人》：“天龜曰靈屬。”《説卦傳》：“離爲電。”卦體《大離》。《爾雅》：“一曰神龜，二曰靈龜。”郭注：“涪陵郡出大龜，甲可以卜，缘中文似玳瑁，俗呼爲靈龜，即今觜蠵龜。”坤爲我。凶者，自不勞動徒觀人食，終不可得食，故凶。

六二：頤之損。**顛頤。拂經於丘頤。(貞)[征]凶。**各本作“貞”。據《象傳》改作“征”。

此爻言養生之道，欲有日思無日，不可有則顛狂大吃，無則啃肚而餓，皆非頤養之道也。《玉篇》“咈”下引《易》“咈經於丘”。段注：“今《易》作拂，蓋誤。”按咈爲否定性嘆詞，亦不可解“經於丘”。王先生曰：“顛，頂也。此當爲闐，填也。填頤，滿口貪食之象也。經从絲也。拂過擊也。織者必先拂經乃後加緯，坤爲布，艮手拂之。”此解拂經爲織布，與下“於丘頤”三字不能聯屬，而文氣是一句。竊意拂讀爲咈，有不可之意，經、常也。丘有住居之意。《滕王閣》：“梓澤丘墟。”《漢書》公孫宏“丞相府客館丘虛而已”。又息夫躬“寄居丘亭”。丘，《説文》作㐀，“㐀，土之高也，非人所爲也。从北从一，一，地也，人居在北南，故从北”。此爲食住問題，不能滿意，故經常發出違戾吁咈之嘆。時至今日爲居住飲食，時有吵鬧。况三千年以前之社會乎？故曰“拂經於丘頤”。陰陽相遇爲類，二征應五爲失類，故曰“征凶”。

六三：頤之賁。**拂頤。貞凶。十年勿用。無攸利。**

此言亂言逆行，得受懲處。拂頤即擊頤也。《大學》：“是謂拂人之性。”拂人之性者，與人性相違戾也。《孟子》曰：“行拂亂其所爲。”三與六相應，但位不正。三是陽位而爻是陰；六是陰位而爻是陽。無乾爲弑父弑君，故“貞凶”。坤爲十年，動無所應，故“十年勿用”也。《象》所説“道大悖也”。《玉篇》曰：“悖……逆也。”此説震艮皆有覆象相逆。艮震又皆爲道，上卦覆震與下震相逆，下卦覆艮與上艮相逆。震爲言爲行，艮爲正，是下欲言欲行，而上欲止。中有兩坤爲亂，斯之謂亂言亂行，而受掌嘴之凶也。《象》所謂“慎言語”者，殆指此爻歟？

六四：颐之噬嗑。**颠颐。吉。虎视眈眈，其欲逐逐。无咎。**眈从目不从耳，从耳誤也。《帛書》：“欲”作“容”。“逐逐”作“笛笛”。

此言丁壯之人，血氣方剛，志在進取。顛頤即顛齒，《管子·山國軌篇》：“請區之顛齒，量其高壯。”《周禮·典瑞》注：“含玉柱左右，齻及在口中者。”齻本作顛，二字皆从真聲。古人就用真字。《素問·上古天真論》：“故真牙生而長極。”王注：“真牙謂牙之最後生者。”真牙即丁牙。又謂之板牙。丁牙生在二十歲上下，故壯男壯女，謂之丁男丁女。以上用聞説，略有刪削。此爻“顛頤”與六二不同，彼謂置實，此謂壯年。血氣方剛，如日中天，故曰“吉”也。二四兩爻，吉凶異占，義各有當，不可執一而論也。《九家易》：“艮爲虎，四象虎以體艮，故亦通。眈眈，虎下視象。離爲目，故能視虎。”《説文》：“眈，視近而志遠。从目冘聲。”逐逐，心煩貌。《子夏傳》作攸攸，荀作悠悠，劉作跾跾。《爾雅·釋詁》：“悠……遐也。”《詩·載馳傳》《黍離傳》皆作遠貌。《帛書》作“笛笛”，笛與逐同部，劉表蕭部。段表第三部，逐加竹成篴。篴爲笛之古字。《周禮》有之。攸、由、逐皆同部，但由字即有遂音。《大禹謨》：“惠迪吉。”《皋陶謨》：“允迪厥德。”《太甲》：“啓迪後人。”《詩·桑柔》：“維此良人，弗求弗迪。”笛字亦然。坤爲欲所應。《帛書》：“欲”作“容”，爲二三所阻，故“逐逐”也。《説文》：“容，盛也。从宀谷。”“欲，貪欲也”。字轉注。段云：“欲从欠者，取慕液之意。从谷者，取虚受之意。……陆德明曰：‘欲，孟作谷。’晁説之曰：‘谷，古文欲。’”谷都讀浴聲。見顧炎武《音學五書》。谷聲何以轉爲容？此容字本訓盛。盛，容納也。徐鍇曰：“屋與谷皆所以盛受也。”若容貌字，古从公聲，古字作㝐，又通假爲頌。《説文》：“頌，貌也。从頁公聲。”徐曰：“此儀容字。歌頌者，美盛德之形容，故通作頌。”頁，人頭面也。今人通用爲歌頌字，而本義失矣。

六五：頤之益。**拂經，居貞吉。不可涉大川。**《注疏》："拂頤之義。"與六三同。

王先生曰："應二爲四陰之經，故同象也。衣食人所急，故兼言織。"主爻失位，不宜進取宜居守。本卦爻辭是"觀頤"，初九"觀我朵頤"，六二"顛頤"，六三"拂頤"，六四"顛頤"，獨六五作"拂經"。而拂經二字不可得其切解，王弼作"拂頤"解，與六三相復，義不可通。不也苟同，疑此當有脱字，以前爻例之，脱在前也。五本君位，而陰竊據之，失位無應。衹能居貞，衹能順上，而不可涉大川也。或曰：五六貼鄰，五不可涉而六則利涉，何也？五爲陰爻，又在重陰之中，故"不可涉"也。六爲陽爻，雖居陰位，而已出重險，衆陰又順乎陽，故利涉也。

上九：頤之復。**由頤。厲。吉。利涉大川。**

此言作事，不可猶夷不决。"由頤"應作"猶夷"，同音通假，又是雙聲聯綿詞，又可寫作夷猶或夷由。阮籍《清思賦》："徘徊夷由。"《後漢書·馬融傳》注："夷由，不行也。"雙聲聯綿詞倒而義不變。上九爲艮卦之中，艮止也。止其所止，故有流連不舍，猶，豫徘徊之意。所以是"厲"又是"吉"。厲者失位也。吉者衆陰順承以自輔也。坤爲大川，九爲陽爻，陽遇陰則通，故"利涉大川"也。

大過

䷛ 兑上巽下　澤風大過　内互兩乾 ☰ ☰

子母卦　大壯 ䷡ 初往五來　遯 ䷠ 上來二往

王先生曰："過，度也。从辵咼，行不相值也。澤滅木，葬中野之象。"陽多而陷於陰，爲陰澤所包圍，則陽無作用，故死葬取象焉。中野爲水漬之區，故滅木也。《象》曰：“澤滅木，大過。”王夫之云：“《乾》之積陽甚於《大過》，而非過者，十二位之在幽明，各司其化，奠陽於明，奠陰於幽，陰不自失其所居，故陽可無過。《大過》業延陰以效用，而又置之疏遠，故過也。《夬》之所以非過者，陽方盛長，陰留不去，非陰方出而厄之也。《姤》之所以非過者，陰起干陽，陽有往勢，非據止天位而不思遷。所以唯此一卦爲大之過也。”《內傳》。船山此說，確得其旨。老夫得女妻，老婦得士夫，是男婦陰陽之配，又大過也。太玄擬天過爲失，言四陽爲上初之陰所錮，失其用也。又擬之爲劇，劇者甚也。甚者所以爲過也。皆謂陰居陽位，進而賊陽，陽失其用。東漢之黨過，朱明之東林，豈非其明證也歟？

大過：棟橈。利有攸往。亨。《帛書》作“泰過”。

《周易正義校勘記》：“撓，各本作橈。”是也，从木非从手也。《釋文》：“橈……曲折也。”《説文》：“橈，曲木。”言木不正直也。木不正直，無堅韌力，一經蓋瓦，既彎曲而下落，隨之毁折，屋墻傾倒。巽爲木稱棟，初上陰柔本末弱，故橈也。剛過集中，失位無應。利在二變應五，之外稱往，如此則亨通。向秀曰：“棟橈則屋壞，主弱則國荒，所以橈由於初上兩陰爻也。初是善始，末是令終。始終皆弱，所以‘棟橈’。”侯果曰：“本，君也；末，臣也；君臣俱弱，‘棟橈’者也。”

初六：大過之夬。**藉用白茅。無咎。**《帛書》：“藉”作“籍”。

此言物薄任重，謹慎無咎。本卦爻辭對襯，初與上，二與五，三與四，皆相對也。初過於慎，上過於荒，二五不明情況，過於相與，三四不度德量力而任非其材也。藉，墊襯也。巽爲白，爲草木。凡以物承物，古謂之藉，用草爲之，故从草。《玉篇》書籍，籍者借也。借用簡書紀録政事，故謂之籍，用竹簡書寫，故从竹。王先生曰：“此以藉壙下棺，所謂茵。

苞著以荼者，积木之下承之以柔，巽爲白。"《象》曰："'藉用白茅'，柔在下也。"柔以藉重，明言柔在下，則非縮酒之茅也。《繫辭傳》曰："苟錯諸地而可矣，藉之用茅，何咎之有？慎之至也。夫茅之爲物薄，而用可重也。慎斯術也以往，其無所失矣。"

九二：大過之咸。枯楊生稊。老夫得其女妻，無不利。《帛書》："稊"作"荑"。《釋文》："鄭作荑"，同聲通假也。

此言老夫得女妻，過於相與。言不當也。枯楊，老楊也。《夏小正》："正月柳稊。"《傳》："稊也者，發孳也。"巽稱楊，乾稱老，兑爲少女曰女妻。尚以巽爲女妻，似非。禾打以後再發孫曰義禾，即稊也。稊與荑同咍部。荑，茅之初生者也。

九三：大過之困。棟橈。凶。

此言橈木不可爲棟，而用爲棟，過也。比喻小材不可大用。匪材不可正用，用之必傾覆失敗。棟爲全屋之主棵，巽有柔弱順伏之性，無堅剛强硬之材，用以作主棟則橈也，故曰"凶"。

九四：大過之井。棟隆。吉。有它。吝。

《帛書》："隆"作"轒"。《爾雅·釋器》："車轒上者謂之轒。"《揚子·方言》："車轒齊謂之轒。"《玉篇》："轒……轒也。"隆、轒同聲通假，皆謂之高處，故"吉"。四變成坎，則"吝"。九四爲外卦，與内巽初相應。它，謂巽初也。王先生曰："它，蛇也。巽爲蛇，蛇好在棟上。"隆高與橈曲爲對文，一則傾敗，一則興隆，各有當也。四初相應，故隆高而不橈下。失位動變成坎，有入險墜井之虞。

九五：大過之恒。**枯楊生華，老婦得其士夫，無咎無譽。**

兑反爲巽，仍曰枯楊。楊柳多栽水邊，水多葉落。枝萎而枯。水乾地潤，它又發莘發芽。有老少之比，别木無此特性。虞云："五過二，使應上。二過五，使取初。五得位，故'無咎'。陰在二多譽，今退伏初，故'無譽'。"尚氏譏王引之以虞翻用旁通法致陰陽無别。他認爲《大過》一卦，老夫、士夫皆在對相旁通。荀、虞以來，皆於本象求之，胡可得也。余按不然，巽爲長女稱老婦，不錯。艮爲少男稱士夫，亦不錯。震爲長男稱老夫，兑爲少女稱女妻，皆不錯也。兩爻取象於四卦，皆陽從陽取，陰從陰取，有何陰陽無别也。確係迂闊之見。

上六：大過之姤。**過涉滅頂。凶。無咎。**《帛書》："頂"作"釘"，取丁聲而已。

此言凡事豫則立，不豫則廢。"過涉滅頂"，過在荒唐。事先未測水之深淺而涉，謂之過涉。過者錯誤之何爲也。兑爲澤水，震爲足，乾爲頂。震足入水，以致涉者頭頂淩入澤水之中而死，故"凶"也。《大過》爲死卦，義蓋在此歟？得位故"無咎"。凶與無咎，是對立矛盾之詞。《象》曰："'過涉'之凶，不可咎也。"《九家易》曰："至於大過之世，不復遵常，故君子犯義，小人犯刑，而家家有誅絶之罪，不可咎也。大過之世，君子遜遁，不行禮義，謂當不義則争之，若比干諫而死是也。桀、紂之民，可比屋而誅，上化使然，亦不可咎。"《頤》《大過》四象在先天處四陽，而包天地水火於其中。天地水火四正卦，上經首尾也。尾即坎離，而《頤》《大過》反居其内。此中玄妙之理，令人深思。

坎

☵☵ 坎上坎下 水水坎 内互震 ☳ 艮 ☶

四易卦 臨 ☳ 五來初往 觀 ☴ 上來二往

萃 ☱ 四來二往 升 ☷ 五來三往

《説卦傳》以坎爲勞卦。蓋襲《歸藏》以坎爲犖而稱之也。犖，今音洛，古人蓋讀爲勞，從𤇾之字，多讀爲勞音字，由犖又省爲牢。犖爲牢之假字，牢爲關養牲畜之地。古人以罪人比爲牲畜。故關罪人，亦謂之牢也。今俗謂監獄爲牢獄，尚存古義。《周易》之《坎》，全講牢獄之事。鄭解“水性勞而不倦”，故稱《坎》爲《勞卦》，其説似非也。

《爾雅·釋言》：“坎、律，銓也。”注：“《易·坎卦》主法律。皆所以銓量輕重。”故歷來稱之爲《牢卦》也。《彖》曰：“習坎，重險也。”初六“習坎，入於坎窞。”六三“來之坎，坎檢且枕，入於坎窞。”既稱坎，又稱窞，確是重險，故曰“習坎”。《習坎》，《歸藏》原名，又名《犖卦》。

習坎：有孚維心。亨。行有尚。《漢石經殘字》：“坎”作“欿”。京氏同。《帛書》作“贛”，如淳音感，《集韻》同。“維”作“巂”，音規。

《説文》：“俘，軍所獲也。从人孚聲。”《春秋左傳》曰：“以爲俘馘。”馘爲死敵取耳，俘爲生存之敵。《爾雅·釋詁》：“俘，取也。”李巡曰：“因敵曰俘。”維从隹聲，以絲繫禽，歸从自聲。二字古音同屬灰部端紐。《素問·至真要大論》：“維，歸，知，相葉。是古音相同之證。准此而説，維心即今言歸心也。”《帛書》作“巂”，《爾雅·釋鳥》“子巂”，《釋文》“規也”。《曲禮》注：“巂，猶規也。”是維、巂字異而音義同也。尚，訓爲賞。行，能幹也。言俘虜歸心投降後，做事能幹，就亨通，必有功，可得到賞賜。《益》九五“有孚惠心”與此“有孚維心”義相同。惠，古音亦同在灰部。

初六：坎之節。習坎，入於坎窞，凶。《帛書》：“窞”作“閻”，蓋取門内之小臽也。

此言古代之普通監獄。《說文》：“坎，陷也。”段注：“陷者，高下也。高下者，高而入於下也。因謂阱謂坎。《井部》曰：‘阱者，大陷也。’《穴部》曰：‘窞，坎中更有坎也。’”《字林》：“窞，坎中小坎。”虞曰：“坎中小穴稱窞。”窞者，古時之牢獄也。篆牢作，卜辭牢作、、。《漢書・蘇武傳》：“乃幽武置大窖中。”又《尹賞傳》：“修治長安獄，穿地方深各數丈，致令辟爲郭，以大石覆其口，名曰‘虎穴’。”文天祥被元兵所捉，幽於北京柴市土洞。衛聚賢《古史研究》第三編：山西萬泉荆村掘得新石器時代土穴中有人骨，證明爲囚俘之地。

九二：坎之比。坎有險。求小得。

此言獄卒可爲罪人代買食用物品。罪人既入牢獄，失去自由，不可隨便出進。小得者，日用之食品物件也。此種物品，蓋二自《觀》《巽》之上九易來。《巽》爲近利市三倍，獄吏獄卒欲賺罪人之錢，故代辦食物用品也。《象》曰：“‘求小得’，未出中也。”謂不出獄中而得物用也。與《隨》互巽求有得同義。

六三：坎之井。來之坎，坎檢且枕，入手坎窞。勿用。舊讀“坎坎”連文，似非。鄭本“險”作“檢”，今从之。枕，古文作“沈”，《帛書》作“訦”，似非，應作“枕”。

此蓋爲死罪之獄。“來之坎”謂《升》之六五移來成坎也。鄭玄曰：“木在首曰檢，木在手曰枕。”坎爲桎梏，正與上六之徽纆相對。是枕、檢爲兩種刑罰工具。今人對罪人上手梏曰檢手，猶存古語也。枕爲刑罰，是抌字之訛。《說文》：“抌，深擊也。”《列子・黄帝篇》：“攩拯挻抌，亡所不爲。”注：“抌，擊背也。”抌、枕、沈、訦，皆从冘聲，除訦字取冘聲外，餘三字皆形近而誤。正字應是抌。勿用，無用也。此蓋爲死囚之獄，囚在獄中，還欲檢手笞背，即不死亦無用也。

六四：坎之困。**樽酒，簋貳，用缶。納約自牖。終無咎。**《帛書》：“樽”作“奠”。“簋”作“巧”。“約”作“葯”。

此爲特別之獄，錮禁有聲價之名人，還用酒肉招待。蓋殷紂囚文王於羑里故事。樽、奠皆是酒器。从酋，酋酒也。升以奉之。《説》：“廾，竦手也。”奉承也。設樽必竦手以承之，不是从大而从𠬞手。簋从竹，初起蓋用竹製，从皀稻粱香氣，从皿器物也。古文簋有匭从匚食九，匭从匚軌，朹从木九。現代出土有銅製圓形，木製銅製，可以盛濡洳之菜飯。貳爲多寡之數字，不是副貳之稱。《詩經・秦風》：“每食四簋。”還有六簋，最低是貳簋，用於祭祀、小宴會，或賓客等。《爾雅・釋器》：“盎謂之缶。”郭注：“盆也。”是盆，缶爲盛飯食之物，簋爲盛菜食之物。今人謂吃飯爲用飯。以缶盛飯故曰用缶。納爲出入，約是用繩子，自從也。牖是古牢獄——地窖上面通風出氣之窗口。此言凡物件出入皆從此窗口用繩牽扯。故曰“納約自牖”。牖裏爲牢獄。詳見《尚書・大傳》。文王被紂囚禁於羑里七年，但卒免於大難，故曰“終無咎”。詳見崔憬説。聞氏也言此爻爲牢獄，但不言是文王事。

九五：坎之師。**坎不盈。祇既平。無咎。**京“祇”作“禔”，《集解》本、《説文》引《易》皆同。王本作“祇”。今從鄭本作坻。《帛書》作“塭”。

此蓋爲水牢之獄。《爾雅》曰：“小洲曰渚，小渚曰沚，小沚曰坻。”是坻爲水中可居之最小地。《帛書》：作“塭”。查《説文》《玉篇》及字典韻書皆無此字。余以爲壅塞之壅同義詞，讀作縕。有積聚縕蓄，使水不流散之意。湖南衡湘一帶，踩田以後，田欲蓄水，俗叫縕水。蓋即此“塭”字。此爻爲水牢，池中蓄水不多不少，與池中小坻齊平。《象》曰“坎不盈”，中未光大也。光大即廣大。中，牢中也。牢中坻地乾，可以坐眠，故曰“無咎”也。

上六：坎之涣。繫用徽纆。寘於叢棘。三歲不得。凶。《帛書》：“徽纆寘”作“諱纆親”。“叢”作“總”。“棘”作“勒”。“不”作“弗”。

此爲敗訟人所坐之獄，不説真情者，仍繫於獄也。《説文》“系，繫也。”謂以繩索綑縛人也。虞云：“徽纆，黑索也。”劉表云：“三股曰徽，兩股曰纆，皆索名。”所以禁囚示言衆議於九棘之下也。以繫縛其罪人者。巽爲繩從觀來，艮爲手，故曰“繫用徽纆”。徽、諱同灰部：徽邦紐、諱明紐。寘，置也。《詩·谷風之什》：“寘予於懷。”注：“至親已也。”《説文》：“窺，至也。”親，古作窺。真、親同部。真脂對轉。故寘讀至而不讀真也。所以《帛書》：“寘”作“親”。叢、總東部：叢从紐、總精紐。棘，荆棘。勒，茨也。棘、勒一物也。又同德部，同見紐。不、弗同音，弗，不之深者也。按《周禮·朝士》：“掌建邦外朝之法：左九棘，孤卿大夫位焉，群士在其後。右九棘，公侯伯子男位焉，群吏在其後。面三槐，三公位焉，州長衆庶在其後。左嘉石平罷民焉；右肺石達窮民焉。”《九家易》曰：“害人者，加明刑，任之以事。上罪三年而舍，中罪二年而舍，下罪一年而舍。”鄭玄曰：“終不自改，而出諸圜土者殺，故曰‘凶’。”此爲聽獄之情況，方法，程序，結果如此。凡疑獄務得其情，不得其情則不斷。仍繫之繩索，置之叢棘，以聽其辭。得其情則哀矜而弗喜。

離

䷝ 離上 離下　**火火離**　**内互巽** ☴　**兑** ☱

四易卦　**遯** ䷠ 五來 初往　**大壯** ䷡ 上來 二往

無妄 ䷘ 五來 三往　**大畜** ䷙ 四來 二往

《集解》離作离。《説文・内部》:“离山，神也。獸形。”从禽頭。从厹，从山謂其爲山神也。歐陽喬説:“螭，猛獸也。”歐陽喬，即歐陽高，喬，高古通用，《韻會》:“离，同離。明也。麗也。”《帛書》:“離”作“羅”。《説文》:“羅，以罟鳥也。从網从維。古者芒氏初作羅。”《釋器》:“鳥罟謂之羅。”揚子《方言》:“羅謂之離。”離、羅古音同爲戈部，來紐。《坤》二五之乾成離，《乾》二五之坤成坎。離火也，火外剛而内柔，火之精爲日。坎水也，水外柔而内剛，水之精爲月。日月同明，則乾坤定位，陰陽成形，萬物化生矣。故《周易》以《乾》《坤》爲首，以《坎》《離》爲上卷之終者，著陰陽之交會而神天地之化育也。

離：利貞。亨。畜牝牛。吉。《帛書》:“離”作“羅”。

《離》柔居二五，《遯》五剛來而克柔，故“利貞。亨”也。《九家易》:“離爲牝牛。”虞云:“坤爲牝牛；《乾》二五之坤成《坎》，體頤養象，故‘畜牝牛，吉’。”按古時祭祀用牲，必卜而後畜之。《禮記・祭義》:“君召牛納而視之，擇其毛而卜之，吉然後養之。”蓋此爲“畜牝牛”之義也。《周禮・充人》:“掌繫祭祀之牲牷，祀五帝，則繫於牢，芻之三月。亨先王，亦如之。凡散祭祀之牲，繫於國門，使養之。”此是畜養祭祀犧牲方法規定之一。《墨子・明鬼》:“犧牲不與昔聚群。”此謂已定爲祭祀之犧牲，不准許公母交接也。此爲特養祭祀犧牲方法之二。牝牛能選作犧牲乃爲吉事。牝牛，母牛也。母牛能生牛仔，發展畜牧業和利於農業生產。《山海經》云後稷之孫叔均始作牛耕。甲骨文字有兩個字，可證明是牛耕田，，蓋古犁字。肉食可大養人，其骨角毛皆有作用。牛力性馴，可運輸貨物，無遠不到，無人不親，此牝牛之吉也。

初九：離之旅。**履錯然。敬之。無咎。**

《帛書》："履錯"作"禮昔"。昔是昨聲。讀倉各切。左思《咏史詩》："當其未遇時，憂在填溝壑。英雄有迍邅，由來自古者。"昔與壑爲韻。《考工記・弓人》："老牛之角紾而昔。"注："昔讀爲交錯之錯。"皆其證。《説文》："錯，金塗也。"《集韻》："金塗謂之錯。"《周易校釋》："聞一多云：據《群書治要》引《尸子・發蒙篇》'《易》曰："若履虎尾。敬之，終吉"'。謂"履下亦有'虎尾'二字"。按《履》卦"履虎尾"，是名詞作動詞用，此"履錯然"是形容詞作修飾名詞。義各有當，不可執一而論。黃金飾履，在中國三千多年以前，冶金之術能化金爲水飾物，錯衡，錯刀等。《詩・車攻》："赤芾金舄。"《晏子・内篇・諫下》："景公爲履，黃金之綦。"按《士喪禮》："綦繫於踵。"注："綦，屨繫也，所以拘止屨也。"可見春秋戰國之世，黃金用飾物品，下至於足。若春申君有三千珠履之客，則更糜爛矣。敬者禮表於外而心謹於内也，所以能避危咎也。

六二：離之大有。**黃離，元吉。**

此言三才得，斯爲大德之吉。《離》爲中女，又得互巽長女。成爲婦道之順。婦順於夫，家道之福，此人道也。《巽》爲東南之木，生正南之火。《巽》又爲風，風助火旺，火生土，土色黃，故曰"黃離"。正得生生之道也，此地道也。又《離》爲日，日行黃道而居中，故《象》稱"得中道也"，此天道也。三才得正，所以獲大德之吉也。

九三：離之噬嗑。日昃之離，不鼓缶而歌，則大耋之嗟。凶。《帛書》："昃"作"稷"，非，應是"稷"之誤字。"缶"作"垢"，《字書》無此字。"則"作"即"，雙聲通用。"嗟"作"駐"。"鼓"，鄭作"擊"。鄭本無"凶"字。《帛書》："離"作"羅"，古音同。

《説文·老部》："耋，年八十曰耋。"《釋言》："耋……老也。"《毛傳》云："耋，老也，八十曰耋。"按馬融注《易》、服虔注《左傳》，皆云七十曰耋。"《爾雅注疏》："耋，鐵也。孫炎曰：'老人面如鐵色。'……耋有七十、八十，無正文也。"《易》云："則大耋之嗟。"有一大字，蓋八十也。九十爲耄。此嘆人生日老，須快樂，其何時之感。荀爽云："初爲日出，二爲日中，三爲日昃，以喻君道衰也。"《説文》："昃，日在西方時，側也。"《易》曰："日昃之離。"段注云："夫製字各有意義，晏景晷早之日在上，皆不可易也。日在上而干聲，則爲不雨；日在旁而干聲，則爲晚；然則昃訓爲日在西方，豈容移日在上？形聲之内非無象形也。"按脜、昗、昃，經本皆作昃，不爲分别。豐，日中則昃，與此而二。《書·無逸》："自朝至於日中昃。"《周禮·司市》："大市，日昃而市。"注："日昃，昳中也。"《左傳·定公十五年》："戊午，日下昃，乃克葬。"《穀梁傳》作"日下稷"。注："稷，昃也。下昃謂晡時。"又按《隸釋·郙閣碑》："劬勞日稷。"《費鳳别碑》："乾乾日稷。"皆用《穀梁》稷字義，作稷非是。稷與昃同爲德部字，稷清紐，昃精紐。三從《無妄》來，爲震爲仰缶，缶瓦器，可以節歌。《淮南子》："鄙人鼓缶。"《帛書》："缶"作"垢"，蓋俗體字。《史記·廉藺列傳》相如要秦王鼓缶，秦王不樂，爲之一擊。毛云："鄭康成以此爲艮爻，《離》從《遯》來，則下卦是艮。艮位在丑，丑上值弁星似缶。此與《坎》之互震，而云'用缶'正同。《震》《艮》皆東北方丑，而上星如此，則又不止《震》《坎》形似已耳。"王夫之曰："衛武公耄而好學，非自勞也。有一日之生則盡一日之道，善吾生者善吾死也，樂在其中矣。'大耋之嗟’，豈非憂道哉！”《九家易》曰：“三當據二，以爲鼓缶，而今與四同取於五，故曰‘不鼓缶而歌’也。”嗟者謂上被三奪五，憂嗟窮凶也。嗟，帛書《周易》《老子》皆作䢋，《集韻》《玉篇》皆以䢋爲古文。《爾雅・釋詁》：“嗟咨䢋也。”王肅本作𧪽。

九四：離之賁。𠫤如其來如。焚如。死如。棄如。𠫤原作突，《帛書》作“出”。無“其”字。“焚”作“紛”。京、鄭本皆作𠫤，今從之用𠫤字。按出、𠫤、突三字，同爲没部字。突，定紐，𠫤出透紐。焚紛魂痕部。在《帛書》注重音的出入。焚燒死。紛假爲分，分是八刀分解一個活人，名曰剮罪，都是極大極惡之刑。

此爻爲古代對不孝子所用之刑法，表示人生之大禍，悲慟之情，溢於言外。《説文》：“𠫓，不順忽出也。从到子。古者子不孝則逐出去。”尚云：“《離》二至四巽，巽順；三至五巽覆，即不順矣。兑剛鹵，故‘突如其來如’。”不孝子突出不容於内也。在古殷之時，高宗之放孝己，尹吉甫之放伯奇。雖皆至孝，而高宗、尹吉甫皆以不孝逐之。如，語尾助詞，等於然字，有狀形之意。來，被逐出之子復回來也。焚、死、棄，施於不孝之刑也。《周禮・掌戮》：“凡殺其親者焚之。”鄭注曰：“不孝之罪，五刑莫大焉。得用議貴之辟刑之，若如所犯之罪。焚如，殺其親之刑。死如，殺人之刑也。棄如，流宥之刑。”《漢書・匈奴傳》：“莽作焚如之刑。”應劭曰：“《易》有焚如、死如、棄如之言，莽依此作刑名也。”如淳曰：“焚如、死如、棄如者，謂不孝子也。不畜於父母，不容於朋友，故燒殺棄之，莽依此作刑名也。”凡此皆漢儒故説。《吕覽・孝行》引《商書》曰：“刑三百，罪莫重於不孝。”則不孝之罪重，由來久矣。不孝子逐出復回，罪重者焚之，其次死之，其次棄之。《象》曰：“無所容也。”《孟子》曰：“父子之間不責善，責善則離，離則不祥莫大焉。”殆有所謂而發也。

六五：離之同人。**出涕沱若，戚嗟若，吉。**

此蓋王用出征以正邦國，其後妃爲送别涕泣，表示生離之苦也。《象》曰："六五之吉，離王公也。"得其旨矣。《離》爲目，《兑》爲雨水有出涕之象。《兑》又爲口，有戚嗟之言。四具逐殺之刑，上有出征之軍。五以柔弱之婦，踞尊高之位，負艱難之責，能無憂危乎？所以涕泗滂沱，憂戚嗟咨。若，語助詞。如袁安之念王室，自然流涕者矣！然而此所附麗者，皆後王君公之貴。自非婦人孤士之泣，又麗於陽中，故終吉也。

上九：離之豐。**王用出征，有嘉折首，獲匪其醜。無咎。**《帛書》："征"作"正"。"匪"作"不"。無"其"字。"醜"作"䤘"。

此敘王用出征，有嘉之君被殺，表示人之生死性命，有如電光石火焉，有何咎也？坎爲法律，故全爲刑獄。《離》爲戈兵，故終征伐。征伐者，王者之事也。王者向明而治，命將出師，征討無道，大振王綱。《帛書》："征"作"正"，征者，正也，正其所不正，上伐下之辭也。《乾》二五之坤成坎，體師象。互震爲出，王是周王，有嘉國名，有爲前綴詞。如有夏有商之類。《隨》九五"孚於嘉"，即此戰役所孚之虜也。《説文》："折，斷也。"折首猶今言斷頭。《不嬰簋》："折首執訊。"《兮甲盤》："折首執訊，休亡愍。"《虢季盤》："折首五百，執訊五十。"此言殺孚與執孚之數。《漢書·陳湯》："《易》曰：'有嘉折首，獲匪其醜。'言美誅首惡之人，而諸不順者皆來從也。"廖海廷曰："嘉讀爲戈，首爲首領，謂以戈斬其首領。所獲者非其醜類也。"廖説斬其首領是，餘皆非。《周禮·地官·廩人》："以待國之匪頒。"注："匪讀爲分。"謂分頒衆醜虜於有功之臣，以爲奴隸。醜从酉得聲。壽、酉同蕭部泥紐。醜又作䤘。《帛書》直以䤘代醜字。醜，類也。疇、儔，亦類也，字義又相同。《豐》《震》爲征君，凱歌爲嘉大夫以下生得之俘虜。《離》《坎》乃上經之終，《坎》水内明而外暗，上六暗外而陷刑；《離》火内暗而外明，上九明外而出征，皆卦性使然也。奇哉！怪矣！

以上爲周易上經

周易古經真詮卷四

咸

☱☶ 兑上艮下 **澤山咸　内互巽 ☴　乾 ☰**

子母卦　否 ☰☷ 上來三往　恒 ☳☴ 二來五往

此卦虞氏《易》、蜀才《易》、朱昇諸説，皆有推易之法，略見卦内。惟《本義》云："《咸》自《旅》來，則先分後聚是變易非推易也。"《咸》《恒》子母卦，從《否》《泰》來。若《旅》則又從《咸》《恒》來耳。毛奇齡説。

山上有澤，咸。按澤在山上，高大名山則有之，皆是源泉自然産生池井之類形，任何乾旱，絶不枯竭。是非人力所能爲也。浙江之天目山、雁蕩山、莫干山等，東北之長白山，新疆之天山，皆爲草澤之地，其頂皆池并有水。五嶽皆然。

卦名曰咸。咸，感也。陰陽相感而通也。上經首《乾》《坤》，下經首《咸》《恒》。古人以《乾》《坤》屬天地，爲天道之始。以《咸》《恒》屬夫婦，爲人道之始。《荀子・大略》曰："《易》之《咸》，見夫婦，夫婦之道，不可不正也。君臣父子之本也。咸，感也，以高下下，以男下女，柔上而剛下。聘士之義，親迎之道，重始也。"按《咸》卦象：艮爲少男，兑爲少女，男内女外，未成之家也。《恒》卦震爲長男，巽爲長女，男外女内，已成之家也。但經文内容，全非此種事實。衹有卦辭有"取女，吉"一句。餘皆談奴隸主以刑罰懲治逃亡奴隸之問題。从咸字本義作文章，談懲治過程。高氏認識到三千年來，獨具隻眼。爲甚麽要用刑罰懲治，高氏無説。愚細按之，認識奴隸主懲治逃亡奴隸的問題。全卦卦旨，在此而不在夫婦也。

咸：亨。利貞。取女，吉。《歸藏》“咸”作“欽”。《帛書》同。

《説文》：“咸，皆也，悉也。从口从戌。戌，悉也。”《釋名》：“戌，恤也。”人被殺傷可矜恤也。从戊古矛字，一指事。識其殺傷處，與刃同義。《書·君奭》：“咸劉厥敵。”《周書·世孚》：“咸劉商王紂。”咸劉即今殺戮。一證也。从咸之减字，亦有殺義。《左傳·文公十七年》：“克减侯宣多。”《史記·趙世家》：“帝令主君减二卿。”此二减字，實有殺義。二證也。何以古人對此卦爻辭咸其，不認爲殺傷，而認爲欽慕。蓋受“取女，吉”之迷也。王先生曰：“取、娶，古今字。娶，取婦也。堯制九族而有婦禮，以初昏者猶謂之。士女三十之制周禮也。不得言少男有感此取女者，直少男自主往取之。”尚曰：“咸，感也。《歸藏》曰‘欽’。《詩·秦風》：‘憂心欽欽。’《傳》：‘思望之，心中欽欽然。’蓋以少男仰求少女，有欽慕之意。是欽亦有感意。”《帛書》亦作“欽”，襲取《歸藏》也。六爻有應，故曰“亨。利貞”。少女在前，少男在後。艮求之，兑悦之，得婚姻之正，故曰“取女，吉”。

初六：咸之革。**咸其拇。**《集解》作拇。《子夏傳》作䠘，湘綺本同。《帛書》作“栂”。《釋文》：“馬、鄭、薛云：足大指也。”《説文》：“拇，將指也。从手母聲。”蓋初義稱手大指爲拇，手足不分也。字書無“栂”字，蓋从木與从扌形近而誤。

王先生曰：“‘䠘’，《詩》作‘敏’。拇，將指也。不分手足，此以腓股，故云足指。咸，鍼也。古鍼用石。艮，小石。兑鋭爲鍼。”讀咸爲鍼，比先人已大進一步，但鍼義不能揭出沉埋之内容。余因從高説，訓咸爲斬殺。咸其拇，謂斬斷小奴隸大足指也。何以欲斬斷奴隸的大足指？《象》曰：“志在外也。”謂奴隸志向外逃。《周易》作於殷周之際，其時我國處於奴隸社會。奴隸主對奴隸殘酷剥削，以致不能生活。奴隸逃走外出，被捉回來。因他逃走斬一足指以示警戒。何以知之？取象得知也。艮爲小子爲童僕，即是奴隸。上兑爲金，互乾又爲金。《咸》《損》旁通，《損》二至上爲天離。二金遇離火，成爲兵器。艮又爲足止。艮反爲震，震爲足爲長，長者大也。倒震爲内卦之主，用兵器斬奴隸之大足趾，故曰“咸其拇”。

六二：咸之大過。**咸其腓。凶。居［貞］，吉。**《帛書》：“腓”作“𩨁”。“貞”字據高説補。

朱熹曰：“腓，足肚也。”《説文》：“腓，脛腨也。”“腨，腓腸也。”段注：“腓腸，謂脛骨後之肉也。腓之言肥，似中有腸者然，故曰腓腸。”古腓肥通用。《釋文》：“腓，本亦作肥。”《帛書》作“𩨁”，《字書》無此“𩨁”，蓋漏收耳。《莊子·天下篇》：“腓無胈，脛無毛。”胈謂足脛無肥肉。崔憬曰：“腓，脚膊，次於拇，上二之象也。”“咸其腓”，削傷其腓肚，所以“凶”。何以行此凶事？《象》曰：“雖‘凶，居吉’，順不害也。”此言削去腓肚，雖然是凶事。但安居不動，却是吉利。因能順從主人之意，再不逃走，可無害也。此是緊接上文，再次逃走，進一步受到懲治。高曰：“《頤》六五、《革》上九并云：‘居貞吉。’《屯》初九、《隨》六三并云：‘利居貞。’亦居貞二字連用，則此文蓋脱一貞字矣。”按高説是，今據補貞字。

九三：咸之萃。**咸其股。執其隨。往吝。**《帛書》無“往”字，蓋寫者脱落也。

此緊接上文，奴隸又進一步逃走，又受懲治。隨假爲隋，《説文》：“隋，裂肉也。从肉，从隓省。”《艮》六二：“艮其腓，不拯其隨，其心不快。”亦以隨爲隋。此奴隸第三次逃走又被捉回來，奴隸主割裂他的股肉，又不割斷，使肉下垂不能再逃。王先生曰："隨，今骽字。音腿字。自股下通謂之骽。"巽爲股，兑爲附決，艮爲手。決，破裂也。附存留聯繫而不脱離也，如此逃之更難，故曰"往吝"。

九四：咸之蹇。**貞吉。悔亡。憧憧往來，朋從爾思。**《帛書》："憧憧"作"童童"。"朋"作"傰"。"爾"作"壐"。

王先生曰："凡無象事，而但有吉凶悔吝者，猶卦德也。"憧憧，意不定也，亦作"衝衝""忡忡"。互巽進退，不果爲往來。虞云："之内爲來，之外爲往。"王肅云："憧憧，往來不絶貌。"憧蓋踵之假借。《説文》："踵，追也。……一曰往來之貌。"壐爲玉印，此取上截爾字作用。《集韻》："爾，乃禮切。"《玉篇》："爾……汝也。"兑爲朋，往來不絶者，爲勸告小奴隸和奴隸主協調關係也。

九五：咸之小過。**咸其脢。無悔。**《帛書》："脢"作"股"。按九三既已"咸其股"，則此作"脢"爲是，《帛書》非也。

《説文》："脢，背肉也。"鄭、虞注同。此蓋奴隸逃時捎走奴隸主財貨，互乾爲金爲玉，又互巽爲利市三倍，故有財貨之義。又被捉回來，奴隸主打斷他背甲骨，并割下夾脊肉。奴隸不悔，欲一直鬥争下去，故曰"無悔"。所以《象》説："志末也。"蓋謂奴隸意志不變，欲走到途窮末路上去。卦體坎象，坎爲脊，故"咸其股"也。坎又爲監獄，奴隸主欲將奴隸送入牢獄。

上六：咸之遯。**咸其輔，頬，舌。**《釋文》："輔，虞作酺。"孟"頬"作"俠"。《帛書》："輔頬"作"胶陜"。

《説文》："酺，頬也。"頬面旁也。《左傳》："輔車相依。"注："輔，頬。輔車，牙車。"李富孫《易經異文釋》引孔穎達説："輔、頬、舌，三者并言，則各爲一物。"鄭注《頤》卦：

"頤者，口車輔之名也。震動於下，艮止於上。口車動而上，因輔嚼物以養人。"按鄭謂口車即牙車。牙車在下輔在上，頰在面旁，與輔相連。是輔、頰確爲二物。兑爲言説，又爲口舌。此蓋奴隸被奴隸主虐殺至死亡邊沿，奴隸有冤無處申，有話無處説。祗有含憤咒罵而已。咸讀爲緘，齊人謂棺束曰緘，《喪大記》作咸，是咸、緘通用之證。緘有鉗制封閉之義，謂奴隸主用布帛封閉他口，使不能咒罵，故曰"咸其輔，頰，舌"。今湖南人恨人罵咒，曰我要撕破你兩塊皮，兩塊皮即輔頰也。《帛書》："輔頰"作"胶陜"，以同音通假也。"胶"字，字書未收。《釋名》："父，甫也。"《集韻》父同甫。《左傳·桓公十二年》："盟於武父。"《釋文》："父，音甫。地名有父字者，皆同甫音。"《説文》："甫，男子美稱也。"《廣韻》父解同。《士冠禮》甫作父。他經某甫之甫，亦通作父。此同音通假之證。《帛書》此用"胶"代"輔"，胶蓋輔頰之正守，遺收也。故老子用"父"代"甫"，假"輔"爲"胶"。不可爲衆父胶。甫者大也。衆父之大胶也。

今人有著古史，古人防止奴隸逃亡，經常給奴隸帶上刑具。在殷墟發現有三人奴隸陶俑，手上帶有木梏，女的梏在胸前，男的梏在背後，反映當時奴隸的生活。據此，余斷本卦爲治逃亡奴隸，更信而可證矣，非臆説也。

恒

䷟ 震上巽下　**雷風恒**　**内互乾** ☰　**兑** ☱

子母卦　**泰** ䷊ 初往四來　**咸** ䷞ 五來二往

侯果、蜀才、虞翻及朱升諸《易》俱有推易法。……惟《本義》諸卦自《豐》來，此是變卦，與此不同。毛奇齡説。

雷與風是天地間長有之氣象。雷與雨爲偕行，與風亦偕行。此爲天地間長久常見之形態，故卦名恒也。鄭玄曰："恒，久也。《巽》爲風，《震》爲雷，雷風相須而養物，猶長女承長男，夫婦同心而成家，久長之道也。夫婦以嘉會禮通，故'無咎'。其能和順幹事，所行而善矣。"毛云："夫《恒》自《泰》來，以《泰》之初剛易爲四剛，是剛上也。以《泰》之四柔易爲初柔，是柔下也。乃又自《咸》來，以澤山之不相與者，而易雷風之相與。雷動而上，風入而下，是震動而下巽順也。"外剛而内柔，外烈而内順，猶之夫唱婦隨，男尊女卑，如雷風之相隨行也。

恒：亨。無咎。利貞。利有攸往。

王先生曰："恒，常也。古文作死，从月。"

《説文》段注："此篆轉寫訛舛，既云从月，則左當作月，不當作夕也。"仲按今作夕，月字之訛。

篆"从心从舟，在二之間上下"，象地周游上下有軌道也。故葬道爲垣，月弦爲緪。恒、垣古今字。垣、堋窆聲近通用，墓道也。巽爲葬瘞，厚葬無利。虞曰："恒，久也，與《益》旁通。《乾》初之坤四，剛柔皆應，故通，'無咎，利貞'矣。初利往之四，終變成《益》，則初四二五皆得其正，終則有始，故'利有攸往'也。"按《乾》《坤》爲《震》《巽》之終，《震》《巽》爲《乾》《坤》之始，《咸》《恒》爲《乾》《坤》之變。《彖》言："利有攸往，終則有始也。"故荀爽曰："謂乾氣下，終始復升，上居四也。坤氣上，終始復降，下居初者也。"

初六：恒之大壯。**浚恒。貞凶，無攸利。**

《帛書》："浚"作"夐"。《説文》："夐，營求也。"段云："營求者，圜帀而求之也。帀而求之，則不遐遺矣，故引申其義爲遠也。"與浚深義近。浚魂痕部，夐寒桓部，二部旁轉通韻。《説文》："浚，杼也。"杼取土出也。《書·益稷》："浚畎澮距川。”畎澮，井田水路流通入川也。《左傳·莊公九年》經：“浚洙。”此浚河也。《孟子·萬章》：“使浚井。”此淘井也。浚河宜疏通，浚井宜取污泥，皆不必過深求也。過深則工程大，土壤多，破壞原底，漏崩等病更難治。故曰“貞凶，無攸利”也。濬與浚同部通用。

九二：恒之小過。**悔亡。**

二進入乾，以陽居陰，本當有悔。乾爲久，以能久中，故得亡也。虞云：“失位悔也。動而得正，處中多譽，故‘悔亡’也。”

九三：恒之解。**不恒其德，或承之羞。貞吝。**

恒德，常德也。與恒心，恒産，恒言義例同。《詩》云：“二三其德。”不恒其德之義也。不恒其德，有時接受祗是羞辱。《論語·子路》：“‘人而無恒，不可以作巫醫。善夫！不恒其德，或承之羞。’子曰：‘不占而已矣。’”又《述而》説：“善人，吾不得而見之矣；得見有恒者，斯可矣。亡而爲有，虚而爲盈，約而爲泰，難乎有恒矣。”此兩章蓋孔子讀《易》有感之言也。然而能貫穿爲一者，論證有恒，無恒之關繫也。原分爲二，蓋非一時之言，各有所記也。説不欲占卜，就知道人不可無恒，是欲人有恒也。有恒是一切行動，尤其是修養學習的重要基礎。無恒對萬事萬物皆無成功希望，故曰“不可以作巫醫……或承之羞”。而恒之建立，謙虚而不自滿，勤儉而不奢泰，否則難有恒矣！然而時與人忤，事與志違。欲人人沾沾自喜於有恒，則未免於膠柱鼓瑟也。此言無恒吝，未至於凶也。六五云：“恒其德，貞，婦人吉，夫子凶。”《孟子》曰：“大人者，言不必信，行不必果，惟義所在。”夫子固大人也，有恒固言行也。則恒不恒，亦唯義所在。

九四：恒之升。田無禽。

四進入震，震爲田獵。内巽屬禽，今位已失，故“田無禽”也。禽鳥類之總名。無禽有二：一爲不善射，失禽；二爲常田，乏禽。

六五：恒之大過。恒其德，貞，婦人吉，夫子凶。

乾爲德，二五爲夫婦，三四爲敵，五是陽位，宜夫子居之。今《易》爲六，已應九二。則二是夫，五是婦也。婦女從一而終則是貞。貞，正也，故曰“貞，婦人吉”。王先生曰：“《禮記》引偵，婦人吉以别於卦德之貞也。”見《禮記·緇衣》。今五陽位陰據，則夫子應以義制，而不從婦人凶也。何以言之六五爲九二之婦，本爲正應。然二若應五從婦則三四遇敵，陽遇陽。横犯災難，故曰“夫子凶”也。大人以義制事，其道多方，守恒則凶，何可不避？避之者，義也。

上六：恒之鼎。振恒。凶。“振”从馬、鄭，張、王弼作“震”。振、震皆从辰聲。《帛書》：“辰”作“震”，二字皆訓動也。動不可久，動久則凶。

老子曰：“重爲輕根，静爲躁君……輕則失本，躁則失君。”即此意也。俗語云：蝦蟆三跳必要一停。此言動不可久也。鑽木可以取火，滴水可以穿石，此有恒之效也。《説文》：“楯，柱砥。”段注：“古用木，今用石。从木。……《易》曰：‘楯恒凶。’”古本《易》“振”作“楯”，蓋《孟易》也。《爾雅·釋言》：“楯，柱也。”柱砥久則腐化剥蝕，易於傾圮。故曰“楯恒凶”。王夫之曰：“上六爲楯者，猶《大過》初上爲棟也。積陰在上，《震》動不寧，而《巽》木下柔，强欲撑支，故‘大無功’。無功者，求有功而功不成也。”《周易考異》。王先生曰：“恒，葬道也。爲隧以葬者，必以木撑之，防崩圮也。大過，葬卦，上成鼎，當長子厚葬，勞民功力，故凶。”

遯

☰☶ 乾上艮下　天山遯　内互乾☰　巽☴

聚卦四陽二陰　旁通臨　倒爲大壯

此爲養豬之卦，遯即豚豕之豚字。作遯者，中孚。豚魚，吉。《釋文》：豚……黄作遯。”此《周易》以遯爲豚之例也。《説文》：“豚，小豕也。”《小爾雅·廣獸》：“彘，豬也。其子曰豚。”《方言·八》：“豬……其子謂之豚。”是豚即小豬。湖南俗稱“豬崽子”，江浙稱仔玀。豚的特性善走。《孟子》説：“如追放豚。”故古人製字，特加辵爲遯，表示特性。所以遯應是豚之本字，作豚者當是省字也。後人以遯爲隱遁，逃遁字，而本義廢矣。若不以遯爲豚本字？何以又有遁字？遁、遯同聲通假則可，以遯爲遁本字則非也。王先生曰：“遯从豚辵，或作遁，即循也。天下有山，無逃遯象，當從或本作‘遁’。所謂隨山循行，卦之本義也。”此卦王先生亦認遯爲豕走之義，遁隱當爲遁也。《太玄》擬爲冥，“冥者，明之藏也”。《乾》與《艮》先後皆居西北，西北爲幽潛之地。

遯：亨小。利貞。《帛書》：“遯”作“掾”，作“椽”，从扌从木，形近而訛也。其實以作“彖”爲主。

《説文》：“彖，豕也。”《類篇》：“彖，豕屬。”豕去尾爲遯，異名而同類也。《象》曰：“天下有山，遯。”蓋謂天下有山之處，即有人放豬，牧於山中。自河南起各家養豬，皆放牧於山中，有未冠兒童或老人，爲之放牧，俗叫豬倌。豬多者如此，少者用繩索釘樁放牧。豬於地支屬亥，陰類産物。於卦象陽爻爲肥豬，陰爻爲小豬。肥豬由小豬喂養成的，所以小豬本錢少，發展利率力大。故買的人多，故曰“亨小”。舊讀以“亨”字爲句，“小”字與下句成文，非也。《既》《未濟》皆以“亨小”爲句，“亨小”與“小亨”義相同也。肥豬多則肉食足。故陰小在內，陽壯在外，在內者有日進之幾，在外者有日銷之勢。進從內升，消向外退，故曰“亨小”而“利貞”也。若夫高人隱士，逃名遁世之喻，則以遁、遯谐音相假也。鄭玄説：“艮爲門闕，乾直健德，互體有巽，巽爲進退，君子出門，行有進退，逃去之象。”尚云：“遯太早則有過情之譏，如嚴光是也；太晚則不能遯，沉溺於小人之中而不能免，如劉歆是也。”

初六：遯之同人。遯尾，厲。勿用，有攸往。

《易例》：《乾》上九“爲首”，爲頂。凡初爻不論陰陽皆稱尾，稱足，稱止。厲，言斷尾之災害。高亨云：“古人養小豬，往往割斷其尾，因豬斷尾則易肥。”南北皆有此事，即古人遺法也。小豬不宜他往，故曰“勿用，有攸往”。艮爲尾，又爲黔喙。二與五應成坎。坎爲豕，故遯爲豬而非人也。陸績曰：“陰氣已至於二，而初在其後，故曰‘遯尾’也。避難當在前而在後，故‘厲’。往則與灾難會，故‘勿用有攸往’。”飼小豬斫尾，肥壯得快，因牲畜尾的作用，夏以驅蚊，夏秋儲油於尾，以濟冬用。老獵人説。

六二：遯之姤。執之用黄牛之革，莫之勝説。《帛書》：“執”作“共”。“革”作“勒”。“説”作“奪”。

此言飼豬用黄牛皮革縶之於棧。執之、莫之，“之”字皆代詞，代豬遯。侯果云：“六二離爻，離爲黄牛。”虞云：“艮爲手稱執，否坤爲黄牛，艮爲皮，四變之初，則坎水濡皮；離日乾之。故‘執之用黄牛之革’。”按執爲縶之假字。《詩·白駒》：“縶之維之。”《毛傳》：“縶，絆。”此言用黄牛之皮革作繩，絆上遯脚，不使亂竄。結果牛皮亦不勝用，遯把牛皮咬斷，扯散結絆，解脱走了。《帛書》：“執”作“共”，共从廾爲兩𦥑合持之形。“革”作“勒”，馬頭絡銜也。此假作絆豬。

"説"作"奪"，即敚之假字，古奪字。鄭玄注《禮記》："編簡爛脱。"《釋文》脱音奪。奪脱同曷末部。今人飼豬，北人還用此法，用杙樁打地下絆豬於樹蔭水草之際，任其自尋口食。

九三：遯之否。**繫遯，有疾，厲。畜臣妾，吉。**《帛書》："繫遯"作"爲椽"。

此言繫養大豬，如畜臣妾，勞力費心。《象》曰："繫遯之厲，有疾憊也。"大豬繩繫於腰。"疾，厲"，謂大豬不服繫，疾力掙扎。椽即彖，豕也。虞云："遯陰剥陽，三消成坤，與上易位，坤爲臣，兑爲妾，上來之三，據坤應兑。故'畜臣妾，吉'也。"荀爽曰："大事謂與五同任天下之政。潛遯之世，但可居家，畜養臣妾，不可治理國之大事。"按古人對於臣妾，皆是擄搶得來，所以亦用關吊之法。但人總比畜牧靈敏，能掙扎逃脱者甚多。以後對於臣妾收養方法，改爲穿耳、戴項圈，手鐲、穿耳鬟等。對於女妾，就是用迷惑，收買，牢籠使之不逃亡。至於俘虜男子，或轉送人，或出賣，或關殺。果有才能，委以小小職務，亦收買拉攏，使之爲已任。所以用《周易》繫辭者，爲臣妾之人，比繫養豬遯之類，無大區别，真是相提并論。以上皆説飼豬之法，以下皆説大豬肥豬之作用。

九四：遯之漸。**好遯。君子吉，小人否。**

此言結好於人，饋送人之生豬或熟肉，以成禮也。《論語・鄉黨》："君賜生，必畜之。"《周禮・饔人》："凡王之好賜肉脩，則饔人共之。"《論語・陽貨》："陽貨欲見孔子，孔子不見，歸孔子豚。"《孟子》作"蒸豚"，亦熟肉也。饋牲畜，後世婚喪之禮，多用之。饋人以豚，在君子用以成禮，在小人時費財，故曰"君子吉，小人否"。《帛書》："否"作"不"。《説文》："否，不也。"徐鍇曰："不可之意見於言，故从口。"《書・益稷》："否則威之。"《詩・葛覃》："害澣害否。"《甫田》："嘗其旨否。"《集韻》："否……通作不。"

九五：遯之旅。**嘉遯。貞吉。**

此言嘉慶之事用豬。嘉，喜慶之事也。《象》以嘉遯爲正志，蓋謂表明心意之情也。解放以前，結好饋贈，喜慶饋贈等情況：如富貴之家，婚禮爲紅喜事，男送女家活豬羊雞鵝等名曰送打發。喪禮白喜事，亦送喪家活豬羊等牲畜，配盛豐筵席，謂之奠禮。此種情況，蓋在三千年前就有，故作《易》者，繫之以嘉遯也。

上九：遯之咸。**肥遯。無不利。**《帛書》："無"作"先"，蓋寫者誤。

此言肥豬之作用。《説文》："肥，多肉也。"肥遯俗言肉豬。謂膘壯肉肥也。《左傳・桓公六年》："博碩肥腯，謂民力之普存也。"又云："牲牷肥腯。"牲牷謂牛羊，肥腯即肥遯字異音同。豬到肥遯，隨所利用，故曰"無不利"。肥遯轉爲飛遯者，姚寬《西溪叢話》云："肥字古作𩙿，與古蜚字相似，即今之飛字。"是對經文亂竄。詞章家偶爾用之則可，用以注經則不可也。斯言當矣。

此卦確爲養豬之卦，而古人對此歪曲已甚，無可復識。以六二爲殷之父師當此爻，而上九又以穎賓巢許當此爻。夢中説夢，令人啼笑皆非。今皆刊落之。

大壯

䷡ 震上乾下　雷天大壯　内互乾 ☰　兑 ☱

聚卦四陽二陰　旁通觀　與遯反復

卦名大壯，以陽彊於陰也。天者，陽之體；雷者，陽之聲。雷鳴於天，震驚百里。天非小也，雷聲非不壯也。然而天地之情如此見矣。《大壯》者，遯之反也。《遯》陰在内，陰雖少而不以爲少，曰小者漸長也。《大壯》陽在内，陽已盛而猶幸其盛，曰大者壯也。荀爽曰："乾剛震動，陽從下升，陽氣大動，故'壯'也。"《遯》利貞，《大壯》亦利貞。同是四陽二陰之卦，因乾行上下，所以皆利貞。王先生曰："壯从土爿。許慎云大，非本義也。爿、椿，古今字。漢牂牁郡謂繫舸於爿也。"《繫辭傳》曰："上古穴居而野處，後世聖人易之以宫室，上棟下宇，以待風雨。蓋取諸《大壯》。"四陽在下爲居人，二陰在上爲祀神鬼。中國古屋形式皆如此，成爲數千年來不改的社會規範。王夫之云："四陽象棟柱上升。二陰象苫蓋下垂。下明象陽，上暗象陰。"

大壯：利貞。《帛書》："大"作"泰"。

予疑《大壯》爲養羊之卦。壯爲牂之假字，壯、牂皆从爿聲、同聲通假。《爾雅·釋畜》："羊，牡，羒；牝，牂。"《廣雅·釋獸》："吴羊牡一歲曰牡翔，三歲曰羝。其牝一岁曰牸翔，三岁曰牂。"《説文》："牂，牝羊也。从羊爿聲。"大壯爲大牂，大牂爲大牝羊，今言大母羊。大母羊何以名牂？爿即床之本字，大木爿也。母羊不空身，要栖宿於木片上，免受寒濕。古人因事名物，故大母羊名牂也。互兑爲羊。

初九：大壯之恒。**壯於趾，征凶。（有孚。）**《帛書》："趾"作"止"。"征"作"正"。

此言養羊欲保護羊脚不受傷害。傷害羊趾，則行走艱難，是凶也。馬云："壯，傷也。"壯訓傷是壯假爲戕。《小爾雅·廣言》："戕，殘也。"傷殘足趾，故行路痛苦。震爲足，初爻則爲止。古止字，故《帛書》引，趾爲後起字。爲征。《釋言》："征……行也。"《左傳·昭公三十二年》趙簡子論"季氏出其君而民服焉，諸侯輿之”。史墨謂：“在《易》卦，雷乘乾曰《大壯》䷡，天之道也。”以震雷懾於天帝，比諸侯大夫加之國君之上，天道有然也。《大象》曰：“非禮弗履。”而《傳》以越禮犯分者當之。則所言非其旨也。

“有孚”二字是錯簡，全書有二十二個“有孚”一詞，没有此種用法。予疑爲是下爻九二的錯簡，理由於下：初九“壯於趾，征凶”，大義已經完全。因傷足止，行走痛苦，故曰“征凶”，下接“有孚”一詞，毫無意義。一也。初九與九二是相連的兩爻，而九二衹有“貞吉”二字。什麼東西貞吉？無説明，是明明白白有脱簡或敚字。二也。移“有孚”二字於“貞吉”上，成爲“有孚貞吉”，是簡單的主謂句。在本書上有例可證，《損》“有孚元吉”，《并》上六“有孚元吉”，與此“有孚貞吉”，句法一律。三也。具此三理，在本爻“有孚”上，標明删除符號。

九二：大壯之豐。**［有孚］貞吉。**

此“有孚”二字從上爻移入，理由見上爻注。孚讀爲乳，謂羊乳也。羊乳除養小羊外，對人類貢獻作用不亞於牛乳。飲料、食料、煉油、煉乳、羼等，皆有豐富的營養作用。所以有孚貞吉也。

九三：大壯之歸妹。**小人用壯，君子用（罔）［岡］。貞厲。（羝羊觸藩，羸其角。）**“羸”即“纍”之假字。《帛書》：“罔”作“亡”。

此言羊在祭祀方面之作用。用壯、用罔，老解不通。參考典籍，疑爲祭祀所用之犧牲。壯讀牂，通稱爲羊。罔爲岡之誤字，岡即犅之省字。《説文》訓犅爲特牛。特牛，牡牛也。祭祀用牡牛。《詩・信南山》：“祭以清酒，從以騂牡。”又《閟宫》：“白牡騂剛。”剛爲犅之假字。《毛傳》：“白牡，周公牲也。騂剛，魯公牲也。"《公羊傳》："魯公用騂犅。"《禮記·明堂位》："周騂剛。"小人、齊民，無官職者。君子，有官職之人。上至王侯，下至卿大夫、士，皆有祭祀。本卦何以有祭祀之禮?《象》曰："雷在天上，大壯，君子以非禮弗履。"本卦外爲震，震反爲艮。艮爲寺廟，人住宫室，取諸大壯，《繫辭傳》已明言之。本卦上二陰爻，下四陽爻。形式有似乎後世之祠宇，故有祭祀之禮。羊作犧牲曰少牢，牛曰太牢。太牢民間不准用，少牢民間可用。故曰"小人用壯，君子用罔"也。何以謂之"貞厲"? 孔曰："我祭則受福。"受福，禎也，貞爲禎之假字。神不亨非禮，則厲也。

高亨先生曰："余疑'羝羊觸藩，羸其角'七字當爲九四之首句，蓋轉寫誤竄此處。其證有三：本爻云：'小人用壯，君子用罔，貞厲。'文意已備，占斷已畢，不宜更贅'羝羊觸藩，羸其角'一句，其證一也。九四云：'貞吉悔亡'，正承'羝羊觸藩，羸其角'而言，明爲一爻之辭，其證二也。九四又云：'藩决不羸，壯於大輿之輹'，亦正承'羝羊觸藩，羸其角'而反言之，明爲一爻之辭，其證三也。"按高説甚是。今從之而移正於下。

九四：大壯之泰。**[羝羊觸藩，羸其角。]貞吉悔亡。藩决不羸，壯於大輿之輹。**"羝羊"句七字，原在九三"貞厲"下，今挺高説，移正於此。"輹"，虞作"腹"。《帛書》："藩决"作"藩玦"。"輿"作"車"，車，總名，輿爲車廂。

此言養羝羊之法，在纍其角，使不能觸。《説文》："羝，牡羊也。""羖，夏羊牡曰羖。"《釋文》："羝羊，……張云：'羖羊也。'"四互兑爲羊，在乾震之剛間，故爲羖羊。震爲竹爲葦，成爲藩籬破缺之象。《帛書》："藩决"作"藩玦"。二字皆从玉，與本卦義不合，衹取音同而已。羸，假借字，鄭、虞作纍，正字。王肅作縲，異體字。蜀才作累。俗字。《説文》：

“纍，……一曰大索也。”《左傳・成公三年》：“兩釋纍囚。”杜注：“纍，繫也。”又《僖公三十三年》：“不以纍臣釁鼓”注同。纍、羸同部通假。纍其角，繫其角也。繫其角則無藩破之患，故曰“貞吉悔亡”。藩決，籬落破敗也。《釋文》“輹，……或作輻”。輻，輪也。坎爲輪，坤爲大輿。藩破爲不繫，羝羊之角而被觸破。此言再不繫角，更會觸大車之輪輻也。羊，祥也。畜之不得其法，又受其殃。糾糾武夫，公侯干官，不能以禮節之，會成爲弑君破國之亂臣賊子，此則《易》之微旨也歟？

六五：大壮之夬。**丧羊於易。无悔。**郭京《举正》改羊爲牛，非也。《帛書》：“喪”作“亡”，喪从亡得聲，故作亡也。

此述殷先王王亥善於養牛羊及喪羊於易之故事。古本《竹書紀年》：“十二年，殷侯子亥，賓於有易。有易殺而放之。十六年，殷侯微以河伯之師伐有易，殺其君綿臣。”王亥事屢見於殷墟卜辭，世次在成湯以前七世祖先，從帝嚳數來亦是七世，王亥離湯是第八位。他善養牛羊，是捕作野牛羊，豢養成家畜，使牛羊馴服，能爲人民服務。事見《山海經・大荒東經》《竹書紀年》《楚詞・天問》《世本・作篇》《吕氏春秋・勿躬》等古籍，皆有記録。但他没有土地，客居有易之國。有易即易國，有爲前綴詞，是夏王朝之諸侯，故地約在今河北易縣一帶。《天問》作有扈，王國維以爲字誤。予以爲扈字有兩讀法，古人不讀从上之户聲，而讀从下之邑聲，所以易、邑相混也。被易國君主奪去牛羊，奪牛事見《旅》卦，此從略。此所記是喪失羊群。坤爲喪，兑爲羊。喪，亡也，失也。於，在此。喪羊於易，今言喪失羊在易國也。他不悔恨，因他旅居易國，無力對付易國之君主。《象》曰：“‘喪羊於易’，位不當也。”《易》五位是陽位君象，而爻是陰爲小人，何可當也。舉此以明畜羊之歷史而已。

上六：大壯之大有。**羝羊觸藩，不能退，不能遂，无攸利。艱(則)[貞，]吉。**“則”爲“貞”訛，見《大有》。

此戒動不量力，以致進退維谷，無所利也。體兑爲羊，三是内卦之終，上是外卦之終。故有觸藩之象。不能退，以後有群羊；不能遂，以前無所之，是爲藩籬所窄迫，何所利也。唯能艱苦堅貞奮鬥，存警惕之心，戒躁妄之行，可解此患。故曰“艱貞，吉”。

晉

䷢ 離上坤下　**火地晉**　**内互坎** ☵　**艮** ☶

四易卦　**觀** ䷓ 四往五來　**小過** ䷽ 三往上來

頤 ䷚ 初往四來　**萃** ䷬ 五往上來

虞云：“《觀》四之五。”蜀才云：“此本《觀》卦。九五降四，六四進五，按是“柔進而上行也”。但從正推言得若朱升會通及《本義》，亦謂從《觀》來，則指變卦耳。毛奇齡説。

此卦名晉，是假晉爲進，實非晉國。《説文》“晉”作“䇶”，孟喜本晉作齊，假齊爲躋，實非齊國，躋與晉皆有進義。進有前進，先進，上進之心。金文晉作，格伯簋。，𪅰羌鐘。卜同。并从二倒矢，矢向前進，人在矢後，故倒矢也。《帛書》：“晉”作“溍”，《玉篇》：“溍，水也，一曰水名。”何以火地爲晉？火有急烈勇猛之性，前進之人，進取之心，有如火之猛烈也。故火地爲晉。

晉：康侯用錫馬蕃庶，晝日三接。孟喜本作“齊”，《釋文》：“齊，子西反。”則同躋矣，躋，上升也。《帛書》：“錫”作“賜”，蓋古“賜”字。錫、賜同義字。今字書、韻書皆未收，遺也。

《彖》曰：“晉，進也。”《序卦》《爾雅》《廣雅》皆同。《説文》："晋，進也。日出萬物進。从日从臸。"《正字通》："趙古則曰：'臸，即刃切，前往也，今用晋。"本卦晋字皆有進取之義，而本義應作戩。《説文》："戩，滅也。"讀同翦音。《詩·魯頌·閟宫》："後稷之孫，實維太王。居岐之陽，實始翦商。"《毛傳》："翦，齊也。"齊讀爲劑，謂侵削商王土地，從太王開始。按《世本·居篇》："康叔居康，從康徒衛。"此説極明確。"居康"，則康確是地名。"從康徒衛"，則是先封康地爲康侯，後封衛，未改爵名，仍爲康侯。從皇親言謂之康叔，從國爵言謂之康侯也。封康是王母，本卦可按也。封衛是周公東征以後成王所封，《書·康誥》可按也，原世本已佚，清王謨《漢魏叢書鈔》，清馮翼《問經堂叢書》，陳其榮《槐廬叢書》，張澍《二酉堂叢書》，雷學淇《畿輔叢書》，秦嘉謨《世本輯補》，茅泮林《千古逸書》，皆有輯本。考康地：馬注康國名，在今河南開封府禹州。鄭玄云：康爲謚號。余謂二説皆非，牧野未戰前，周之卦官不能到河南，高殷之基地，何敢也。人未死不能有謚號。平心以爲康唐相通，康侯即唐叔虞，更大錯特錯也。然則康地與人，豈非子虚烏有嗎？曰非也，實有其人，實有基地？余以爲其地，應在今甘肅省康縣。其地離岐山不遠。不知古時係屬如何，尚須徵實。康侯其人，高亨曰："有《康侯鼎銘》曰：'康叔丯作寶尊。'丯即《説文》之丯，與封通用。據此康叔名封，武王之弟。"按又爲成王之叔，東征勝利以後，成王親政，舉爲周司寇，從康地徙封於衛。先封於康，蓋封翦商所得之地，王母即以其地而封之也。王母，文王之母太任也。總之《易》之康侯即鼎銘之康叔丰。以貴稱侯，以親稱叔，其實一人，確無疑義。1931 年河南浚縣辛村，古衛地。出土十二件兵器，内有銅刀，上鑄有康侯銘文，一殘戟上鑄有"太保"字樣。從樣式和文飾看，似商代晚期産物。藁城台西商代遺址出土，其物件現存美國弗利爾美術博物館，確是康侯遺物。

用錫，用求也。聞曰：“金文《邿遣簋》：‘用錫耇壽’，《伯其父簠》：‘用錫眉壽萬年’，《黄君簋》：‘用錫眉壽黄耇萬年’，《買簋》：‘用錫黄耇眉壽。’”以此例《易》文，“用錫馬蕃庶”，用法全同，蕃庶者，蕃盛衆多也。坤爲馬，離爲日，晝日自早至晚之白晝。聞又曰：“《説文》：‘接，交也。’《廣雅・釋詁》二曰：‘接，合也。’此言接，按謂牝牡之馬，在一日之内交合三次也。《周禮・牧師》所谓‘中春通淫’。《月令》所謂‘合纍牛騰馬，游牝於牧’之事。”今内蒙古地方還用此種方法，不是要求多産，而是保産不至流産。徐世大批評爲特殊愚笨之事，恰是愚笨之説也。需内爲乾，乾爲良馬，種馬也。坤爲牝馬，此牝牡交接之象也。乾爲君，坤爲邑國，晋康侯之象也。離爲日，坤爲地，日在地上，晝日之象也。坎陽離陰，交接之象也。乾坤皆三數，三接之象也。虞云：“艮爲多，坤爲衆，故‘繁庶’。”

初六：晋之噬盍。晋如，摧如，貞吉。[悔。]罔孚裕，無咎。《帛書》：“摧”作“浚”。“罔”作“亡”，上有“悔”字。今據補。“裕”作“浴”。

《説文》：“裕，……《易》曰：‘有孚裕，無咎。’”段注：“今經有作网。虞翻、王弼注同。則未知許所據《孟易》異歟？抑字訛歟？”按《易》“有孚”二十二見，“罔孚”衹此一見，殆許未誤。此言進兵破敵，蓋繼太王翦商之事業，用寬大政策，從放孚虜，使之歸爲己用也。晋如，有俯抑之義。《周禮・田僕》：“王提馬而走，諸侯晋。”注：“提，猶舉也。晋，猶抑也。”《尚書・梓材・周書傳》：“見喬實高高然而上，……見梓實晋晋然而俯。”是其義也。俯仰有屈折之義，謂持事謹慎恭敬貌。《説文》：“摧，擠也。”摧敗敵兵，如摧枯拉朽故云如。如爲語尾助詞，帶有形容詞的作用。《帛書》：“摧”作“浚”，蓋涉上文而誤。此應是捘字，與推字義同。《説文》：

"掕，推也。""推，排也。"《增韻》："推……擠也。"《説文》："摧，擠也。"是二字完全義同，唯音異耳。推，灰部，夋，魂痕部，二字音相旁轉。罔，無也。無孚與有孚對文。康叔取康，無孚虜者，蓋釋放之也，故曰"無咎"。

六二：《晋之未濟》。**晋如，愁如，貞吉。受兹介福，於其王母。**

此言戰勝敵人，凱旋而發，受封於王母，爲康侯也。愁，憂也。愁憂者首俯，首俯者憂。《禮記・曲禮》："下於帶則憂。"下於帶即俯首之貌，所以與"晋如"并舉，亦恭敬嚴肅之貌，故曰"貞吉"。《釋文》："介……大也。"《爾雅・釋親》："父之妣爲王母。"《詩・思齊》："思齊太任，文王之母。"康侯，文王之子。則康侯之王母，即太任也。蓋封叔帥師進攻敵國，破敵而歸，實爲吉占。太任嘉其功勞，錫之爵録。即以所取之地，封爲康侯。大約今甘肅西漢水流域康縣，俗叫咀台子。是否，待考。周公東征以後，成王親政，改封於衛，未改侯名。

六三：晋之旅。**衆允，悔亡。**

此下爲總結戰功得勝之原因。康叔帥師破敵，得到群衆信仰。坤爲衆，允，信也。《説文》《爾雅》、虞注皆同。臨民者，帥師者，必須有群衆之信賴。三失正應與上易位，故無悔也。此其一。

九四：晋之剥。**晋如碩鼠，貞厲。**《帛書》："碩"作"炙"，《唐韻》炙音之石切，碩音常隻切，同鐸部字。

此言康叔率師破敵，采取戰略，首先收獲敵人之農作物，用碩鼠作比。此取勝原因之二。《子夏傳》《集解》本皆作碩鼠，是也。作鼫是碩鼠之省文，取碩字之石，放鼠字之傍成爲鼫，一字兩音，仍讀碩鼠。碩鼠即田鼠，因常居田中食禾稼菜蔬，故名田鼠。《禮記・月令》："季春之月……田鼠化爲駕。"《逸周書·時訓》："田鼠化爲鴽，國多貪殘。"《禮記·郊特牲》："迎猫爲其食田鼠也。"《子夏傳》以碩鼠爲五技鼠，非也。五技鼠即梧鼠。田鼠食稼，乘人不備，出没無常，往往爲猫或人所捕獲。進兵征服敵國，亦乘人不備而襲取之，恰如田鼠之食稼，有易敗之虞。故曰："晋如碩鼠，貞厲。"厲者，危也。何以有鼠象？四爻進居互艮之剛，《説卦傳》："艮爲鼠。"

六五：晋之否。**悔亡。矢得勿恤。往，吉。無不利。**孟、馬、鄭、虞、王肅、《集解》《帛書》《九家易》皆作"矢"，《注疏》作"失"。

虞翻曰："矢，古'誓'字。"荀爽："五從坤動而來爲離。"離者，射也。故曰矢。尚云："坎爲恤，得矢爲用，故'勿恤'。承陽，故'往吉'。坎矢象。五坎體。《噬嗑》九四云得金矢，以坎爲矢也。"按《釋言》："矢，誓也。"《書·盤庚》："出矢言。"《詩·考盤》："永矢弗諼。"《釋訓》："諼，忘也。"《説文》："恤，憂也。"勿諼，勿恤，義相近。《注疏》本作失，似非。此寫康叔用兵，矢欲得勝，其决心如此。故專意前往對敵，此取勝原因之三。往向前進，吉，故"無不利"也。"悔亡"上疑有脱誤。

上九：晋之豫。**晋其角維。用伐邑。厲。吉。無咎。貞吝。**《帛書》："維"作"唯"，與下句連合作"唯用伐邑"。

按維繫角之繩。晋讀戩，剪也。剪除維在羊角上之繩。羊歡喜跳躍，比喻用兵去攻擊敵人，首先要解决軍士之思想顧慮，再整兵器及一切用具。一到彼國就如初放之羊，踴躍前進，撲向敵人。如此，雖有危險，亦有吉利。此以先聲奪人，令敵措手不及。此取得勝利原因之四。既得勝利，自然無咎也。再處理各方小小困難，則全師可凱旋而歸矣！

明夷

䷣ 坤上 離下	地火明夷	内互坎 ☵	震 ☳	
	四易卦	臨 ䷒ 二往 三來	小過 ䷽ 四來 初往	
		頤 ䷚ 上來 三往	升 ䷭ 二來 初往	

蜀才謂此本《臨》卦九二升三，六三降二。虞翻謂《臨》二之三而反《晋》，此推易法也。毛奇齡説。

此卦蓋武王伐紂滅殷後，箕子不忍祖國之淪亡，更不忍受武王之封賞，於是率五千人東去朝鮮，創立新國，於路捕獲明雉之故事。古人不明日月運行之道，故不知日行西方而東方暗，日行東方而西方暗之理，而以爲日入於地，其光不明也。比喻時世黑暗，賢人君子，韜晦林泉或奔走四方。鄭玄曰："夷，傷也。'日出地上，其明乃光'；至其入也，明則傷矣，故謂之'明夷'。"

明夷：利艱貞。主要精神在此三字。

《帛書》："艱"作"根"，艱从艮得聲，故艱、根同聲也。《艮》卦精神，利於艱苦堅貞奮發有爲，舍此無可自生。五失位，凡事須艱貞自持，故曰"利艱貞"。

初九：明夷之謙。**明夷於飛，垂其［左］翼，君子於行，三日不食。有攸往。主人有言。**《帛書》："飛"作"蜚"。蜚，翼上有左字。

高曰："以'《明夷》於飛垂其翼'句觀之，明夷爲鳥類，可斷言也。明疑借爲鳴，古字通用。……夷疑借爲雉，古字通用。《周禮・秋官・序官》：'薙氏。'鄭注：'薙，《書》或作夷。'……《漢書・楊雄傳》：'列辛雉於林薄。'……顔注：'辛雉，即辛夷耳。'并夷雉相通之證。"以上節取高説。按夷、雉古音通用，以皆讀第音也。《釋文》：“薙……字或作雉。”或作夷，鄭注：“薙讀如鬀，小兒頭之鬀。”即今剃字。《説文》雉古籀作䳯，从夷得聲之鴺胡鳥，古籀作鵜。《莊子·外物》：“魚不畏網而畏鵜鶘。”《孟子》：“五穀不熟，不如荑稗。”《莊子·知北游》：“在稊稗。”大過枯楊生稊，《釋文》作荑。《説文》：“洟，鼻液也。”字又作鼻夷。今作涕。《春秋感精符》：“雉之爲言弟也。”是夷、雉通用，古音皆讀涕聲也。王先生曰：“此卦皆隱文、紂當世之事。君子謂夷、齊也。公子爲士，故初當之，三日不食，不仕三君也。孤竹不肯立，又不事紂、武，是皆不食。有所往者，避紂也。主人所居之國有言，欲兵之也。”《明夷》與《訟》爲旁通，《訟》六三“食舊德”，食禄也。相時而動，稱其素守而受之。此初九則曰“君子於行，三日不食”。君子處於亂世，似明而入於地中，不可榮以禄，故去於禄而急退藏，求仁得仁，雖餓死而不悔者也。又何異於鳥之飢餓猶垂翼而飛也。

六二： 明夷之泰。**明夷。夷於左股。用拯馬。壯。吉。**“拯”，《子夏傳》作“抍”。《説文》：“軯……从車，丞聲。讀若《易》‘抍馬’之“抍”。《集韻》：“拯……作承。”《帛書》：“拯”作“撜。”下“夷”字《子夏傳》作“睇”。鄭、陸本同。京房作“眱”。《集解》本不重“夷”字。“股”，馬作“般”，股、般形近而誤也。

此言箕子以箭射傷明夷之左股，明夷帶矢飛去。下“夷”字讀爲“痍”。《公羊·成公十六年》：“王痍者何？傷乎矢也。”《通俗文》：“體創曰痍。”李鼎祚曰：“初爲足，二居足上，股也。二互體坎，坎主左方，左股之象也。”按《詩·車攻》“射左脾，按脾股相通。達於右腢，爲下殺”者，此則帶矢飛去，故有下獲。下夷字，《子夏傳》作“睇”，京作“眱”。睇、眱同音。詳上初爻文。《説文》：“睇，目小視也。从目，弟聲。南楚謂眄曰睇。”段注云：“《詩·小宛·正義》：‘言小邪視者，别於睨眄爲邪視也。'" 睇亦睇字。《夏小正》:"來降燕乃睇。"《傳》曰:"睇者,眄也。"《内則》:"不敢睇視。"鄭注:"睇,傾視也。"《釋文》:"旁視曰睇。"《方言》:"睇,眄也。"陳楚之間,南楚之外曰睇。按《明夷》有三左字,初九,六二,六四,居左,蓋讓右以示尊也。

拯馬,按《説文》引《易》曰:"用抍馬壯,吉。"考此條引《渙》卦初爻文。今本"抍"作"拯"。《疏》云:"用馬以自拯濟也。"亦上舉之意。《説文》:"抍,上舉也。"撜,扯繩也。《玉篇》承亦同抍,又作丞、作承、作拯。抍是把馬牽到騬馬架中,用繩鬆縛馬脚,一聲撜的口令繩子齊撜,馬倒地就懸空吊在架上謂之抍。脚向天,執刀者進行割,通謂之拯馬。東北曰割。

九三:明夷之復。**明夷,[夷]於南狩。得其大(首)[道]。**一本"首"作"道"。**不可疾,貞。**《帛書》重"夷"字。"狩"作"守",用母音詞。

第二夷字爲"徠"之省,《注疏》本無。《説文》:"徠,行平易也。"《廣雅》:"徠徠,夷。"《老子》:"大道甚夷。"一本作"徠"。徠、夷退用,首、道通用。俞樾曰:"《周書·芮良夫篇》:'予小臣良夫稽道',《群書治要》作'稽首'。"《史記·秦始皇紀》:"追首高明。"會稽刻石作"追道高明",皆其證也。"夷於南狩",謂先迷道,後得到大道。很平易地到了南狩之地,成爲該地的元首。如果還從於飛的解釋,則下句得大道不可聯繫,因爲鳥類不需要大道。《象》曰:"'南狩'之志,乃大得也。"言從此大道前進,可大得志也。李鼎祚曰:"冬獵曰狩也。三互離坎,離南坎北,北主於冬,故曰'南狩'。五居暗位,三處明終,履正順時,拯難興衰者也。以臣伐君,故假言'狩'。既獲五上之大首,而三志'乃大得也'。"王先生曰:"《説文》引云:'狩,犬田也。'此喻武王伐紂。南者,君位。大首，元首。得即獲也。疾，病也。貞臣夷、齊、微、箕之屬。各行其志，不可疾也。”

六四：**明夷之豐。入於左腹，獲明夷之心，於出門庭。**《帛書》：“入於”作“夷於”。

王先生曰：“喻文當見釋，還爲三公，守宗社。明夷之心，文之心也。下言箕子之明夷，此則文王之明夷，故《傳》亦言箕子似之，文王似之也。出門庭，出紂都，遂受命。”尚云：“坤心之象，《益》九五云：‘有孚惠心。’心謂二，二坤體也。”高云：“之心疑當作小心。”似非。按腹即寝之假字，穴也。《詩》：“陶復陶穴。”《説文》引作“寝”。腹、寝皆从復得聲，同音通假。此言明夷已入左腹被獲，設[illegible]也，蓋謂文王入獄出獄之事。李鏡池曰：“於讀爲呼，《孟子·萬章上篇》：‘號泣於旻天，於父母。’《列女傳·有虞二妃傳》‘於’作‘呼’。”呼出門庭，謂文之出獄，歡呼之聲，充滿門庭之外也。

六五：**明夷之既濟。箕子之明夷。利貞。**蜀才作“其子”，趙賓作“荄茲”。焦循作“其子”，惠棟作“亥子”，焦贛作“孩子”。尚氏同。孩子謂紂王也，凡此皆荒唐妄語。箕子，文王皆實有其人，與此卦文，皆極有關係，不可隨便讀過。

王先生曰：“文、箕同時，如以親貴，則箕子當代紂，而以義讓文王。”文受命而成既濟，箕遂明夷矣。言箕子明夷，即文受命之辭。此言箕子終於得到明夷。此明夷，蓋謂朝鮮。《彖傳》已言，箕子以之。《象傳》曰：“箕子之貞，明不可息也。”馬注：“箕子，紂之諸父……知紂之惡，無可奈何，同姓恩深，不忍弃去，被髮佯狂，以明爲暗。”《論語·泰伯》：“箕子爲之奴。”武王克紂，釋箕子囚，而訪問治道，箕子陳《洪範·九疇》，後率五千人避之朝鮮而君之。至高麗肅宗時，命搜查箕子墓而祀之。今平壤有箕子墓是也。箕子往朝鮮是實有其事，而明夷爲朝鮮，於史於事，俱可徵信。鳴雉、明夷，諧隱之文也。《易》書多有此體，有何怪乎？本卦内卦爲離，離爲日，爲火。《禮記・禮器》："大明生於東。"注：言日出之方位也。《説文・大部》："夷，平也从大从弓，東方之人也。"从大从弓。从大者，天大地大，人亦大，大象人形。从弓者，《魯語》曰"肅慎氏貢楛矢石砮"之類也。古曰明夷，今曰東夷，皆正稱也。六五大書特書"箕子之明夷"，記其實也。

上六：明夷之賁。不明晦。初登於天，後入於（地）[淵]。《帛書》："晦"作"海"，形近而訛也。"淵"原作"地"，據高先生説改。

尚云："《明夷》之初爲晋，晋日在地上而爲晝，故曰'初登於天'。乃晋覆成《明夷》，日在地下而爲夜，故曰'後入於地'。入地故晦而不明。"高曰："晦疑當作悔，即悔吝之悔。蓋悔晦形近，後人見與明字連文，因改悔爲晦也。雉不鳴即處悔之時，故曰不明悔也。雉不鳴而悔者，謂雉入水化爲蜃也。"羅願曰："《月令》九月雀入大水爲蛤，十月雉入大水爲蜃。"韋昭曰："《國語》曰：小曰蛤，大曰蜃。"高曰："地當作淵，蓋後人所改。初登於天，後入於淵，文相對，韻相諧，古書多如此。《詩・鶴鳴》曰：'鶴鳴於九皋，聲聞於天。魚在於渚，或潜在淵。'《麓旱》曰：'鳶飛戾天，魚躍於淵。'并其例。此文淵誤作地，則失其韻，其證一也。……雉化蜃乃入於水，而非入於地，則地爲誤字益明，其證二也。"是淺人以天地相對，不顧事實而妄改耳。雉入水化蜃爲十月，事見《月令・時則》等編，當非妄也。坤爲地爲水，互坎亦爲水，爲溝瀆，則是淵也。魚爲水産物，蜃蛤亦爲水産物，衹能入淵而不可生活於地。卦以雉設象，爻不能例外。以雉不鳴爲處悔之日，以投水化蜃爲新生變化之節，蓋以比箕子當紂之時，爲臣爲奴。紂亡，遵海濱而處，則亦王亦帝，是大變化之運也，此蓋作《易》者之微旨歟？

家人

䷤ 巽上 離下　風火家人　内互坎 ☵　離 ☲

四易卦　遯 ䷠ 初往 四來　中孚 ䷼ 二往 三來

無妄 ䷘ 四來 三往　大畜 ䷙ 二往 五來

虞氏《易》以《遯》初之四，此推易之一也。毛奇齡説。

風火何以爲《家人》？巽木生離火，木火相生而不相剋。火以木爲家，風亦以木爲家。風從火生，火因風發。風起則木動，風息則木静。兩相入又兩無間，融融如一家人然。又離爲火，坎爲水，水在火上，坎爨之象也。人非水火不生活，既有水火一同生活，則非家而何？在卦之組織：二陽在上爲父母，其下一陰從一陽，二子二婦，兄弟娣姒之象也。二五皆得位，巽爲長女，離爲中女，互坎爲中男，同居一宫。男居外，女居内，秩序井然，非家人而何？離爲牛，坎爲馬、爲豕，巽爲鷄，倒兑爲羊，艮爲犬。馬牛羊，鷄犬豕，六畜俱全，非家庭組織有如是耶？

家人：利女貞。《歸藏》作散家人。

《説文·宀部》："家，凥也。"各本作"居"，此據段本。《爾雅·釋宫》："牖户之間謂之扆，其内謂之家。"家人字見《左傳·哀公四年》《夏小正傳》《史記》《漢書》。家，"从宀，豭省聲"，取豕存實也。省豕而存假，則名實兩誤。家，古文[illegible]，豕作[illegible]作[illegible]。予謂此三古文家字，皆不明瞭。《左傳·定公十四年》："既定爾婁豬，盍歸乎艾豭。"又《隱公十一年傳》："鄭伯使卒出豭。"婁，母豬；豭，牡豬。今家字去假聲而專从豕，字義不明。甲骨文家作[illegible]、[illegible]、[illegible]。金文家作[illegible]、[illegible]，皆屋内有豕之象，表示家之起源。家之産生，是人民定居以後，農業生産發展爲主要時期，畜牧成爲家庭生産副品。古人製字，用牡豕之勢以比男子。女子嫁到男家，得到安身之所，故男子娶妻，謂之成家。俗語説："女以男爲家，男以女爲室。"家室之成立，造端於夫婦也。王夫之曰："《家人》者，一家之人聚順之象也。各正其位以盡其道。……而獨言'利女貞'歸美二、四者，聖人曙於人情世變，而知齊家之道，唯女貞之爲切也。陽之德本和而健於行，初無不貞之憂，所以不貞者，陰雜其間，干陽之位，而反禦陽以行，是以陽因失其固有之貞而隨之以邪。豈特二女之嬪虞，太姒之興周，妺喜、妲己、褒姒之亡三代，爲興衰之原哉！"王先生曰："人，天地之性最貴者也。古者從女居，離合無常，至堯而始立族。"後聖改制，以男主家，以女弱多悔，而退居於中饋酒食之議，女權於是奪矣，而内事專委之於婦，故曰"利女貞"。《歸藏》作"散家人"，蓋以一陰一陽，散在卦内。又外巽内離，風火皆散而不可收藏，故以爲名也。《太玄》："家"爲"居"，云："蹻膚赫赫，爲物城郭，萬物咸度。"初上皆陽故曰膚，曰城郭，而人安宅其中，故曰家人也。

初九：家人之漸。**閑有家。悔亡。**《帛書》："閑"作"門"，蓋寫者脱門内木字也。

此言主管家庭事物人之職守。在中國封建社會，確是奴隸。世俗一般叫奴隸爲家人，奴隸生子曰家生子，生女曰家生女，《紅樓夢》確有記載與描寫，此種人多出於仕宦之家。《説文》："閑，闌也。从門中有木。"遯之下是艮，艮門闕也。門闕開，兩柔暴露於外，以四剛易艮初而閑之。一牡外横，兩柔之居正者，得位手内，故無悔亡也。有讀閑爲開，謂閑居不作事，殊非《易》文之義。

六二：家人之小畜。**無攸遂。在中饋。貞吉。**

《列女傳》引《易》作"在中饋，無攸遂"。《帛書》："饋"

作“貴”，以得義爲義也。此言婦女之職守。無，猶莫也。攸，安行得所之義。遂，往也，行也。“無攸遂”猶言莫到外面來來往往，偷偷摸摸地出出進進。還有一解：遂讀爲墜，敗壞失落之義。此言婦女在家，理治内務之事，欲安頓整整齊齊，物物皆得其所，有條有理而不紊亂。鄭玄曰：“爻體離，又互坎。火位在下，水在上，飪之象也。”《説文》：“饋，餉也。”具飲食以餉人也。中饋，在家中具飲食餉家人。孟母云：“婦人之職，精五飯、幕酒漿、養舅姑、縫衣裳而已。”婦人盡此職務，則“貞吉”也。可見此時婦女不參加社會政治活動。恩格斯説：“隨着家長制家庭，尤其是專偶制個體家庭的産生，情况就改變了。料理家務失去了它的公共性質。它與社會不再相干了。它變成了一種私人的服務。”《家庭、私有制和國家起源》。

九三：家人之益。家人嗃嗃。悔，厲，吉。婦子嘻嘻。終吝。“嗃嗃”，劉瓛作“熇熇”，荀作“確確”，《帛書》作“樂樂”。“嘻嘻”作“裹裹”，張揖作“嬉嬉”，陸績作“喜喜”。

此言家庭成員，僅可熱情歡樂，但欲嚴肅相處也。《説文》：“嗃嗃，嚴酷皃。”“熇，火熱也。”《詩·大雅·板傳》：“熇熇然熾盛也。”鄭云：“苦熱之意。”《玉篇》：“嗃嗃，嚴大之聲也。”《廣韻》：“嚴厲貌。”是熇、嗃義同通用。《帛書》作“樂樂”，蓋讀樂山樂水之樂，則與熇嗃同音矣。字典無此字。確轉入夭，音近相轉，相爲平入也。喜裹咍部。裹讀爲悝。《説文》：“悝，啁也。”段注：“啁，嘐也。啁即今之嘲字，悝即今人之詼字，謂詼諧啁調也。今則詼嘲行而悝嘲廢矣。《東京賦》曰：‘悝繆公於公室。’李注：‘悝，猶嘲也’，悝嘲，戲謔之言也。”《詩·淇澳》曰：“善戲謔兮，不爲虐兮。”喜應讀作譆。《左傳·襄公三十年》：“或叫於宋太廟曰：譆譆出出。”《説文》引作“誒誒出出”。《説文》：“誒，可惡之辭。”“譆，痛也。从言喜聲。”可惡者謂其言意内而言外也，故《帛書》作“裹”。

《象》曰："'家人嗃嗃'，未失也。"三前爲巽，巽爲婦、爲躁動、爲聲應。"馬云："嘻嘻，笑聲。"鄭注："驕佚喜笑之意。"《象》云："'婦子嘻嘻'，失家節也。"家節，家規中之禮節。失節，故曰"終吝"。尚云："嗃嗃之象下取離，嘻嘻之象上取巽。誠以同此一爻，或吉或吝。"質此譎也。王弼曰："以陽居陽，剛嚴者也。處下體之極，爲一家之長，行與其慢也，寧過乎恭；家與其瀆也，寧過乎嚴。"斯言也，得治家之道矣。

六四：家人之同人。**富家大吉。**

富家，富有之家也。《繫辭傳》曰："富有之謂大業。"坤爲大業，大業之謂王侯，是富且貴也，故曰"大吉"。《禮記·郊特牲》："富也者，福也。"《詩·瞻仰》："何神不富？"《毛傳》："富，福。"《大戴禮·武王踐祚》："勞則富。"盧注："躬勞終福。"《說文》："富，備也。"《禮記·祭統》："福者備也。"是富福同義詞。衹富有纔可生福，俗言："柴米夫妻，酒肉朋友。"此爻何以繫富家？此爻在《中孚》爲外巽之一，在《無妄》爲互巽之二，在《大畜》爲倒巽之三。在本卦巽居手外，是巽有全利，卦皆有之。非富家其何？尚云："凡上卦爲巽，四當位，無不吉者。如《小畜》《觀》《益》《巽》《渙》《中孚》，六四皆吉。惟不當位者，雖臨重陽，不盡吉也。"

九五：家人之賁。**王假有家。勿恤。吉。**《帛書》："假"作"叚"。"恤"作"血"。

此戒人莫萌妄想之念。居家安分守己，勿憂則吉也。假，讀格，至也。《方言·一》《爾雅·釋詁》《說文》皆同訓。至，來也。有，語助詞，又名前置綴詞。家是民屋之福堂屋，藏神主之所，又曰祠廟。王格有廟是專辭，專爲祠廟之屋，王格有家是兼辭，是民屋而兼藏神主之用。王者尊貴而來民家，以爲不勝其福，故有"勿恤"一詞。《說文》："卹，憂也。从血卩聲。”人有憂心，勸人莫憂，與《豐》卦王假之同倒，彼爲勿憂，此爲勿恤，其義一也。《帛書》：“恤”作“血”，用母聲詞也。全書“恤”字皆然。卹从卩者，卩爲政令，爲國事死難，授以撫卹也。恤从心者，謂人死而家人悲慟憂愁故从心。但二字皆以血爲主體。恤爲後起字，古書多用卹字，後人多改爲恤：如《説文·比部》引《周書》“無毖於卹”，潘岳《籍田賦》“惟穀之卹”，李注引《書》“惟刑之卹”，今《尚書》卹皆作恤，可證也。王至民家，民不勝其福。事見《吕氏春秋·音初》：“夏后氏孔甲田於东阳萯山，天大风晦盲，孔甲迷惑，入於民室。主人方乳，或曰：‘后来，是良日也。之子是必大吉。’或曰：‘不勝也，之子是必有殃。’后乃取其子以歸，曰‘以爲余子，誰敢殃之！’子長成人，幕動坼橑，斧斫斬其足，遂爲守門者。孔甲曰：‘嗚呼！有疾，命矣乎？’”

上九：家人之既濟。有孚威如。終吉。《帛書》：“威”作“委”，威、委同灰部，影紐字。

孚讀爲甫，甫爲父字，孚在蕭部，蕭古讀肅，肅模音近相轉。甫、父同爲模部字。謂嚴君也。威如，嚴肅貌。終吉，終之者吉也。三陽皆正家，而五與上，一則以愛而爲歸往之王，一則以嚴而爲畏威之君，所謂家有嚴君者是也。《象傳》曰：“‘威如’之吉，反身之謂也。”尚氏謂：“巽究成震，震爲威。言震巽相反覆，故曰反身。”按尚説非也，震巽何以能相反復也，衹可旁通。反身猶言反躬，《蹇》卦反身修德，孟子反身求仁，摩爾根謂：“把許多人包括自由民與奴隸，在父權之下組織成一個家庭。”一説孚即俘虜，以摩爾根的話證之，似可取。但俘虜在家還威風凜凜，是不合理。摩爾根所説，蓋因家與家人嗃嗃等事歟？

睽

䷥ 離上兌下　**火澤睽**　**内互離** ☲　**坎** ☵

四易卦　**大壯** ䷡ 三往上來　**中孚** ䷼ 五來四往

大畜 ䷙ 三往四來　**無妄** ䷘ 五來二往

虞翻以《大壯》上之三，《無妄》二之五，爲推易法。而朱子亦云："自《中孚》來者，柔進居五，則此卦幾乎獨全矣。"《大畜》者，《無妄》之對畜，可并見矣。毛奇齡説。

尚曰："《歸藏》作瞿。"余按《帛書》作"乖"，《説文》："瞿，鷹隼之視也。"《埤雅》："雀俯而啄，仰而四顧，所謂瞿也。"《禽經》雀以猜疑瞿視也。《荀子》學者之嵬容……瞿瞿然。"《詩》曰："狂夫瞿瞿。"注謂："精神不立，志無所守。"《序卦傳》曰："睽者，乖也。"故《帛書》作"乖"。《説文》："睽，目不相聽也。"不相聽則相背。《六書故》云："睽，反目也。"睽，从癸得聲。古文癸作，有乖舛之形。《説文》："菲，戾也。""戾，曲也。"曲戾，不得伸也。乖从𦍌兆，兆，分也。兆隸作北，兆與北形相似，又皆含有分背之義。但乖外不相遇而有三遇，目不相視而有三見，斯即睽乖之離奇歟？若語其實際，更怪怪奇奇。其象則離火動而炎上，澤水潤而瀉下。是水火不相容，不相親也。離爲中女，兑爲少女，同爲姊妹。其志不同，是同居不同行也。《繫辭傳》曰："弦木爲弧，剡木爲矢，弧矢之利，以威天下，蓋取諸《睽》。"離爲兵戈，兑爲毀折，用兵戈而毀折，則征伐之象也。王夫之云："二與上爲弓幹，五與三，其曲也；四象弦；初，其矢也。"

睽：小事，吉。

柔陰也。陰柔爲小事，柔小而得中故吉。柔進而上行，得中而應乎剛，故曰："小事，吉。"《中孚》之四柔，《無妄》之三柔，并進居五，是柔上行也。五位得中，二爲之應，又即是五所易之剛，是得中而應乎剛也。

初九：睽之未濟。**悔亡。喪馬，勿逐，自復。見惡人。無咎。**《帛書》："喪"作"亡"。"逐"作"遂"。"惡"作"亞"。

初得位，故"悔亡"。四無應，二升五成震，則喪馬自復。是以《大壯》《大畜》駕乾馬，兩卦皆乾下，《無妄》《中孚》跨震馬，《中孚》互震前。今《易》爲《睽》而盡喪失之。乾震失馬，無所往也。且《兑》《涣》返乾，則不追逐，自然回來。《兑》爲上夬故爲決，而夬既返乾。凡《易》中有兑口者，皆"勿逐，自復"。如《震》六二有兑口，曰"勿逐，七日得"。《既濟》六二有兑口，亦曰"勿逐，七日得"，皆是也。《帛書》："喪"作"亡"。《説文》："喪，亡也。从哭从亡，亡亦聲。"亡，逃亡，即走失也。《説文》："逐，追也。""追，逐也。"二字互注。《帛書》"逐"作"遂"，"遂，亡也。从辵㒸聲"。惡人謂三，天且劓，則不美不仁，形穢貌醜之人也。《孟子·離婁下》："雖有惡人，齊戒沐浴，則可以祀上帝。"注："惡人，醜類者也。"《莊子·德充符》："衛有惡人焉，曰哀駘它。"惡人在本卦象指四爻。適當互坎之剛，坎爲盗、爲寇，遂疑之爲惡人。我以見爲惡，彼以不見爲咎。與其不見爲避惡，孰與見之而避其咎也。"陽貨欲見孔子，孔子不見。"爲避惡也。行遇諸途，迫而見之，終亦"無咎"。《帛書》："惡"作"亞"。《説文》："亞，醜也。象人局背之形。"此説明本義，并解釋醜惡之象。局背即佝背，今言駝背。惡从亞得聲，古人通用。《禮記》"惡池"，《詛楚文》作"亞駝"。尚氏曰："《史記》，綰孫他之，封爲亞谷侯。《漢書》作'惡谷'。又《語林》：有得漢印者，文曰周惡夫。劉原父謂即周亞父印。《易上繫》：'言天下之至嘖而不可惡也。'荀爽'惡'作'亞'，云次也。《尚書大傳》：'王升舟入水，鼓鐘惡，觀臺惡，將舟惡。'鄭注：'惡皆讀亞。'"是其證也。采自段注，惡字注後段。

九二：睽之噬嗑。**遇主於巷。無咎。**《帛書》："遇"作"愚"。

遇、愚皆从禺聲，禺爲母音詞，一切子音詞，内之而產生，各得其用，多保其元音不變。虞云："二動體震，震爲主、爲大塗，艮爲徑路，大道而有徑路，故稱'巷'。"古文作鄉，里中道也。尚云："離爲枯，爲里，爲街巷。'《説文》：'巷，里道。'《詩・鄭風》：'巷無居人。'《毛傳》：'巷，裏塗。'離上下陽，中虛，儼然裏巷也。"崔憬以三爲主，"三爲下卦之主"。毛以"五本君位……爲我之主"。蓋二與五應，二陽五陰。陽上陰下遇之於巷也，變而得正，故"無咎"。

六三：睽之大有。**見輿曳，其牛掣，其人(天)[兀]且劓。無初有終。**掣，《説文》作"觢"，"一角仰也"。《集解》本同。鄭作"挈"，云"牛角皆踊曰挈"。劉瓛字從《説文》，解依鄭氏。《子夏傳》作"契"，云一角仰也。荀爽本作"觭"。王弼以"'掣'，牽止不進"。字不同義亦多異。劓，《説文》作"劓"，王肅本作"臲"，劓、臲皆从劓聲。《帛書》："輿曳"作"車恝"。"掣"作"諜"。高曰："見，疑當作其，蓋其損爲共，因訛爲見。"三其字排句句法相同。

余按離爲見、爲牛，坎爲輿、爲曳，曳自後引車也。輿偏而爲坎所曳引。《説文・申部》有臾、曳二字，一正一反也，反即此曳字。此二字蓋以兩手臼夾持其中一人，所以解釋爲束縛捽抴也。曳則以足反爲標志。《帛書》作"車恝"，契讀爲瘛又作瘈，皆音尺制切。高云："《説文》無掣字，《釋名・釋姿容》：'掣，制也，制頓之使順己也。'《文選・西征賦》李注引字書曰：'掣，牽也。'蓋掣本强制强牽，任己而不從人之義。"牛本在輿前，今反在坎前，互離又在坎後，其爻皆爲坎所牽制，故謂之掣。《帛書》"掣"作"諜"，二字古音同曷末部。掣在端紐，諜从世聲在透紐，後轉怗部入定紐。《説文》："天，顛也。"顛謂額顙，《釋文》："天，剠也。"虞注："黥額曰天。"馬注："剠，鑿其額曰天。"鑿顛之刑曰天。尚氏曰："古刑無名天者。俞樾云：‘天爲兀字。故天作兀，以形近，故兀訛爲天。《莊子》云：“魯有兀者”，《釋文》云：“刖足曰兀。”其人兀且劓，猶《困》九五曰：‘劓刖也。’按三震象半見，故曰刖足。”按俞説似是。《説文》：“劓，从刀臬聲。《易》曰：‘天且劓。’”此字《帛書》已然，遑問東漢？坎爲刑罰，本卦上四爻皆一陰，一陽成爲半坎，故刖足又劓鼻也，所以成爲初九之惡人。三上皆卦終是無初也，雖位不當，但有意承陽，亦有終也。

九四：睽之損。睽孤。遇（元）[兀]夫，交孚。厲，無咎。各本“兀”作“元”，今正。《帛書》：“孤”作“苽”。

尚云：“坎爲孤、爲夫。……《左傳》襄二十四年，筮遇《困》之《大過》，坎變巽，曰夫從風。以坎爲夫也。”王先生曰：“睽、孤，雙聲字，蓋乖離之詞也。《爾雅》有‘鉤，藈姑’。”按《爾雅》之睽姑謂草，此睽孤謂人，不可混焉一事也。《帛書》以“孤”爲“苽”。《説文》：“苽，雕苽。一名蔣。”《廣雅》：“菰，蔣也，其米謂之雕胡。”謂人之睽孤，四在坎中，即遭難之孤子。遺腹孤蓋謂夏少康逃難至有虞之事。聞曰：“元讀爲兀。《説文》髡重文作髨，又‘軏，車轅耑持衡者’，經傳皆作軏，是元兀古同字。”兀夫猶言兀者。孤子、兀夫、俘奴，三者皆爲坎險所陷。交孚，諸被俘虜也。“厲，無咎”，與《乾》九三同義，然終脱於險而無危也，故曰“厲，無咎”。

六五：睽之履。悔亡。厥宗噬膚。往。何咎？

厥爲蹶之省字。蹶，趨走也。《帛書》：“厥”作“登”。《玉篇》：“登……上也，進也。”是字異義同。《説文》：“宗，尊祖廟也。”五陰爲鬼爲祖。虞云：“動而之乾，乾爲宗，二動體噬嗑，故曰‘噬’。四變時，艮爲膚，故曰‘厥宗噬膚’也。”《廣雅》：“膚，肉也。”李鼎祚曰：“二兑爲口，五爻陰柔，噬膚之象也。”按古人宴饗，在宗廟舉行。同宗往應，有何咎也。王先生曰：“二女家陰不當尊，以陽爲主，五應二，猶女歸宗也。助祭皆骰胥膚一，坎豕爲膚，内宗亦胥，故‘噬膚’。”

上九：睽之歸妹。睽孤，見豕負塗，載鬼一車。先張之弧。後説之（弧）[壺]。匪寇。婚媾。往，遇雨，（則）[貞]吉。

京、馬、鄭、虞、王肅、翟子玄、李鼎祚、《帛書》，後“弧”字作“壺”，坎酒在中壺之象也。《帛書》：前“弧”作“柧”。“匪”作“非”。“婚媾”作“閩厚”。《易》無“則吉”之詞，作“則吉”者皆“貞吉”之訛也。

此蓋夏少康自仍逃難至虞，在途中所遇之奇怪情形，殆取諸《連山》《歸藏》所記，而爲之繫辭焉。聞云：“《詩·漸漸之石》：‘有豕百蹄，烝涉陂矣。月離於畢，俾滂沱矣。’《傳》曰：‘久雨，則豕進涉水波。’案豕涉波與月離畢并舉，似涉波之豕亦屬天象。《述異記》曰：‘夜半天漢中有黑氣相連，俗謂之黑豬渡河。[雨候也]。’（從《錦繡萬花谷前集》一引補。）《御覽》一〇引黄子發《相雨書》曰：‘四方北鬥中無雲，惟河中有雲，三枚相連，如浴豬豨，三日大雨’，與《詩》之傳説吻合，是其證驗。”虞曰：“謂五已變，乾爲先，應在三；坎爲弧，離爲矢，張弓之象也，故‘先張之弧’。四動震爲後。説猶置也；兑爲口，離爲大腹，坤爲器，大腹有口，坎，酒在中壺之象也。之應歷險以與兑，故‘後説之壺’矣。”按《帛書》“弧”作“柧”。《説文》：“柧，棱也。”徐鍇曰：“《字書》：‘三棱爲柧，通爲角瓜。’”“後説之弧”之“弧”作“壺”，《聘禮》注：“壺，酒尊也。”《公羊傳》注：“壺，禮器。腹方口圓曰壺，反之曰方壺，有爵飾。”此皆以酒尊説睽乖之義。王先生曰：“爲旱禱也。火上澤下，故旱豕畏暑則負塗，大旱則索鬼神而祭祀。已毁之相爲鬼，爲壇祭之。一車者，無貳車，異於齊車之廟主也。迎鬼載之，故張弧。弧，旌旗上張縿幅者。

壺，矢箙也。蓋桃弓棘矢以禳，則説得雨。壺，送鬼之儀。”尚云：“睽爲反目，目反故所見不同，一目見爲豕，一目見爲鬼；一目見張弧而懼，一目見説壺而喜；一見爲寇，一見爲婚媾也。見字統全爻言，反目之精神全出。”《帛書》：“則”作“即”。則德部精紐，即合部并紐，部近而轉也。高曰九四，上九之“睽孤”疑爲一人，爲夏少康之故事。予按《左傳·哀公元年》夏少康之事與《易》文相關，獨“睽孤”一詞，緣事發展，不可考究。

《睽》卦特點：三遇三見。一遇主於巷，二與五陰陽相見也。二睽孤與元夫相遇，是孤人遇殘廢，本不幸，第變成俘虜，以無用釋，不幸中之幸也。三遇雨之言，人也，鬼也，豕也；弧也，寇也，親也。群疑迷心，遇雨雷而得解。三見：一見惡人，人也。二見輿曳，牛掣物也。三見豕負塗天象也。天象者，雨之所自來也。一雨而群疑釋者，重離之明見也。睽目不相視，睽乖不相親，然而見之者則相視矣，遇之者則相親矣。斯所謂睽也歟？

蹇

䷦ 坎上艮下 **水山蹇** **内互坎** ☵ **離** ☲

四易卦 **觀** ䷓ 上來三往 **小過** ䷽ 四往五來

萃 ䷬ 四來三往 **升** ䷭ 二往五來

虞氏《易》以《觀》上反三爲《蹇》，朱子《本義》謂《蹇》卦從《小過》來。陽進則往居五而得中，退則入於《艮》而不進。此俱與推易法同。毛奇齡説。

此卦名蹇，《帛書》作“蹇”，下部从走，从足，其義應相同也。然而《説文》訓蹇爲走，蹇爲跛。跛，足偏廢也，則行走更爲艱難困苦。本卦象爲山水組合，山已不易行走，而山上兼之有水，更不容易行走也。坎水艮石，險而且惡。病跛之人，不但欲問津，而且欲從此走出一條光明坦坦蕩蕩的大道。無偏無頗，王道蕩蕩；無黨無偏，王道平平。此則係《易》者之苦衷與奢望歟？質言之，則是文王之苦衷，服事殷王紂，祈能回頭猛省，更改其行也。讀往來之爻辭，深味其義矣。後人改蹇爲謇，純以假借言也。《象》曰："山上有水，蹇。"别此意義而假爲謇，似與卦不相牾。艮有言義，艮倒爲震，震亦有言義。高曰："謇，正言直諫也。"《韻會》："謇……直言貌。"《正韻》："謇……諤忠也。"《史記》："千人之諾諾，不如一士之諤諤。"

蹇：利西南，不利東北。利見大人，貞吉。

《一切經音義·十》引本卦名作"謇"，《説文》無"謇"字，《方言》作"蹇"，《帛書》作"蹇"。《廣韻》："謇，正言也。"是謇爲後起字。

虞云："《坤》，西南卦。五在坤中，坎爲月，月生西南，故'利西南'。……《艮》，東北之位，月消於艮，喪乙滅癸，故'不利東北，其道窮也'，則'東北喪朋'矣。離爲見，大人謂五，二得位應五，故'利見大人，往有功也'。謂五當位正邦，故'貞吉'也。"按虞説是用漢京房納甲之法，卦位是後天八卦之位，與《説卦》合。但納甲法後起，不如《説卦》之妥。然而卦位兼卦時説，與蹇之時正合，故用之。

初六：蹇之既濟。**往蹇來譽。**

《禮記·曲禮》："禮尚往來，往而不來非禮也，來而不往亦非禮也。"凡以物致人曰往，來者有所反還也。此卦往來皆具此義。往代周文，來代殷紂。此卦一二兩爻合爲一爻，文以忠言進諫於紂，天下之人皆稱美其行動，爲忠於紂而服事殷。虞曰："失位應陰，往歷坎險，故'往蹇'。變而得位，以陽承二，故來而譽矣。"《繫辭傳》曰："二多譽。"故曰"來譽"。

六二： 蹇之升。**王臣蹇蹇，匪躬之故。**《楚辭·離騷》王注、《後漢書·楊震傳》李注、《三國志·陳群傳》裴注、《文選·辨亡論》李注、《晉書·王豹傳》并引此文作"謇"，是改爲後起字也。《帛書》："臣"作"僕"，"匪躬"作"非今"。

此爻勸勉王臣處蹇難之時，應爲國家獻身，不爲自己謀也。艮爲臣，五爲王。二應五，故曰"王臣"。艮爲臣象，《損》上九"得臣無家"，《小過》六二"遇其臣"，《遯》六三"畜臣妾，吉"，皆以艮爲臣也。《説文》："臣，牽也。"事君者象屈服之形。"僕，給事者，从人从菐，人之供煩辱者。菐亦聲。蹼，古文从臣。"此古時臣僕事務之分別。臣在屈服事君，僕則專供驅使辦煩瑣卑辱之事。侯果曰："處艮之二，上應於五，五在坎中，險而又險，志在匡弼。"君王不愛惜自躬，艮爲躬。《帛書》作"非今"者，意謂不是爲現在，而是爲將來，與"匪躬"之意差合。若關龍逄、比干，則皆匪躬之臣也。二欲上進，厲三一坎，應五又一坎，内坎外坎，故曰"蹇蹇"。

九三： 蹇之比。**往蹇來反。**

忠言進君，君默無言。反身修德，以求諸己，往謂前進，反謂復回。前進皆坎，坎，險也。蹇，難也。險難同義。險在前而不進，《彖》所謂"見險而能止，知矣哉"。故曰"來反"。三本得位，來反則不失位，反據下二陰。故《象》曰："内喜之也。"二欲承陽，故曰内喜。互離位正南，坤位西南。卦之所利也。

六四： 蹇之咸。**往蹇來連。**

連縷仁義，游道德間也。連爲謰之假字。《説文·言部》："謰，謰謱也。""謱，謰謱也。"二字轉注爲訓。謰謱，雙聲連語也，其義爲婁次連續。又走部“遱，連遱也”。《集韻》：“連遱也，謂不能絶貌。”《楚辭・九思》：“媒女詘兮謰謱。”王注：“謰謱，不正貌。”《字林》：“連縷，不解也。”謰謱、連遱、連縷字形略異而義亦小異。今人謂因事受陷害曰連遱，蓋即此二字。此言以忠言諫君，而君反支離牽引，收之入獄。四在兩坎之間，有進退維谷之意。欲進就五則非應，欲來連三，則不承陽。王弼所謂：“往來皆難，故曰‘往蹇、來連’也。”

九五：蹇之嗛。大蹇朋來。

漢殘石經“朋”作“崩”。《漢書・五行志》引《復》卦“崩來無咎”。是漢時《易經》，“朋”皆作“崩”。朱駿聲曰：“《周禮・士師》，故書七曰：爲邦傰。《司農》注讀如朋友之朋。”《説文》朋友字作倗，“从人朋聲，讀若陪位”之陪。朋、崩、陪，皆唇聲字。本卦不講朋友之事，此言君在大困難之中，爲臣的應當若崩厥角，稽首聽命相救。《孟子》曰：“若崩厥角稽首。”趙注：“百姓歸周，若崩厥角。”即此來崩之義。聞云：“崩有走義。《詩・無羊》曰：‘不騫不崩，畢來既升。’《説文》曰：‘蹇，走貌。’騫，蹇同，蹇崩并舉，是崩亦走也。……字……作蝴，《玉篇》：‘蝴，走也。’……‘崩來’并猶走來，言疾遽而來也。”毛云：“九五在《小過》《萃》《升》皆爲大坎，在《觀》爲大艮。是合大坎大艮而成此坎艮之蹇。非大蹇乎？”五爲王位，大蹇謂王有大難也。干寶曰：“此蓋以托文王爲紂所求也。承上據四應二，衆陰并至。此蓋以托四臣能以權智相救也。”故《象》曰：“中節也。”合乎爲臣之節操也。《帛書》：“朋”作“俹”。《集韻》有此字，音徙。想氏切，同仳。《説文・人部》“篆寫爲[illegible]，小兒。从人囟聲。詩曰：‘俹俹彼有屋。’”《小雅・正月》篇。《毛傳》：“仳仳，小也。”《爾雅・釋訓》同注“才器細陋也”。准此而談：當是文王落難羑里，細小人臣崩來相救也。

上六：蹇之漸。**往蹇來碩。吉。利見大人。**《帛書》："碩" 作 "石"，碩石相通。

此言崩救文王，禮物獻納。紂出大言，放文王出獄。《詩》："蛇蛇碩言，出自口矣。"上爲卦之終，往蹇則窮。艮爲碩，觀巽成乾爲言。上六卦終，坎險亦終。六退之三陽，而發碩言。碩，大也，故"吉"。三爲内主，五爲大人。若志在内，心切於五。三互體離，離爲明目，故"利見大人"。《匈奴傳》："石畫之臣。"注："石言堅固如石"，亦作碩，碩石同音通用。

解

䷧ 震上 坎下 **雷水解** **内互離** ☲ **坎** ☵

四易卦 **臨** ䷒ 初往 四來 **小過** ䷽ 三來 二往

升 ䷭ 三往 四來 **萃** ䷬ 五來 二往

虞氏易以《臨》初之四爲《解》。《本義》謂卦自《升》來，三往居四。皆推易之法。毛奇齡説。

天下最鬼怪，最光逆，最隱慝，人無可奈何，祇有雷擊皆能解決。天地間最齷齪、最膠著油滯之物，一經水濚衝洗，未有不洗清精潔者。祇有寒冬一過，雨水驚蟄一來，冰凍立解，萬物發生，《彖》所謂"天地解而雷雨作，雷雨作而百果草林皆甲坼"也。雷者，天地之陽氣也、剛氣也、正氣也。雨水者天地之澤也，一切生物之生命也、柔物也，然而其性雖柔，其怒也猛。沛然莫之能禦也。尚云："《歸藏》作荔。荔與離通。《上林賦》：'笞遝離支。'離支，即荔支。《干祿字書》：'離支，俗称荔支。是離，荔音同通用。離即解也。義與《周易》同'。"按《玉篇》："離……散也。"分散，解也。

解：利西南，無所往。其來復，吉。有攸往。（夙吉。）《帛書》："夙"作"宿"。

《解》爲《蹇》之反。上震下坎，動出乎險而免乎險，故曰《解》，解除險難也。《蹇》以艮位東北而利西南者，以坤也。坤，衆也、養也。有衆得養，故利之也。此則坎位正北，震位正東，何以不利東北而仍利西南者，何也？《易》者易也。毛云："推易之法，各有往來。《蹇》不利於往而利於來，以險在前也。《解》則不然，可以來亦可以往。來吉，往亦吉。"本卦二往五來成《萃》。萃，聚也，聚而得養，所以仍利西南也。無所往謂四初往，失位於外而無應，故宜來復，故宜來反初，得復正位，故曰"其來復，吉"也。二往之五，四來之初成《屯》，又體復象，故曰"來復，吉"。九二失正，往之五，是"有攸往"也。

"夙吉"一詞，本書僅此一見，予疑爲初爻無咎上的敚落。其理由於下："無咎"上帶吉字，《損》"元吉無咎"，《萃》"大吉無咎"，與此"夙吉，無咎"，成爲正比。一也。"吉有攸往"，或"有攸往"，共二十一句，後面帶有詞衹《大有》"有攸往，無咎"，《大過》"利有攸往，亨"，《姤》"有攸往，凶"，餘句多無。二也。且本文上有"無所往。其來復，吉。有攸往。夙吉"，既云"其來復。吉"，又云"有攸往。夙吉"，語意重復。下面爻辭衹有"無咎"二字，明有脱文。三也。具此三證，予將此"夙吉"一詞移於下爻"無咎"之上，成爲"夙吉，無咎"。是否有當，乞諸博學鴻儒，進行裁奪。

初六：解之歸妹。**［夙吉。］無咎。**

本卦敘述田獵之事，此爲獵人生活之常規也。《説文》："夙，早敬也。从丮，執事。雖夕不休，早敬者也。會意。"古文早作𣅄，从日在甲上。離爲日，東方屬甲。離日在甲故曰"夙"。朱駿聲曰："按坐以待旦，未明求衣之意。夕未晨已丮也。辰臼爲晨，夕丮爲夙，同意。《周語》：‘夙夜恭也。’……《爾雅·釋詁》：‘夙，早也。’……《周語》：‘夙夜基命宥密。’注：‘夙，蚤也。’”早、蚤同音通用，但古人多用蚤。獵人總是先夜去裝結，罣網，或挖洞，獵取禽獸。第二早未亮，去收拾現場，收取獵獲物。如此乃獵人生活特點。共取象也。離爲日，初爻爲日開始。早能執事振敬，雖夕不休，故曰“夙吉”。吉則“無咎”矣。《帛書》：“夙”作“宿”。《玉篇》：“宿，夜止也。住也。甯从佰聲。”是二字同聲，故可通用。

九二：解之豫。**田獲三狐，得黄矢。貞吉。**

此言獵獲之禽獸衆多也。田獲也，《穀梁·桓公四年傳》：“春曰田。”《禮記·王制》馬注：“取獸曰畋。”艮爲狐。《仲氏易》：“二當《萃》時，居互艮之初。在《小過》時，居下艮之中。其在《臨》則又居倒艮之三。”在本卦亦居倒艮。倒艮逆我而去，故必射取之。

坎爲狐、爲弓、爲矢。離色黄，黄矢，黄銅之鏃也。矢所以射狐也。狐獲，則得矢也。二之五，歷三爻，故稱三狐。狐爲最狡猾之獸，一獵得三，其它獸可知也。貞吉者，得中道也。

六三：解之恒。**負且乘，致寇至。貞吝。**

此田獵所得之禽獸，背負上車裝走，被山寇野盜所見，思强奪取。但獵者甚衆，又有武器，故不敢來，所以説“貞吝”。古人乘車爲士大夫階級，此獵者背負獲獵物上車又乘車，望而知其爲小人，故盜思奪之也。坎爲輿，爲寇盜。致，召使來也。《繫辭傳》曰：“作《易》者其知盜乎？《易》曰：‘負且乘，致寇至。’負也者，小人之事也。乘也者，君子之器也。小人而乘君子之器，盜思奪之矣。……慢藏誨盜，冶容誨淫……盜之招也。”老子曰：“聖人披褐懷玉。”所以防盜也。

九四：解之師。**解而拇，朋至斯孚。**《帛書》："而"作"其"，其、而同部通用。"拇"作"栂"，訛字也，字書無此"栂"字。"朋"作"傰"。高氏云："《釋文》：'拇，荀作母。'《集解》與荀同。"

高按"拇母疑借爲罶，同聲系，古通用。《説文》：'罶，網也。从網，每聲。'"余按而即栭之省字，雉網之斗栱，頓柱上耑方木，用以張掛罶網。解栭罶，解開罶網而張之也。"孚"讀"罦"。《詩·兔爰》："雉離於罦。"《説文》引作"罬"。"罬，覆車也。"俗名翻車。罬、罦古音同部，實是一物。禽類入於覆車即不得出來。此朋讀爲群鳥之朋。雉鶉之鳥，成群而行，失群則鳴。《詩·雄雉》："雉鳴求其牡。"成群進入罶網，則爲翻車所收羅。故曰"朋至斯孚"。讀爲朋友之朋者，非也。坎爲禽，離爲鳥雉，震爲筤竹、爲萑葦，皆是獵地獵具之象。

六五：解之困。**君子維有解。吉。有孚於小人。**

一本"維"作"惟"，此從《釋文》。《帛書》作"唯"，亦非。維从系佳聲。佳爲短尾禽。則維字初義是系鳥之工具，今人謂之裝結。《説文》："羅，以絲罟鳥也，从網从維。"是羅从維上加工網鳥之工具。可見維之初義，爲繫鳥之具。今人用繩繫雉、竹鷄、鶉、兔、獺、犲狗等野物，謂之裝結，是田獵一種形式與方法。即其遺制引申之，凡是用繩索繫物皆曰維。繫舟曰維，《詩·采菽》："泛泛揚州，紼纚維之。"繫馬曰維，《詩·白駒》："皎皎白駒，縶之維之。"《公羊·昭公二十五年》何注："繫馬曰維。"繫鳥曰維，《儀禮·士相見禮》："下大夫相見以雁，飾之以布，維之以索。"皆其證也。今人遭遇緊急事，請人幫助解决曰解危或解圍，而不知本義爲解維也。"有"讀爲"又"。九四"解而拇"，是第一解。此維又解，是第二解，故曰又。此有孚，義爲忠信，蓋謂湯解網之事。《吕覽·異用》："湯見祝網者，置四面，其祝曰：'從天墜者，從地出者，從四方來者，皆離吾網。'湯曰：'嘻！盡之矣。非桀其孰爲此也？’湯收其三面，置其一面。更教祝曰：‘昔蛛蝥作網罟，今之人學紓，欲左者左，欲右者右，欲高者高，欲下者下，吾取其犯命者。’漢南之國聞之曰：‘湯之德及禽獸矣。’四十國歸之。”此爲古代湯之故事，《易》此文殆傳此故事歟？“維有解”，謂湯解獵人網維也。吉者，諸侯聞而歸服也。“有孚於小人”，忠信及於小人也。

上六：解之未濟。公用射隼於高墉之上。獲之。無不利。《集解》本“墉”作“庸”，《帛書》同，庸、墉同聲通用。“隼”作“敻”。

《九家易》：“隼，鷙鳥也。今捕食雀者，其性疾害，喻暴君也。”《魯語》：“有隼集於陳侯之庭而死。”韋注：“隼，鷙鳥，今之鶚也。”《埤雅》：“鷹之搏噬，不能無失，獨隼爲有準，每發必中。”古之製字以此。《化書》曰：“隼憫胎，義也。”蓋準之擊物，遇懷胎者，輒釋不戮也。《禽經》曰：“隼以尹之。”隼，鶻鷂之屬也。《帛書》：“隼”作“敻”，以音近通假。隼，魂痕部心紐。敻，寒桓部曉紐。《説文》：“墉，城垣也。”《帛書》作“庸”，用母音詞也。《繫辭傳》曰：“隼者，禽也。弓矢者，器也。射之者，人也。君子藏器於身，待時而動，何不利之有？動而不括，是以出而有獲。語成器而動者也。”其事待考。

損

䷨ 艮上 兑下　**山澤損　内互震 ☳　坤 ☷**

子母卦　泰 ䷊ 三往 上來　益 ䷩ 五來 二往

尚云：“《歸藏》作員，朱彝尊謂即《損》卦。然《歸藏》以益爲諴，則此未必取義於損。按員，古作云。《商頌》：‘景員維何。’《箋》：‘員，古文作云。’以此例之，《歸藏》必原作云也。《説文》：‘雲，山川氣也，象轉迴形。’後人加雨作雲，是云即雲字。卦上艮下兑。《説卦》：‘山澤通氣。’氣即雲。中互坤，坤正爲雲。卦二至上正反震，震爲出。雲出澤中，至上而返，正迴轉之象，與《説文》合，與卦象合。”按《説文》“云古文省雨，𠄔亦古文雲”。此最初古文，象迴轉之形者。其字引而上行，變則爲云。鄭玄曰：“艮爲山，兑爲澤，互體坤，坤爲地，山在地上，澤在地下，澤以自損增山之高也。猶諸侯損其國之富以貢獻於天子，故謂之損。”按鄭説倍於事物之理，非也。山在上，澤在下，山受澤水之浸潤，日日崩頽，漸漸下沉，久而久之乃由侵蝕而吞滅，《詩》所謂“高岸爲谷”之變也。天下之事未有不危於高，而安於卑也。周天子莫不巍巍乎其高，蕩蕩乎其大也。狄人入侵，西京不能有，而遷於東京。至春秋戰國時，徒有其名，勢不及弱小諸侯。明之亡也，亡於農民；清之亡也，亡於革命。革命即人民。古人所謂匹夫匹婦，誰不是大損於小，高損於卑，强損於弱，剛損於柔。炎炎者滅，隆隆者絶。損乎損乎？其斯之謂歟？《慎子》孔子讀《易・損》《益》二卦，喟然而嘆曰：“或欲利之，適足以害之；或欲害之，適足以利之。利害之反，禍福之門，不可不察。”斯言也，是權衡損益之道而發者也。其可忽乎哉？

損：有孚，元吉，無咎。可貞，利有攸往。曷之用二簋，可用享。《帛書》：“曷”作“畣”，各字書未收，待考。“享”作“芬”。芬、享同部通用。

《周易》卦之命名，或取卦義，如山在地下得謙義。或取卦象，如山雷相合得頤象。獨《損》《益》兩卦，則於象於義，諸無所取，唯取卦爻的移易而定名。《損》本《泰》之初而往居上六，謂損下益上。《荀子・王制》曰：“亡國富筐篋，實府庫。筐篋已富，府庫已實，而百姓貧；夫是之謂上溢而下漏。入不可以守，出不可以戰，則傾覆滅亡可立而待也。”此爲損上益下也，其可行乎哉？《損》與《益》爲反復卦。《益》初九“利用爲大作，元吉。無咎”。虞注：“大作謂耕播耒耨之利。”《損》卦辭“有孚，元吉，無咎”。卦爻辭連合看，就可明白利有孚大搞農業之耕種。孚、俘虜也，即奴隸。

曷在此有兩個作用，一問詞，二名詞。曷爲餲之省字，餲爲饁之假字。饁者，餉田夫也。《詩》：“饁彼南畝。”《孟子·滕文公下》：“湯使亳衆往爲之耕，老弱饋食。葛伯率其民，要其有酒食黍稻者奪之，不授者殺之。有童子以黍肉餉，殺而奪之。”可見古時農忙之際，餉食農夫有酒肉。此言曷之用？問送飯饗耕夫用什麽菜？此菜字是説肉食。主人説用二簋，古人開宴會用八簋，尊養賢能用四簋，一般用二簋。《説文》：“饗，鄉人飲酒也。”

初九： 損之蒙。**(已)[祀]事遄往，無咎。酌損之。** 虞本、《集解》本，“已”皆改成“祀”，今從之。《帛書》：“遄”作“端”，耑，古端字。《考工記》：“已下則摩其耑。”《釋文》：“耑……本或作端。”《集韻》：“端通作耑。”

惠棟説：“鄭《詩譜》云：‘孟仲子，子思弟子。’子思論《詩》，於穆不已。孟仲子曰：‘於穆不祀。’”已是古祀字，礻旁後人所加耳。此謂祭祀之事，迅速過去，而無差錯。以後祭祀用物，要斟酌簡省之。省者，損也。

九二： 損之頤。**利貞。征凶。弗損益之。**

此承上爻祭祀而言。陽據陰爻失位也。當居正爲志，則利貞也，出兵征伐則凶。震爲征，失正毁折兑。故凶。此“弗損益”，不加損益也，謂守舊貫。此答上文之言也。

六三： 損之大畜。**三人行，則損一人。一人行，則得其友。**

此言易爻之變動，本卦到此，進入六三，則三人是指

《坤》卦三女同行也。但三人之中損害一人蓋謂本爻也。三與上相應，是友也。《詩》："琴瑟友之"，又云"友如兄弟"。古人夫妻之間爲友。衹有一人行，得與上九之友相交會。古者男女之間不同行，已經進入《坤》卦，則三人不是指乾三爻明矣。乾三變兑，故曰"損一人"，《乾》三變兑而上來則成《否》，《否》上九爲四五所阻，則是敵，敵則相疑忌而非友也。

六四：損之睽。**損其疾，使遄有喜。無咎。**《帛書》："遄"作"端"，解詳上。

此言減省疾病，用祭祀禱求，迅速可好。尚云："坤爲疾……言往得陽應而喜也。"聞云："事使古同字。金文《舀鼎》：'舀事厥小子䵼以限訟於邢叔'，謂使其小子䵼以限訟於邢叔也，……《守簋》：'王事小臣事於夷'，謂王使小臣出使於夷也。此類殆不勝枚舉，經籍則或以使爲事。《月令》：'季春之月……省婦使，以勸蠶事'，婦使即婦事，與蠶事對舉，'省妇事'即仲冬之月'省婦事，毋得淫也'。六四'使遄'即初爻'祀事遄往'之省，使亦讀爲事。古稱祭祀曰有事，亦可省稱曰事。《詩・采蘩》：'於以用之，公侯之事。'《傳》曰：'之事，祭事也。'"有喜，疾愈也。

六五：損之中孚。**或益之十朋之龜，弗克違。元吉。**《帛書》無"或"字。"朋"作"傰"。"違"作"回"。

此言寶龜不可違。龜爲神物，又爲水産陰物，古人用爲鎮國之寶，與國君并重，故於六五爻出之。《帛書》無"或"字，蓋寫者誤敓耳。聞曰："益讀爲鍚。益易同音通假。《説文》曰：'鬄，髲也。'《詩・君子偕老》《正義》引《説文》：'髲，益髮也。'鬄訓髲，髲訓益髮，按謂本髮不多，參以假髮，所以謂之益髮。《檀弓》下曰：'公叔文子卒，其子戍請謚於君，曰："日月有時，將葬矣，請所以易其名"'，是謚从益，又假借爲益。按

《易》可證。金文𢦚叔簋：‘[illegible]貝十朋’，[illegible]古益字，益貝即錫貝也。”古者貨貝五貝爲朋。詩者義篇。“古貝五枚爲系，二系爲朋”，准此王國維云則十朋即百貝矣。《漢書·食貨志》注：“蘇林曰：‘兩貝爲朋。朋直二百一十六，元龜十朋，故二千一百六十也。’”“弗克違”，猶言不能違背龜卜。《書·盤庚》：“非敢違卜。”又《大誥》：“王害不違卜”，即其義。《廣韻》：“回，違也。”《詩》：“求福不回”，又徐方不回注回猶違也。是回、違同義詞，故通用。

上九：損之臨。**弗損益之，無咎，貞吉。利有攸往，得臣無家。**

《帛書》：“臣”作“僕”，解詳《蹇》卦。

臣猶僕也。坤爲臣，上九據坤，是得臣也。三與上應，則家是三。上應反三，得坤而不返，故曰“得臣無家”，有公爾忘私之義。若浩浩者水，育育者魚之歌，豈非得臣無家乎？王肅曰：“處損之極，損極則益，故曰‘不損益之’。非無，咎也。爲下所益，故‘無咎’。據五應三，三陰上附，外内相應，上下交接，正之吉也。故‘利有攸往’矣。剛陽居上，群下共臣，故曰‘得臣’矣。得臣則萬方一軌，故‘無家’也。”

益

䷩ 巽上 震下　**風雷益**　**内互坤** ☷　**艮** ☶

子母易卦　**否** ䷋ 四來 初往　**損** ䷨ 二往 五來

尚云：“《歸藏》曰諴。《説文》：‘諴，和也。’《書·召誥》：‘其丕能諴於小人。’注亦以諴爲和。風雷同聲相應，和之至也。是《周易》以陽爻上下言，故曰益；《歸藏》合上下卦言，曰諴也。”按《益》《損》反覆卦，《損》《泰》三以加上爲《損》，《損》《否》四以加下爲《益》，同有損益而名不同。

雖曰損泰將成否，益否又將成泰。然而下不可損，損民以益君，名雖益而實損。上不可益，益民而損君，名雖損而實益。《説苑·法誡》：“孔子讀《易》至於《損》《益》，則喟然而嘆。子夏避席而問曰：‘夫子何爲嘆？’孔子曰：‘夫自損者益，自益者缺，吾是以嘆也。’子夏曰：‘然則學者不可以益乎？’孔子曰：‘否。夫道成者未嘗得久也。夫學者以虚受之，故曰得。’”向秀曰：“明王之道，志在惠下，故取下謂之損，與下謂之益。”此損益之道，係於亡與王，興與敗之樞機也，其可不慎乎？《彖》曰：“損上益下，民説無疆。”明乎此則可以爲君，可以爲臣。不明乎此，則君也不君，臣也不臣，而國至於己斯亡也。風雷何以爲益？《雜卦傳》曰：“動萬物者，莫疾乎雷；撓萬物者，莫疾乎風。”此言風雷之性，撓動萬物之生長，是雷風最有效益者也。又曰雷以動之，風以散之，此言雷風之作用。雷動則萬物皆甲柝而出，風動則萬物之聚集於一者，皆播散於四方者也。其作用之功，非人力所能及於萬一也。此風雷之所以爲益歟？

益：利有攸往。利涉大川。《帛書》："有" 作 "用"。

《彖》曰：“損上益下，其道大光。”坤爲衆，衆者，民也。益下謂恩澤下施於民也，故‘利涉大川’。”亦即“利有攸往”。虞云：“三失正，動成坎體涣，坎爲大川，故‘利涉大川’。”否以純情坤而見坎，則大川也。鄭玄曰：“陰陽之義，陽稱爲君，陰稱爲臣，今震一陽二陰，臣多於君矣；而四體巽，之下應初，是天子損其所有以下諸侯也。人君之道，以益下爲德，故謂之益也。震爲雷，巽爲風，雷動風行，二者相成，猶人君出教令，臣奉行之，故‘利有攸往’。”《帛書》作“利用”蓋涉下文而誤也。

初九：益之觀。**利用爲大作，元吉。無咎。**

按“利用”下省一名詞——“有孚”。“大作”有三種作用，一謂大辦農業，二謂大興建築，三謂大辦工業。陜西自來未建王都，所以一切落後，周公成王欲改變落後的事業，變成新興大有作爲的事業。此皆有益於人民之事業，有益於社會之發展。《繫辭傳》曰：“庖犧氏歿，神農氏作，斲木爲耜，揉木爲耒，耒耨之利，以教天下，蓋取諸益。”虞云：“大作謂耕播耒耨之利。蓋取諸此也。坤爲用，乾爲大，震爲作，故‘利用爲大作’。……震，三月卦，‘日中星鳥，敬授民時’，故以耕播也。”侯果曰：“大作謂耕植也。處益之始，居震之初，震謂稼穡，又爲大作，益之大者，莫大耕植。故初九之利，‘利爲大作’。若能不厚勞於下民，不奪時於農畯，則‘大吉，無咎’矣。”尚氏曰：“按《虞書》：‘平秩東作。’注：‘歲起於東，而始就耕，謂之東作。’《禹貢》：‘恒衛既從，大陸既作。’注：‘二水已治，從其故道，大陸之地已可耕作。’是作即耕也。震爲春，爲耕，至春民盡耕，故曰‘大作’。”今湖南謂農民曰作田人，耕田爲作田，古語之遺也。二謂建築，《詩・定之方中》：“作於楚宫。”《十月之交》：“作都於向。”《雨無正》：“誰從作爾室？”《巧言》：“奕奕寢廟，君子作之。”《綿》：“作廟翼翼。”《文王有聲》：“作邑於豐”，又“作豐伊匹”。秦官有“將作”，漢官有“將作大匠”，皆掌營造土木宫室。三謂工業：古人造物爲作，古銅器銘文，皆刻有某某作字樣。《考工記》工業作品亦皆刻有某某作，是工業亦有作房。此大作不止是農業一方面而言，是有多方面的。《益》初爲大作，以外巽也？巽有同聲相應，故皆動而吉。

六二：益之中孚。或益之十朋之龜，弗克違。永貞吉。王用亨於帝。吉。“亨”應是“享”，古《易》祇用“亨”，無“享”“烹”字之分。《帛書》：“朋”作“傰”。“克”作“亨”。“違”作“回”。“亨”作“芳”。

此爲有益於社會國家之安定，《益》爲《損》之友。《損》之六五，即《益》之六二，故皆有“或益之十朋之龜，弗克違”，十字解詳《損》卦。“王用享於帝”，謂王用牲享祀於上帝也，上帝蓋謂天帝。虞云：“震稱帝，王謂五，否乾爲王，體觀象，艮爲宗廟。三變折坤牛，體噬嗑食。故曰‘王用享於帝’。得位，故‘吉’。”

六三：益之家人。益之用凶事。無咎。有孚。中行告公用圭。《帛書》：“凶”作“工”。“圭”作“閨”。

于載洽曰此蓋指《書》序，成王既伐管叔蔡叔，以殷餘民封康叔事。按此爲周古公亶父救殷帝之水災事。水災凶事，《帛書》作“工”，以救災言也。工，功也。賑救災難用工作賑也。古者國遭凶事人力不可抗拒，就用凶禮，告諸鄰邦求救。《周禮·大宗伯》：“以凶禮哀邦國之憂。”凡王者憂凶之禮，出鎮圭以致王命。據《竹書紀年》此爲殷王武乙，令以岐邑賜古公亶父，救濟王室。此有孚指王令。《九家易》：“天子以尺二寸玄圭事天，以九寸事地也。上公執桓圭九寸，諸侯執信圭七寸，諸伯執躬圭七寸，諸子執穀璧五寸，諸男執蒲璧五寸。五等諸侯各執之，以朝見天子也。”《帛書》作“閨”，取其同音也。

六四：益之無妄。中行告公從，利用爲依遷國。

《帛書》：“依”作“家”，高氏曰：“《書·康誥》：‘殪戎殷。’《禮·中庸》引作‘壹戎衣’。鄭注：‘衣讀如殷，聲之誤也。齊人言殷聲如衣。’《吕氏春秋·慎人》：‘湯爲天子，夏民親郼如夏。’高注：‘郼讀如衣，今兗州人謂殷氏皆曰衣。’殷墟卜辭殷祭之殷皆作衣，并其證。此文以依爲殷，猶《禮記》

以衣爲殷矣。六三及本爻所記，乃一古代故事，或即殷周之故事也。”六三周爲殷水灾貢獻力量，六四周公亶父又出岐邑之人力物利，爲殷王朝遷都。助殷遷國，親密殷周兩邦之團結，亦益事也。考今本《竹書紀年》武乙三年：“自殷遷都於河北，命周公亶父賜以岐邑。十五年，自河北遷於沬。二十一年，周公亶父薨。”周公亶父與殷帝武乙時代相值。則《易》此爻所記，蓋殷帝中行之官告訴殷帝，古公亶父已動員岐邑人力物力爲殷王遷都也。《帛書》作“家”者，從殷王言也。《獨斷》：“天子無外，以天下爲家。”

九五：益之頤。**有孚惠心。勿問，元吉。有孚，惠我德。**

此殷帝赦俘虜之罪不問，使之參加遷都之事，亦益事也。蓋殷王武乙，國都受大水之凶災，欲進行遷都，舉行大赦。新老罪犯有孚，互艮爲僮僕，即奴隸，皆赦不問罪，參加遷都工作，以後還家就業。因此罪犯感到殷王懷仁德之心不問罪，就大吉大利。大家努力工作以報答殷王愛國愛民之心。《論語・堯曰》：“君子惠而不費。”王引之云：“惠而不費，惠心者也。”與此惠心義同。以德惠人，而不用財物也。又《里仁》：“小人懷惠。”《國語・周語》：“惠所以和民也。”《賈誼集・道術》：“心省恤人謂之惠。”《爾雅・釋詁》：“惠，愛也。”故曰“有孚，惠我德”。其取象也，坤爲坎，震爲雷雨，大川大雨，所以成爲水凶之災。坎又爲牢獄，故有罪人之赦。坎又爲心，震爲問，故有惠心弗問之事。乾爲德，坤爲我，故又有惠我德之語。

上九：益之屯。**莫益之。或擊之。立心勿恒，凶。**

此儆戒不求上進和立志無恒之人的危險。蓋爲參加遷都之罪犯而説，勉之以上進之心也。“莫”與“或”皆無指示代詞。上不益初，故曰“莫益之”。艮爲手，故曰“或擊之”。五與上爲敵，陽遇陽也。《繫辭下》云：“凡易之情，近而不相得，則凶。或害之，悔且吝。”此上應三，五或擊之也。上體巽爲進退，有勿恒之象，恒無三不恒其德，亦居巽上也。動成坎心，以陰乘陽，故“立志勿恒，凶”也。立心即立志也。此蓋不求益之人，立志不恒，守志不墜，因而改其行，輟其業，事敗功虧，身隕名裂，不亦凶乎？

尚云：“否泰者，天道之自然，爲運會所必有，故以次於上經十卦之後。損益者，人事之進退，爲人爲之所關，故以次於下經第十卦之後。十者數之終，終則變，變則否泰迭更，損益互見，此其義也。又《損》者《泰》之終，《否》之始；《益》者《否》之終，《泰》之始。以見否泰雖屬天道，而由否而泰，由泰而否，損之益之，推挽之權則在人爲，有定而無定也。此上下經天人之分，動静之别，非參育之聖人，固不能知其故也。”

周易古經真詮卷五

夬

䷪ 兑上乾下　澤天夬　内互兩乾 ☰ ☰

聚卦（五陽一陰）　與剥旁通　與姤及復

尚云：“王育云：‘夬，即古文玦字。’按《禮·内則》：‘右佩玦。’《釋文》：‘本又作决。’《詩·小雅》：‘决拾既佽是也。’而夬爲决，故夬與决同。玦，《説文》：‘玉佩也。’《廣韻》：‘佩似環而有缺。’《夬》乾爲玉，爲環，兑上缺，儼然玦形也。而决者，絶也。《左傳》：‘晋獻公賜太子申生玦，以示决絶。’卦以五陽决一陰，故謂之夬也。《歸藏》以夬爲規，規，圜也。《夬》重乾，乾圜故爲規。玦亦圜然上缺。是《周易》取象，與《歸藏》同而更切也。”卦本五陽，連合上一陰，具有分剖之象。其形上兑也。五陽聚攻孤陰，必决然滅亡，此從形言之，此一義也。澤爲水泥之地，日光蒸矖，水氣上天，聚成雲霧，凝成雨雪，下降於地，澤生萬物，用比國君施禄於下。此二義也。《繫辭傳》曰：“上古結繩而治，後世聖人易之以書契，百官以治，萬民以察，蓋取諸夬。”《説文解字·敘》曰：“黄帝之史倉頡，見鳥獸蹄迒之迹，知分理之可相别異也，初造書契。”夬，契刻也。此又一義也。王先生曰：“相承讀夬爲快，屮象行遲，右助之使快也。或曰夬象書契，又持刀刻之象。决分卦象，分而義取决也。”

夬：揚於王庭。孚號有厲。告自邑。不利即戎。利有攸往。按"夬"相傳讀"快"，古邁切，又古壞切，非也。應讀古穴切，从水之決，从玉之玦，皆音古穴切。《彖》曰："夬決也。"是以同音相训。夬爲字母，決、玦孳乳字。《帛書》："揚"作"陽"。"即"作"節"。

此爲兩個階級鬥争，一勝一負之結果。"揚"《尚書》："明明揚側陋"之"揚"，舉也。《帛書》："揚"作"陽"，五陽連横，決勝於陰也。乾爲王，剥艮爲庭。鄭玄曰："夬，決也。陽氣浸長至於五，五尊位也，而陰先之，是猶聖人積德悦天下，以漸消去小人，至於受命爲天子，故謂之'決'。揚，越也。五五體乾，乾爲君，又居尊位，'王庭'之象也。陰爻越其上，小人乘君子，罪惡上聞於聖人之朝，故曰：'夬，揚於王庭'也。""孚號有厲"，本卦三號字，皆從姤巽來。孚謂上九小人戰孚也。動體成巽，巽爲號。厲假爲癘，惡疾也。叫囂有惡疾，以祈釋放。夫小人可分而不可合，君子可合而不可分。五剛既聚，宵小一綫猶存，第不可稍爲姑息，優柔養奸。必從而決去之，故"孚號有厲"，亦不釋也。坤爲自邑，夬從復升，而坤逆在上，民衆消亡，此爲周興紂亡之象，不利即戎者，離未成也。利有攸往者，乾終決坤也。所謂"君子道長，小人道消"也。《帛書》："即"作"節"，二字同聲通用也。此有節制戎事之意，已有五陽，不畏一陰也。

初九：夬之大過。**壯於前趾，往不勝爲，咎。**《帛書》："壯"作"牀"，皆从爿聲。"趾"作"止"，古無"趾"字。

本卦兩壯字，皆從《大壯》卦來。"壯"假爲"戕"，戕，傷也。《夬》自《大壯》之四陽，進爲五陽。卦自下向上長，上爲前。五陽聚於後，上六獨陰居前而受戕傷。《帛書》："壯"作"牀"，以同从爿聲而通假也。王先生曰："前趾明有後趾，獸趾也。四兑爲羊，在兑初，故前趾。"《帛書》："趾"作"止"，"趾"爲後起詞，古衹有"止"字，"脚""手""止"無分也。“爲”，語助詞。《論語》：“何以文爲？”《荀子·議兵》：“然則又何以兵爲？”既戕前止又欲何往？“不勝爲”，不任爲也。《象》曰：“不勝而往，咎也。”以《象傳》證之，是“咎”字單獨爲句。俞樾以爲咎成句，似不可從。此爲敵人進行暗殺之陰謀活動，卦與《剥》旁通，初變爲巽，巽爲號令。二變爲離，離爲兵戈，因是暗離，故是暗殺，而非明目張膽之正義行爲也。

九二：夬之革。**惕號。莫夜有戎。勿恤。**“莫”，古暮字。莫，無也。無夜不有戎者，每夜皆有戎兵也，非止一夜也。《帛書》：“惕”作“傷”。“莫”作“夢”。“恤”作“血”。荀“惕”作“錫”。按惕、傷、錫皆从易聲，同聲通假。暮，日暮入於茻也。夢，人死寂寞也。莫爲母音詞，暮、夢皆孳乳字。恤、卹皆从血聲。

此爲階級鬥争之主謀者。乾爲惕，爲言。兑爲口。故曰惕號，言有所警惕也。《説文》：“傷，輕也。”輕有慢悔之意。“一曰交傷”，今作易。荀作“錫”，錫亦从易得聲，古錫部定紐。五兑爲暮夜。《隋·象》云：“君子以嚮晦入宴息。”嚮晦即兑口，倒兑即兵戎，故有莫夜興戎之象。勿恤，勿憂也。爲甚莫夜興戎而不憂懼？五不應二，兵戎在兑五，故起虚驚。而實不足憂懼也。卦爲復乾滅坤，坤是小人，不甘死亡，故在每夜之間，作興戎之計，壁人腹刃，何能爲也。《唐五代傳奇集》記明宗時：“路晏曾夜適厠，有盗伏馬。晏忽心動，取燭照之，盗即告言：‘請勿驚懼。某禀命有自，察公正直，不忍傳刃。’即匣劍而去。……召董篋之，卦成，賀曰：‘惕號暮夜，有戎忽恤，察象微辭，人有害公之意，然難己過矣。但其守中正，請释憂心。’晏亦終無患也。”

九三：夬之兑。**壮于頄，有凶。君子夬夬独行，遇雨，若濡。有愠。无咎。**“頄”鄭作“頯”，《帛書》同，蜀本作“仇”。《帛書》：

“壯”作“牀”。“夬夬”作“缺缺”。“慍”作“温”。温、慍同𥁕係通假也。

此爲暗殺之實現，壯假爲戕，傷也。王弼注：“頄，面權也。”《玉篇》：“王弼云：‘頄，面顴也。’”《説文》：“頯，權也。”權即顴之假字，同雚聲也。从頁頯聲，頄即頯之異文。蜀才本作“仇”，亦假借字。頄在面部而變傷，是危險之至，上可及目，下可及頸和胸腹之臟。乾爲首，故有戕面傷顴之凶。夬借爲趹，《説文》：“趹，馬行皃。”趹者，行疾之貌，今言快快。夬、快古音省同部自轉。濡，濕透之意。獨行一爻獨上與陰相應。上兑爲澤，澤變成雨。乾爲衣冠，濕透衣冠，故有恚恨之色，而無禍患之灾者，以正應也。

九四：夬之需。**臀無膚。其行次且，牽羊悔亡，聞言不信。**次且，**《釋文》：“本亦作趑趄，或作跌跙。”《説文》：“趑趄，行不進也。”趑，“从走次聲”。趄，“从且聲”。趑趄、趑跙皆次且之孳乳字。《帛書》作“郪胥”，諧音也。臀音屯。**

緝拿敵魁禍首，治之以刑，敵人假聲。臀，俗稱屁股，臀無皮毛，受杖之象也。屁股受杖故次且不前，步履維艱。何以有刑罰之象？兑爲半坎，動爲全坎，坎爲刑罰。牽羊投降，敵人服罪悔罪之乞求也。《左傳・宣公十二年》，楚子圍鄭克之，“入自皇門，至於逵路，鄭伯肉袒牽羊以逆”。杜注：“肉袒牽羊，示服爲臣僕。”此牽羊與《左傳》合，投降也。乾爲言，爲信。兑口亦爲言，兑言向外，與乾言相背，故不信也。與《困》卦有言不信義同。總之，四變成坎，坎爲刑罰，故有受刑之事。倒兑成巽，故有投順屈服之義。

九五：夬之大壯。**莧陸。夬夬中行，無咎。**

此爲勝利階級戰勝敵鬥階級，産生快樂情緒。高曰：“《路史後紀・注》五引孟喜曰：‘莧陸，獸名。’亨按莧當作萈，形近而訛。陸者，躍馳也。孟説猶未盡諦。《説文》：‘莧，山羊細角者，从兔足，𦫳声。當云象角頭足尾之形。讀若丸。寬字从此。’《繫傳》曰：‘《本草注》莧羊似麢羊，角有文，俗作羱。’《爾雅·釋獸》：‘羱如羊。’郭注：‘羱羊似吴羊而大角，角橢，出西方。’《易》此文乃莧羊之莧，非莧草之莧也。此采吴澄、王夫之等説。《莊子·馬蹄篇》：‘馬翹尾而陸。’尾原作足，《釋文》，足，崔本作尾。《文選·江賦》李注引足作尾，作尾是也，今據改。《釋文》：‘陸，司马云：“陸，跳也。”字書作踛。’”《莊子·馬蹄》陸爲馬之跳躍，莧陸爲莧羊之跳躍。中行即中道，謂莧羊在大道放足跳躍。此爲獸畜之快樂，自無咎也。毛奇齡批評吴澄讀莧菜字而不改，是固守錯誤而不悔者也。

上六：夬之乾。無號。終有凶。《帛書》：“終”作“冬”。

此對敵對階級擾亂者之判决宣告。上六成半坎，坎有水，引申有淚相。無與毋通，毋號者，禁止之詞也。此説周之興旺，紂之滅亡，凡新舊交變，皆有此相，故曰“終有凶”。高欲改毋號爲犬號，非也。

姤

䷫ 乾上巽下　天風姤　　内互兩乾 ☰ ☰

聚卦一陰五陽　與夬反復　　與復旁通

《獨斷》：“風伯神，箕星也。其象在天，能興風。”《史記》：“誅風伯。”《正義》曰：“風伯字飛廉。”又寫作蜚蠊，蓋謂蟲爲風之所生也。山東人稱月暈曰風圈，皆云此圈現，則有風生。此天風之説也。今人謂風爲空氣，受熱則漲，受冷則縮。因空氣之漲縮流動，而成爲風。姤者，遇也。遇冷遇熱而生風，故卦名姤。古人於天風，地風之認識與分別，確有深刻之探討，但有神之概念存乎其中。余謂和風細雨是自然之風，能使萬物百草雄蕊花粉，播遂於陰性花曹，成爲交媾，結成種子，則自然之風，起主要作用。若是陰風號怒，疾風并競，旋風上升，迅風飄折，烈風慘酷，猛風暴虐……似不可謂無神之自然風也。夫風洞，風谷，《地理志》之記載，於今個個可以考驗，亦真實無妄，可見井卦之地風絶非訛言。若濱海之颱風、颶風、龍捲風等，又當一論也。

姤：女壯。勿用取女。《釋文》："薛云：古文作遘。"石經、鄭本、湘綺本、《雜卦傳》同。荀、虞本皆作"姤"。王、洙本同。張氏晋明本王本作媾。《帛書》作"狗"，皆同音詞也。陸"取"作"娶"。

尚曰："《歸藏》曰'夜'，古娶女必以夜，故曰昏。姤陰遇陽，即女遇男，亦婚姤也。是夜與姤義相同。"《説文》："昏，日冥也。"虞云："消卦也，與《復》旁通。巽，長女，女壯，傷也。陰傷陽，柔消剛，故'女壯'也。陰息剥陽，以柔變剛，故'勿用娶女'。"鄭玄曰："姤，遇也。一陰承五陽，一女當五男，苟相遇耳，非禮之正，故謂之'姤'。女壯如是，壯健以淫，故不可娶。婦人以婉娩爲其德也。"按姤、遘古通用。《詩·野有蔓草》："邂遘相遇。"《釋文》："遘本亦作逅。"姤、媾皆从後得聲，同聲通假。壯謂年大，古人以壯爲戕。傷也。疾病傷害，蓋謂惡疾肺疾等病。

初六：姤之乾。**繫於金柅，貞吉。有攸往，(見)[貞]凶。羸豕孚蹢躅。**孚，乳省詞。虞、周本"蹢躅"作"蹢躅"，音同通用。湘綺樓本"金柅"作"金鑈"。"羸"作"纍"。《釋文》："柅……《説文》作檷，云絡絲趺也。讀若昵。"《帛書》："豕"作"豨"。"繫"作"擊"。"柅"作"梯"。"蹢躅"作"適屬"。

按柅檷同聲通用。聞曰："《正義》引馬《注》曰：'柅者，在車之下，所以止輪令不動者也'。王注：'柅制動之主。'……

《毛公鼎》《番生簋》所言駕具有‘金義’，即金柅。”又曰：“‘見凶’二字當乙轉，分屬上下兩句讀。‘有攸往，凶’，與上文‘繫於金柅，貞吉’，爲一辭。‘繫於金柅，貞吉，有攸往，凶’，上下對舉，猶言止則吉，行則凶耳。‘見羸豕豕蹢躅’，别爲一辭。”予按聞説“見凶”二字分開讀，似與原文不相融洽，予疑“見”字蓋爲“貞”字之訛。貞吉、貞凶爲對文。貞字頂上卜字脱落成貝字，貝與見形相近，所以訛也。此文謂豕繫而安居則貞吉，繫而不安有攸往，則貞凶。古人養豬，皆以繩繫之原野。巽爲繩、爲木，故有繫象。乾爲金，故曰“繫於金柅”。三動爲坎，坎爲豕，新生之豕是小豬。蹢躅，小豬上下争乳之狀。孚讀爲乳，俞樾説是也，今從之。古語姤，彀聲近。《説文》：“彀，續也。”此讀詬爲“彀”，故有乳豕之相。豕陰物比女，金柅陽物比男。《九家易》曰：“絲繫於柅，猶女繫男，故以喻初宜繫二也。若能專心順二，則吉，故曰‘貞吉’。今既爲二所據，不可往應四，往則有凶，故曰‘有攸往，見凶’也。”

九二：姤之遯。包有魚，無咎。不利賓。《釋文》《正義》“包”作“庖”、荀作“胞”。王、虞作“苞”，《帛書》作“枹”。

按《正義》爲正，餘皆假字也。虞云：“魚謂初陰，巽爲魚。”王弼曰“初陰而窮下，故稱魚也。”按古人以魚比女子，此言二雖失位，但陰陽相承，則“包有魚，無咎”也。賓謂四，本是初與四應，乃二已據初爲己有，故不利四之賓來也。

九三：姤之訟。臀無膚。其行次且。厲。無大咎。

“次且”見上卦，“臀”解見《困》卦。以上卦言則臀爲下體，故《夬》四爲臀。以下卦言，則臀爲上體，在股足之上。故《姤》三爲臀。《夬》之四即《姤》之三也，因爲反復關係。李鼎祚曰：“巽爲股，三居上，臀也。爻非柔，無膚，行趑趄也。”故次且不行。三得正位，雖厲危而無大咎也。

九四：姤之巽。包無魚。起凶。《帛書》作“正凶”，征凶也。“包”作“枹”。高説以“起”爲“祀”之訛，非也。

一本卦無祭己之象。二本卦之魚，是個比喻詞。其實是初之陰爻與初四應，但初六之魚，被九二所奪。故九二“庖有魚”，九四應該庖有魚而及“無魚”，是九四之魚爲九二所奪取也。《繫辭傳》曰：“吉凶者，言乎其失得也。”四失魚故凶也。此凶之第一義也。又假凶爲訩。《説文》：“訩，説也。”《六書故》引《唐本説文》“訩，訟也”。《爾雅·釋言》同。引申有喧擾讙之意。今言吵鬧。此凶之第二義也。因爲他應有魚而無魚，故起來争訟，没有群衆爲基礎，所以搞不起來。故《象》曰：“無魚之凶，遠民也。”民者，群衆也。起字不訛而謂之訛，是失實也。失魚小事也，小事不可大作，故征凶。

九五：姤之鼎。以杞包瓜。含章。有隕自天。《子夏傳》《正義》并作“匏瓜”。《帛書》：“杞”作“忌”。“包”作“枹”。“瓜”作“苽”。“有隕”作“或塤”。

高云：“杞疑借爲芑，同聲係，古通用。《説文》：‘芑，白苗嘉穀。’《爾雅·釋草》：‘芑，白苗。’郭注：‘芑，今之白梁粟。’《詩·生民》：‘維穈維芑。’《毛傳》：‘芑，白苗也。’按是養生之糧食耕作物。包瓜者率用蒿茅。以芑包瓜者，……是因其所愛而害其所以養之象也。”按高説似是而實非也。何以言之？以白高粱粟苗包瓜有何作用？又要用多少白高粱苗？又欲多少人力、物力進行工作呢？此説不近人情，古人絶無此蠢動。杞柳易生之木，古今人皆用以圍園。考嚴粲《詩緝》：《詩》有三杞：鄭詩“無折我樹杞”，柳屬也；《小雅》“南山有杞”，山林也；“言采其杞”“隰有杞桋”，枸杞也。《説文》《爾雅》所言之“杞”，皆是枸杞，是藥材。《鄭風》《孟子》所言之“杞柳”作圍園與車器具之用，不作包瓜用也。此包字爲匏字之省，實言以杞柳繫匏瓜之作用。《鶡冠子》：“中流失船，一壺千金。"《魯語》："夫苦匏不材於人，共濟而已。"孔子曰："吾豈匏瓜也哉？焉能繫而不食。"含章之章而璋之省假。璋，玉瑞也。《説文》："瑞，以玉爲信。"《玉篇》："瑞……信節也，諸侯之珪也。"《周禮·典瑞》鄭注："人執以見曰瑞。……瑞，符信也。"《説文》："剡上爲圭，半圭爲璋。"《周禮·小行人》："圭以馬，璋以皮。"此言使節之用。天謂殷王，言殷王以光榮之命令，含落到西周侯國，褒其有功於王室，故係之尊貴之五位。含函同音通假，用含有貴重之意。

上九：姤之大過。**姤其角。吝。無咎。**古文作"遘"。鄭，《集解》，《唐石經》《易林》同。《帛書》作"狗"。讀古後切。

此姤讀遘。聞曰："卜辭角作，冓作，从二角相構。'姤其角'即構其角。"鬥争之象也。乾爲首位，首上物故稱角。其角維何？羊也。《姤》倒爲《夬》，《夬》上卦爲兑。兑爲羊，故有羊角冓鬥之象。

萃

䷬ 兑上 坤下　**澤地萃　内互艮 ☶　巽 ☴**

子母卦　觀 ䷓ 上來 四往　**小過 ䷽** 三往 五來

水澤之地，其草茂盛豐美，故卦名萃。但爻辭所用皆爲瘁義。《廣韻》："瘁，病也。"《詩·小雅》："唯躬是瘁。"注同。《字彙》："瘁……勞也。"卒、瘁皆从卒得聲而通用。《漢書·禮樂志》："纖微癄瘁之音作，而民思憂。"癄瘁又寫作顦顇，勞苦之容，見於面也。

萃：亨。王假有廟。利見大人。亨，利貞。用大牲。吉。利有攸往。《帛書》："萃"作"卒"，用母音詞。"假"作"叚"。"有"作

“於”。叚、於猶今言來到之意。“牲”作“生”，寫者脱牛旁，成爲大生也。

王先生曰：“假、嘏，通用字。廟尊先祖之皃，祭祀之庭也。……受嘏於廟，以聚族也。……大牲，特牛也。……大牢，諸侯所同用祭祖。”按《爾雅·釋詁》：“嘏……大也。”《廣韻》：“嘏，大也福也。”《詩·卷阿·箋》：“予福曰嘏。”《禮記·禮運》：“祝、嘏莫敢易其常古，是謂大假。”大假即大嘏，大福也。有廟，專用之祠廟，祭復受福。鄭玄曰：“萃，聚也。坤爲順，兑爲悦，臣下以順道承事其君，悦德居上待之，上下相應，有事而和通，故曰‘萃，亨’也。假，至也。互有艮巽，巽爲木，艮爲闕，木在闕上，宫室之象也。四本震爻，震爲長子；五本坎爻，坎爲隱伏；居尊而隱伏，鬼神之象。長子入闕升堂，祭祖禰之禮也，故曰‘王假有廟’。二本離爻也，離爲目，居正應五，故‘利見大人’矣。大牲，牛也。言大人有嘉會時，可幹事，必殺牛而盟，既盟，則可以往，故曰‘利往’。”李鼎祚曰：“坤爲牛，巽木下克坤土，殺牛之象也。”《九家易》：“五以正聚陽，故曰‘利貞’。”

初六：萃之隨。**有孚不終，乃亂乃萃。若號。一握爲笑。勿恤，往，無咎。**《帛書》：“亂”作“乳”。按亂、乳形近而誤。

此言俘虜得知自己將會被殺死於祭廟，不能令終。令終，善終也。他神志昏迷，精神錯亂。坤爲亂，形容顦顇，總是號天痛哭。互巽爲痛哭。萃、顇、瘁三字同卒聲，義皆通假。高云握借爲屋，謂一屋之人皆笑之也。聞云：“嗌喔與呝喔同。呝或變作咿，倒其詞曰喔咿。《楚辭·卜居》：‘喔咿嚅唲。’注曰：‘强笑噱也。’《韓詩·外傳》九曰：‘喔咿而笑之。’”按聞説義長。古書多以音同而通假也。王先生曰：“芺从草夭，木夔字也。以下氣故爲歎芺，因爲凡芺。桃夭本作桃芺，故媄爲女子笑皃。隸書竹草相亂，或以芺从竹犬，謬也。芺之者，亂倅者芺其聽令，故當勿恤人言而自整肅。”爲笑者做出笑臉之形也。又哭又笑，正神經錯亂之表現，恤憂也，人勸他莫憂，自去當面謝罪解説，可得免罪也，故曰“勿恤，往，無咎”也。

六二：萃之困。**(引)[弘]吉。無咎。孚乃利用禴。**

“引”爲“弘”字之訛，以形近而訛也。弘吉，卜辭術語，殷虚文字屢見之。弘吉者，大吉也。大吉以言時，元吉以言德。禴，夏祭之名，字又作礿，《説文》：“礿，夏祭也。”《帛書》作“濯”，按禴、翟，皆汶部定紐。勺，沃部端紐。此三字同部通用也。夏季百草旺盛，毒草繁多，所以夏祭不殺牛也。《爾雅·釋天》：“夏祭曰礿。”礿祭不殺牛，祇用禽。孚乃利用禴，殺俘奴以祭祖廟也。按，《萃》從《觀》來，《觀》有殺孚祭祖之事。此亦内卦爲坤，坤爲死。二變成坎，坎陷也。人陷於死地，則殺之象已成矣。況爻辭明言“孚乃利用禴”，明言不諱。卜辭亦實言其事，則此條之殺孚祀祖，的而且確。

一、“庚辰卜，貞：王宓祖庚，伐二人，卯戮二牢，鬯卣，亡尤”。《前》一一八四。按《説文》“伐，擊也”。鄭注《尚書》：“一擊一刺曰一伐。”《左傳》：“擊之以戈。”是也。此擊殺二人祭神。卯牢，殺牛也。亡尤，即《周易》之無咎，咎、尤古音同部通用。

二、“丁酉卜，貞：王宓文武丁，伐十人，卯戮六牢，鬯六卣。亡尤”。同前。

三、“甲辰，貞：來甲寅又伐上甲羌五，卯戮牛一”。《后》上二一三。按此三條記殺奴隸與特畜牛一起祭祀祖宗，伐爲殺人，卯戮爲殺牛。羅振玉以伐爲武舞，非也。

六三：萃之咸。**萃如。嗟如。無攸利。往。無咎。小吝。**《帛書》：“如”作“若”。“嗟”作“㚷”。“小”作“少”。

聞云：“萃讀如啐。啐嗟雙聲連語。《漢書·韓信傳》曰：

‘項王意烏猝嗟。’猝嗟與啐嗟同。”按猝爲驚呼之聲，嗟怨愁之聲，均爲疾病所痛苦之呻吟。若項王之猝嗟即比咤，似與此義不合。往謂六三上往九四，得位，是上巽，是順天，可以得到大吉無咎。小吝者，三無應也。

九四：萃之比。**大吉，無咎。**

以陽居陰，是位不當。承五應初，故大吉無咎。《繫辭傳》曰：“無咎者，善補過也。”故無咎，僅免於咎，非全美之詞也。

九五：萃之豫。**萃有位，無咎。匪孚，元［吉］。永貞悔亡。**各本皆脱“吉”字，此據高説補。《帛書》：“位”作“立”。“匪”作“非”。

《周禮·春官·小宗伯》：“掌建國之神位。”注云：“庫門内，雉門外之左右，故書‘位’作‘立’。鄭司農云：‘立讀爲位，古者立、位同字。’《春秋》經：‘公即位’爲‘公即立’。”《左傳·昭公二十二年》注：“子朝有欲位之言。”《左傳正義》：“《釋文》云一本位作立，岳本作立。”《管子·心術》：“位者，謂其所立也。”

萃假爲瘁，病也。《詩·四牡》：“盡瘁以仕。”又《北山》：“或盡瘁國事。”皆即此瘁有位之義。亦即諸葛孔明鞠躬盡瘁，死而後已之忠誠。高云：“元下疑當有‘吉’字，蓋轉寫脱去。匪孚元吉爲句，《坤》六五、《訟》九五、《履》上九、《泰》六五、《復》初九、《大畜》六四、《離》六二、《損》六五、《益》九五、《井》上九、《涣》六四等皆云‘元吉’，可證也。”

上六：萃之否。**齎咨涕洟。無咎。**《集解》本“咨”作“資”，同从次得聲而假借。《帛書》作“粢秋”。“洟”作“洎”。

齎咨，馬注：“悲怨聲。”則應作嗟咨。兑爲澤爲口，故有嗟咨涕洟之象。一是悲慟之聲，一是哭泣之洟。《釋文》：“齎咨，嗟嘆之辭。”鄭説同。《帛書》作“粢菸”，即王本之“賫咨”也。《説文》：“穦，積禾也。从禾資聲。”或从次禾作粢。鄭注《周禮》：“齎、資同耳。其字以齊次爲聲，从貝變易。”此粢亦以齊次爲聲，从禾變易。粢本爲穀名，齍爲祭飯之名。《廣韻》：“齋，祭飯。”故《左傳》《禮記》皆作粢盛，可證齍、粢爲同字，衹有古今文之分，在此假爲齎。菸亦咨之借字。洟，鼻液也。《帛書》：“洟”作“洎”。《説文》：“洎，灌釜也。”謂爂菜增其沃汁，義與此句不相合。應是古泪字，泪與涕則義相合矣，作洎非也。《玉篇》：“目汁出曰‘涕’。”《説文》：“洟，鼻液也。”虞注：“上體大過死象。”“齎，持。資，賻也。”即持賻助喪也。其説似非是。荀爽曰：“此本《否》卦。上九陽爻，見滅遷移，以喻夏桀、殷紂。以上六陰爻代之，若夏之後封東婁公於杞，殷之後封微子於宋，去其骨肉，臣服異姓，受人封土，未安居位，故曰：‘齎咨涕洟，未安上也’。”

升

䷭ 坤上巽下　地風升　内互兑 ☱　震 ☳

子母卦　臨 ䷒ 初往三來　小過 ䷽ 四來二往

尚曰：“《歸藏》曰稱。《牧誓》：‘稱而戈。’注：‘稱，舉也。’又譽人曰稱揚。升者升而上，舉者亦揚之使上。故《歸藏》曰稱，《周易》曰升，按《帛書》作登。其義并同。”王先生曰：“升、登，古通用。……升从斗，無進義。登从癶，象上車，亦非此升義也。升蓋从反氣，象雲升形。”按《説文·斗部》升篆作𠂙，段注：“十合也。……十合爲升，十升爲斗，十斗爲斛。”今俗所用作量器。經有言“升”不言“登”者，《周易》是也；有言“登”不言“升”者，《春秋左傳》是也。《帛書周易》言“登”不言“升”，與《左傳》同。鄭本作“昇”，昇爲日之升起，凡有昇起之義者，應作昇。日爲昇之形象，升其音也。風有天風、地風之别。《莊子》：“大塊噫氣，其名爲風。”此言地風也，地風多從地穴、地洞、地谷而出。《淮南子》：“暮宿風穴。”注：“風穴，北方寒風從地出也。”《昌平山水記》：“黍谷，……亦謂之寒谷。”“山有風洞，洞口風氣凛洌，盛夏人不敢入。”《武陵記》：“風門之山，有石門，去地百餘丈。將欲風起，隱隱有黑氣上，須臾竟天。”風谷，山名，又名風峪。在山西太原晉源西五里，山有風穴，相傳神至，則穴中肅然有聲，風之所出也。地風發則沙石盤旋，上升空中，久而不墜。我國西北、東北，常所見也。古人就明此義，故名此卦爲地風升。

升：元亨。用見大人，勿恤。南征吉。《釋文》：“用見本或作利見。”《乾》九二、九五，《訟》《蹇》上六，《萃》《巽》并云利見。待考。《帛書》：“升”作“登”。“用”作“利”。“恤”作“血”。“征”作“正”。

鄭玄曰：“升，上也。坤地巽木，木生地中，日長而上，猶聖人在諸侯之中，明德日益高大也，故謂之升。升，進益之象矣。”虞翻曰：“《臨》初之三，又成巽象，剛中而應，故‘元亨’。謂二當之五，爲大人，離爲見，坎爲恤，二之五得正，故‘用見大人，勿恤，有慶也’。離，南方卦，二之五成離，按後天卦位，離爲正南。故‘南征吉，志行也’。”《升》卦辭“南征吉”，《明夷》九三“於南狩”，昭王南征不復責之，而欲問諸水濱，何得爲吉？箕子於南狩，一去不返，皆不得謂之吉。1977年陝西周原出土早周卜骨甲文即有“伐蜀”。H 11：68“征巢”。H 11：1107“楚子來告”。H 11：83是早周已向四圍方國，用兵征服。待武王伐紂有庸、蜀、羌、髳、微、盧、彭、濮等國，出兵助周，方是吉也。

初六：升之泰。**㚃升大吉。**一作允，一作㚃。

高氏曰：“《説文》：‘㚃，進也。从夲从中，允聲。’引《易》曰：‘㚃升大吉。’《漢上易傳》引施讎本允作㚃。又引施讎曰：‘㚃，進也。’考金文㚃作[illegible]，《虢季子白盤》。作[illegible]，《兮甲盤》。當爲草木生長上進之義，从[illegible]，允聲。[illegible]，古卉字，从[illegible]，下象其根，然則此文允借爲㚃，其義爲進矣。《集解》引鄭玄曰：‘升，上也。’《列子・黄帝篇》：‘俱升高臺。’殷氏《釋文》：‘升，登也。’按升爲叠韻連語。本卦升字皆此義。”王先生曰“得人助曰允。……允从人，以人助之升，謂四進之。”允升者，前行而登高也，故曰“大吉”。

九二：升之謙。**孚乃利用禴。無咎。**解詳上卦。

此不贅述。毛云：“《小過》以四剛而易二柔，非升也。然而柔已升。《彖傳》所爲‘柔以時升’，是也。夫人升剛事人，升柔祀鬼。……祀當必有時，祭焉爲之交孚，而下位伏離，離爲夏，非夏禴乎。兑口尚食，巽臭達氣。按神鬼享之，自無咎也。夫《萃》以聚人爲祀，而《升》以升鬼爲祀，卦象如此。”按本卦與《萃》爲反復，《萃》六二有此語，而九二亦有此語。《萃》六二爲坤，坤爲死。二變成坎，坎爲陷，陷於死地，亦殺人之象也。此二爲陽爻，正坎之剛，故亦有殺人之象，殺俘虜以祀祖，古人謀爲無罪，故曰無咎，所以仍用之也。

九三：升之師。**升虚邑。**

王先生曰：“古文丘作坣，故虚或作墟。亡國故都爲墟，舊京亦曰墟。虚邑，舊京也。升之，將建國之象。”按《説文》：“虚，大丘也。崐丘謂之崐崘虚。古者九夫爲井，四井爲邑，四邑爲丘。丘謂之虚。从丘虍聲。”《詩》：“升彼虚矣。”《左傳》：“晉侯登有莘之虚以觀師。”虚爲高丘，巽爲高，虚邑巽象。登，升也。自初登三，即初之允升也。

六四：升之恒。王用享於岐山。吉，無咎。“享”原作“亨”，今改作“享”。

“用享”二字連用，《益》六二，《大有》六二。岐山在今陝西岐山縣西北。“岐”古文作“𢓊”或作“歧”。《漢書》顏注：“其山兩岐，俗呼箭筈岭。”其地當兑震之間，震爲倒艮，艮山也。兑位於西，則西山也。西山者，華山也。此爲望祀。祀，諸侯祭境内之名山大川。周自古公亶父，爲狄所逼，崔曰：“徙居岐山之下，一年成邑，二年成都，三年五倍其初，通而王矣，故曰‘王用享於岐山’。以其用通，避於狄難，故‘吉，無咎’。”周邑繫辭，據象而定。其人先有史事在胸，遇其象而繫之，故不免重復。如帝乙《歸妹》已有本卦，又於《泰》卦重復，王亥喪羊喪牛，分出於《大壯》《旅》卦。祭岐山見於《隨》之上九，又見於《升》之六四，皆其類也。于載洽曰：“一般注家，皆謂‘王’指‘周文王’。”仲按非也。爻辭爲周公所繫，近於真實。我看類似孔子所訂，折復有之。

六五：升之井。貞吉。升階。

王先生曰：“階，陛也。九錫有納陛，於堂溜間登堂，車至陛升，不由階也。”按《後漢書·崔駰傳》注：“三台謂之三階，三公之象也。”升階，進爵也。《文選·景福殿賦》注：“階爵之次也。”毛云：“初爲震足，二亦大震之足也。乃《臨》以左足而《升》之三，《小過》以右足而《升》之四，循次拾級，若升階然。”予疑“貞吉”，應移句末焉。荀爽曰：“陰正居中，爲陽作階，使升居五，己下降二，與陽相應，故古而‘得志’。”似荀作注時貞吉字猶未在升階之上也。

上六：升之蠱。冥升，利於不息之貞。

王先生曰：“冥、幎、鼏古今字。升鼎除幎，今以幎升致饔飧之禮也。《聘禮》饔飪九鼎設於西階前，設扃鼏。上六王使以此禮之微、箕、比干之倫也。知周將升，明夷不可息，故甘死去以貞其志，成蠱則不事王侯，非三仁之志。”荀爽曰：“坤性暗昧，今升在上，故曰‘冥升’也。陰用事爲消，陽用事爲息，陰正在上，陽道不息，陰之所利，故曰‘利於不息之貞’。”按上六爲同性四五所格，不能應三，故有此象。毛云：“《升》之爲卦一從《臨》來，《臨》曰‘元亨’，故此曰‘元亨’，此前已言之者也。一從《小過》來，《小過》曰‘利貞’，《彖》不曰‘利貞’也，而於此爻終發之曰‘利貞’。其一應於始，一應於終。有似乎推易之法，必不可暫忘所自而必爲之。”

困

䷮ 兑上坎下　**澤水困**　**内互離** ☲　**巽** ☴

三易卦　**否** ䷋ 上來二往　**咸** ䷞ 三來二往

恒 ䷟ 三往五來

澤面無水，水下流也。水在澤下，澤藪既不能去人，又不能放牧豬馬牛羊。倘去之則陷於澤，人不能救，牲畜不能自出，越陷越深，以致沉没於泥漿内，連肉不可撈到。這種澤俗呼曰湴，泥如米湯，内有一個一個深洞或坑。此種困境，是自然産生的，多在高山大澤之下，受此困境的苦，是極少數的人。

《説文》：“困，故廬也。”故廬者，前人所居之處也。“从木，在口中”，口者表示四方有水，欲築口以防之口中有木，表示巢居之所。所以古困字作“朱”，有木可以留止不走也。此蓋大禹未平洪水以前，人生的困苦環境，卦形上澤下水，即高澤低水也。可耕之地，所餘無幾，欲四海不困窮，其可得耶？至於《周易》，則引申之義以爲主體。若本卦士大夫君子困於國家之刑獄，是也。鄭玄曰：“坎爲月，互體離，離爲日，兑爲暗昧，日所入也。今上掩日月之明，猶君子處亂代，爲小人所不容，故謂之‘困’也。君子雖困，居險能悦，是以通而無咎也。”

困：亨。貞，大人吉。無咎。有言不信。

原作“貞大人，吉”，似非。本卦從《否》來，《否》是上乾、下坤，分之則爲乾坤二卦。所以卦德取乾坤四德中之二德，成爲“亨，貞”。卦名《困》非元亨通貞正之德，就不能戰勝困險之刑法。舊句讀爲“貞大人，吉”，似亦非是。互見《師》卦。吉與無咎，似是重復，其實非也。吉對大人言，無咎對全爻言。《師》卦與此同。虞云：“震爲言，折入兑，按恒上震以巽剛易五爲兑。故‘有言不信。尚口乃窮’。”《正義》云：“巧言飾辭，人所不信。”以言爲虚假之言，似不相合。劉向《説苑》引孔子曰：“困之爲道，猶寒之及暖，暖之及寒也。唯賢者獨知而難言之也。《易》曰：‘困，亨。貞大人吉，無咎。有言不信。’聖人所與人難言信也。”蓋人在罪犯之中，雖有所言，别人不信。在古如此，於今維甚。所謂言以人重也。

初六：困之兑。臀困於株木，入於幽谷，三歲不覿。[凶。]《帛書》：“臀”作“辰”。“幽谷”作“要浴”。末有“凶”字，爲是，今據補入。

此謂受刑之后，又坐牢狱三年。“臀困於株木”，谓臀部受株木之刑所击伤，故曰困於株木。《帛書》：“臀”作“辰”。古韵“臀”“辰”二字同爲魂痕部定紐字，同聲通用也。《説文》“臀”作“𡱂”，“从尸下丌居几。脽，𡱂或从肉隼。”臀𡱂或从骨𡱂聲”。段注：“今《周易》《春秋》《考工記》皆作‘臋’，从‘肉’。”“幽谷”作“要浴”。《説文》：“𦥑身中也。象人要自臼之形。从臼。”段注：“上象人首，下象人足，中象人腰，而自臼持之。故从臼，必从臼者，象形猶未顯，人多護惜其腰也。”《釋地》："燕曰幽州。"李巡曰："燕，其氣深要、厥性剽疾，故曰幽。幽，要也。"幽、要同蕭部。幽影紐，要見紐。《莊子·列禦寇》："爲外刑者，金與木也。"郭注："金謂刀鋸斧鉞；木謂捶楚桎梏。"株木捶楚也。幽谷即地窖，《周禮》所謂圜土。《周禮·司救》："掌萬民之邪惡過失而誅讓之。""其有過失者，三讓而罰，三罰而歸於圜土。"鄭注："罰，謂撻擊之也。""圜土，獄城也。"高氏曰："《易》之'困於株木'，即《周禮》之罰也。《易》之'入於幽谷'，即《周禮》之歸於圜土也。圜土即囹圄，其黑暗若幽谷，故《易》以幽谷譬圜土也。……三年不覿，謂三年不見其人，即囚於圜土三年之久也。《周禮·司圜》：'掌收教罷民，凡害人者弗使冠飾而加明刑焉，任之以事，而收教之，能改者上罪三年而舍，中罪二年而舍，下罪一年而舍，不能改而出圜土者殺。'《易》之三歲不覿，即《周禮》之上罪三年之人而舍也。"内卦坎，坎爲刑罰，故有株木之困。坎又爲牢獄，故有幽谷之坐。自初至四，歷爻爲三歲，纔可改議。

九二：困之萃。**困於酒食，朱紱方來。利用享祀。無咎。征凶。**

各本皆作"征凶無咎"。余按文義及《易》例，應調作"無咎征凶"。"無咎"結束上文，"征凶"又另件事，出兵征伐則凶也，不能與"無咎"并同。"享"字，《帛書》皆作"芳"。原爲"亨"，改爲"享"。此改"芳"爲"亨"。改"亨"爲"芳"也，"芳"者即今"亨"字。"征"作"正"。"朱紱"作"絑發"。犮、發同聲系。

此蓋謂朱紱方來而開享祀之會。有人以朱紱爲僭亂，而向上峰告訴。李鏡池以朱紱方爲"穿紅色衣服的人"，李先生的看法，是切實的。從卦方面看，内卦是坎，二爻又是正坎，但是陽爻。外卦又是大坎，坎之又坎，險且窞也。再從案情方面看，此爻言"朱紱"，九五爻言"赤紱"，是按乃服制問題，一個顔色的深淺問題。《詩·斯干》傳云："天子純朱，諸侯黄朱。"鄭云："朱深於赤，故《困》卦注云'朱深云赤'。"《乾鑿度》曰："《困》九五，文王爲紂三公，故言'困於赤紱'也。至於九二，周將王，故言'朱紱方來'，不易之法也。應調作無咎征凶。無咎結束上文。征凶又另件事。出兵征伐則凶也。不能與無咎拼同。孔子曰：'……天子三公九卿朱紱，諸侯赤紱。'"《禮記·玉藻》曰："一命緼韍幽衡，《小爾雅》：'緼，朱也。'再命赤韍幽衡，三命赤韍蔥葱衡。"此言定制此外還有命服之制。《周禮》疏云："公侯伯之卿三命，大夫再命，士一命；子男卿再命，大夫一命，士不命。"《詩》云："服其命服，朱芾斯皇。"《帛書》："朱紱"作"絑發"。《詩·衛風》："鱣鮪發發。"馬融曰："魚尾著發發然。"韓詩作鱍，《説文》作"鮁"，引《詩》作"鮁"，是"發"皆讀"潑"，與"犮"音同。金文有朱市赤市，"市"讀爲"沛"，亦即此朱紱、赤紱也。芾、沛、紱，邦紐。葛末部同聲通假。《詩·曹風·候人》："彼其之子，三百赤芾。"傅大夫以上赤芾。此蓋諸侯或大夫入廟享九，统言无别也。《孝經》曰："祭則鬼享之。"享祀皆兼人鬼而言。困於酒食失儀，赤紱爲朱紱越禮。妄受告而被困於法，皆是陽下而陷爲陰所掩也。征凶，則是陰動而上，失中乘陽故凶也。

六三：困之大過。困於石，據於蒺藜。入於其宮，不見其妻。凶。《帛書》："蒺藜"作"疾莉"，同音通假也。

此蓋初六之刑人，三前臨巽，巽爲石，故"困於石"。即《周禮·司救》："耻諸嘉石，役諸司空。"下據坎，坎爲蒺藜，即坎上六所謂實叢棘也。《詩》："墻有茨，不可埽也。"《傳》："茨，蒺藜也。"《爾雅》："蒺藜，布地蔓生，細葉子，有三角刺人。"坎又爲宮，宮者居住之房屋。《尚書·大傳》："天子、諸侯必有公桑蠶室，就川而爲之，築宮有三尺，棘墻而外閉之。"《戰國策·趙策》："公宮之垣皆以秋蒿苦楚廧之。"《穀梁傳·成公二年》："壹戰綿地五百里，焚雍門之茨。"注："雍門，齊城門。"是古時公家之城墻和住所，皆有圍墻，其上有茨棘，防人攀入而備非常也。因自己成爲罷人，辱於嘉石，據於蒺藜之罪犯，妻不以爲夫。巽爲齊。妻者，齊也。故巽爲妻，巽爲伏，又無上應，故入宫不見其妻，凶也。《繫辭傳》曰："非所困而困焉，名必辱；非所據而據焉，身必危。既辱且危，死期將至，妻其可得見邪。"《左傳·襄公二十五年》崔杼欲娶棠姜，筮之遇《困》之大過。陳文子曰："夫從風，風隕，妻不可娶也。且其繇曰'困於石，據於蒺藜。入於其宫，不見其妻，凶'。'困於石'，往不濟也；'據於蒺藜'，所恃傷也；'入於其宫，不見其妻，凶'，無所歸也。"後果驗。

九四：困之坎。來徐徐，困於金車。吝。有終。《子夏傳》："徐徐"作"荼荼"，《集解》本、翟元本、湘綺樓本皆同。王肅本作"余余"，同聲通假，虞本同，解爲舒遲也。《帛書》不重"徐"字，蓋脱也。

此上解犯人的囚車，來謂四爻下移，未能如期報到，故曰"徐徐"。徐徐，緩慢之狀，四陽固君子也。君子駕車安徐而行，來之不急。因内是坎，坎險且阻，故安安而緩遲，然而終必遲到所期之地，故曰困曰吝。初與四爲正應，易例於三於上，每曰有終。四非終亦曰終者，以動爲始，初吝終合。故曰"有終"。兑爲金，互離爲黄。坎爲車，故曰金車。金車者，囚車也。包有銅鐵皮或有銅鐵鎖，以防罪人逃走。囚犯不止一人，《象》曰："有與。"是也。有與者，有同來之人也。

九五：困之解。劓刖。困於紱，乃徐有説。利用(祭)[享]祀。荀、王、陸本俱作"臲卼"。鄭玄謂當作"倪㐳"，蓋謂"臲卼"也。京房本"刖"作"劊"。《帛書》："劓刖"作"貳椽"，解詳下。"紱"作"發"。《釋文》："祭祀，本亦作享祀。"《帛書》作"芳"，即"享"字也。

九五爲君位，朱紱案判劓刖之刑。虞云："割鼻曰劓，斷足曰刖。”受刑後，他慢慢將案情與人説清楚。九五之困，亦君子也。以恒之三易爲五，其在恒五爲震足和倒艮之鼻。坎爲刑法，兑爲毁折，以致劓艮鼻，復刖震足，故曰“劓刖”。蓋當時有大夫私制命服，按諸刑法要割鼻與刖足，故執行此法也。高謂：“劓刖乃危而不安之義。當讀爲隉阢。”王先生曰：“赤市，諸侯朝天子之服，不朝故困也。困‘有言不信’，故當徐説之。”何以古人對蔽膝看得如此重要？古人席地而坐又多行跪拜之禮，祭祀跪拜與朝王跪拜，更爲嚴肅繁多。此爲一種服制問題，與衣冠朝服并重，不能錯了顔色，亂了品第。

上六：困之訟。困於葛藟，於臲卼。曰動悔有悔。征吉。《漢石經》：“臲卼”作“臲劊”。《説文》作“剌魁”，云不安也。薛作“劓杌”。《帛書》：“葛藟”作“褐纍”。“臲卼”作“貳椽”。“動悔”作“悔夷”。“征”作“貞”。

王夫之《考異》曰：“《説文》作‘于槷魁’。槷魚祭反。魁，五結也。槷，木相摩也。魁，徐鍇曰：‘物不安則出，不在也。’槷摩不安則出離之，故‘吉行’。”陸績曰：“二困五，三困四，五初困上。斯叠困之義。”虞曰：“巽爲草莽。稱葛藟，謂三也。”臲卼，木橜也。又謂之杌隉，俗謂之木樁，釘在地下，留出地面一二寸，人不易防。隨便可絆倒人。葛藟木樁皆小物，而危險可大，上乘剛無應，故有此象。王先生曰：“悔，恨也。上悔人恨，下悔自恨。”《帛書》：“動悔”作“悔夷”，謂悔恨之心已平夷也。動悔又悔，謂人時存戒心於葛藟與臲卼也。至於征伐之事，步步鏟除障礙物，皆是易事，故曰征吉。《帛書》作“貞”，謂堅貞不屈，可以克服困難。

“臲卼”，《帛書》作“貳椽”。此不顧字義，全取同音也。《説文》：“貳，副、益也。从貝二聲。弍，古文二。而至切。”《説文》：“椽，榱也。”《釋名》：“椽，傳也。”古音元、兀同讀，詳上。兀没部泥紐。灰三部，没四部，三四相連。故可通用。但鮠魧連語與雙聲連語，都不可單用，在古時不明此理，故文理不通。

井

☵坎上 ☴巽下 水風井 内互兑☱ 離☲

三易卦 泰䷊初往五來 咸䷞四來二往

恒䷟四往五來

古者初作井，或以爲黄帝，或以爲伯益。井以巽木取水爲義，下巽上坎，蓋謂巽木爲井架，轆轤爲轉繩，取坎水於木架之上，汲水之象也，故名井。王夫之云：“《井》《革》《鼎》三卦皆取物象以肖卦畫；卦名立，而義因以起。《繫傳》曰：‘以製器者尚其象。’象所有而器製，器成而用行，用之有得失，而義存其中矣。”鄭玄曰：“巽，木，桔槔也。”鄭以桔槔與轆轤混爲一物，非。互體離兑，離外堅中虚，瓶也。兑爲暗澤，泉口也。言桔槔引瓶下入泉口，汲水而出，井之象也。井以人汲，水無空竭，猶人君以政教養天下，惠澤無窮也。李鏡池以井有三義——井田，陷阱，水田。我省王夫之，明末清初人，所著《周易内傳》全有此説。王湘綺先生所著《周易説》，亦全有此説。王引之衹有陷阱一説，其實此説是錯誤的而掠爲己有，亦可鄙也。

井：改邑不改井，無喪無得，往來井井。汔至亦未繘井。羸其瓶。凶。《帛書》：“改”作“茝”，下同。“喪”作“亡”。“汔”作“歆”。“繘”作“没”。“羸”，蜀才本“累”。“累”與“儡”通。《説文》：“儡，相敗也。”儡、羸同灰部。《説文》：“缾……从缶并聲。”“瓶”作“刑垪”。刑字，衍文。

此言井以地域水源關係，不能遷徙，故曰“改邑不改井”。因邑可遷徙，井不可遷徙也。《繫辭》曰：“井德之地也。”井不可遷徙，在人民既無喪失，亦無收獲，故曰“無喪無得”也。往來汲水之人多，則先後排隊，有條有理而不紊亂，故曰“往來井井”。汔、汽古今字，《説文》：“汽，水涸也。”“涸，渴也。”“渴，盡也。”渴、竭古今字。至窒之省字，水渴竭則窒塞矣。《帛書》：“汔”作“歇”，从曷即渴之省。气即汔之古字，亦省水。此字極有意義，字書未收。井被泥沙窒塞，水源不通，必須繘井。《説文·糸部》：“繘，綆也。”“綆，汲井綆也。”高云：“繘借爲矞，同聲系，古通用。”《説文》：“矞，以錐有所穿也。”《帛書》：“繘”作“没”。矞與没同爲没部字。矞泥紐，殳明紐，同部通假。《山海經》：“東南流注於没水。”《水經注》作“役水”，可爲佐证。《説文》：“没，沈也。”“湛，没也”。二字轉注。“湛”，各本作“沈”，此據段本。孫穆《鷄林類事》：“高麗方言謂白曰漢，謂水曰没，井曰烏没，熟水曰泥根没，冷水曰時根没。”此没字要人湛入井水内，抒出污泥沙石，鑿通水源，則泉源仍汩汩而出可應用也。否則仍僵瓶，又不可得水，故曰“凶”。

初六：井之需。**井泥不食，舊井無禽。**

此言舊井必須改造淘洗，方可食用。初、二皆地道，初則井底之泉源也。二爲泥窒，泉源不出，所屯死水，不可食飲，故曰“井泥不食”。毛奇齡云：“《後漢·禮儀志》引《古禮》云：‘立秋，浚井改水。’《淮南子》云：‘八方風至，浚井取新泉，四時皆服之。’此古人浚井，已有定時。民不遵行，故成舊井。舊井未淘浚之井也。因水源泥窒，不可食飲。無人挑汲，故鳥亦不來也。鳥來爲覓食。少水之地，人往井邊洗菜淘米洗鍋和衣服等，是有食可覓，故人來鳥亦來也。《象》曰：‘舊井無禽’，時舍也。”即謂井未淘浚，暫時爲人所舍棄不用也。王引之謂舊井爲陷阱之井，非是。崔憬謂：“禽，古‘擒’字，禽猶獲也。”亦非是。

九二：井之蹇。**井谷射鮒，甕敝漏。**《帛書》："谷"作"瀆"。"鮒"作"付"。"漏"作"句"。"唯"與"維"通。《注疏》及鄭、虞本"甕"作"甕"。船山本作"罋"。

鄭玄曰："九二，坎爻也。坎爲水，上直巽。九三，艮爻也。艮爲山，山上有井，必因谷水所生魚，無大魚，但多鮒魚耳。言微小也。"井谷，井身也。藏水之壑。《孟子》："今吾子以鄰國爲壑。"謂以鄰國爲藏水之崖壑。巽爲魚，伏兑爲射，陸佃曰："相即也謂之鯽，以相鮒也謂之鮒。"《子夏傳》："鮒謂蝦蟆。"疑非是。蝦蟆一名青蛙，未聞有鮒魚之稱。《毛詩正義》："乃命魚師始漁。天子親往乃嘗魚，先薦寢廟。"《左傳》："隱公矢魚於棠。"矢魚者，射魚也。《左傳》以爲"陳魚而觀之"。非也。明清二代文人筆記載：海南島射海鰍，黎岐人射魚，較網罟爲快。時至今日，還有射魚之事。但射魚必臨大水射大魚，井谷非射魚之地，小鮒非射之魚。不宜射而射，反把汲水之瓮射破漏水。伏震爲瓮，巽下缺，瓮無當，故蔽漏也。《帛書》："漏"作"句"，句讀爲勾，同在侯部。屚來紐，勾見紐。勾、屚叠韻連語。此言作事，不考慮對相作用、效果，而矇目進行，不但無功，反而受害。

九三：井之坎。**井渫不食，爲我心惻。可用汲。王明，并受其福。**《帛書》："渫"作"莤"。"惻"作"塞"。

此言井污已除，其水清潔，可以汲食。比喻王者聰明，則群臣受其福蔭。《説文》："渫，除去也。从水枼聲。"王注："渫，不停污之謂也。"荀注："渫去穢濁，清潔之意也。"《帛書》作"莤"，即渫之省字，下从止蓋木字之訛也。《説文》："惻，痛也。"《廣韻·釋詁》："惻……悲也。"《帛書》："惻"作"塞"，二字同德部，則精紐，塞心紐，同音通假。用，以也。并，俱也。言井污已除，其水清潔，可以汲用。然而不爲人所用，我爲之心痛。比賢人爲世所棄，而不爲世用，亦可痛心也。王明纔能知賢，知賢纔能用賢，賢人得用而天下皆受其福。王之不明，豈足福哉！

六四：井之大過。**井甃，無咎。**《帛書》："甃"作"椒"。秋、叔皆蕭部字，同部通假。

此言井甃四壁，成爲新井，無泥沙污水也。干云："以磚壘井曰甃。"虞云："以瓦甓壘井稱甃。"《説文》："甃，井壁也。"井甓曰甃，造井壁亦曰甃，名作動詞用也。今考古學家發掘出周人在陝西用平瓦壘井，即此言甃井之遺迹實證。甃井是修井非開新井也。

九五：井之升。**井洌寒泉。食。**《帛書》："洌"作"戾"。"泉"作"湶"。

此言井經修浚後，成爲新井，泉水寒洌，輒可食用。虞云："泉自下出稱井。周七月，夏之五月，陰氣在下，二已變坎，十一月爲寒泉，初二已變，體噬嗑食，故'洌，寒泉食'矣。"《帛書》："泉"作"湶"，《字彙補》："與泉同。《漢相孫君碑》：'波障湶溉。'"《説文》："洌，水清也。"崔憬曰："洌，清潔也。"真泉水夏寒冬温，清洌無渾。《帛書》作"戾"，取其同音也。君明則臣忠，吏賢則民附，民良則群譽。井養之德在一人，井養之利及天下。

上六：井之巽。**井收。勿幕。有孚。元吉。**

《釋名》："幕，絡也。言牢絡在衣表也。"《説文》："帷在上曰幕。"《廣雅》："幕……帳也。"蓋張幕則作事，勿幕者，幕未張也。今言閉幕，則事畢也。王弼注："幕猶覆也。"《疏》："不自掩覆，與衆共之。"此幕爲掩覆，則幕應讀作冪，覆蓋嚴密之意。高讀孚爲浮，勿蓋則欲受罰。按古時刑法《説文》："荆，罰辠也。从井从刀，《易》曰：'丼，法也。'"今尋

《易》書無此句。段云：“此引《易説》从丼之意。丼者，法也。蓋出《易説》。司馬彪《五行志》引《易説》同。《風俗通》亦云：‘丼者，法也，節也。’《春秋元命包》曰：‘荆，刀守丼也。飲水之人，入井争水，陷於泉，刀守之，割其情也。’又曰：‘網言爲詈，刀守詈爲罰，罰之爲言内也，陷於害也。’”段氏又申釋之曰：“夫井上争水，不至用刀，至於詈駡當罰，五罰斷不用刀也。故許以罰入刀部，謂持刀駡詈，則應罰。以荆入丼部，謂有犯五荆之辠者，則用刀法之。同一从刀，而一係諸受法者，一係諸執法者。”有孚者，用孚虜看守丼也。以專人看守丼，則古人對於丼之重視也，無已復加矣。由此觀之，我國刑法之興由於丼，故字从刑刀。《復古篇》云：“刑，从刀井，剄也。荆，从刀丼，罰辠也，《易》曰：‘法也。’”今經史皆通作刑，而荆廢矣。荆字廢則不知刑法之緣起。

革

䷰ 兑上離下 澤火革　内互巽 ☴　乾 ☰

四易卦　遯 ䷠ 上來初往　大壯 ䷡ 二往五來

大過 ䷛ 二來初往　無妄 ䷘ 三來上往

王夫之曰：“‘革’者，治皮之事，漬諸澤而加之火上，内去其膜，外治其毛，使堅韌而成用。此卦内離外兑，既有其義。”《内傳》。此言治皮革之事，未談卦義也。王先生曰：“古文革从三十。𦥑，篆文作革。……始作‘革’字，與‘世’同意。世者，世及革从𦥑，爲易代，然則征禪之事，自庖羲啓之也。卦自言革命，爻皆言皮。……革命必約信期日，若《湯誓》《坶誓》，民乃信之也。”湘綺先生比船山先生大進一步，已揭出卦義，而是舔糠及米矣。鄭玄曰：“革，改也。水火相息而更用事，猶王者受命改正朔、易服色，故謂之革也。”按鄭説亦淺言之。《雜卦傳》：“革，去故也。”故者，舊也。革舊而生新。互巽爲命，互乾爲王。卦名革，革命者，革舊王之命也。《彖》曰：“湯武革命，順乎天而應乎人。”得其旨矣。再從卦之組織説：離下兑上，離火兑澤，互巽爲風，火遇風則熾，水遇風則化，澤即水也。水上火下，則成《既濟》。然而此水也，是泥澤之水。中體大坎，則水亦旺勝矣。勢必相息。息者，滅也。以水滅火是《革》也。火不止爲人類熟食生活而已，最重要是煮海熬山，熔金化石，其功用於人類大矣。物質不滅，古今一理。必然產生新文物，新文物之產生，是革也。再從人事説：離爲中女，兑爲少女，互巽爲長女，姊妹兄弟也。而妹反居上，是兄弟姊妹之倫類也。互乾，乾爲君父。君父厠雜兒女之中，則尊卑貴賤之倫夷矣。以此視今日馬克思、恩格斯、列寧、斯大林主義之革命精神，爲何如哉？《彖》曰：“二女同居，其志不相得。”大坎爲志，離火上炎，兑水下潤，是性不相得也。性不相得則必争，争則必起鬥，鬥争者，變化之源也，改革者變化之體也。改革國體，改革政治，改革人心，改革經濟結構，改革社會基礎，斯之謂革，斯之謂革命。《帛書》：“革”作“勒”。《説文》：“勒，馬頭絡銜也”。《爾雅》：“轡首謂之革。”革即勒之省。馬絡頭者，轡所繫也，故曰轡首。《釋名》：“勒，絡也，絡其頭而引之。”引之謂折勒之也。馬上了籠頭，則可任人控制。《毛詩》：“案段玉裁云傳肈轡，首飾也。革，轡首也。此謂革即勒字，古文省攸革，古金石文字皆作攸勒。”轡首即今之籠頭，籠頭勒御馬之馳驅。革命改變世道之變化。《説文》：“革，更之。”古文𠦫从廾，上廿，下十，“三十年爲一世，而道更也。臼聲”。鄭注：“革，改也。”去故則是改新。去獸皮毛成鞟曰“革”，籠馬頭而就範曰“勒”，革也，勒也。二字相輔相成也。

革：己日乃孚。元，亨，利，貞。悔亡。《帛書》："革"作"勒"。

此蓋太王遷居岐山之下，擇日興工，修築城郭。"孚"讀爲"郛"。《説文》："郛，郭也。从邑孚聲。"字亦作垺。《左傳·僖公十二年》："城衛楚邱之郛。"又《襄公十五年》："城成郛。"又《定公八年》："攻廪邱之郛。"《公羊傳·文公十五年》："郛者何？恢郭也。"是郛爲城門外桴思樓，所以保護大城也。古人興建土功，欲選時日，忌戊不忌己。"己日乃郛"，謂己日興工，修筑城郛也。天干己位在中，於德爲信，有信於民，則人從之，凡事豫則立也。"元，亨，利，貞"，謂四時也。卦巽居春夏之交。離爲夏，兑爲秋，乾爲冬，四時更替，乃革之大者，天地之變革也。

初九：革之咸。**鞏，用黄牛之革。**

此言用黄牛皮造鞏甲，擴充兵械用器。《説文》："鞏，以韋束也。"謂用黄牛皮條束捆物件。《左傳·昭公十五年》："闕碧之甲所以克武商也。"杜注："闕鞏國所出鎧。"碧，今本作鞏。是鞏乃鎧甲之一種，用黄牛皮做成，故曰"鞏，用黄牛之革"。《左傳》："純離爲牛。"離，黄色也，故謂之黄牛。《象》曰："'鞏用黄牛'，不可以有爲也。"意謂用黄牛皮甲，不能敵刀劍箭矢也。

六二：革之夬。**己日乃革之。征吉。無咎。**

此言己日開始修筑城郛，二處離中，離爲日，納甲在己，卦辭所謂己日者，此革爲更革改革之義。之，代詞。代卦辭孚字。卦辭爲一卦之主，爻辭主一爻之事。卦辭爲乃孚，實出其名。爻辭履行卦辭之事，故曰"乃革之"。就改修城郛一事言之也。用之作代詞，城郛修理完固，出征於外，不須憂念内事。故曰"征吉。無咎"。此蓋武王征討紂王以前之事。

九三：革之隨。征凶。貞厲。革言三就。有孚。

此蓋武王克紂以後之事。有孚，有誠信也。荀爽曰："三應於上，欲往應之，爲陰所乘，故曰'征凶'。若正居三而據二陰，則五來危之，故曰'貞厲'也。"崔憬曰："雖得位以正，而未可頓革，故以言就之。夫安者有其危者也，故受命之君，雖誅元惡，未改其命者，以即行改命，習俗不安，故曰'征凶'。猶以正自危，故曰'貞厲'。是以武王克紂，不即行周命，乃反商政，一就也；釋箕子囚，封比干墓，式商客閭，二就也；散鹿臺之財，發巨橋之粟，大賚於四海，三就也，故曰'革言三就'。"有孚，有誠信於人也。王夫之以"三"就爲互乾之"三陽"。似非。

九四：革之既濟。悔亡。有孚改命。吉。《帛書》："改"作"茝"，字書無此字。

此與上爻相連之事，四至上兑覆爲巽，巽爲命，故曰"有孚改命"。孚，俘虜，改命歸周，故"吉"。《彖》曰："革而當，其悔乃亡。"干曰："以逆取而四海順之，動凶器而前歌後舞，故曰'悔亡'也。中流而白魚入舟，天命信矣，故曰'有孚'。"改命者，革命也，謂湯武革桀紂之命也。是天改變桀紂之命，而授之於湯武也。天者民也，國以民爲天。《孟子》曰："天視自我民視，天聽自我民聽。"干曰："武王陳兵孟津之上，諸侯不期而會者八百國，皆曰紂可伐矣。武王曰：'爾未知天命，未可也。'還歸。二年，紂殺比干，囚箕子，爾乃伐之。"其取象也。四動成坎，五君已囚坎中，而巽已改體，故。改命也。

九五：革之豐。大人虎變，未占有孚。《帛書》："變"作"便"，《説文·人部》："便，安也。人有不便，更之，从人更。""更，改也。""變，更也。"古文《尚書》："辨章百姓。"《史記·五帝紀》作"便章"。《釋訓》："便，便辨也。"《禮記·禮運》："大夫死宗廟謂之變。"陳注："變

當爲辨。”凡此皆變、便相通之證。變、便同爲寒桓部，同部相通假，故無疑也。

此言湯武革命爲王改制。乾五爲大人，兑爲白虎。以坤臣而推翻夏商數百年統治之天下，討伐桀紂無道之帝王，是虎變也。馬融曰：“虎變威德，折衝萬里，望風而信，以喻舜干羽，而有苗自服；周公修文德，越裳獻雉，故曰‘未占有孚’矣。”此馬氏以孚爲信也。李鏡池曰：“《説文·卜部》：‘占，視兆問也。从卜从口。’又《書》‘稽疑’，《説文》引作‘卟’。謂‘卟，卜以問疑也。从口从卜。’”卟即占之異體字，衹是寫的形體不一。卟，口左卜右。占，則卜上口下。“未占有孚”，言準備進行占向，而吉兆已浮現於事物之面矣，是不占而知其吉也。王先生曰：“謂君齊車，天子玉路，諸侯金路。”

上六：革之同人。**君子豹變，小人革面，征凶。居貞吉。**

此言武王改造殷周之臣民，以爲新民，而臣服於周也。陸績曰：“兑之陽爻稱虎，陰爻稱豹。豹，虎類而小者也。君子小於大人，故曰‘豹變，其文蔚也’。”《論語·顔淵》：“虎豹之鞹，猶犬羊之鞹。”鞹者，革也。王先生曰：“君子，大夫、士也，‘齋車鹿帣豹犆’。……小人，庶人，無飾車，其轅前革縛名鞙，亦用鞃，故亦曰面也。大夫、士車飾豹，庶人大車則革面無文。”按王先生説，是革命已成功，分封侯國，製造車制等級之禮也。虎豹謂車帣之飾文。象言文炳，文尉是也。虞云：“陰稱小人也，面謂四，革爲離，以順成五。故‘小人革面’。乘陽失正，故‘征凶’。得位，故‘居貞吉’。蒙艮爲居也。”李鼎祚曰：“兑爲口，乾爲首，今口在首上，面之象也。”按小民爲殷頑民，革面改志從化也。面向也，向化臣服於周也。今人問中立者，面向那邊，是其遺語。王夫之云：“爲君子者於此而不安於已廢，欲有所行則凶，武庚之所以終殄；唯知時而自守其作賓之正，則微子之所以存商也。”斯言也，得其旨矣。

鼎

☲☴ 離上 巽下　火風鼎　内互乾 ☰　兑 ☱

四易卦　遯 ䷠ 五來 二往　大壯 ䷡ 五往 上來

大過 ䷛ 上往 五來　大畜 ䷙ 初往 四來

《彖》曰："鼎，象也。"以木巽火烹飪也。毛奇齡説。巽木離火包夾乾金兑澤於其間，此象也，謂之鼎。鼎有足，有腹，有耳，有鉉，而卦俱有之。此鼎之象也。《史記·封禪書》："黄帝采首山銅，鑄鼎於荆山下。"後世因名其處爲鼎湖，此我國鑄鼎創始人和地點之始也。《左傳·宣公三年》："昔夏之方有德也，遠方圖物，貢金九牧，鑄鼎象物，百物而爲之備，使民知其神姦。故民入川澤山林，不逢不若。螭魅罔兩，莫能逢之……桀有昏德，鼎遷於商，載祀六百。商紂暴虐，鼎遷於周……成王定鼎於郟鄏，卜世三十，卜年七百，天所命也。"此三代時，以九鼎爲傳國之寶器，秦昭襄王五十二年，攻西周取寶鼎九，其一飛入泗水，餘八鼎入秦，遂無消息。唐武后及宋徽宗，各鑄九鼎，宋鼎入金後亦無考。此在中國政治上之九鼎問題，大約如此。《説文》："鼎，……昔禹收九牧之金，鑄鼎荆山之下。"段注："皇甫謐《帝王世紀》：'禹鑄鼎於荆山，在馮翊懷德之南，山下有荆渠。'酈氏《水經注》：'懷德縣故城在渭水之北，涉苑之南。'"《禹貢》："北條荆山在南，山下有荆渠，即夏后鑄九鼎處也。"《説文》："鼎，三足兩耳，和五味之寶器也。……象析以木炊也。"貞省聲。《周禮·天官·膳夫》："王日一舉鼎十有二，物皆有俎。"鄭注："牢鼎九，陪鼎三。"此爲王早餐用鼎數。而用鼎多唯王侯，乾爲大人王侯也。其次用鼎在祭祀與賓客兩方面。祭祀以享帝爲大，饗賓客以養聖賢爲大。故烹人掌鼎。其享上帝祖先，大抵煮牲體於鑊，既熟而胥於牲鼎。《九家易》曰："牛鼎受一斛，天子飾以黄金，諸侯白金；三足以象三台，足上皆作鼻目爲飾也。羊鼎五斗，天子飾以黄金，諸侯白金，大夫以銅。豕鼎三斗，天子飾以黄金，諸侯白金，大夫銅，士鐵。三鼎形同。”養聖賢則饔餐牢醴，水火調劑，當具品物。故享帝曰烹，養聖賢曰大烹。王先生曰：“鼎無他義，直取象爲卦。”按此説不妥，凡《易》有象則有義，有象無義者，義未明也。未明其義而説者，非亂則妄也。

鼎：元吉。亨。

鄭玄曰：“鼎，象也。卦有木火之用，互體乾兑，乾爲金，兑爲澤，澤鐘金而含水，爨以木火，鼎烹熟物之象。鼎烹熟以養人，猶聖君興仁義之道，以教天下也，故謂之鼎矣。”《大壯》初上相易，爲天地交。《遯》二五相應，陰陽諧和，故元吉又亨通也。

初六：鼎之大有。**鼎顛趾，利出否。得妾以其子。無咎。**《帛書》：“否”作“不”。《釋文》：“否，惡也。”《説文》：“否，不也。”段注：“不者，事之不然也。否者，説事之不然也。”是不、否爲同義詞。溉鼎時把鼎顛倒，使口向下，足向上，清除鼎中所留存油膩惡物，故曰“鼎顛趾，利出否”。此世俗之通解也。《帛書》：“顛趾”作“塡止”。顛、塡皆从真聲，同聲通假。止，古無足字。

鄭玄曰：“足所以承正鼎也。……以喻君夫人之事君，若失正禮，踣其爲足之道，情無怨，則當以和義出之。然如否者，嫁於天子，雖失禮，無出道，廢遠之而已。……坤爲順，又爲子母牛，在後妃之旁側。妾之例。有順德，子必賢，賢而立以爲世子，又何咎也。”聞曰：“否音古爲一字，故否可通陪。《禮》有陪鼎。《聘禮》曰：‘陪鼎膷臐膮’；《左傳·昭五年》：‘餐有陪鼎’，杜注曰：‘陪，加也。’……正鼎折毁，則當出陪鼎以代之。下文曰‘得妾以其子’者，妾爲妻之副貳，妾之於妻，猶陪鼎之於正鼎，故出陪鼎爲得妾之象。妻無出，得妾而有子，可以代妻，按子以母貴，母以子貴也。猶正鼎無足而有陪鼎，則出陪以代正也。"

九二：鼎之旅。**鼎有實。我仇有疾。不我能即。吉。**《帛書》："仇"作"救"。"即"作"節"。

妻謂五，五降阻於二陽，故"有疾"。不能與我同食，位陰爻陽之我，亦有同病，故不能就二。然我與我仇，仇，匹也。《帛書》："仇"作"救"。《集韻》："仇、𠦜……或作𠦜，通作逑。"《太玄》："謹於嬰𠦜。"注："𠦜，正也。"《詩·關雎》："君子好逑。"《禮·緇衣》引作"仇"。《漢書·匡衡傳》引作"仇"。《爾雅·釋詁》："《正義》引孫炎云：'逑，相求之匹也。'《一切經音義·九》引李巡曰：'仇，讎怨之匹也。'"匹偶爲妻，究爲正應，始阻終必合也。《説文》："即，就食也。"節从即聲，節、即同聲，故通用。段曰："即，當作節。《周易》所謂節飲食也。節食者，檢制之使不過，故凡止於是謂之即，凡見於經史言即皆是也。《鄭風》毛傳曰：'即，就也。'"

九三：鼎之未濟。**鼎耳革，其行塞。雉膏不食。方雨虧悔。終吉。**

此言鼎耳有病，不能舉行。因此内有雉膏不能食，比喻有賢才不能見用。革與棘通用。《詩·文王有聲》"匪棘其欲"。《禮器》作"革"。《論語·陽貨》"棘子成"，《漢書人表》作"革"。《莊子·逍遥游》"湯之問棘也是已"。《列子·湯問》作"革"。孫炎云："革，急也。"《禮記·檀弓》："子之病革矣。"又《禮器》："匪革其猶。"注革皆訓急。急，疾也。《詩·江漢》："匪疚匪棘。""棘，急。"行讀爲桁，即貫通鼎耳之横木。行聲轉爲鼏。《説文》："鼏，以横木貫鼎耳而舉之。从鼎冂聲。……莫狄切。"又轉爲鉉。《説文》："鉉，舉鼎也。"塞，不通行也。其取象也，動成兩坎。坎爲耳，耳革。巽爲隕落，屯震爲行。折而遇乾，三乘承皆陽，陽與陽遇，故“其行塞”也。離爲雉，坎爲膏。三動體頤，頤中無物。離象不見，故“雉膏不食”也。《禮》陪鼎有雉腒。屯坤爲方，大坎爲雨，兑爲昧，故曰“方雨”。三動虧悔，悔者，晦也，不明也。乾失位故悔。不明者旁通屯坤也，迷霧蔽離之明也，終得之正，所以“終吉”。又三之四，則三臨重陰，陽得陰則通，故吉也。

九四：鼎之蠱。鼎折足，覆公餗，其形渥。凶。形渥，《周禮·司烜》注引作“刑剭”。《帛書》作“刑屋”。“覆”作“復”。“餗”作“茈”。

此言華達鼎折足，傾覆食物，以比三公廢事，治誅屋荆。《周禮·司烜氏》：“邦若屋誅。”注引《易》：“其刑剭。”鄭玄注：“屋誅，謂夷三族。”服虔注：“《周禮》有屋誅，誅大臣於屋下，不露也。”《漢書》顔師古注：“剭者，厚刑，謂重誅也。”《齊策·四》：“是故無其實而喜其名者削，無德而望其福者約，無功而受其禄者辱，禍必握。”姚宏注：“‘握’，《高士傳》作‘渥’。”與《易》義同。《繫辭傳》曰：“德薄而位尊，知小而謀大，力小而任重，鮮不及矣。《易》曰：‘鼎折足，覆公餗，其形渥。凶。’言不勝其任也。”以剭爲刑名，則應是剭字。作屋、渥、握，皆假字也。剭，治叛逆之刑法也。董子《春秋繁露·精華篇》：“夫鼎折足者，任非其人也。覆公餗者，國家傾也。”《釋文》：“餗，馬云‘鍵也’。”鬻鬻也。重文作餗。《帛書》作“茈”。字書并無其字。余疑爲蔬之異體字，省茈而爲之。餗、蔬省茈，鬻鬻皆鼎内之物也。高氏曰：“《左傳·昭公七年》《傳》載《正考父鼎銘》：‘饘於是。鬻於是。以餬余口。’杜注：‘於是鼎中爲饘鬻。’”此馬注訓餗之證。鄭玄曰：“餗，菜也。”《説文》：“鬻，鼎實。惟葦及蒲。”又《韓奕》：“其蔌維何？惟笋及蒲。”《毛傳》：“蔌菜，殽也。”《爾雅·釋器》：“菜謂之蔌。”此鄭訓鬻爲菜之證。蓋鼎既可煮飯，又可煮菜，各以所見爲訓也。

六五：鼎之姤。**鼎。黄耳，金鉉。利貞。**

用鼎比王位之尊貴，五爲王位。干曰："鉉鼎得其物，施令得其道，故曰'利貞'。"言二五應也。王先生曰："鉉，舉鼎者，《禮》謂之扃。黄耳，黄金爲耳。金鉉，以銅爲鉉，蓋君饗食之制。"按鉉爲扛鼎之棍，又叫鼎扃。塗之以金爲金鉉，鑲之以玉爲玉鉉。

上九：鼎之恒。**鼎玉鉉。大吉。無不利。**

此頌天王聖明，公卿仁賢之象也。乾爲金爲玉，金玉寶貴之物，故古人用作裝飾品。王先生曰："玉飾鉉，蓋宗廟祭鼎制也。祭吉禮，故大吉。"王説是。干曰："玉又貴於金者，凡享飪之事，自鑊升於鼎，載於俎，自俎入於口，馨香上達，動而彌貴，故鼎之義，上爻愈吉也。鼎王烹飪，不失其和；金玉鉉之，不失其所；公卿仁賢，天王聖明之象也。君臣相臨，剛柔得節，故曰'吉無不利'也。"

《漢書·五行志》稱："《易》有《鼎卦》，鼎，宗廟之器，主器奉宗廟者長子也。野鳥自外來，入爲宗廟器主，是繼嗣將易也。一曰，鼎三足，三公象，而以耳行。野鳥居鼎耳，小人將居公位，敗宗廟之祀。野木生朝，野鳥入廟，敗亡之異也。"此劉向藉災異而説王莽將篡漢之禍兆，不須占卜，而事已大白於人世矣！何以不起義而征討之，《龜山操》："手無斧柯，奈龜山何？"

震

䷲ 震上震下　雷雷震　内互艮 ☶　坎 ☵

四易卦　臨 ䷒ 四來二往　頤 ䷚ 四往上來

萃 ䷬ 五來初往　小過 ䷽ 三來初往

《震》《艮》對卦，虞氏以《震》爲《臨》二之四，《艮》爲《觀》五之三，皆以正推言。毛奇齡説。

尚曰：“《歸藏》作釐。李過曰：‘釐者，理也。’黄宗炎曰：‘謂雷釐地而出以作聲。’愚按，震爲笑樂，爲喜，而釐與僖通。《史記》以魯僖公爲釐公，是其證。《説文》：‘僖，樂也。’與喜同。仲按《春秋》三傳亦作釐公。師古曰釐爲僖之假借字。又震爲生爲福，而釐亦爲福。《前漢・文帝紀》：‘祠官祝釐，如淳曰福也。’是釐與震義多同。故《歸藏》作釐，《周易》作震。”釐、僖、喜同屬古音咍部曉紐，故釐通屬同用。鄭玄曰：“震爲雷。雷，動物之氣也。雷之發聲，猶人君出政教以動中國之人也，故謂之震。人君有善聲教，則‘嘉會之禮通’矣。雷發聲聞於百里，古者諸侯之象。諸侯出教令，能警戒其國，内則守其宗廟社稷，爲之祭主，不亡匕與鬯也。人君於祭之禮，匕牲體、薦鬯而已，其餘不親也。升牢於俎，君匕之，臣載之。鬯，秬酒，芬芳條鬯，因名焉。”在大風雨之時，空氣蕩激發出聲音謂之雷，發出光熱謂之電。電有陽電陰電之分，又叫正電負電。當天地間相對静止之時，二電保持均勢，故不外顯。一受激動，失其均勢，則雲際之陽電出現，引起伏地之陰電，衝激而出，發出强烈之聲音和光熱，則雷電也。甲骨文雷作，。電作、、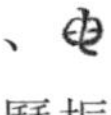。《説文》雷古文作，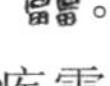。籀文作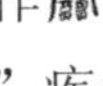。《説文》：“震，劈歷振物者。”段注：“劈歷，疾雷之名。”疾雷，迅雷也。迅雷發作，往往毁物打擊人畜。《左傳・僖公十五年》：“震夷伯

之廟。”《史記·殷本紀》：“暴雷，武乙震死。”今人謂之觸電，紀實也。《帛書》：“震”作“辰”，辰爲振之省字。《説文》：“辰，震也。三月，陽氣動，雷電振，民農時也。”《釋名》：“辰，伸也。物皆伸舒而出也。”震象爲丘，卦形象☳四方高，中央下，丘字卜辭作“”，金文作“”，以卦畫有横無竪，驗之古丘字，正與震象合。

震：亨。震來虩虩，笑言啞啞。震驚百里，不喪匕鬯。《歸藏》：“震”作“釐”。《帛書》作“辰”。《子夏傳》：“虩虩”作“愬愬”，王弼、荀爽、鄭各本同《子夏傳》。《帛書》作“朔朔”。鄭用費《易》，許用孟《易》。《帛書》：“啞”作“亞”。“驚”作“敬”。“喪匕鬯”作“亡釓觴”。皆同聲通假也。

此卦辭言震雷之下，兩種人的形象。一種人怕得欲死，一種人不怕。不怕者明白震雷之規律也。怕者是“震來虩虩，笑言啞啞”。虩音喜㦖切，恐懼貌。啞啞，《廣韻》：“烏下切。”《玉篇》：“不言也。”謂言笑皆不成聲也，啞，瘖也。《帛書》作“亞亞”。震爲疾雷乍震，則不敢言笑也。俗云“言笑皆廢”是也。孔子説：“迅雷風烈，必變。”即此類也。古人皆以言笑解啞啞，其義悖矣。不怕者是“震驚百里，不喪匕鬯”也。《帛書》：“驚”作“敬”。《説文》：“驚，馬駭也。”“駭，驚也。”二字轉注。“敬，肅也。”“肅，持事振敬也。”二字亦轉注。朱子説：“敬者，主一無適之謂。”夫主一則心齊，心齊則恭敬集於一心。文子曰：“一也者，無適之道也。”《淮南子·詮言》曰：“一也者，萬物之本也，無敵之道也。”王先生曰：“震爲劈歷，雷爲回轉，此其殊者。”殷大國爲百里，坤爲百二里。言百里舉成數也，坤又爲喪，匕匙也。《説文》：“一名柶。”“柶，匕也。”木柶用以载牲醴，扱鼎食，扱黍稷，扱鉶羹，扱酒漿等。因下有柶字形的淺底，所以能乾能水。高曰：“《説文》：‘鬯，以秬釀鬱草，芬芳，攸服以降神也。从凵，凵，器也，中象米，匕所以扱之。’引《易》曰：‘不喪匕鬯’，仲按言專心敬神，不畏雷也。考《毛公鼎銘》鬯作。《盂鼎銘》作，其字純象器形。篆文變作。”上象米，金文亦有米。米所以釀酒，米内商以鬱京草，所以香之，用以祭神或賚人。高又曰：“《書·文侯之命》：‘用賚爾秬鬯一卣’。《詩·江漢》：‘釐爾圭瓚秬鬯一卣。’《毛公鼎銘》：‘錫女𩰪鬯一卣。’《盂鼎銘》：‘錫女鬯一卣。’并此義也。仲按鬯是酒用以錫人，一卣一壺也。壺是玉石雕琢成，故曰玉鬯。因而盛鬯之器亦曰鬯。《周官·大宗伯》：‘凡祀大神，享大鬼，祭大示，涖玉鬯，省牲鑊，奉玉齋。’《國語·周語》：‘有神降於莘。王使大宰忌父帥傅氏及祝史奉犧牲玉鬯往獻焉。’并此義也。”禮凡上牲醴薦鬯酒，主祭者親之謂之涖。《帛書》：“鬯”作“觴”，《説文》：“觶實曰觴，虚曰觶。”《韻會》：“酒巵總名。《三禮圖》：‘凡諸觴形皆同，升數則異。’《詩·卷耳》注疏引《韓詩》説：‘一升曰爵，二升曰觚，三升曰觶，四升曰角，五升曰散，總名曰爵，其實曰觴。’餉也。”何以取象？震反爲艮，艮爲祀廟，有祭祀之義，祭祀之重要，莫如灌地降神。震驚百里之迅雷，而鬯匕不失，則其祭祀之誠可知也，不畏雷震亦可知也。

初九：震之豫。**震來虩虩後，笑言啞啞。言。**

此爲先懼後喜之狀，謂大雷以後，纔恢復言笑，故吉也。蜀才云：“震爲喜笑。”虞曰：“震爲言。”故卦爻辭皆取爲象。干云：“得震之正，首震之象者，‘震來虩虩’，羑里之厄也。‘笑言啞啞’，後，‘受方國’也。”

六二：震之歸妹。**震來厲。億。喪貝。躋於九陵。勿逐。七日得。**“億”《釋文》：“本又作‘噫’。”“貝”荀音“敗”。《集韻》敗亦作貝。《説文》：“敗，毀也。”《玉篇》：“毀……破也。”《帛書》：“億”作“意”。“喪”作“亡”。“躋”作“齍”。“逐”作“遂”。

此蓋在雷雨中，爬山趕路，喪失錢財，進行卜問也。億假爲噫，猶今言唉呀，抽口冷氣的嘆聲。互詳下五六爻文。我的錢丢了，已升登到了九陵山上，去求神問卜，卦象告以不須追逐，七日會得到的。《説文》：“躋，登也。”孔《疏》：“躋，升也。”升登同義。齍爲同聲通假。貝，古人用作錢財。離爲嬴蚌，故稱貝。艮爲陵，故稱九陵。震數七故稱七日。此爲《既濟》六二“婦喪其茀，勿逐，七日得”，同義。此在《震》中失事，與《既濟》不同。

六三：震之豐。**震蘇蘇，震行無眚。**《帛書》：“蘇”作“疏”。“眚”作“省”。

此言雷聲稀疏，能震動物體，使之蘇生，而無損害也。《解》卦云：“雷雨作而百果草木皆甲坼。”坼者，植物子房初開也。蘇蘇即愬愬之轉音，故馬融、陸績俱注恐懼，鄭注不安也。人知恐懼不安，則更能修省不息，此人道也。唯虞翻以人死而復蘇爲解。蓋謂三死坤中，動出得震爲生。《左傳・宣公八年》“晋獲秦諜，殺諸絳市，六日而蘇”。此人死有復蘇之證。《竹書紀年》武乙三十五年：“王畋於河渭，大雷震死。”雷震死人，每年不少。尤其見遺幼嬰不收，因而致死者，輒遭雷擊。《左傳・僖公十五年》：“震夷伯之廟。”此震人震物之例。天道也，抑或神道也。何以“震行無眚”？蓋震雷擊物時，連連幾聲劈歷，忽圍上幾圈，此時不可行走，走則觸電死。待燥雷過後，雷聲稀疏，或去遠地。走可無眚，其取象，坎爲眚，眚，害也。三出得正，坎象不見，故“無眚”也。蘇、疏皆模部字，同部通假。蘇，生也。《淮南子・時則訓》：“蟄蟲咸動蘇。”注：“動蘇，生也。”《一切經音義·十八》：“更生曰蘇。”《顏氏家訓·雜藝》：“更生爲蘇。”《小爾雅·釋名》：“死而復生，謂之蘇。”《左傳疏》：“蘇者，死而更生之名也。”則《易傳》和《左傳》作蘇，極有深義存焉。《帛書》作疏，則義略矣！

九四：震之復。震遂泥。“遂”，荀作“隊”，《説文》：“隊从高隊也，从𨸏㒸聲。”即墜字之借假。

此言陰陽電接觸，是最危險之時，教人防備勿犯。四從臨頤來，而居互艮之末，互坎之中。艮以倒震而坎以限之，爲震驚之極，天電與地電相接觸而衝擊，似從天空下墜於水坎坤泥之中。遂爲墜之省文，古通用。《論語》“文武之道未墜於地”，漢石經作隧。《荀子·禮論》：“入焉而隊。”楊注：“隊，古墜字。”《列子》：“矢墜地而塵不揚。”字作隊。此時大雨滂沱，極其危險。能死人畜，焦草木，倒房屋，霹靂大聲，震人耳聾。迄雲雨大傾，天空中銀蛇飛舞不息，則危險時已過，可無大患也。

六五：震之隋。震往來，厲。意。無喪有事。

此與六二爻辭有相復之點，但時間不同，故結果有異。六二之“震來厲”，言雷初發，嚴厲之聲，是突然而來，故令人喪貝。此則言天空雷上下往來，雖然嚴厲，但人精神有備，故無喪失。意爲繄之假字，繄爲語氣助詞。《左傳·隱公元年》：“繄我獨無。”注：“繄，語助。”又《襄公十四年》：“繄伯舅是賴。”杜注：“繄，發聲。”意、繄古音同，故相通假。《震》反爲《艮》，艮爲宗廟，五爲祭主。有事，仍在宗廟舉行祭祀也。

上六：震之噬嗑。震索索。視矍矍。征凶。震不於其躬，於其鄰。無咎。婚媾有言。《帛書》：“索索”作“昔昔”。“矍矍”作

“懼懼”。“征”作“正”。“無咎”上有“往”字。“婚媾”作“閩姤”。解詳《屯》卦。《屯》“姤”作“厚”，此讀同。

此爻敘述三事：一爲征凶，二爲無咎，三爲有言。高曰：“《釋文》：索索，鄭云：‘猶蹜蹜，足不正也。’亨按鄭以蹜蹜釋索索，是也。考蹜蹜陟履戰栗之貌。《禮記·玉藻》：‘執龜玉，舉前曳踵，蹜蹜如也。’《論語·鄉黨》篇：‘執圭勃如戰色，足蹜蹜如有循。’皆此義。蓋蹜蹜乃恐懼存於心而形於足也。今北土方言，狀人身體戰栗之狀曰多多索索，疑索索即《易》之索索，古代之遺言也。”矍矍，《説文》：“矍，隹欲逸走也”。鄭注：“目不正也。”徐曰：“左右驚顧也。”予謂矍是眲之假字。《説文》：“眲，左右視也。”左右視，驚懼亂望之象也，此恐懼存乎心而形於目也。三動應離，故有視義。巨雷作，足則蹜蹜，目則左右視。此怯懦者之象，以怯懦者行兵則必敗，故曰“征凶”。巨雷之震，不擊其躬而擊其鄰。是災不在己而在他人之象，故己似無咎，無咎者有咎也。上與四合爲外卦之體，躬之震也。初九則其鄰也。上六陰居散位，不能有爲，故“征凶”。言爲訶假，訶，譴也。震爲長男，互坎爲中男，互艮爲少男。三男共處，必有婚姻之争，故“婚媾有言”。宜也。王先生曰：“成離互坎爲婚，兩離爲媾，象兑爲有言。”有言者，争訟也。

艮

䷳ 艮上艮下　山山艮　内互坎 ☵　震 ☳

四易卦　觀 ䷓ 五來三往　頤 ䷚ 初往三來

升 ䷭ 二往上來　小過 ䷽ 四往上來

尚云：“《歸藏》作狠。狠，《廣韻》：‘很之俗字。’”《説文》：“狠，吠鬥聲。从犬艮聲。”孟易作𥃩，从匕目，匕目猶言目相匕不相下也。又彳部，“很不聽从也。一曰行難也，一曰盭也。从彳㫐聲。”據此則很非俗字，皆从艮聲，同聲通假也。《説文》艮篆作，金文作，《曶鼎》。作，《宗周鍾》。皆是人立而望之之形。甲骨文作，《殷墟書契前編》卷一第二十九集。作，同上書卷四第四十五葉。并从目从人，衆戴上方形成圓形之物，保護眼睛。但从此都看不出艮爲狠之義。《帛書》：“艮”作“根”。《説文》：“根，本株也。”《廣韻》：“根，柢也。”《管子·水地》：“地者，萬物之本原，諸生之根菀也。”《歸藏》艮爲狠，狠爲吠鬥聲。《説文·鬥部》：“鬥，兩士相對，兵杖在後，象鬥之形。”兩士相鬥，則非國家用兵之戰，而是私人之鬥也。《詩·小雅·棠棣》：“兄弟鬩於墻”，鬩，“从鬥从兒。”《爾雅·釋言》曰：“鬩，恨也。”《毛詩傳》曰：“鬩，很也。”孫炎云：“相很戾也。”相鬩則有喧聲吵鬧。《孟子》：“鄒與魯鬨。”趙注：“鬨，鬥聲也。猶構兵而鬥也。”《吕覽·慎行》曰：“崔杼之子相與私鬨。”高注：“鬨，鬥也。”是很義在能鬥，何以狠、很皆从艮得，省艮聲之義何在？予謂在目之匕，不是反人字，而是皆字之一半，讀卑禮切。比字古文作，段以爲“从二大也，二大者，二人也”。此解非是，蓋古代一種兵器，前是箭鏃之形，後蓋是作尾，尾空槽纳手指於内，挪捺以發射也，專打人目以取勝。所以艮从目从口，篆作目从匕，隸變成艮，則原義原形不可復識矣。匕即古箭鏃。《左傳·昭公二十六年》：“匕入者三寸。”注曰：“匕，矢鏃也。”《周禮·桃氏》注：“刃，刀劍之屬。”蓋謂短小之劍。古比武私鬥用，蓋即後世所用之鏢。尚云“艮爲刀劍”，《小過》九三注。又云“艮爲刀兵”。見《小過》上六注。殆可考證。鄭玄曰：“艮爲山，山立峙各於其所，無相順之時。猶君在上，臣在下，恩敬不相與通，故謂之艮也。”按本卦皆無應，所應皆敵。有民而無君，故盜賊横行，各自爲政。外卦有震雷之威，盜威稍斂，得以偷生苟活而已。但艮表爲人，古人字作，即艮之省

形也。三正以乾屬天，坤屬地，艮屬人。夏政建爲人，正因易艮首卦名連山也。

[艮]：艮其背，不獲其身。行其庭，不見其人。無咎。首“艮”字，從高説補入。《帛書》：“艮”作“根”。“背”作“北”。“獲”作“濩”。

王夫之曰：“‘艮其背’，陽升而陰得中，非有艮止之情，特以孤陽居上，更無可行之地，不得不止。”《稗疏》。人身唯背不動，有如山然。以卦觀背，艮其山也。以人觀艮，艮其背也。《説文》：“背，脊也。从肉北聲。”《韻會》：“身北曰背。”《釋名》：“背，倍也。在後稱也。”此《帛書》以背作北之義也。獲，得也。身，躬也，親也。“不獲其身”，言不得親近於躬身也。獲、濩，二字同聲系，故相通假。李鼎祚云：“今純艮，重其門闕，兩門之間，庭中之象。”虞謂“坎爲隱伏，故‘行其庭，不見其人’”。尚云：“艮爲背，爲身，爲庭，爲人。艮其背，静也。三至五互震，故又曰‘行其庭’。行其庭，動也。乃因無應與，静則不獲身上手足之用，動則不見庭除應予之人。無動作，無交際，故亦‘無咎’也。”按《觀》以三往五來成艮，故卦有觀察之義，互坎爲盜，“艮其背”即觀其背也。俗語“看到他的背還怕”，即此艮背之義也。未見凶人之面，故“無咎”。斯盜也，看背不得身，行庭不見面，其盜家之最劇者歟？

初六：艮之賁。**艮其止，無咎。利永貞。**《帛書》：“艮”作“根”，上同。“止”，原作“趾”，今改作“止”。

此卦與《咸》卦爻辭多相同。予定咸卦，是奴隸主刑治逃亡奴隸之事。此卦蓋盜賊擒奪富家財産，拷打富家人丁而逼供財物之事。趾應作止，段玉裁説：“許書無趾字，止即趾也。《詩》：‘麟之趾。’《易》：‘賁其止，壯於前止。’《士婚禮》：‘北止。’注曰：‘止，足也。’古文止爲趾。許同鄭從今文，故不録趾字。"《易》書古今文雜用，此趾字應改今文作止。艮，觀，觀察也。止謂舉止行動。其，代詞，他也。意謂盜初入門，觀察他家人的舉止行動，再定搶劫方法。所以説"無咎。利永貞"也。"利永貞"，《坤》用六爻辭。《艮》有半坤象，故用之。

六二：艮之蠱。艮爲腓，不拯其隨，其心不快。《釋文》："拯"作"承"，音拯。拯、承、登皆同部字，同部通假。拯，割去見馬腎謂之拯。腓又作肥。腓是脛後肚肉。

《説文》段注："隨，……从辵隋聲。"《説文》："隋，裂肉也。"三其字皆代詞，指受傷害者。此言盜賊用刀戳傷想外逃之人的腓肚，受害者心不快樂，何以言之。初爻爲觀察，二爻互坎出現，是盜賊。富家之健者與三剛相連，想逃或敵對，故盜用刀劍之利以威之。腓、肥皆膝後腿之肉，同爲灰部字。

九三：艮之剥。艮其限，列其夤，厲熏心。鄭本"夤"作"膑"。《帛書》："列"作"戾"。"夤"作"肥"。

王注："限，身之中也。"《釋文》："馬云：'限，要也。'鄭、荀、虞同。"尚氏云："《墨子・明鬼下》：'生列兕虎。'《荀子・哀公問》云：'兩驂列兩服入廄。'注皆作裂。"《説文》："列，分解也。从刀歺聲。"《帛書》作"戾"，是列、戾同義字。馬注："夤，夾脊肉也。"《説文》："胂，夾脊肉也。"是馬以爲夤之假字。鄭作膑，則胂之或體字。厲，害也。坎爲心，互大離爲火，馬解熏其心，是以離爲象。虞批評馬説："未聞易道以坎水熏灼人也。"火熏心是我國一種野蠻行爲。民初土匪搶上富家之門，用綫香熏鼻，逼供財富所存地。是一種厲害的刑法，既有火灼，又有煙熏。煙熏鼻，又入於心，故曰"厲熏心"。今人駡人利心動，爲利熏心，實不知爲厲熏心也。

六四：艮之旅。**艮其身。無咎。**《帛書》："身"作"躳"。

身謂婦懷有妊娠。《詩》："大任有身。"《傳》："身，重也。"箋云："重謂懷孕也。"三至上體上離，《説卦傳》："離爲大腹。"孕之象也。《左傳·昭公元年》："武王邑姜，方震大叔。"是也，觀察有孕者不加刑，故曰"無咎"。今躬字从身弓聲。《説文》："躳，身也。从身从吕。"《九經字樣》：躬，……俗躳。今經典通用。"《説文》："弓，以近窮遠，象形。"《釋名》："弓，穹也。張之穹隆然也。"此言躬出張望之形也。六尺爲步弓之古制，《度地論》："二尺爲一肚，四肚爲一弓，三百弓爲一里，一里即三百六十步。六尺與步相應，而云弓者，侯之所取數，宜於射器也。"古人五尺爲童子，六尺則域於丁壯之夫也，大約可應役征兵矣。所以从弓之躬爲通俗之用字。从躳之躳，應从宫不从吕，从吕者宫字之敚也。从宫之竆蓋富貴老幼所居之屋也。今以馬王堆之躳字證之瞭然。今躳字實是訛脱之字，《帛書》作躳是也。

六五：艮之漸。**艮其輔。言有孚。悔亡。**《帛書》："輔"作"胶"。

本卦有頤象，故欲用刀劍削破輔頰之象。《説文》"輔"作"酺"。酺頰即口兩膀之腮幫。互震爲言，當言而言也。四至上反震爲艮，不當言則止也。有序者有秩序而不紊亂也。因此盜者免其進刑，故悔亡也。胶詳《咸》卦。

上九：艮之嗛。**敦艮。吉。**

《爾雅》："丘一成爲敦。""敦艮"者，兩艮相重如丘之再成也。敦，厚也，以比忠厚誠實之人。其人之謙恭敦厚，故曰"吉"。

本卦予定爲貧治富，互坎爲盜賊。盜賊是貧窮極苦集團，占領山頭，搶奪富有之家，以爲生活者。此一也。莊子所謂盜亦有道，對本卦六四有身之婦，不加懲罰，對上九忠厚長者，不與作鬥，而自服辯之人，亦從寬處理，凡此非盜者之有道乎？此二也。春秋時柳下季爲天下大盜，當時人以盜跖名之。楚有莊蹻大盜，鄭有“萑苻群盜”，是我國歷來就有盜賊之名也。自漢以來，盜之爲盜，更不可屈指而數也。此三也。

漸

䷴ 巽上艮下　風山漸　内互坎 ☵　離 ☲

三易卦　否 ䷋　咸 ䷞

益 ䷩

水所润漬曰漸。相近而密相入，循次以相浹洽。卦因《否》變而立義。《否》陽上陰下，各據其所而不交。《漸》則坤上陰至四以相入，乾陽下至三而止。於是陰進陽退，相就相浹而得交以消否塞，故卦名漸。“二之陰，五之陽，居中自如，無相就之志，則其道唯‘女歸’爲得而吉焉。陽下外三，男下女也。陰上於四，婦人以外爲歸也。……‘女歸’，先言女後言歸，女往而歸男，嫁娶之謂也；異於《歸妹》之先言歸而後言妹，爲男反歸女之辭，故《漸》吉而《歸妹》凶也。”以上節王夫之説。按卦互坎爲水，互離爲飛鳥，故取象焉。鴻爲水陸之鳥。雁之天者，古人婚禮奠雁。鄭謂取其順往來，殆可信也。《説文·走部》“趣”下段注：“《水部》漸云：‘漸，水也。’則訓進者，當專作趣。許所見《周易》卦名，當如是矣。”朱駿聲云：“漸，……借爲趣也。進也。”本卦互蹇坎爲水，互離爲飛鳥，艮亦爲鳥。故取象於鴻，鴻爲水陸之鳥，雁之大者。《説文》：“鴻，鴻鵠也。”一名黄鵠。《帛書》：“鴻”作“鳿”。段注：“玄應曰：‘鳿，古文难。’”《説文》：“难，鳥肥大难难也。”《上林賦》張揖注：“鳿，大鳥也。”師古注：“鳿，古鴻字。”《詩》：“鴻飛遵渚。”鄭箋曰：“鴻，大鳥。”《毛傳》：“鴻不宜循渚。"《詩》又云："鴻飛遵陸。"毛云："陸非鴻所宜止？"鴻鳥之遵渚遵陸，是其常耳？有何不宜焉？蓋《九罭》之詩，美周公也。周大夫刺朝廷不知周公之聖功，而作是詩以諷之也。意謂一舉千里之大鳥，常集高山茂林之上，不常遵於小洲之渚，高平之陸也。《詩》《易》可以互相發明，而《易》之爻辭，隱其微義，晦其辭旨，殊難窺其端倪焉。

漸：女歸吉。利貞。

《咸》《恒》《漸》《歸妹》皆以震，艮，巽，兑，作男女之象。澤山《咸》爲"取女"，取即娶字。雷風《恒》六五爲"婦人吉"。《歸妹》以兄娣爲變象。震兄兑妹是以長女少男爲女歸，女自嫁於男也。虞云："否三之四。女者四。歸，嫁也。四承五，進得位，往有功，反成《歸妹》兑。……三進四得位，陰陽體正，故吉也。"何以"女歸吉"？上下卦皆陰承陽，即婦從夫之象，故吉。非女歸之吉，《漸》吉也。二五貴位皆得中，又能相應，故"利貞"也。本卦喻事物自低向高發展，在發展過程中，有不同情況，不同變化，似與女貞，膜不相關。

初六：漸之家人。鴻漸於干。小子厲有言。無咎。《帛書》："鴻"作"鳿"，古文也。"干"作"淵"，假干爲岸，王肅云："山間澗水也。"先寒古音同部通假。干，水涯也。

三至四爲坎水。初在坎下，故曰"鴻漸于干"。艮爲小子。厲，危也。初與四應，四往而初不動，故四有言相責也。漸之爲道，以不迫爲，爲美，時未到則姑止以待，故"無咎"也。危者四有離群之感也。王先生曰："畜爲雁，野曰鴻。以女歸故取象六鴻不取雁者，象女自外來也。……漸，即也。即岸就水涯高處，象女得配貴家也。"夫鴻之不得水，猶男之不得女也。

六二：漸之巽。**鴻漸於磐，飲食衎衎。吉。**“磐”，晁曰：“古文作般。”《帛書》作“坂”。“衎衎”作“衍衍”。

《史記·武帝紀》《封禪書》《漢書·郊祀志》引《易》，“磐”皆作“般”。《帛書》作“坂”。坡，坂也，一曰澤障，一曰山脅。《説文》無磐字。可見漢初時《易》書，不作磐也。按磐與泮反，同在寒桓部邦紐。《詩·衛氓》：“淇則有岸，隰則有泮。”鄭箋云：“泮讀爲畔。畔，涯也。”《詩·泮水》：“翩彼飛鴞，集於泮林。”《史晨奏銘》：“飲酒泮宫。”坎爲飲酒，并在頤中，故衎衎然喜樂也。王先生曰：“衎衎，喜皃。飲啄得所，故‘衎衎’。”《帛書》作“衍衍”，同是桓寒部，衎爲建紐，衍爲定紐，同部通用也。王先生又曰：“象女入門同牢受醴，有客使羞及饋饗。”二當位應五，故吉也。

九三：漸之觀。**鴻漸於陸。夫征不復，婦孕不育。凶。利禦寇。**《帛書》：“孕”作“繩”，古文“孕”作“媰”。“禦”作“所”。

《説文》：“陸，高平地。”馬注：“山上高平曰陸。”尚云：“艮爲夫，在上，故不复。《易林》復之剥云：‘夫亡從軍，抱膝獨宿。’以剥艮爲夫也。孕，妊娠也。育，生也。震爲孕。《左傳·昭元年》：‘武王邑姜，方震太叔。’是也。……艮反爲震，是胎反也。”離群獨下，無反顧之情，征不復也。反震胎反，其説非也。倒震不能受胎？此應以離爲孕，胎在坎中，是危險也。三動成坤，坤爲死喪，故胎敗而不生育也。《帛書》：“孕”作“繩”，繩爲媰之假字。繩讀爲媰，今民間讀蒼媰，而不讀蒼繩可證也。尚云：“舊解皆以坎爲寇。豈知坎之爲寇，以其隱伏，巽亦爲伏，故《易》亦伏以巽爲寇。”三下擁群陰，而艮爲守禦、爲堅。寇在外而守禦在内，使外寇不能入，故利也。按高説是合理。但《象傳》説：“‘利用禦寇’，順相保也。”順相保則不在於艮守之堅也。順謂坤，三往四來則成《否》卦，三陰禦三陽，以爲保守，步步向前推進，寇自消亡，故曰“順相保也”。

古音所、禦同模部，所是从户聲，是匣紐。禦疑紐。

六四： 漸之遯。**鴻漸於木。或得其桷。無咎。**《帛書》："得"作"直"，得與德通用。古文"德"作"悳"，蓋脱寫直下心字。"桷"作"寇"。寇下多一"𣪠"字，𣪠讀爲醜。

虞云："桷，椽也。方者謂之桷。"《釋文》："馬、陸云：'桷，榱也。'"《説文》同。按榱即屋椽，自上而下層次排列，有如等哀也。《爾雅・釋鳥》："鳧雁醜，其足蹼。"鴻之足蹼，不能栖於木枝，或得所栖於人所伐之桷。雖進非其所，亦偶得其所之象也，故可"無咎"。桷，屋部見紐。寇，侯部蕭部，壽應是醜字。《詩・遵大陸》："無我𩴵兮。"《傳》："𩴵，棄也。"《箋》："𩴵，亦惡也。"《正義》："𩴵與醜，古今字。"《釋文》："𩴵，本亦作𣪠，又作𣪠。"准此而言，則从戈是从父之訛。《説文》："𣪠，棄也。"引《詩》曰："無我𣪠兮。"可證也。寇𣪠連用，有衆從之義，又有貶義，盛多謂之寇，郭璞注："今江東有小鳧，其多無數，俗謂之寇鳧。"醜類也，衆也，群也。李鼎祚曰："四居巽木，爻陰位正，直桷之象也。自二至五，體有離坎。離爲飛鳥而居坎水，鴻之象也。"尚氏："以巽爲鴻。"鴻隨陽鳥，合群不散。喻女從夫，"四當位承陽，故'無咎'"。王先生曰："得桷者，入宫而毁屋也。《左傳》説宋伐鄭，取大宫之椽歸爲盧門之椽。蓋相傳有此法。"按《左傳》所載之争，似與《易》義不相合，《左傳》所言毁屋取桷，《易》言鴻鳥所棲，或木或桷，按後説是。

九五： 漸之艮。**鴻漸於陵。婦三歲不孕。終莫之勝。吉。**

勝，克也，任也。今言勝於。之，代詞，有它義。《説文》："陵，大阜也。"陵高於陸。鴻本水鳥，而進於陵，物失其宜也。婦久不孕，亦失其宜也。五應在二，二五相離爲三歲，中爲艮陽所阻，故未交而不孕者，憶三歲也。但二五爲正應，終不能阻止交孕，故曰“莫之勝”也。猶鴻進於陵，其處益高，其視益闊，弋射者莫能篡焉，亦莫之勝也，故“吉”。

上九：漸之蹇。**鴻漸於（陸）[逵]，其羽可用爲儀。吉。**《周易折中》、俞樾《艮官易説》、江永、以“陸”爲“阿”訛。高以“陸”爲“陂”訛。舊説以“陸”爲“逵”訛，今正作逵。

從上爻皆有韻，唯本爻陸、儀失韻，又與九三重復，可知陸是訛字。江永曰：“以韻讀之，陸當作阿，大陵曰阿，九五爲陵，則上九宜爲阿，阿儀相葉，菁菁者莪是也。”按江説近是，但陸訛阿，似難相信。王夫之曰：“‘陸’，舊説以爲‘逵’字之訛，按范諤昌言。韻與義皆通，謂雲路也。上處至高之位，而乘巽風之上，乃翱翔雲際而不欲下之象。”考“陸”訛“逵”，字形相近，陸篆作，逵篆作，是其確證。《説文·九部》：“馗，九達道也，似龜背，故謂之馗。”段注：“龜背中高而四下，馗之四面而無不可通，似之。”“馗，高也。从九从首。逵，馗或从辵从坴。”徐楷云：“坴，高土也。”此義又相合，古音逵、龜相通，即支脂相通。本卦步步高升，可见鴻雖失位，步更高，志益壯不以失位爲憂戚也。王先生曰：“陸鴻已死而羽可用儀翰也，旌旗之游用鴻羽。《記》曰：‘鴻脰翽’、《書》曰：‘鳳皇來儀’是也。”羽保皆取鴻羽者，爲其飛有行列不亂也。干寶曰：“處漸高位，斷漸之進，順艮之言，謹巽之全，履坎之通，據離之耀，婦德既終，母教又明，有德而可受，有儀而可象。故曰‘其羽可以爲儀，不可亂也’。”《釋名》：“儀，宜也。得事宜也。”

歸妹

☳☱ 震上 兌下　雷澤歸妹　内離 ☲　坎 ☵

三易卦　泰 ☷☰ 三往 四來　恒 ☳☴ 三來 初往

損 ☶☱ 上來 四往

雷薄於澤，九月霜降，雷乃收聲之時。《荀子·大略》：“霜降逆女，冰泮殺内。”此爲男女姻婚起止之時，古人規定如此。在雷未收聲之時結婚，一則農忙，有誤農時，政令不許。二則不戒容止，倘遇雷聲行房，生子成神精錯亂，或喑聾瞎等殘廢。《易》之雷澤，寓古禮婚姻之制也。其卦組織，震上兑下，震爲長男，兑爲少女，若論姻婚年齡，匹配不當。因序少長爲兄妹之象。王弼注：“妹，少女之稱也。”其説不明確。《説文》：“妹，女弟也。”《詩·碩人》：“東宫之妹。”《傳》：“女子後生曰妹。”《爾雅·釋親》：“男子謂女子先生爲姊，後生爲妹。”《説文·止部》：“歸，女嫁也。”段注：“《公羊傳》《毛傳》皆云：婦人謂嫁歸。”是歸妹即嫁妹也。王夫之云：“‘女歸’者，女外適而以夫家爲歸也。‘歸妹’者，男舍其家，出而就女以爲歸也。”又云：“上古之世，男女無别。黄帝始制婚姻，而匹偶定。然或女出適男家，或男就女室，初無定制。故子、姒、姬、姜，皆以女爲姓。迨乎夏、殷，雖天子諸侯且有就女而昏者，《易》兩言‘帝乙歸妹’是已。”考王氏此説，一歪曲經義，明言“帝乙歸妹”，就文法説，帝乙是主語，歸是謂語，妹是賓語。謂是帝乙之妹，帝乙是女家之主婚人，有主權將妹出嫁，俗云男大須婚，女大須嫁。妹大，父母不在，爲兄則有主持出嫁之權。何得云男舍其家出而就女以爲歸也。二不明古史：《左傳·文公二年》：“宋祖帝乙。”杜注：“帝乙，微子父。”又何得云？商天子以帝乙爲號者非一，未詳何帝。湯稱天乙，後有祖乙、小乙、武乙、帝乙，此是殷王之名乙者共有五名，區矣，别矣！帝乙，微子父也，亦即紂父，經明言“帝乙歸妹”，何得云未詳何帝？《詩·大雅·大明》：“大邦有子，俔天之妹。文定厥祥，親迎於渭。”此詩主要咏文王武王之事，周人稱殷人爲大邦，子謂女子，即妹。俔，譬喻也。譬喻説此女子是天帝之妹，文王聘定此尊貴吉祥之女子爲后妃。此是《周易》兩次所説的“帝乙歸妹”定妥之史事。何得云“歸妹”者，夫就婦而歸之，如後世之贅婿也？再從卦象説：“帝乙歸妹”一在《泰》與《歸妹》皆書六五爻，五爲卦中最尊貴之爻，主嫁人帝乙，是當時之人王，出嫁人是當世人王之妹，則其尊貴無可比者，居於此爻，宜也。文王當時不過殷王封的一個諸侯，居於九二亦當位也，此是作《易》者，權衡事勢而作出如此安排，既合乎情又合乎禮。何得云“陽居二，陰居五，男屈從女，而女爲主於上”，男反賓焉耶？在經所記嫁妹不少。《左傳·莊公元年》：“夏，单伯逆王姬。”姬爲桓之妹，周桓王嫁妹事。又成公十一年聲伯嫁其外妹於施考叔。同母異父曰外妹，若孫權之嫁妹與劉備，尤爲家喻户晓之事。倘改嫁妹爲歸，其將何以説之？王説非也，絶不可從。

歸妹：征凶。無攸利。漢石經：“妹”作“昧”。“征”作“正”。妹、昧同未字系，征同正字系，皆同聲係通假也。

虞云：“三之四，不當位，故征凶。謂三也。四之三，亦失正無應，以柔乘剛，故‘無所利’。”止以坎月離日有歸妹之象，按二爲陽男，五爲陰女。女爲帝乙之妹，王者之貴也。故男下於女，有如後世之尚公主焉，但非贅也。

初九：歸妹之解。**歸妹以娣，跛能履，征吉。**《帛書》：“娣”作“弟”。“履”作“利”。“征”作“正”。

《説文》：“娣，女弟也。”《帛書》：“娣”作“弟”，爲娣之省字。“履”作“利”，利爲灰部來紐字。利是一種尖頭鞋，名�，用於敬神跳舞。初以恒巽之柔，易兑之剛，是以長女改爲少女，此長庶之爲娣者。《公羊傳》："諸侯娶一國，則二國往媵之，以姪娣從。"《詩・韓奕》："韓侯娶妻……諸娣從之，祁祁如雲。"按嫁者一娣一姪，媵者又有六姪娣，共有九女，故言諸娣從之如雲也。娣，媵也。媵，送嫁也，今言陪嫁也。古之媵娣，非妻而妻，非嫁而嫁之人也。初何以履，初本震爻，震在外卦，則四爲之足。兑爲毁折，且當互坎之中，坎爲曳，四與二爲兩足，兩坎從而曳之，牽戾成跛。《象》曰："'跛能履'，吉相承也。"謂二升五，下卦成震，震能履，故征進吉也。正爲征之假字。征吉，出門吉利也。

九二：歸妹之震。**眇能視，利幽人之貞。**《帛書》無"之"字。

二何眇而能視？二本離爻，離索陰在二。離爲目，本視，而互離反居離目之側，側衹半目，近乎眇者，其何能視，本離故也。本卦主爲六五。與二相應，下卦兑。初陽變坎，坎爲牢獄，故二成爲幽人，與《履》相同。故曰"利幽人之貞"。《獨斷》曰："清白自守曰貞。"以後應在文王本身，囚於羑里也，故《歸妹》爲凶卦也。俞樾以《履》卦六三有"跛能履，眇能視"，兩句連合在一起，此分爲二，疑此爲錯簡。似非是。以無連合之縫可覓也。

六三：歸妹之大壯。**歸妹以須，反歸以娣。**"須"，《釋文》："荀、陸作嬬。陸云妾也。"晁云："《子夏》、孟、京作嬃，媵之妾也。"《集解》本，《帛書》本，湘綺樓本同。《帛書》："娣"作"苐"。

《靈臺秘苑》："須女四星，賤妾之稱。"故解作媵娣之妾者爲是。六三本《泰》之乾，三降爲兑三，是剛夫而降少女之未，成爲賤女。但降位實不當，象六三又是以《恒》之巽初，位爲兑三，今巽初既已爲娣，而兑三不容於女君，而令反歸時，其位仍當爲娣，勿得過於賤。蓋三與初本同類，而三本嫌於近君，故有反歸之象。何也？《易林·涣之歸妹》：“妹爲貌慹，敗君正色。”尚氏注曰：“莊子田子方，老聃新沐，披髮而乾，慹然似非人。”慹然，可怖也。又《齊物論》：“喜怒哀樂，慮嘆變慹。”司馬注：“慹，不動貌。”桂馥曰：“不動當爲心動。”何以心動？《説文》：“慹，悑也。”“悑，惶心。”“惶，恐也。”《象》曰：“‘歸妹以須’，位未當也。”《説文》：“須，面毛也。”男子以須爲美，女子反之，此娣當以美容而見嫉。六五其君之袂不如其娣之袂良。是其微言也。《象》言“未當”，處理不恰當也，不應反歸也。王先生曰：“嬬，弱也，下妻也。蓋妻死不更娶以之繼室，故亦曰妻。嬃當作媷，㥏、需音近。媷，壹也，非其義。嬃、胥同音，故云才智。須女，賤女。《楚辭》女嬃亦賤女，屈姊名須，猶子賤字賤耳。妾無須名也。三承陽，象下妻，疑於同嫡，若其反歸，仍一娣耳。反歸謂見出歸宗，不得以夫人禮。”本初生貌。

九四：歸妹之臨。**歸妹愆期。遲歸有時。**

“愆，過也。”馬、虞注。愆期猶今言延期。《詩·氓》：“匪我愆期，子無良媒。將子無怒，秋以爲期。”其義合以證此。“有時”，《穀梁傳·隱公七年》范注引作“有待”，與《象傳》合。有待者，蓋定之期日已過，必須等待再定吉期，故曰“有待”。待、時皆从寺聲，同聲系通假。何以有衍期之待，九四之剛由泰損柔爻易來。因此外内柔，意志不決，加之居坎之中，又逼近君側，更有遲回不前之象。或有從娣，不能如期相從。四當互坎之中，而踰於互離之外，故愆期也。過期誤期，謂之愆期。

六五：歸妹之兑。**帝乙歸妹，其君之袂，不如其娣之袂良。月幾望。吉。**“幾”，荀本作“既”。京作“近”，虞作“幾”。《帛書》：“袂”作“快”，蓋誤也。

“帝乙歸妹”，以詩證之，是紂父帝乙嫁妹於周文王，確是史實。尚氏以帝乙爲湯，非也。湯爲天乙，《史記·殷本紀》：“主癸卒，子天乙立，是爲成湯。”確證。帝乙本書二見，一見《泰》之六五，二見此爻。袂，衣口袖也，引申有衣服之意。君謂女君，謂帝乙之妹也。良有美善之意。語意謂女君之衣服，比不上陪嫁女娣之衣服美好也。而女不以爲嫌，則其忠守婦道無動於心，終始如月之將望而未有已也，故“吉”。尚云：“袂在五震，故曰君袂；在二兑，故曰娣袂，皆取象於口。乃五陰二陽，故君袂不如娣良。”乾衣兑口稱袂。毛云：“初三兩娣以二乾爻成一兑，而五比乎四，以一乾爻成半兑，是五君之袂不如初三两娣之袂良也。”蓋謂女君之容貌不如兩娣之美好也。若互坎互離，如日月合璧在中，上震下兑，如東西相對，有如望然。曰幾者，五位處坎中，於離日之光照不得全面。如爲既望，則月之十六日也。尚氏以坎爲月，按此與《小畜》皆在五爻，則既望也。王先生曰：“六五爲衆妹，主女君之象。九二象貴女。三成乾，與泰同象，故爲帝乙。殷天子庶女來爲媵也。良，善也。饋食用玄端，則主婦被而衣侈袂，婦贊者二人。亦衣侈袂。袂，同也。良，善也。帝妹宜有善衣，女君弗能與比，故‘不如’矣。月望比妻，近望喻娣，俱相承事，明嫡妻之大分，故‘吉’也。”

上六：歸妹之睽。**女承筐無實。士刲羊無血。無攸利。**鄭本“筐”作“匡”。

鄭注：“宗廟之禮，主婦奉匡米。”作粢盛。虞曰：“自下受上稱承。震爲筐，以陰應陰，三四復位，坤爲虚，故‘無實’，《象》曰：‘承虚筐也’。……震爲士，兑爲羊，離爲刀，故‘士刲羊’。三四復位成泰，坎象不見，故‘無血’。三陽承剛，故‘無所利’也。”此爻應在三兑，女與羊皆兑象。而三不應上，故“無實”“無血”。與《夬》九二因爻無應，即從無應取義。《左傳·僖公十五年》：“初晋獻公筮嫁伯姬於秦，遇歸妹䷵之睽䷥，‘史蘇占之曰：“不吉。其繇曰：‘士刲羊，亦無衁也。女承筐，亦無貺也。西鄰責言，不可償也。歸妹之睽，猶無相也，”’”此繇辭是竊取此爻辭相雜成文，可見古人爻繇之辭，是有相通之處，并非兩不相犯也。

周易古經真詮卷六

豐

☳☲ 震上離下　雷火豐　互巽 ☴　互兑 ☱

三易卦　泰 ䷊ 二來四往　咸 ䷞ 五來初往

恒 ䷟ 二來初往

震爲雷，有雷必有雨。離爲日，有日必有風。在雷雨太陽風相結合之情况下，是農業豐收最基本的條件，但是本卦絶不是談此方面之事，而是假豐爲寷。《説文》："寷，大屋也。"有四條件明言大屋之裝配，把屋弄得幽暗不明晝夜不分。疑鬼疑神，如夢如癡。明明，震聲也，而耳不聞。赫赫，大日也，而目不見。何也？豐大害之也。夫一屋之大也，不過幾十畝，幾百畝，上千畝。萬畝則一大都會也，而以天下之大比之，則藐乎其小矣。既藐乎其小，則何大以害之？坐井而觀天，以爲天小者，豈真天小也哉，所見者小也。一葉而蔽目，以爲萬物皆無也，是真無也。乃自蔽而蔽其明，以爲萬物皆無也耶？自以爲大，則夜郎而竊比漢天子，一斥鷃而笑大鯤鵬。夫唯如比，其爲害也，則有涯乎？其無涯乎？日中則昃，月盈則虧。此天地之盈虚，歲時之消息，寒暑代謝，山澤成毁，豈可以自大而自蔽乎？明乎此可以讀本卦，進一步探溯盈虚消息之義，而不至於自蔽也乎。從卦象説：内卦離爲日，中互兑，爲日西是象。自二至五，象互坎爲坎，中互兑，爲毁折象。從此可以粗識盈虚消息之意志焉。

豐：亨。王假之。勿憂。宜日中。

《彖》曰："豐，大也。明以動，故豐。'王假之'，尚大也。'勿憂，宜日中'，宜照天下也。"《説文》："寷，大屋也。从宀，豐聲。《易》曰：寷其屋。"據此則許氏所見《周易》，豐皆作寷，可證豐是假字，寷乃是本字。震爲王，假讀格，至假爲徑。與《家人》四升五，王假有家同義。"宜日中"，謂四升五，如日與天。王先生曰："豐，豆豐滿。卜从二丰，草盛丰茸掩覆之皃。故卦有日食，象月隨地動掩日，雷電陰冥，而傳以大者，所蔽大也。仲按月之壅蔽日光，如丰之掩豆也。初非豐年大有之説。豐、盈同意。豐、壅聲近。有壅蔽之者，中四爻上下二陰是也。陽在内，固必亨，而象爲日食，故當假王也。《書》曰：'惟先假王。'寬大其心，使必亨也。言'王假之'者，王自寬大，不待人假王也。不明言日食者，非常象也。"

初九：豐之小過。遇其配主，雖旬無咎。往有尚。《帛書》："遇"作"禺"。"配"作"肥"，鄭"配"作"妃"。湘綺本同。"旬"，劉昞作"鈞"，均、鈞通用。"雖"作"唯"。

高氏曰："《釋文》：'配，鄭作妃，云："嘉耦曰妃。"'丁壽昌曰：'古妃配通。《詩・皇矣》："天立厥配。"《釋文》："配，本作妃。"《左傳・文十四年》："子叔姬妃齊昭公。"《釋文》："妃，本作配。"又《襄二十五年》："庸以元女太姬妃胡公。"《釋文》："妃，本作配。"'仲按皆其明證。……遇其配主，言出行人，遇其女主人。"古人以旬日卜休息，旬末卜下旬之休咎，自甲至癸爲一旬。《後漢書・鄧禹傳》："明日癸亥，匡等以六甲窮日不出。"此卜旬之用也。

六二：豐之大壯。**豐其蔀，日中見主。**此用孟喜本作主。**往得疑疾。有孚發若。吉。**鄭“蔀”作“菩”，湘綺樓本同。《帛書》：“發”作“洫”。

蓋此爲日食，天子避居别殿之情况。二之五互大坎，坎爲隱伏障蔽之象，故中四爻象，皆闇昧。蔀，今之草席。謂夏日在庭院中，架木覆蓋草席，遮蔽太陽，以避炎暑也。主，燭也。高氏云：“《説文》：‘主，鐙中火主也。从𡈼象形。从丶，丶亦聲。’《繫傳》曰：‘主即脂燭也。古初以人執燭，後易之以鐙。’章炳麟曰：‘斯論甚精，主燭古音相同，故主變易爲燭。’《文始》。”燭从蜀得聲，屬亦从蜀得聲，屬讀爲注。《周禮·考工記·匠人》：“水屬不理孫。”鄭注：“屬讀爲注。”《函人》：“爲甲，犀甲七屬。”鄭注：“屬讀如灌注之讓。”注以主得聲，日中見主，謂從中午之時，室内欲燃燭取明。庭院窗户，遮蓋掩掩，在昏暗曖昧之中，産生疑惑之疾。有孕，謂俘虜已成家中之奴工。發若吉者，《廣雅·釋詁》：“發……開也。”《釋名》：“發，撥也，撥使開也。”奴工撥開遮蔽之蔽席，則光明而吉也。

九三：豐之震。**豐其沛，日中見沫，折其右肱。無咎。**《子夏傳》：“沛”作“芾”。“沫”作“昧”。《帛書》：“肱”作“弓”。“沛”作“薠”。“沫”作“茉”。

此言殷周之際，天際異孛，除舊布新之徵也。《漢書·五行志》：“於《易》在《豐》之《震》曰：‘豐其沛，……’於《詩·十月之交》，則著卿士、司徒，下至趣馬、師氏，咸非其材。同於右肱之所折，協於三務之所擇，明小人乘君子，陰侵陽之原也。”王先生曰：“沛、孛，通用字，彗星也。沫當爲末，彗餘光也。右肱，西伯自喻也。天降異孛，除舊布新，而自折其右肱，故西伯無咎。”《九家易》：“大暗謂之沛。沬，斗杓後小星也。”聞曰：“沛《釋文》本或作旆。……旗之最長者。《公羊傳·宣十二年》《注》曰：‘繼旐如燕尾曰旆。’”是旆爲長旗而尾有旓。旓即髾，下垂之纓絡也。沬讀爲彗，古沬、彗聲同通假。蔀、旆都是用蓋幪覆窗户之物，蓋斗之用。車厢上亦用之，所以蔀沛皆車服，斗彗皆星象。見蔀而疑斗，見沛而疑慧，以其形之象也。有人以沛爲大雨貌。三體兑成雨，似與本之義不相洽。折肱者，因室内昏暗不明，被物絆倒，三是艮爲手。卦例：上右而下左，今手折爲離之上，故爲右肱。互兑爲毀折，折，斷也，故曰“折其右肱”。肱弓古音并登部字，同部通轉。三當位有應，故“無咎”也。

九四：豐之明夷。豐其蔀。日中見斗。遇其夷主。吉。《帛書》：

“蔀”作“剖”。“遇”作“禺”。菩、音，遇、禺皆同聲系，同係通轉也。

虞曰：“日蔽雲中稱蔀。……斗，七星也。”惠棟曰：“日中見斗，日食之象也。”《御覽》二引桓譚《新論》：“北斗極天樞。樞，天軸也。猶蓋有保斗矣。蓋雖轉而保斗不移，天亦轉周匝斗極常在，知爲天之中也。”聞曰：“古蓋天説以天當車蓋，二十八星宿當蓋之斗，北斗當蓋之蔀。……‘日中見斗’之斗謂車蓋之蔀斗，亦謂天象之斗星，義取雙關，所謂諧隱是也。見車蓋之斗於日中盛明之時，固理之當然。若夫天象之斗，則必非日中所得而見也。今接於目者車蓋之斗，而會於心者乃天象之斗，是指車爲天，視晝爲夜。度非眩惑狂昧，何以至此？”

夷主者，本卦初爲離主，四爲震主。二主皆陽，陽爲男。二五皆陰，陰則姊妹也。初與二配，二與五配。《爾雅·釋親》："妻之姊妹，同出爲姨。"《釋名》曰："妻之姊妹曰姨。"《説文》："妻之女弟同出爲姨。"姨从女夷得聲，則夷主乃姨主。二上應五，至四而遇五之夫，故曰"遇夷主"。遇者，偶也，不期而偶相逢也。

六五：豐之革。**來章，有慶譽，吉。**《帛書》："譽"作"舉"。

按《竹書紀年》帝辛"二十三年，囚西伯於羑里。二十九年，釋西伯。……三十年春三月，西伯率諸侯入貢。……三十三年，王錫命西伯得專征伐"。章，璋之省，信符也。來章謂紂王派使來西岐，賜文王得專征伐，命與美名，蓋即此事。《詩·楚茨》："孝孫有慶。"又《甫田》："農夫之慶。"鄭箋并云："慶，賜也。"《孟子·告子下》："則有慶，慶以地。"趙注："慶，賞也。"是慶爲賞賜，譽爲榮譽。慶屬五言，譽屬二言。慶譽俱收，以美紂也，故曰"來章，有慶譽，吉"也。

上六：豐之離。**豐其屋。蔀其家。闚其户，闃其無人。三歲不覿。凶。**"闃"，孟作"窒"。寷，大屋也。《帛書》："蔀"作"剖"。"闚"作"閨"。"闃"作"哭"。"覿"作"遂"。

此蓋謂紂之亡也。三至上體大壯，有屋象。蔀，名詞作動詞用，猶蔽也。蔀家，以蔀席覆蔽其家也。闚，窺之異體字，有探望竊視義。户，室内也。虞云："闃，空也。"鄭注："無人貌。"《説文》："窺，小視也。"李鼎祚曰："上應於三，三互離，巽爲户，離爲目，目而近户，闚之象也。既屋豐家蔀，若闚地户，闃極無人。震木，數三，故三歲致凶于灾。"《淮南子·泰族訓》："《易》曰：'豐其屋，蔀其家，窺其户，闃其無人。'無人者，非無衆庶也，言無聖人以統理之也。"干曰：

“在豐之家，居乾之位，乾爲屋宇，故曰‘豐其屋’。此蓋記紂之侈造爲璿室玉台也。‘蔀其家’者，以記紂多傾國之女也。社稷既亡，宫室虚曠，故曰‘闚其户，闃其無人’。……凡國於天地，有興亡焉。故王者之亡其家也，必天示其祥，地出其妖，人反其常。非斯三者，亦弗之亡也。”揚雄曰：“炎炎者滅，隆隆者絶；觀雷觀火，爲盈爲實，天收其聲，地藏其熱。高明之家，鬼瞰其室。”揚、干之説，深得本卦之旨。

旅

䷷ 離上艮下　**火山旅**　**内互巽** ☴　**兑** ☱

三易卦　**否** ䷋ 五來三往　**咸** ䷞ 五來上往

恒 ䷟ 二來上往

離艮相重，是爲火山，尚氏曰：“火山何以爲旅？侯果，孔疏皆以火在山上，勢難久留，故爲旅。”其義未徹。王夫之曰：“火在山上，野燒也，前焰後焰，相踵競進而不留，若行者之在途，相躡而遄征。”義亦未透。按旅者，衆也。《周禮》：“五卒爲旅。”《説文》：“以軍旅五百人爲旅。”周制一鄙之衆。是旅之本義爲衆。《爾雅·釋詁》：“旅，衆也。”古人商旅，聚衆成群而行。《易林》“晋之旅”云：“逐旅失群。”是旅乃伴侣成群，而衆行者，必客居之。既無旅店，居之何地，必然居之山上。艮，山也。離，火也。夜間燒火以驅猛獸，以禦寒氣，以爲照明，以爲飲食。因此艮山爲旅行之卦。卦行以二陰隨二陽，一陰隨一陽，陽前陰後，有若伴侣。如此者何也？陽爲資本家，陰爲挑夫侍從之小人，所以陰隨陽行也。是以師旅陣行之目，擴之爲羈旅寄托之名。孔疏云："旅者，客寄之名，羈旅之稱。失其本居而寄居他方謂之爲旅。"其爲卦也。毛謂："以《否》之三柔升之爲五，而得居外卦之中，是客外也。以《否》之五剛，降之爲三，而順爲互巽之剛，是順乎剛也。"剛乎？剛乎？斯之謂旅。順乎剛，何以謂之旅？蓋古者旅行於外，皆男性剛强之人。以剛遇剛而不相順，則不可同火矣。姚信曰："此本《否》卦。三五交易，去其本體，故曰客旅。"尚氏以"火在山上，不久即滅耳，安見其爲行旅？"此不明古代社會和商旅之情況也。

旅：小亨。旅，貞吉。《帛書》："小"作"少"。

《彖》曰："'旅，小亨。'柔得中乎外而順乎剛，止而麗乎明，是以'小亨，旅貞吉'。"按卦位二五皆柔，故"小亨"也。荀爽曰："謂陰升居五，與陽通者也，謂之小亨。"蜀才曰："九五降三，降不失正，止而麗乎明，所以'小亨，旅貞吉'也。"虞云："再言旅者，謂四凶惡。進退無恒，無所容處。故再言旅，惡而愍之。"

初六：旅之離。旅瑣瑣，斯其所取災。"斯"，郭京作"𠩺"。𠩺爲賤役之人。《帛書》："斯"作"此"。"災"作"火"。

此卦蓋敘述殷先祖王亥旅居於易地，大辦畜牧業，有牛羊群。其羊群已被人奪走，見《大壯》卦。并自建家舍，買得牧童作佣人，易國之君綿臣殺死王亥故事。其後由上甲與河北君王交通，借兵殺易國綿臣君王了事。王亥之所以被殺。汲郡《竹書》："殷侯子亥賓於有易，而淫焉。有易之君綿臣殺而放之。其一也。王亥蓄牧牛羊出身，家有儲蓄，有牧豎和建築屋。其二也。做人不慷慨，寬仁正大，瑣瑣委委，猥屑不堪。其三也。所以屋被燒毁，人被殺死，財物被人奪取。

六二：旅之鼎。旅即次。懷其資［斧］。得童僕。貞，［吉］。原文缺“斧”“吉”二字。今據《釋文》補“斧”字。郭氏《舉正》補“吉”字。九四云“得其資斧”，《巽》上九云：“喪其資斧”，此云“懷其資斧”。“資斧”一詞，連用有三，别本又有可證，則補正是也。

“即”，《帛書》作“既”，按即次乃《周書·梓材》：“惟其塗塈茨。”茨，以茅蓋屋也。塗塈，仰塗也。謂以泥土蓋壓屋上防風寒之侵入室内。仰者，朝天之面也。若是舉手塗於茨下，則爲俯而非仰也。“懷其資斧”者，今言有餘錢收藏也。因脱斧字，《帛書》作“懷其茨”，以今言釋之，謂敗壞蓋屋之事，顯然不合原意。資斧一詞，今言錢幣。考我國錢幣起於殷商，至於周代謂之泉布。《周官·外府》：“掌邦布之出入。”注：“布，泉也。……其藏曰泉，其行曰布。”《前漢書·食貨志》師古注：“布亦錢耳。謂之布者，言其分布流行也。”篆書斧作，布作。二字同聲模部字。《説文》：“童，男有辠曰奴，奴曰童。”“僮，未冠也。”是童爲奴僕，僮爲幼稚，古如此釋，今相反。“僕”，《帛書》作“剥”。《説文》：“僕，……从人卜聲。”剥僕屋部。其取象也。《九家易》云：“以陰居二，即就其舍，故‘旅即次’，承陽有實，故‘懷其資’，故曰‘旅即次，懷其資’也。”按巽爲近利三倍，艮爲童僕。《象》曰：“‘得童僕貞’，終無尤也。”以無尤釋吉字，九三“喪其童僕，貞厲”，相對行文，所以此吉字不可少。

九三：旅之晋。**旅焚其次。喪其童僕，貞厲。**

此蓋王亥旅居於易，已建立房舍次舍也，并買得童僕。關於奴隸逃亡，甲骨文記載："其喪衆。不喪衆。"《甲》三八一。"惟喪衆。"《甲》七六五。"貞：我其喪衆人。"《佚》四八七。"喪衆"，即奴隸逃亡。而童僕得知王亥富有資斧，勾結當地强人，焚毁其房屋，搶劫財物，盜指示童僕逃亡。其取象，離爲火，中體大坎，坎爲盜。艮爲旅次，又爲童僕。否坤爲喪，三動艮壞，故"焚其次"。而"喪其童僕"，斯所以"貞厲"也。尚云："離火在外，上又不應三，焉能下焚？《易林》'蹇之噬嗑'云：'火赴上門，不爲我殘。'《噬嗑》火在艮門上，故不焚下。《旅》火亦在上，其不能焚下同也。"

九四：旅之艮。**旅之處，得其資斧。我心不快。**

《注疏》本作"資斧"，漢太尉橋公廟碑作齊斧。《釋文》："《子夏傳》及衆家并作齊斧。"是古義也。資、齊古音相同。斧亦作輔。《帛書》："資"作"溍"。尚氏云："《周書·謚法解》：'資輔供就曰齊。'言佐身之具，供張整齊也。"《釋文》引張軌注："齊斧，蓋黄鉞斧也。"又張晏注："整齊也。"皆整齊天下也，是臆説，殊無一當。此是借音詞。《春秋元命苞》："斧之言輔也。"以資斧又曰資輔，又曰齊斧。廖海廷曰："父、布聲類同，資斧猶言泉布。"一語精當破敵矣。"泉布"見《周禮·地官·泉注》。古人不知斧、輔同聲相假，資、齊同部一讀也。《論語》："攝齊升堂。"津私切。《詩·楚茨》："既齊既稷"，《釋文》："齊，……鄭音資。"从齊得聲之字多讀齊盛，齊衣、齎、齋、齍等皆其證。處，原處，火焚之地，發現資斧尚未全部搬走，此是快事。但旅人之心不快，童僕逃亡未回，又四爲三所阻，不能下應初，則四五兑未动，兑爲金，故原資斧未動也。《旅》《巽》兩卦“資斧”皆作“溍斧”，蓋春秋中世齊晋是兩大國，爲五霸之首，迭爲盟主。淺學妄人以爲齊斧是齊國之斧子，妄改齊爲溍與這對抗。又因《帛書》《溍》卦有三點水，亦學樣爲之。殊不知齊可讀資，齊斧即資斧，而溍不可如此讀也。

六五：旅之遯。**射雉。一矢亡，終以譽命。**《帛書》："終"作"冬"。"譽"作"舉"，舉从舉聲，故甲本譽作輿聲也。

此射雉之事，蓋王亥所有也。因全卦皆王亥故事，不應此爻爲另一組織。艮山離雉，體坎爲弓矢，故伏不見，稱“一矢亡”也。巽爲命，否坤爲喪亡。射雉命中。但雉帶矢飛走，雖有亡矢之失，終獲善射之名。艮爲輿，令聞也。《象》以“譽命”爲“上逮”，二五皆陰不應。《國語·魯語》：“仲尼在陳，有隼集於陳侯之庭而死，楛矢貫之，石砮，其長尺有咫。陳惠公使人以隼如仲尼之館，問之。仲尼曰：‘隼之來也遠矣！此肅慎氏之矢也。’”是鳥能帶矢飛走之證。

上九：旅之小過。**鳥焚其巢。旅人先笑後號咷。喪牛於易。凶。**《帛書》："焚"作"棼"。"號咷"作"摅桃"。

此蓋易國之君，放火焚燒王亥之屋而殺之，乃奪去樸牛。“鳥焚其巢”，喻旅人王亥兩手，操鳥方食其頭。《楚辭·天問》：“何繁鳥萃棘，負子肆情。”負、婦古同音。二書記王亥故事皆有鳥，是鳥確爲故事母題。考《商頌》載簡狄，吞燕卵而生契，是爲殷之始祖，蓋殷之先世，即用鳥爲騰圖，王亥旅居於易，殆亦用之，以表其族別。《漢紀》成帝河平元年：“二月庚子，泰山桑谷有鳶焚其巢。”實有其事。而此卦之“鳥焚其巢”，《帛書》"鳥"作"烏"，蓋抄者之訛也。是有易之君綿臣放火燒王亥之屋以奪取樸牛也。王亥世次，在成湯前七世。甲骨文載其事：

"辛巳卜貞，王隹亥，上甲，即於河。"《佚》八六六。

"貞於王亥，𡆥年。"《前》一一。

"貞㞢於王亥。"《後》下九。

《吕覽·勿躬》："王冰作服牛。"王國維曰："篆文'冰'作'仌'，與'亥'字相似。'王仌'亦'王亥'之訛也。《世本·作篇》：'胲作服牛'，其證也。"《山海經·大荒東經》："王亥托於有易、河伯、僕牛。有易殺王亥，取僕牛。"郭注引古本《竹書紀年》："殷王子亥賓於有易而淫焉，有易之君綿臣殺而放之。是故殷主甲微假師於河北以伐有易，滅之，遂殺其君綿臣也。"《楚辭·天問》："該秉季德，厥父是臧，胡終弊於有扈？"按扈下从邑，古人當有讀爲邑聲者，不讀爲户也。邑與易，同聲通假。"牧夫牛羊，……有扈牧豎，云何而逹？擊床先出，其命何從？恒秉季德，焉得夫樸牛？……昏微遵迹，有逖不寧。"逖不寧，逖即狄字，有逖即有易。狄、易古字通用。《史記·殷本紀》："殷契，母曰簡狄，有娀氏之女，爲帝嚳次妃。"《索隱》："狄，舊本作'易'。"綜觀之：《吕覽》之"王冰"，《世本》之"胲"，《天問》之"該"，皆即王亥。《山海經》之"僕牛"，《天問》之"樸牛"，即《吕覽》《世本》之"服牛"。服牛者，馴養野牛成家牛，爲人類服務，其事由王亥創始。與相土作乘馬，同一有功於人類之社會生産事業之發展，故作《易》者特表而出之。王亥是一個有大功勞於人民的人，培養牛羊成爲家畜，喪羊蓋在生前，喪牛蓋在死後。羊喪還有牛群可以爲生，故曰"無悔"。奪牛群則并生命俱奪之矣，故曰"凶"。殷主甲微爲之征伐，其咎蓋在於一凶字歟？其取象也。離爲鳥，爲火，中虛爲巢。巽啓火於下，故巢焚。履兑悦故笑。三體巽爲號，又不應上，故後號咷。《説文》："虠，木也，从木，號省聲。"《類篇》虠或作椃。《帛書》作"摅桃"，訛也。號咷，哭聲叠韻。

巽

☴☴ 巽上巽下　風風巽孟作"顨"　内互兑 ☱　離 ☲

四易卦　遯 ䷠ 四來二往　中孚 ䷼ 初往三來

大過 ䷛ 四往上來　大畜 ䷙ 初來五往

《説文》巽字共收四體，"巺，具也"。段注："許云具也者，巽之本義也。""巺"，今作"巽"，古文作"巽"。"巺，从丌㔾聲，巽篆文巽。"段注："疑此篆字當作籀字之誤也。古文下作幵，幵亦具意也。籀文繁重，則从㔾从幵，而又從丌。古文四聲韻作巽，蓋不誤。""顨，巽也。从丌从頭。"頭，頁二人之頭面也。《説文》："㔾，二卪也。"二人所接受之工具也。其中㔾者相套之彎曲以驗真僞也。又即古卿字。《説文》卿字右部，作卩，正與巺字上文卩相合。中古時改爲符節，合之成個整節，竹木爲之，《孟子》説"若合符節"，是也。所以謂之具者，國家之政令工具也。因此有命令之義，有順從之義。《雜卦傳》："巽，伏也。"《廣雅・釋詁一》："巽，……順也。"順伏則不能違背。巽爲風，政令出則風行天下。風之爲物，無形、無色、無臭。觸物則發聲，捕之不可，捉之不能。其怒也則不可當，其奮也則不可制。無孔不入，無隙不鑽。故曰巽入也。按《巽》以一陰爻爲卦主，陰爲坤，順也。故《巽》有順義。《升》，坤上巽下曰"巽而順"。《觀》，巽上坤下曰"順而巽"。涵斯義也，其明白若此。

巽：小亨。利有攸往，利見大人。《帛書》："巽"作"筭"，湘綺本"巽"作"顨"。

重巽仍名巽，以卦無異也。正以二陰所易而居二陽之下。陰爲卦主，又由小通大，故曰"小亨"。《旅》曰"小亨"，離之一陰也。與此相類。而巽有兩利：一以退爲進，而可以尚往，由下至上曰往；一由小通大可以爲大人，三爲人，五爲大人。陰陽兩爻，專歸之初四，不拂乎剛，又順乎剛。是攸往者其尚行。而見大人者，又其順德也。

《帛書》："巽"作"筭"。《説文》："筭，長六寸。計曆數者。从竹从弄。言常弄乃不誤也。"是籌筭等於今之算盤，爲筭數之工具也。《説文》："顨，選具也。"選、筭音同。《論語》："鬥筲之人，何足算也？"《漢書・公孫弘傳》作"選"。《書・盤庚上》《疏》："選，即算也。"選、筭桓寒部。

初六：巽之小畜。**進退，利武人之貞。**

退作"逌""衲"，猶今言出入也。武人者，新近王者之官，今謂之衛隊或衛戍司令，在周謂之師氏，詳見《旅》六三。《易》言武人者，蓋夏殷之名也。因爲是衛戍長官，欲保衛大君之安危，所以凡出入見王之人，皆欲經其檢查貞問也。貞，問也。故曰"進退，利武人之貞"。毛云："《大畜》之五，《中孚》之三皆互震。震者，承乾出治者也。"按此説適得其象而已。

九二：巽之漸。**巽在床下，用史巫紛若。吉。無咎。**《帛書》："史"作"使"。"紛"作"忿"。

王先生曰："互兑，象大過，死而君臨喪也。大斂，床設兩楹間，君馮尸命，主人升，馮尸，不當君所，故巽在下，'巫以桃茢執戈'，先在門外。大史賜謚，小史讀誄，是用史巫也。喪事欲其總總，故'紛若，吉'。"蓋申荀爽之説也。荀云："床下以喻近也。二者，軍帥。三者，號令。故言

‘床下’，以明將之所專，不過軍中事也。史以書勳，巫以告廟。……謂二以陽應陽，君所不臣，軍帥之象。征伐既畢，書勳告廟，當變而順五則吉。”《帛書》：“史”作“使”，二字同音，疏士切，同部相借。紛、忿亦同音通假。荀氏之説，是承上爻武人用兵而言，事得串聯，爻不孤立，例以本卦上九。巽伏床下，喪其資斧，則王亥被焚巢劫搶資斧之事，似無疑義。蓋當時王亥是弱者，一是旅居，人生地不熟；二無助手，僅一孩童隨身；三相當富有，謀害者多。敵以國君身份，又擁有群眾，勢不相當，有如卵石，所以王亥身伏床下以避敵寇，是意中事也。古人遇不吉祥之事用史巫釁之，以厭鬼彪，祓除不祥也。《吕覽·本味》：“湯得伊尹，祓之於廟，爝以爟火，釁以犧猳。”又《贊能》：“（管仲）至齊境，桓公使人以朝車迎之，祓以爟火，釁以犧猳焉。”皆其證也。其事由史巫掌之。史巫者皆以口舌爲用，其言不一，故曰“紛若”。

九三：巽之渙。**頻巽。吝。**《帛書》：“頻”作“編”。

《玉篇》顰下云：“《易》本作頻。”是頻、顰同音通用。鄭云：“頻蹙，不樂。”按《易》本是書名，講《易經》，五行鬼神之事。詳見《三國志·管輅傳》《風俗通·怪神篇》等。三爲下巽之終，乘陽無據。反爲四陰所乘，號令不行，故志窮也，所以“吝”也。頻，接也。上下巽相接，故曰“頻巽”。《帛書》：“頻”作“編”，古音在先部，扁邦紐，頻并紐。

六四：巽之姤。**悔亡，田獲三品。**

此言田獲之多。悔亡，無悔也。四居上卦之陰，坤除爲田。《穀梁傳》曰：“春獵曰田。”互離爲網罟兵戈，合之爲春獵。《穀梁傳》又曰：“田獲三品，一爲乾豆，二爲賓客，三爲充君之庖。”注：“上殺中心，乾之爲豆實；次殺中髀骼，以供賓客；下殺中腹，充君庖厨。尊神敬客之義也。”虞氏以“艮爲狼，坎爲豕，艮二之初，離爲雉故‘獲三品’矣”。又一説也。

九五：巽之蠱。貞吉。悔亡。無不利。無初有終。先庚三日。後庚三日。吉。

王先生曰：“庚者兵事之吉，《詩》曰：‘吉日庚午。’先三日，丁戰之日。後三日，癸葬之日。《春秋》：‘戰丁八、葬癸九。’”此言政令變改和宣行過程。庚，更也。更，改也。先庚後庚者，高説：“先庚三日爲庚前之丁日。”取丁寧告誡之義。又曰：“後庚三日即庚後之癸日。”癸爲十干之末，有祓除之義。言老政令從此廢除也。無初有終者，巽震爲旁通。尚云：“震納庚，一爻當一日，故曰‘先庚三日’。今震究爲巽，故無初。有終者，言巽之究仍爲震。終即後也，故曰‘後庚三日’。以其終爲震，故曰‘有終’。……先庚三日，言巽之先；後庚三日，言巽之究。”虞云：“謂變初至三成離，至三成震，震主庚，離爲日，震三爻在前，故‘先庚三日’，謂益時也。動四至五成離，終上成震，震三爻在後，故‘後庚三日’也。”此全説卦變來分先後庚，雖具一説，其實則一理也。王夫之曰：“‘庚’者，更新行事之義，……‘先庚三日’而告之，初六始出令也。‘後庚三日’而復警其不逮，六四申命也。於是而命無不行，事無不立矣。”《内傳》。

上九：巽之井。巽在床下，喪其資斧。貞凶。

王先生曰：“上九成井，水在火上，故喪黄戊，敗而死也。君亦臨其喪而死，不足榮，故‘貞凶’矣。”按此卦爲避强之巽伏。巽在床下，入伏於床下。此卦爲重述王亥喪失資斧之事，可無疑義。古人床是一塊木板，故字从爿木，與今日木床相合，四脚支二陽木，非。王先生説據《禮》言。《禮》與《易》爲後起，似當存論可也。資斧謂錢財，二之所“巽在床下”，則上之所巽亦在床下也。倒巽成兑，兑爲毁折，爲金，故有喪資斧之事。九三爲志窮，上九爲上窮。窮，盡也。三爲内卦之窮，上爲外卦之窮，内外俱窮，所以喪資斧也。貞問則凶者，君子固窮，小人窮斯濫矣，濫則非凶而何？

兑

䷹ 兑上 兑下　澤澤兑　内互離 ☲　巽 ☴

四易卦　大壯 ䷡ 三往 五來　中孚 ䷼ 上來 四往

大過 ䷛ 三來 初往　無妄 ䷘ 上來 二往

兑、兑、兑，八兄氣發舒，兄像人張口，故加心就成爲喜悦之悦，加言成説話之説。其實兑者悦也。書之説命，禮記作兑命，説命本爲悦，傳説名，音悦，説从兑得聲，悦亦从兑得聲。《説文》："兑，説也。从儿㕣聲。"宋徐鍇，清段玉裁、朱駿聲等皆認兑即今悦字。《周易》所用"説"字共六個，皆借作脱字，是古讀也。《廣韻》等書，都音徒活切，讀敚。鄭云："敚，古奪字。"兑即敚之省文。《莊子・德充符》："使之和豫，通而不失於兑。"《荀子・修身》："佞兑而不曲，《毛詩音義》："説音悦。"《尚書》"説命"，《禮記》引作"兑命"。《文心雕龙》："説者，悦也。兑爲口舌，故言咨悦懌。"《玉篇》："説，……懌也。"《説文》："懌，説也。"相爲轉注。准此《兑》卦應讀爲《悦》卦。悦、説皆从兑得聲，是兑古音讀悦而不讀兑也。兑 ☱ 像如月，古文月作D作D，像月闕形。

坎與兑兩水卦也，坎爲川流之水，澤爲潴蓄之水。半坎上潴而以一陽窒其底，障水下流即謂之澤。毛云："坎爲勞卦，而塞之以兑，而勞以亡。坎爲死位，坎位北曰朔，月死之名。離四居大坎而曰死如是也。而兑以闊之，而泯其死。……夫先民興作，不得不勞；導民犯難，不得不死。而乃以勞民之故而致傷民，以死民之故而致民怨。人之不應，何有於悦？仲按悦之不來，何可爲死。而有如悦以先之，不求民勞也，而民卒相勸而忘其勞悦以導之，非以死民也，而民卒相勸而忘其死。”此非怪也，術有以誘之也。以上參考毛説。《説卦》曰：“兑，正秋也，萬物之所説也。故曰：説言乎兑。”又曰：“説萬物者，莫説乎泽；润萬物者，莫润乎水。”水与泽是同物而異名也，異名則物是不全同，全同則名不能全異。一之則詭辯也。詭辯則各有所之，不能齊一。事至於不能齊一，大之天下，小之一國，必欲訴之戰争械鬥，以求政决。而輕易變更，則不可能也。

兑：亨。利貞。《帛書》：“亨”下有“小”字。“兑”作“奪”。

《象》曰：“麗澤，兑，君子以朋友講習。”朋友可以講習，世事可以會議，仇讎可以和解，斯爲本卦之實質精神。虞曰：“《大壯》五之三也。剛中而柔外，仲按移剛於二五而據中謂之剛中，易柔於三上而爲外，謂之柔外。二失正，動應五承三，故‘亨，利貞’也。”

初九：兑之困。**和兑，吉。**《帛書》：“和”作“休”。

“和兑”爲本卦之主。凡人世之事，非和則不能悦，有悦則能和。能和且悦，則干戈可化爲玉帛，仇讎可以爲兄弟。悦无浅深而有真僞，悦無先後而有條件。真僞之試金石，唯事實之實踐，可以斷言。面和而心不和，是無和之實也，條件雖訂，等於廢紙。何謂和之實，心也。心同則基礎已立，立幹已成，雖枝葉扶疏，藤縛蔓繞，不能沮喪也。心不同而强同之，則基礎虚，條約雖訂，亦如冰山雪嶺，日見消融，其可恃乎哉？所以和兑之容，出於和悦之心，有和悦之心，纔可能創造和悦之事實，而付諸實現，此不易之理也。本卦何以取和悦之義，毛云：“卦凡四易：易《大壯》《大過》，以爲三，而易《無妄》《中孚》，以爲上，是三上二陰固爲卦主。”本卦爲《巽》之反，又爲互巽。與《巽》以初四二陰爲卦主，正相對也。初從

《大過》之三來，是以《大過》之下巽易爲兑，巽而又巽，則順伏之至也。兑爲口舌，則談話是其事。談説而順伏，是和兑之象。若有所疑，各懷鬼胎，就不能和兑相見。和兑進行談説，是朋友講習之道。但廣而言之，國與國，族與族之間，欲和悦共處，聯盟合作，又何不可之有?《帛書》："和"作"休"。休者，美也、善也、慶也。能以和悦結合，則美善慶吉矣。人懷美善吉慶之心，自有和悦之誠的結合實現。

九二：兑之隨。**孚兑吉。悔亡。**《帛書》脱一"兑"字，作"濘吉"，蓋"蜉"之變體。

孚，忠信也。要忠信地進行談説，不可以虚僞地逃避現實，悦道甚大，而善處悦者，則必内外孚應，若合符節。二從《無妄》上九來，是以《無妄》之上乾易爲兑。《象》曰："'孚兑'之吉，信志也。"凡討論學問，欲相信各人之志。所以孔子於門徒，欲各言其志也。古人有言："志同道合。"若志不合，是道不同也。道不同尤其表現在國與國之間，族與族之間，有如風馬牛不相及也。而强欲同之，實際上道不相同，志更不相合，何以能之？乃耍手段而俘虜人以爲悦者也。置國家民族於天地烘爐毁滅之中而不知顧，其可哀也，孰甚於此。

六三：兑之夬。**來兑，凶。**

此言人來而心不來，必有凶也。李鏡池云："威迫人來悦己的，近於現在所謂威懾主義者。這種國家没有好下場的。這是有歷史證明的，例如夏桀爲仍之會，有緡國反對他，桀攻克之。湯欲伐桀，桀怒，起九夷之師。湯謝罪，復入貢職。"於是湯和九夷皆來到。不久，湯不來，反起兵伐桀。九夷不來救，夏桀由此倒台。殷紂也是一樣。姬昌、九侯、鄂侯，都反迫來兑。其後紂醢九侯，脯鄂侯，囚文王於羑里七年，諸侯皆從之囚。紂懼而縱之。及武王起兵伐紂，紂兵倒戈以迎武王。

殷紂身死國滅。此所謂"來兑，凶"也。虞云："從《大壯》來，失位，故'來兑，凶'矣。"在六三爲内卦之終，以小人雜居君子之間，而震爲決躁，又爲言，急燥多言，所以"凶"也。此是人來心不來，問題不得解决也。三本多凶，又不當位，來而不正，故曰"凶"。

九四：兑之節。**商兑，未寧，介疾有喜。**《帛書》："商"作"章"。

協商不能確定，是疥癬之疾也。王弼注："商，商量裁製之謂也。"《説文》："商，从外知内也。从㕯，章省聲。"從外知内謂其言知其心。是商爲商量之義，商量即計議。"商兑"由計議而討論也。《爾雅·釋詁》："寧，安也。""安……定也。""商兑，未寧"者，討論未確定之問題也。李鼎祚以"巽爲利市三倍，故稱'商兑'"，此作商賈估量之義解也。章本清云："兑屬正秋，商音用事，故爲'商兑'。"此作工商之商解。可合《兑》卦時屬，而不合《大象》所定朋友講習之大旨。皆未得"商兑"之諦議。四居大坎之中，坎爲不寧侯。見《屯》卦、《豫》卦。疥疾，癬疥之疾也，古人常用比喻小患。《吴語》："夫齊、魯譬諸疾，疥癬也。"注："疥癬在外，爲害微也。"此用以比喻細小問題，不能放過，必須討論。不能讓小成大，釀酒成醋也。王夫之曰："六朝之季，處未寧之地者，或内絶强臣之歡而外投戎羯，或外脱異域之網而内附篡攘，商之未詳，遲回以喪其守者衆矣。晏子不從昏淫，不與崔慶，商之已詳，而不知退之爲愈也。况里克之中立祈免者乎？"

九五：兑之歸妹。**孚於剥，有厲。**

孚，迷信也。剥，剥奪也。厲，危險危害也。五爲君位，此説迷信自己有權威是君位，剥奪人家對學術上、政治上之討論或議論，是危險已極，故曰"有厲"。厲者取象於大坎也，一説厲假爲癘。《説文》："癘，惡疾也。"惡疾，瘟疫之病，故人不可近也。比喻剥削之人，有如惡疾之不可近也。剥爲兑利之末，九月卦。其辰在戌，萬物皆在剥落收集，陽氣爲陰所剥將盡，故取象也如是。

上六：兑之履。引兑。《帛書》："引"作"影"，古"影"作"景"。

《説文》："引，開弓也。"引之初義，是射箭時開弓由漸而滿叫引，把箭射出叫發。故"引兑"有引申、牽引、導此、指引等義。用這些方法，進行解决開放一切的問題，使大家喜悦，壞事變成好事。《顔氏家訓·書證》："《尚書》曰：'惟影響。'《周禮》：'土圭測影，景朝景夕。'《孟子》曰：'圖景失形。'《莊子》云：'罔兩問景。'如此等字，皆當爲光景之'景'。凡陽景者，因光而生，故即謂爲景。《淮南子》呼爲景柱。《廣雅》云：'晷柱挂景。'并是也。至晋世葛洪《字苑》，傍始加彡，音於景反。而世間輒改治《尚書》《周禮》《莊》《孟》從葛洪字，甚爲失矣。"徐鉉云："影者，光景之類也，合通用景，非毛髮藻飾之事，不當从彡。"此"景"字保存古體，不加妄改。《帛書》此"影"字不但與"引"字音相同，而且有更深刻的意義。

涣

䷺ 巽上坎下　風水涣　内互震 ☳　艮 ☶

三易卦　否 ䷋ 四來二往　損 ䷨ 初來五往

益 ䷩ 初往二來

本卦爲巽坎組織而成。巽爲風，坎爲水，風吹水散，故曰涣。《説文》："涣，流散也。"《诗·溱洧》："溱與洧，方涣涣兮。"《毛傳》："涣涣，春水盛也。"水流盛大也，此爲本義，本卦有之。但是風經水上，水起波瀾，是曰水文。引申之對於物件之文采，文飾，古人名之爲文章，謂文采彰明也。形容文采文飾之義，名之名涣。《論語》曰："焕乎其有文章。"本卦亦有之。是以涣、焕同聲通假也。涣取坎水之文，焕取離火之文也。若單用涣字或焕字來解釋本卦，亦有説不通。予取兼義二者，以義安理得爲準。尚氏云："《太玄》拟涣爲文。司馬光云：'揚子蓋讀涣爲焕。'……《歸藏》作奐。《禮・檀弓》：'美哉奐焉。'《釋文》：'奐本亦作焕。'是揚子雲之讀與古訓合。"涣本字即有文采之義。《淮南子・説山訓》："夫玉潤澤而有光，其聲舒揚，涣乎其有似也。"注："似君子也。"《後漢書・延篤傳》："涣爛兮其溢目。"注："涣爛，文章貌也。"可證涣、焕通用。盧氏曰："此本《否》卦。《乾》之九四，來居《坤》中，剛來成坎，水流而不窮也。《坤》之六二，上升《乾》四，柔得位乎外，上承貴王，與上同也。王先生曰："涣、焕、奐，通用字。奐从廾夐。人在穴上，廾土出之，故爲取奐加水爲散，加火爲明，加口爲唤，加手爲换，皆同意也。加宀者與院同字。各居一院，故爲周垣，又與完同。卦爻兼用諸義，各分釋於當句。"據此則《歸藏》作奐，其義長也。

涣：亨。王假有廟。利涉大川。利貞。《帛書》："假有"作"叚於"。

乾爲先王享祭者。震爲帝，致祭者。艮爲宗廟，設祭之地也。《乾》四之二，殺坤大牲。坤爲牛稱牲，四之二變坤如殺者焉。下坎爲豕牲，殺牛承豕以祭。倒巽爲兑，申以嘏祝。三男會拜，取象如此。然而涣義與假廟之祭，灾難相合。克無解者。王先生曰："此取院義也。假，嘏也。王受嘏有廟，各一院不相聚也。萃以收族，故嘏廟爲聚，親盡則遷，故嘏廟爲散，使族人各自爲家，所以教民自立。"按王先生説深得其義。讀涣爲焕，焕者謂禮節文貌之盛也。荀子曰："祭祀，飾敬也。……祭祀，敬事其神也。"又曰："祭者，志意思慕之情也，忠信愛敬之至矣，禮節文貌之盛矣，苟非聖人，莫之能知也。"祭祀之禮，敬之至，文之至，情之至，是焕然有足觀者。故冠於卦辭。《象》曰：“風行水上，涣，先王以享於帝立庙。”是欲以禮之文節教养萬民也。王先生又曰：“五廟四親自堯始，故稱先王，非君子所敢專也。立廟又自享帝始。帝，天也。吴大澂説：‘帝主一字，本皆作♦，象花蒂形。’許慎以爲从束，非也。生人本乎天，始有君而知亨帝矣，因而立廟象風水者，彌文也。”《繫辭傳》曰：“神農氏没，黄帝、堯、舜氏作，通其變，使人不倦；神而化之，使民宜之。……刳木爲舟，剡木爲楫，舟楫之利，以濟不通，致遠以利天下，蓋取諸涣。”水有舟車，陸有牛馬，可以行天下矣！王夫之曰：“《涣》卦三、四二陰爲中虚，五、二二陽爲兩舷。上一陽象篙楫，初陰浮於水之象。”下坎爲大川，又爲雨，巽爲風，風檣雨楫，冒險以利濟也。毛云：“乾四之剛，散來坎二，而坎則通而不窮。坤二之柔，散升外四，而一坤與兩乾，則比而上同。”此之謂涣亨也。

初六：涣之中孚。用拯馬，壯。吉。[悔亡。]《漢博陵太守孔彪碑》：“抍馬蠲害。”與《釋文》：“《子夏》作抍。”合，可證唐開成後，定作拯字，非也。《帛書》：“拯”作“撜”，無“壯”字，蓋脱也。“吉”下有“悔亡”二字，今據增正。

震爲馬，初承之，故曰“拯馬”。騬馬也。《説文》：“騬，犗馬也。”謂割去馬之勢。割去馬勢，則馬壯健，故“吉”。坎謂割馬。割又作犗。王夫之曰：“《説文》作‘用抍馬壯’。‘抍救’字本从手从升。从丞从手，則是承字。”《考異》。與《明夷》六二象同，故辭同。

九二：涣之觀。涣奔其機，悔亡。《帛書》：“奔”作“賁”。

王先生曰：“以‘涣’爲‘唤’也。奔走也。奔者唤之。《禮》：‘婦乘以幾。’貴者履乘石，其在道及在他臣家亦設幾以升車也。安身亦授綏，此‘唤奔’知爲乘綏”。按《帛書》“機”作“偕”。舉黑切，音綏。又有堅奚初，音稽。古音皆在灰部，見鈕稽綏同紐。聞一多曰：“惠棟必欲易機爲杌，云：‘《説文》杌爲簋之重文，涣宗廟中，故設簋。’”焦循云：“《漢書·百官公卿》注云：‘賁，讀與奔同。’”俞樾曰：“賁與奔古通用。《詩·鶉之奔奔》《禮記·表記》引作鶉之賁賁。”賁讀作賁卦之賁，賁者，文飾也。賁其杌，文飾其祭器也。祭器皆是木製或竹製，内外皆塗以漆，繢以顔色，故曰“賁其簋”。古人以機爲杌，解爲水所奔走。高亨以杌爲馬厩，似非。此爲賁漆廟中之祭器，較爲恰中。得中遇陰，故“悔亡”也。

六三：涣之巽。涣其躬。無悔。《帛書》：“躬”作“躳”。“悔”作“咎”。

此爲祭祀祖先，以清潔其身也。艮爲躬，古人爲之齊戒沐浴。沐洗頭，浴洗身。又用以比人之自新其德者。“湯之盤銘曰：苟日新，日日新，又日新。”盤爲浴器，其銘文如此，可見古人澡身浴德有如此者。爲了祭祀與自新，沐浴其躬，當無悔也。《帛書》：“悔”作“咎”。《説文》：“悔恨也。”“恨，怨也。”是悔生於自心。《説文》：“咎，災也。”災從外至，咎過也、惡也、殃也，皆自外來者。故其字从人各，各者可自違也。言災殃之來，各人自召，即咎禍害，各人可自避也。生於心者，應絶於心；自外來者，應絶於人。

六四：涣之訟。涣其群。元吉。涣有丘，匪夷所思。“丘”，姚信作“近”。蓋丘、近形似而誤。“夷”，荀作“弟”，弟、夷古音同。《帛書》作“娣”。

群，謂參加祭祀之子孫臣妾。互艮爲丘，山丘也。爲祖先墳墓之所在。涣其丘者，清理整潔其墳墓也。盧氏云：“自二居四，離其群侣，‘涣其群’也。得位承尊，故‘元吉’也。”

按《吕覽·召類》引史墨説“涣其群”之義：“涣者，賢也。群者，衆也。元者，吉之始也。‘涣其群元吉’者，其佐多賢也。”《説苑·奉使》墨作黯，一名一字也。元吉與大吉異，元吉以德言，大吉以時言。虞云：“匪，非也。夷謂震，四應在初，三變坎爲思，故‘匪夷所思’也。”言非常人思想之所及也。匪夷，《尚書·湯誥》：“凡我造邦，無從匪夷。”匪夷同聲系，故通假。王先生曰：“涣群之涣。唤也。涣丘之涣，取土本義也。群輩謂初也。四成訟，初動則成履，得乾元也。互艮爲丘，丘土之高，非人所爲，取不可平，故匪夷。夷，平也。艱難唤群是所思也。上言元吉，以此勸之，散當使聚也。”

九五：涣之蒙。**涣其汗大號。涣，王居無咎。**原作“汗其”，《帛書》作“其汗大號”，今據改正。“汗”，《帛書》作“干”，干、汗同音通假。

此以王命大號於衆，修飾王居，使王居焕然一新而有光輝也。《漢書·劉向傳》：“言號令如汗，汗出而不反者也。”出而反之是反汗也，所以大號而汗出。李時珍曰：“汗出於心，在内爲血，在外爲汗。故曰：奪汗者無血，奪血者無汗。”巽爲命令，乾爲首，爲大，故有大號之象。坎水爲汗，大離爲火。火熱而汗出，雷聲上騰，雨水下降。流水盪滌王居清潔衛生，故曰“無咎”。王先生曰：“涣汗，浩瀚，大皃。號亦唤也。”涣王居之涣，“即奐垣也。今作院。王居，王宫也。王者無外，唯宫室可分院耳”。

上九：涣之坎。**涣其血。去逖，出。無咎。**《帛書》：“逖”作“湯”，無“無咎”二字。

涣其血，出其血也。本卦涣其下皆有一名詞。六三“涣其躬”，六四“涣其群”，九五“涣其汗”，上九“涣其血”，正是一例。本爻應是血字。血字應重，古人重字下皆寫二作記號，抄者未寫記號，故脱也。不脱則與《小畜》六四：“有孚，血去惕出，無咎。”句法相同，又合乎本例也。因血字本重，讀法則以王先生“去逖，出無咎”也，按不從此讀亦可。《説文》：“逖，遠也。”古文作逷，《帛書》作“湯”。狄、易同部。出逖，遠走也。上九爲巽之終，《小畜》六四爲巽之始，則血出巽上，非坎血也。二變成觀，坎象不見，故“無咎”也。尚氏讀血爲恤，憂愁也。言光明仍在，憂愁自逸。《損》《益》皆含大離，破其幽豫也。

節

䷻ 坎上 兑下 **水澤節** **内互震** ☳ **艮** ☶

三易卦 **泰** ䷊ 三往 五來 **損** ䷨ 上來 五往

益 ䷩ 上往 二來

王先生曰：“節，竹約也。即，食也。卩，瑞信也。製字先有卩，取物先有節，故卦爻唯言節度，不取卩信之義。”此卦分爲三對，一二、三四、五六各爲一卦，皆是一吉一凶，蓋是一正一反。坎爲水，兑爲澤，坎兑相連成卦，是以水溢水也。以水溢水而不知節制，則將泛濫成災，爲害胡底。江河之水，流歸於澤，澤以豬之，是節制之也。豬之久而成湖。湖者，調節水之盈虚也。盈則放之，虚則納之，此水澤之所以名節也歟？《象》曰：“澤上有水，節。”其旨如斯，其義益顯。坎水兑金，秋冬收藏之卦也。收藏者，斂收於民而藏之國庫也。坎爲法律，可裁之以制度而下收兑澤。倒之以巽而不傷財，害兑之下剛而不成坎，又不害民。《彖》曰：“節以制度，不傷財，不害民。”其斯之謂歟？鄭玄曰：“空府藏則傷財，力役繁則害民，二者奢泰之所致。”奢泰者正節儉之反也。尚云：“節，信也。”古者剖竹爲符，兩符相拿，則信成矣。坎爲信，此以節信爲解，凡卦名皆從卦象生，“震爲竹而二至五，正反震，兩竹相合，則信成也”。竊謂此卦爻辭之所繫，欲讀節爲忠孝廉節之節，謂人之操守品德也。

節：亨。苦節不可貞。《帛書》：“苦”作“枯”，枯、苦同係古聲，通假。

天地之數六十，故卦六十而爲節。節者，結也，到此作一結也。竹以節而勁，木以節而堅，人以節而苦。苦盡則甘來，女之守節，男之忠節，誰不從苦中得到甘焉。雖苦節不可貞，但不窮則不通。節之亨通者，是苦之貞也。卦以下悦上險，二五當位，既中且正，不窮而通也。盧説：“此本《泰》卦，分《乾》九三升坤五，分《坤》六五下處乾三，是‘剛柔分而剛得中也’。”剛得中，故“亨”。

初九：節之坎。不出户庭。無咎。《帛書》：“庭”作“牖”。

保密不出，臣之節也。澤之能節，全在初畫，以一剛自守，不出户庭。户庭者，户外之庭。門庭者，門内之庭。古室有户，户外爲堂，堂外階前相值曰庭。虞云：“泰坤爲户，艮爲庭，震爲出，初得位應四，故‘不出户庭，無咎’矣。”李鼎祚云：初九應四，四互坎艮，艮爲門闕，四居艮中，是爲内户，户庭之象也。《帛書》作“户牖”。《説文》：“牖，穿壁以木爲交窗也。从片、户、甫。譚長以爲：甫上日也，非户也。牖，所以見日。”牖，今窗也，在墻曰牖，在屋曰窗。古者室必有户有牖，牖東，户西皆南向。《帛書》作“牖”，是在户室之内也。《繫辭傳》曰：“子曰：‘亂之所生也，則言語以爲階。君不密則失臣，臣不密則失身，幾事不密則害成，是以君子慎密而不出也。”吴摯甫曰：“易以陽在前爲塞，陰在前爲通。初之不出，以九二在前，故曰知通塞。二則可出而不出，故有失時之凶也。”

九二：節之解。**不出門庭，凶。**《帛書》："庭"作"廷"。

慎守不出，失其時宜。坐井觀天，受困何疑？豈困而已，馴至凶危，何以召凶？庭，宫中也，宫室也。宫室通稱，其中曰庭。《詩》曰："夙興夜寐，洒掃庭内。"此謂家庭之庭。又《説文·廴部》："廷，朝中也。"朝不屋，故不从廣。段注："古外朝、治朝、燕朝，皆不屋，在廷。"凡經有謂堂下爲庭者，如三分庭有一分在南，正當作廷，於義爲近。二與《益》之上九相易，向爲震，今爲澤中之節，向爲震柔，今爲震剛。一爲失位，二爲失時，三無應，四爲三所乘？不凶何待？此可爲守經而不知權者，戒也。

六三：節之需。**不節若，則嗟若。無咎。**

此爲不守節之嗟。若，爲語尾助詞。不節之後，就欲悲傷嘆息。三易自五，則乾成澤，坤成坎，皆三爻變成爲不節之象。失位無應，唯乘剛得免於咎。震爲笑，震反爲艮，則自嗟矣。《離》九三"則大耋之嗟"與此同。《左傳·成公十五年》："子臧辭曰：'前《志》有之，曰："聖達節，次守節，下失節。"爲君，非吾節也。雖不能聖，敢失守乎？'"即此可悟失節之義。

六四：節之兑。**安節。亨。**

安於守節則亨通矣。此卦唯初與四不易，故初不動，是能守節。得位有應又承陽，艮止爲安，能安節則亨也。若文天祥之於宋，是安節者也。若顧炎武、王夫之、黄宗羲之於明，是守節者也。清之《貳臣傳》，則皆變節者也。變節者，失節也。

九五：節之臨。**甘節，吉。往有尚。**

二四互震。震爲稼穡，爲甘。則五爲甘節，五當位居中，下乘重陰，正位居體，故"甘節，吉"。爻在外爲往，往得尊位，居之不疑。故曰“往有尚”。尚者，上也。謂前往上六，以陽就陰也。二五爲大離，火上炎爲苦。故上六爲苦節。

上六：節之中孚。苦節。貞凶。悔亡。

干云：“《彖》稱‘苦節不可貞’，在此爻也。禀險伏之教，懷貪狼之志，以苦節之性而遇甘節之主，必受其誅，華士、少正卯之爻也，故曰‘貞凶’。苦節既凶，甘節志得，故曰‘悔亡’。”尚曰：“《周禮·考工記》：‘辨其苦良。’《史記·五帝紀》：‘舜陶於河濱器，器皆不苦窳。’皆以苦爲惡。節所以取信，苦窳則難以持久，不能符合，故曰‘苦節不可貞’。”按干寶以苦節爲心惡行狠之士，見誅於英明之君。竊意華士、少正卯非節士，更非苦節之士。尚氏以節爲印信，久用則枯惡爲苦節，驗之於《彖傳》不可貞，非也。《象傳》謂“其道窮”，與上説絶不相合也。予謂節讀忠孝廉節之節，人性之品德節操也。臣之忠節，士之亮節，婦女之守節，世人所難能者，則謂之苦節也。處艱苦之境而不變，當危難之時而不改，若夫漢之蘇武、班超，宋之陸秀夫、張世傑、文天祥者，殆可當之矣。

中孚

䷼ 巽上兑下　風澤中孚　内互震 ☳　艮 ☶

聚卦上下環聚

《中孚》二陰間四陽，《小過》二陽間四陰，皆非聚卦。然二陽聚者，不能移之爲《小過》。四陽聚者，不能移之爲《中孚》。則亦聚矣。蓋上下環轉，原一聚例，子母十卦，皆以相環爲聚，母然，偶爲子者，以皆有所來耳。《小過》仿此。毛奇齡説。

鼓之以動者莫如風，行之而不返者莫如水。風到則水波，波止則風息。天下之信物，未有過於此二之相孚感也。斯巽兑两卦之结合，而名之爲中孚也乎？中，忠也。孚，信也。中孚，忠信之卦也。聞一多曰："中得聲轉通用。《周禮・師氏》：'掌國中失之事。'注曰：'故書中爲得，杜子春云當爲得。'《吕氏春秋・至忠篇》：'射隨兕中之。'《説苑・立節篇》作'射科雉得之'。《淮南子・齊俗篇》：'天之員也，不得規，地之方也，不得矩。'《文子・自然篇》：'得作中。'……此爻蓋讀中孚。爲得俘，故以'得敵'解之。"東漢陽嘉二年，郎顗上公車拜章引《中孚傳》曰："陽感天，不旋日。"注補："諸侯不旋時，大夫不過期。"言報應之速，指應天言。感者，應也。《大象》曰："君子以議獄緩死。"其何取象？中孚除上述意義外，還有最重要，不同於普遍意義。兩個俘虜困於四陽之中，故曰中孚。六三所謂"得敵"，六四"馬匹亡"，蓋俘虜盜之逃亡也。逃亡之俘虜被捉回來，不加以極刑，反議獄緩死，爲了表現聖人之大德曰生，大人之高行曰仁，而俘虜得此奇遇。并在初動成坎，上動亦成坎，坎爲刑罰，又爲監獄，二動成坤，坤爲死人，是兩重死人之下而不死；得一互震之艮而得生。震君也，艮止也。巽爲令，是得君令而止其死，反緩其執行而生。留一綫之光明，期罪人之覺悟，誠爲忠信之事，奇寓忠信之人。

中孚：豚魚吉。利涉大川。利貞。"豚"，《釋文》："黄，作遯。"《帛書》："孚"作"復"。

此中孚爲卦名，高亨欲重"中孚"二字，予謂不必重。豚魚即江豬子，俗叫水豬，鯨屬，狀如豬，色青黑，胸有兩乳，噴水直上，肉多脂。毛云："非水不生，非風不見。乘乎風而拜乎浪。見必向風，風静即滅。若所稱豚魚者。"聞曰："'豚魚'疑讀爲屯魯。豚通作屯，猶豚一作豘。魚魯古本同字，魯金文或作魯。《魯厡生鼎》《或者鼎》《井人妄鼎》。从魚加口爲標識，仍魚字也。金文每言屯魯，《叔夷鍾》曰：'其萬福屯魯。'《秦公鐘》曰：‘以受屯魯多釐。’《臭生鍾》用匄康曰：‘屯魯。’《土父鍾》曰：‘唯康右屯魯。’《徲盨》曰：‘用旂眉壽屯魯。’《善鼎》曰：‘用匄屯魯雩萬年。’他若《敚繺鼎》：‘用錫康嗣魯休屯右。’《歸夆簋》：‘殷用旂屯录永命魯壽。’又皆屯魯分詞并舉。此曰：‘屯魯吉’，則猶《井人妄鐘》：‘得屯用魯，永冬仲按冬即終之省字。於吉’也。《中孚》下體兑，《易林逸象》兑爲魯，疑若可信。”按以金文證《周易》，時代相差不遠，是當時有“屯魯”一詞，豚魚應是屯魯無疑。後人不知屯魯之義，而妄改爲豚魚。王先生曰：“豚魚，女昏牲也。《昏禮》：牢用牲豚，魚十有四，婦饋特豚，教成，祭牲用魚。中孚卦取孚子，故女主昏言之。”按坤爲大川，震爲虚，爲木，即舟也。五履重陰，乘震舟之上，故曰“利涉大川”。

初九：中孚之涣。虞吉，有它不燕。《帛書》：“虞”作“杅”，同爲模部字。“燕”作“寧”，安寧也。

王先生曰：“虞，既葬之祭也。自喪變而之吉，故曰‘虞吉’。澤木葬，象同大過。”又曰：“他，未卒哭而葬，每剛日一祭，以待卒哭之祭也。在虞後祔前報葬報虞，三虞則明日祔矣。未滿三月不可祔，又不可不虞，故於三虞後一日設祭，謂之爲他祭。《禮》曰‘他用剛日’是也。他者延緩之詞，今字作拖。”此言娱樂是吉，有它不安也。四爲巽初，爲它。此言初不應爲吉。但初與四應，三與上應，天然匹配，此言三四居中，各隔二五，所謂“有它”也。往應則兩陽夾迫，去就難决，是三四向背有未定之意。虞，安也。燕，亦安也。安之則吉。有敵在而介於中，則不安矣，故曰“有它不燕”。此“有它”謂從《復》卦來，《復》下爲震。本卦即互震也，震爲龍蛇。《説文》段注：“上古草居患它，古蛇字。故相問無它乎？”猶後世言無恙也。《風俗通》：“恙，病也。凡人相見及通書，皆曰無恙。……恙，噬人蟲也，善食人心。”人苦患之。燕，寒桓部影紐。寧，青部疑紐。二部相近旁轉。

九二：中孚之益。鳴鶴在陰，其子和之，我有好爵，吾與爾靡之。《埤倉》："靡之"作"縻散"也。陸本作"縻"。京房作"劘"，分也。《帛書》："陰"作"洞"。"靡"作"羸"。

虞云："靡，共也。"《詩》《釋文》同。賈誼《新書·春秋》："故愛出者愛反，福往者福來。《易》曰：'鳴鶴在陰，其子和之。'其此之謂乎！"按二五皆剛之得中者，二位大離，又當得震，離爲鶴，震善鳴，其象爲鳴鶴，兑爲陰夜，鶴知夜半，故"鳴鶴在陰"也。《帛書》："陰"作"洞"。洞从同聲，東部字。陰、覃，侵部字，與東近旁轉。如《豳風·七月》："二之日鑿冰冲冲，三之日納於凌陰。"陰，於容切。揚子《太玄》："日飛懸陰，萬物融融。"皆其證。《帛書》以洞代陰，深明古音。二爲震剛，爲長男；五爲艮剛，爲少子。長兄若父，故有二爲父，五爲子之象。父我，子爾。好爵，代言好酒。靡，散也。分散而飲之也。《帛書》："靡"作"羸"。《廣韻》："羸，力爲切。"《集韻》："靡，母被切。"《左傳·成公二年》："六月壬申，師至於靡笄之下。"此支哥通韻也。鳴鶴飲酒，用以象人之酬酢也。尚云："陰，山陰。二至五正反震，下震鶴鳴於山陰，三至五震反，如聲回答，若相和然，故曰其子和之。其子，謂覆震，非互震，判然二物也。"

王先生曰："靡爵，酒至齒，爵磨口邊，《禮》所謂嚌酒也。好爵，不舉之爵，凡陳者謂之好，若玩好也。承上虞，他亦爲喪祭。"高谓"吾字疑衍"，以上句有我，下句不應重出吾。按古人在一句之中，吾、我并出。《孟子》："我善養吾浩然之氣。"《左傳·桓公六年》："我張吾三軍而被吾甲兵。"揚子《太玄》："出我入我，吉凶之魁。"佛經有"吾我心"之語，就己而言曰吾，因人而言曰我。《説文》："爵，禮器。"酒尊也。震爲尊爵。好爵，好酒也，借名物以實物也。譬如以魚喻女，見卵思雛之誰。《繫辭傳》曰：“君子居其室，出其言善，則千里之外應之，况其邇者乎？居其室，出其言不善，則千里之外違之，况其邇者乎？言出乎身，加乎民；行發乎邇，見乎遠。言行，君子之樞機。樞械之發，榮辱之主也。言行，君子之所以動天地也，可不慎乎？”卦互震艮，震爲言行，又艮爲門，故曰“樞”，震爲動故曰“機”。

六三： 中孚之小畜。**得敵。或鼓，或罷。或泣，或歌。**《帛書》：“罷”作“皮”。“泣”作“汲”。

此克敵奏凱之情况，得敵俘虜人以歸也。《子夏傳》：“三與四爲敵。”荀爽曰：“三四俱陰，故稱‘敵’也。四得位有應，故鼓而歌。三失位無實，故罷而泣之也。”罷讀爲鼙，《後漢書·馬融傳》注：“擺亦捭字也。”《説文》：“鼙……讀若罷。”此罷卑二聲相通之證。卑罷作皮，宓古音讀婆，與歌爲韻，讀疲則失韻也。兩手擊也。此擊鼓罷，是勝利者之喜也。哭泣與唱哀歌是戰俘之悲也。勝利兮而憂樂異也。巽爲戰俘，離爲歌鼓，五爲勝利者。王先生云：“凡此謂飲至之時，鼓歌者豈樂，獻社也。”蓋希望殺俘以祭社，然而得議緩死。

六四： 中孚之履。**月幾望。馬匹亡。無咎。**孟、荀“幾”作“既”，《帛書》同。“匹”作“必”。

虞云：“訟坎爲月，離爲日。兑西震東，月在兑二，離在震三，日月象對，故‘月幾望’。”按幾在灰部見紐。尚云：“兑爲月。十五日，日月望，乾象月盈甲；十六日，平明，巽象月退辛。六四巽主，故曰既望。”按既在没部見紐，二部相連，故音相同。尚又曰：“作既於巽象方切。”初往四來，成爲乾坎兩馬。虞云：“震爲奔走，體遯山中，乾坎不見，故‘馬匹亡’。”按“匹”《帛書》作“必”。匹、必同屑部。蓋馬匹之亡，俘盜而逃亡也。艮爲俘，童僕即俘也。王先生曰：“馬稱匹者單騎無配。《覲禮》：'匹馬卓上。'《書》：王賜晋文馬，不乘之以駕車者也。"

九五：中孚之損。**有孚攣如。無咎。**《帛書》："攣"作"論"。

孚即俘虜。攣，拘姪也。巽爲繩，艮爲手，俘虜被拘繫之象。五下乘重陰，得位又得類，故"無咎"也。《大象》謂《中孚》"議獄緩死"，蓋爲此爻説也。逃亡之俘，應處以極刑，今得無咎，是緩死也。《帛書》："攣"作"論"。《集韻》等攣音閭員切，《廣韻》等論音盧昆切。是攣、論爲雙聲詞。曹植《文帝誄》以言論相韻。注言論閭員切，則與此攣論合一同矣。

上九：中孚之節。**翰音登於天。貞凶。**《帛書》："翰"作"鶾"。

《禮記·曲禮下》："鷄，曰翰音。"巽爲鷄，上陽爲天。登，升也。登天，升天也。鷄本不能高飛，今飛登天，物反其常也。侯果曰："窮上失位，信不由中，以此申命，有聲無實，中實内喪，虛華外揚，是'翰音登天'也。"孔疏曰："鷄肥則其鳴聲長也。"聲揚於天，而實不至者，戒之也。王先生曰："翰，天鷄，赤羽也。巽上故象死鷄，鷄牲以充鮮臘，宗廟之祭有之。祭天特牛，不用鷄，今以登俎，儉而無扎，故'貞凶'也。"《説文》："鶾，雉肥鶾音者也。"《風俗通·祀典》："魯郊祀常以丹鷄，祝曰：'以斯鶾音赤羽，去魯侯之咎。'"《爾雅·釋鳥》："鶾，天鷄。"鶾，又作韓。《帛書》作"鶾"，字書無此鶾字，蓋漏收也。

小過

䷽ 震上艮下　**雷山小過　内互巽 ☴　兑 ☱**

聚卦上下环聚

雷山何以名小過？此以象而名之也。卦象四陰二陽，是陰過於陽，陰曰小，故曰小過，實謂小過於大也。大過則四陽并列，兩陰分上下環之。小過則兩陽聚中，四陰分上下環之。因此，可小事而不可大事，以陽受困於陰也。棺葬取象《大過》，杵臼取象《小過》。上下四陰象臼之齒。棲中二陽，象杵入臼。《大過》取象棟橈，《小過》取象飛鳥，皆從形象取也。端木國瑚曰："兑巽過乾之左右，故曰大過；艮艮過坤之左右，故曰小過。"尚氏云："《太玄》擬大過爲失，云：'陰大作賊，陽不能得。'言陽爲陰賊，而失其用也。擬小過爲羡、爲差，云：'陽氣贊幽，推包羡爽，未得正行。'言震陽本可直出，乃爲上下四陰所包，推排曲抑，仍有羡爽。羡，邪曲；爽，差也。蓋《大過》按卦氣時當小雪，窮陰極寒，故陽氣極衷。《小過》時當立春，陽氣辟涷，本可無阻，乃爲陰氣所包，仍不免小有回曲。大小過純以卦義言，不以陰陽多少言也。"按尚氏此説謬也。常言《易》之取象，皆根據卦形，此種明顯的卦象反棄之不用而取卦氣，又以卦氣爲卦義，何其謬也。其謬不明卦形。卦形是本生，卦氣是派生。本生者自然也，派生者人爲也。卦氣圖漢儒所爲，《大過》四陽，節當小雪；《小過》二陽，節當立春，其理其義，能服人耶？况以卦氣卦候來解卦名，是先有子孫，後有祖考，本末顛倒，其惑甚矣。再説本卦，震上艮下，上爲雷，下爲山，其動如雷，其止如山，倒震則皆艮，倒艮則皆震。所以又有一動皆動，一止皆止之勢。但皆非人力所能爲者。《繫辭傳》曰："斷木爲杵，掘地爲臼，臼杵之利，萬民以濟，蓋取諸《小過》。"艮下震上，下止而上動，虞氏謂爲杵臼之義。然震似盂似臼，故震象常稱缶。而艮爲倒震。亦臼也。若通象作臼，則中二陽是杵耳。亦是形象所成然也。其於人也，本卦是兩男而互卦是兩女。震爲長男，巽爲長女；艮爲少男，兑爲少女。其巧配也如此。第爻辭皆無及焉，特於此發之。

《象》曰：“山上有雷，小過，君子以行過乎恭，喪過乎哀，用過乎儉。”此蓋孔子有謂而發也。《論語》：“巧言令色足恭。左丘明耻之，丘亦耻之。”足恭者，行過乎恭也，如漢世之王莽是也。白居易有詩云；“周公恐懼流言日，王莽謙恭下士時。若使當年身便死，一生真僞有誰知？”行過乎恭者，僞也。心僞而行穢，則其志不可誅矣。喪過乎哀亦過也，古者喪服之志，昭矣明矣，不可踰也。子夏喪其子，哭泣過哀，而喪其明。曾子責之，禮也。顧雍喪其子，嘆曰：“己無延陵之高，豈可有喪明之責。”《世説》。則庶乎無過矣乎？若夫齊之晏嬰者，相國也，祀及先人，豚肩不掩豆，宜與夫禮若不相似焉。其自奉也，食不重肉，妾不衣帛。一狐裘三十年，豈不過儉矣哉！

小過：亨。利貞。可小事，不可大事。飛鳥遺之音，不宜上宜下。大吉。《帛書》：“小”作“少”。

初與四應，三與上應，陰陽得應，故“利貞”。二五皆柔得中，是“可小事”。剛失位而不中，是“不可大事”也。兩震相背，絶類飛鳥。具體則兩陽居中，有似腹背；而四陰分張，即似羽翼。尚氏曰：“《左傳·昭五年》，筮遇《明夷》之《謙》曰：‘日之謙當鳥。’日之謙，即離變艮。變艮而曰當鳥，是以艮爲鳥。”鳥已飛矣，而有止意。恍惚遺其音於飛後，止而不去也。“不宜上宜下”者，鳥上飛則逆，下飛則順。一動形成逆勢，而猶有順止之意。因有山林之樂也。故宜下而止，不宜上而動。尚云：“上謂五，五失位而乘陽；下謂二，二當位而承陽，故上不宜而下大吉也。”

初六：小過之未濟。**飛鳥以［矢］。凶。**各本無“矢”字，《帛書》亦無，則脱字已久遠，今據高説補。

高云：“此句義不可通，疑以下當有矢字，轉寫脱去。飛鳥以矢者，鳥帶矢而飛去也。”按高説是，今據之補一“矢”字。鳥之帶矢而飛，事見《國語·魯語》。

六二：小過之恒。**過其祖，遇其妣。不及其君，遇其臣。無咎。**《帛書》：“禺”皆作“愚”。“應”作“遇”，遇，相逢也。

過讀《過秦論》之過。過，錯也。不及，亦過也。不謂之過者，以君不可過，因謂之不及也。不及者有未做得到，未做得好之意。俗言趕不上也。本文提前，突出過與不前也。四“其”字是代詞，代我和他的。即：我説我祖的過錯，遇逢的是他的妻子，我的祖妣。《詩·斯干》：“似續妣祖。”又《豐年》：“烝畀祖妣。”均以祖與妣對稱。《周禮·大司樂》：“以享先妣……以享先祖”，相對爲文。卜辭和金文，均稱祖母爲妣。我説我君的不及，遇逢的是他的臣子，所遇非其人，不是我欲説的人。我欲説的人是祖和君，陽人。而遇到的是妣和臣，陰人。本意是説陰陽錯位。四陽欲上居五位，五陰欲下居四位。然而錯位無咎者，以柔中也。此爻具有深刻的人生哲學。

尚云：“艮爲祖。二承三，故過其祖。巽爲妣。二當巽初，故遇其妣。《爾雅》：‘母曰妣。’妣謂二，祖謂三。二應在五，五震爲君，乃五不應，故不及其君。艮爲臣，三艮主爻，二承之，故遇其臣。”此解亦通，但不透明。

九三：小過之豫。**弗過防之，從或戕之。凶。**《帛書》：“戕”作“臧”。“防”作“仿”。按臧从戕聲，仿、防同方聲，同聲通假。

九三當艮剛之末，有所防止。而身已入大坎之中。坎爲隱伏，唯恐防之大密，反致以猜嫌而起隱禍。故曰“弗過防之”也。防之太嚴，恐怕從防範之中，就發生戕殺之事。戕則凶矣。比如魯君欲去季氏，反爲季氏所逐者然。三四皆君象，三來戕四，從離入坤，折四死《小過》中，故曰“從或戕之”也。尚云：“言三若應上，則四或害之也。艮爲刀劍，四艮反向下，故戕之。”王先生曰：“言師過人國而弗能過，以其先防之也。殺鄰國君爲戕，以無備遇有備也。”

九四：小過之謙。[**公弋取彼在六。**] 此六字原在六五爻内，今移入此。**無咎。弗過遇之。往。厲。必戒，勿用。永貞。**

予疑此“無咎”上有脱文，“無咎”爲徵兆辭類之吉凶斷辭。其上無詞句敘述事實，何須用斷辭邪？此一疑也。查本經“無咎”一詞，直屬繫於數詞之下，衹有兩爻，《解》之初六，此卦九四而已。愚已定《解》卦“夙吉”一詞，爲初爻之脱落於此，成爲“夙吉，無咎”。此九四與六五，亦是鄰爻，當可作同例相看。六五爻辭末句，與“密雲不雨，自我西郊”二句，毫無相連之處，更無一個徵兆辭作出判斷。此二疑也。易例初與四應，二與五應，尚云：“艮爲穴，爲狐。”狐爲穴居之獸，公射鳥而取狐，言二不應五，而有此象，物非其類也。凡易取象，不於本爻，必於應爻，此所取皆二爻之象也。按此六二爻辭云：“過其祖，遇其妣。不及其君，遇其臣。無咎。”與六五之“密雲不雨，自我西郊”，與“公弋取彼在穴”皆不相應，無可應而説相應，真是牛頭不對馬面。况二五皆陰爻，本是相敵，今以居中不敵，無咎而已。亦可也。

六五：小過之咸。**密雲不雨，自我西郊。(公弋取彼在穴。)**

竊以初爻之飛鳥以矣，帶矢飛過山，入穴而居，鳥亦穴居。《尚書》有“鳥鼠同穴”。《明夷》入左腹，“公弋取彼在穴”，则二事連爲一事。這種相應如水月相輝，血肉相連，天衣之無縫也，所以移之。

上六：小過之旅。**弗遇過之，飛鳥離之，凶，是謂災眚**。《帛書》："災眚"作"兹省"。兹，菑字之假也。

此言羽翼已成，勿謂君遇過也。尚云："弗遇，言爲五所格，應三難也。乃竟過之，是無心相值，不虞之禍。蓋艮爲鳥，上卦艮覆，鳥首向下有墜象；而艮爲刀兵，正墜兵刃之上。離、罹通，遭也。遭此意外之禍，故凶也。……《聞見録》云：唐張師爲贊皇尉，夢白鳥飛翔墮於雲際，召黄賀筮之，遇《小過》，曰：雷震山上，鳥墮雲間，聲迹兩銷，不可復見。是亦以艮爲鳥。艮覆，故曰鳥墮。互大坎，故曰雲間。"《方言》："離謂之羅。"《説文》："羅，以絲罟鳥也。"《爾雅·釋器》："鳥罟謂之羅。"災眚，禍害也。飛鳥入於羅罟，是不幸之災禍也。《帛書》："災眚"作"兹省"，兹、災、省、眚，四字同係相通假。眚，亦災也。《後漢·馬嚴傳》注："眚亦灾也。"《書·舜典》："眚災肆赦。"鄭注："眚災，爲人作患害者也。"古人眚省同音通用。《書·康誥》："人有小罪，非眚。"《釋文》："亦作省。"《書·説命》："惟干戈省厥躬。"《疏》："省……一本作眚。"皆其證。此四字皆同音通假。

既濟

䷾ 坎上離下 **水火既濟　内互坎** ☵ **離** ☲

三易卦：泰 ䷊ 二往五來 **咸** ䷞ 四來初往

益 ䷩ 上來三往

《歸藏易》作岑霁，霁即霽字。《爾雅·釋天·疏》："四曰昕天，昕讀爲軒，言天北高南下，若車之軒。是吴時姚信所説。”

軒，豁也，謂雲開日見，天中空豁也。姚説非。《説文》：“霽，雨止也。”《埤雅》：“雨晴曰霽。”《爾雅》郭注：“南陽人呼雨止爲霽。”霽、濟相通。《爾雅・釋天》：“濟謂之霽。”《疏》：“濟止也。”《詩・載馳》：“不能旋濟。”《傳》：“濟止也。”《莊子・齊物論》：“厲風濟。”注：“濟，止也。”此卦在夏商之時，言風雲晴雨，自然狀態而無所作爲也。若欲語其作用，則在文王、周公、孔子時，隨着時代的發展，本卦自身也隨之發展。若言作用，則在三皇五帝時尤其在黄帝，作用甚大。《帛書》：“濟”作“涉”。《説文》：“涉，徒行厲水也。”《詩》：“深則厲，淺則揭。”此古人民渡濟河之方法，再發展匏瓜壺盧之繫渡，南人謂之腰舟。《繫辭傳》曰：“舟楫之利，以濟不通。”則以濟渡之名，當利濟之目，而日日向前大發展了。

既濟：亨小。利貞。初吉。終亂。《子夏傳》、虞翻皆以“亨小”爲句。《帛書》：“亂”作“乳”，訛字。“濟”爲“涉”。

本卦二四承乘皆陽，三陽皆有陰應，故小者亨也。《彖傳》以“小者亨也”，意謂大者不然，是以“亨小”爲句。凡陽遇一陰吉，重陰不吉，可有凶咎。本卦三五皆陷陰中，雖三陽得位有應，然所应者阴，固與柔爻異也。故《傳》把亨專屬之陰小，其理可洞然明白。虞云：“‘乾知大始’，故稱‘初’。坤五之乾二，得正處中，故‘初吉，柔得中也’。泰坤稱亂。二上之五，終止於泰，則反成否。‘子弑其父，臣弑其君’，天下無邦，終窮成坤，故‘亂，其道窮’。”

初九：既濟之蹇。**曳其輪。濡其尾。無咎。**《帛書》：“曳”作“抴”。“輪”作“綸”。

按《既》《未濟》，皆取象於渡水，古人以車輿代渡，《孟子·離婁下》："子産聽鄭國之政，以其乘輿濟人於溱洧。"可證也。"曳"，《帛書》作"抴"。《説文》："抴，捈也。""捈，臥引也。"抴與曳音義皆同。《禮記·檀弓》："負手曳杖。"《釋文》："栧，亦作曳。"一説：曳今本作抴，後人避諱改之。高云："曳其輪，當謂曳其車輪也。然車陷於水中，馬力不足，人或曳其輈轅，或推其輿軫。曳其輪之理：即或加力於輪，亦推其輪，而不曳其輪，余故謂此輪字，非用其本義也。輪疑綸借爲綸。同聲系，古通用。仲按帛書《周易》"輪"正作"綸"。《文選·西征賦》：'徒觀其鼓栧迴輪。'李注：'輪或爲綸。'……《釋名·釋車》：'輪，綸也言彌綸也，周帀之言也。'并其證。《説文》：'綸，青絲綬也。'"俗叫三合繩，又名綬。長丈二尺，繫印和佩玉於身而不相離者也。離爲黄牛，初爻爲尾，牛曳車涉水以濟，濡濕其尾，事所當然，何咎之有？有人以人之頭髮爲尾，非也。頭髮濕則全身皆濕矣。

六二：既濟之需。**婦喪其茀，勿逐，七日得。**

"茀"，《子夏傳》作"髴"，荀爽作"紱"，董遇作"髢"。王注："茀，首飾。"茀、髴假字。《説文》："鬄，髮也。"重文作"髢"。《帛書》："喪"作"亡"。"茀"作"發"。"逐"作"遂"。按茀、髴、鬄益易髮紱髢皆是假髮之名。茀，有説是車蔽。《詩·碩人》："翟茀以朝。"古時婦女坐車欲用隱伏作憑障，以巾蔽之謂之茀。"勿逐"者，不須追逐也，半震不能追逐。二五皆中道，二五合爲七，故曰"七日得"也。

九三：既濟之屯。**高宗伐鬼方，三年克之。小人勿用。**

卜辭："己酉卜，丙貞：鬼方昜，古傷字。亡。[下]。下蓋夏字之訛。五月。"《甲編》三三四三。鬼方受創傷而降也。高宗，殷王武丁，丁山認爲是武乙，傳訛武丁，中興之王也。從帝辛上數，是第六代。按殷高宗是武丁。《史記·殷本紀》："祖己嘉武丁之以祥雉爲德，立其廟爲高宗。”“帝武乙無道，爲偶人，謂之天神。與之博，令人爲行。天神不勝，乃僇辱之。爲革囊，盛血，印而射之，命曰‘射天’。武乙獵於河渭之間，暴雷，武乙震死。”丁山説非也。

王國維以“鬼方當作畏方”。《觀堂集林》卷十三。即後來之薰獯鬻、玁狁、昆夷，秦漢時匈奴。虞翻、干寶等亦以爲北方之國，皆非也。《詩·蕩》：“内奰於中國，覃及鬼方。”此言文王伐鬼方也。《竹書紀年》：“（武丁）三十二年，伐鬼方”，“三十四年，王師克鬼方，氐羌來賓”。此蓋《易》所言之事。《漢書·匡衡傳》云：“成湯……化異俗而懷鬼方。”是鬼方在成湯時已歸服中國，此次伐之，爲其叛也。《後漢書·西羌傳》：“及殷室中衰，諸夷皆叛。至於武，征西戎、鬼方。”爲其叛也。《後漢書》及《通典》《通考》皆以鬼方爲西戎是也，地點即今日之貴州省境。言北方地者，實爲胡説。而王弼、朱熹之注，則是望文生訓，空談臆解，誤人不淺。

六四：既濟之革。繻有衣袽，終日戒。“繻”，《子夏傳》、王廙本作襦，《説文》作“需”。王弼注：“繻，宜曰濡。”《説文》：“袽”作“絮”，京房本作“絮”，《子夏傳》作“茹”。如、茹、絮都如音字。从綫有棉絮之義。《帛書》：“袽”作“茹”。

虞注：“乾爲衣，故稱‘繻’。袽，敗衣也。乾二之五，衣象裂壞，故‘繻有衣袽’。離爲日，坎爲盜，在兩坎間，故‘終日戒’。謂‘伐鬼方，三年乃克’。旅人勤勞，衣服皆敗，鬼方之民，猶或寇竊，故‘終日戒’也。”古時物力維艱，更加三年戰鬥，帶來災難，何堪設想，大偷小扒，其能免乎？五月投降，正是將士换服之季，袽爲士兵所用之短棉衣，繻爲將士所用之長棉衣。絮、絮、繻爲衣内之絮。非誹之者，是不明古時物力艱難，人民困苦之情况者也。

九五：既濟之明夷。東鄰殺牛，不如西鄰之禴祭，實受其福。《帛書》："殺牛"下有"以祭"二字。"如"作"若"。"禴"作"濯"。末有"吉"字。

《漢安平相孫根碑》云："厥先出自有殷，元商之系，子湯之苗。至於東吅，大虐戕仁，聖武定周，封干之墓。"《隸釋》："按班孟堅《幽通賦》云：'東厸虐而殲仁。'注：厸古鄰字，謂紂也。仁即三仁也。碑中之語，蓋出於此。則是以吅爲厸，以戕爲殲，或謂戕也。"與《坊記》引《易》，鄭注曰："東鄰謂紂國中也。西鄰謂文王國中也。"孔疏《坊記》與《左傳》皆云："東鄰謂紂國中"，與之相合。足證王注與孔疏，撥棄古義，不解東鄰之非。皮錫瑞《經學通論·易經》："論漢人古義多不傳，漢碑可以引證。"漢碑實無多存，能引幾何？此誠無可奈何之論也。《帛書》："禴"作"濯"，同爲沃部定紐字，故通用。多以、祭、吉三字，蓋版本不同也。待考。不如，不若，同義比較詞。崔憬曰："五坎爲月，月出西方，西鄰之謂也。二應在離，離爲日，日出東方，東鄰之謂也。"此鄭氏説，以有周受命之日爲言。李鼎祚曰："《尚書》克殷之歲：'厥四月哉生明，王來自商，至於豐。丁未，祀於周廟。'四月，殷之三月，春也，則明'西鄰之禴祭'，得其時而受祉福也。"意思是説：此四月克商之後，來祭周廟。假如還在商時，正是三月爲春，春當郊祭殺牛以祭，而今爲周之四月，四月爲夏，則禴祭矣。商之殺牛，不如周之禴祭者，一失時，一得時也。

上六：既濟之家人。濡其首。厲。

上是陰爻，還是坎水，故"濡其首"也。初爲濡尾，首尾俱濡，故亨小也，所以"厲"也。厲者，危也。何以終亂？上六坤爻暴於外，而無收拾，故亂也。坤陰爲亂。

未濟

䷿ 離上坎下　火水未濟　内互離 ☲　坎 ☵

三易卦　否 ䷋ 五來二往　恒 ䷟ 三往上來

損 ䷨ 初往四來

上經終《坎》《離》，下經終《既》《未濟》，亦是《坎》《離》也。《易》重於人事，人事之重要，莫重於水火。人非水火不能生活。坎月離日，爲乾坤之用，無日月則無天地。無天地何有乎乾坤。猶之無人，又何有乎男女也。《既》《未濟》爲坎離之用，乾坤坎離無創《易》之法，坎上離下爲《既濟》，水火互相爲用也。離上坎下爲《未濟》，水火不相爲用也。是以轉易之卦，至《坎》《離》而窮；互易之卦，亦至《坎》《離》而窮矣。《乾》《坤》聚之始，《既》《未濟》分之終。六十四卦中，無有一陰一陽間析如《既》《未濟》者也。但《既濟》以剛始而柔終，剛柔俱得位；《未濟》則以柔始而剛終，剛柔俱不得位。何以《既濟》曰"亨小"，《未濟》亦曰"亨小"，蓋《既濟》剛柔皆得位，是柔得假剛以通，故曰小通。亨。《未濟》三五皆柔盤據，是亦小通也。《雜卦傳》曰："《既濟》，定也。《歸妹》，女之終也。《未濟》，男之窮也。"男之窮者謂以陽終也。卦之以陽終者多，何以此爲窮也？獨此卦完全陰居陽位，陽居陰位，而陰據三五之貴位而得小亨，陽則無此也。陰得位而狎侮陽，如紂之於妲己，《周書》："惟婦言是用。"《詩·黍離》："赫赫宗周，褒姒滅之。"此尚未得位者也，皆以擅寵而亡人之國。若漢之吕雉，鉗制惠帝；唐之武曌，牽制中宗；清之慈禧，幽德宗於瀛台。非男之窮而何？讀者其醒諸！

未濟：亨小。狐汔濟。濡其尾。無攸利。

俗讀以“小狐汔濟”爲句，繆也。《史記·春申君傳》引《易》：“狐涉水，濡其尾。”可見秦漢讀《易》，不以小狐相連成句。虞氏以“亨小”爲句，猶存漢讀。有人反以爲誤，殊覺憒憒。凡《易》之稱小者，皆謂陰爻也。《説文》：“汔，水涸也。”《爾雅·釋言》：“濟，渡也。”《帛書》：“濟”作“涉”，詳上卦。《風俗通》：“里語：‘狐欲渡河，無如尾何？’”此狐在水涸之際渡河，猶豫中濡濕其尾。狐尾長而毛多，尾濕則行走艱難，故珍惜其尾。干云：“狐，野獸之妖者，以喻禄父。中謂二也，困而猶處中故也。此以托紂雖亡國，禄父猶得封矣。”予謂非禄父，蓋謂武庚也。武庚當武王崩後，叛周作亂，未能成功，猶之禄父受封，人見其狡獪焉。此卦有三艮形，一狐以喻君，二君狐白裘，三艮爲狐。

初六：未濟之睽。**濡其尾。吝。**

此頂接卦文而言，亦謂狐也。省主語狐，有人謂此爲人渡水，非謂狐也，其説不當。人尾謂須髮。頭髮濕全身皆濕，何止濕尾而已。《戰國策》：“（黄歇言）‘《易》曰：“狐濡其尾。”此言始之易，終之難也。’”濡其尾而河未過成，反招辱恨之吝。

九二：未濟之晋。**曳其輪。貞吉。**《帛書》：“曳”作“抴”。“輪”作“綸”。

干曰：“坎爲輪，離爲牛，牛曳輪，上以承五命，猶東藩之諸侯共攻三監，以康周道，故曰‘貞吉’也。”

六三：未濟之鼎。**未濟。征凶。[不]利涉大川。**《帛書》：“征”作“正”。從朱熹説加“不”字。

“不”加在未濟之情況下，如果出征是凶，因三以恒乾之中陽，易以震陰，乾震皆剛勇出征。但三爻既出坎又入坎，是未濟也。既不當位，又前有重險，所以“征凶”。既征凶，則“不利涉”。朱熹疑“利”上有“不”字。高亨云：“既言未濟，不能又言利涉大川。”《訟》卦辭：“不利涉大川。”下是坎卦，此亦是坎卦。朱、高兩説均是，今從朱説增“不”字。

九四： 未濟之蒙。**貞言。無悔。震用伐鬼方，三年，有賞於大邦。**

“邦”，王本作“国”。亡，方，邦爲同部。《帛書》：“賞”作“商”。賞，賜也。有功於國，則受國家之賜賞。周邦助殷高宗征服鬼方，受賞於殷之大國。此震字蓋周家之臣名也。高士奇《天禄識餘》云：“《易》震用伐鬼方，郭琛謂震乃摯伯名。”按《風俗通義》古國名有摯疇，以国爲氏。《詩》：“摯仲氏任。”蓋其後也。譚戒甫謂震爲武丁之子孝己，蓋以震爲長子而妄測之也，毫無佐證。若是孝己，何得云“有賞於大邦”？周稱殷爲大邦，自稱曰小邦。見《泰》卦注。殷高宗伐鬼方，親駐荆州，指麾軍事行動。用崇伯虎爲大將。震是周臣，奉高宗徵召，參加征伐。因有功乃受賞於殷王。《易》係此以見殷周歷代的親密關係，而周有功於殷焉。附考證一：《竹書紀年》武丁三十五年，一本作武乙，五爲二之訛。“周王季歷伐西落鬼戎，俘其二十翟王。”此與《易》文無關，伐鬼方是武丁，此條是武乙，時代不同也。有人認丁爲乙之訛。按金文《小盂鼎》記成王命盂伐鬼方，“孚人萬三千八十一人，孚馬四□□匹，孚車卅兩，孚牛三百五十五牛，羊廿八羊”。《易》之所記，亦非此事。此金文所記是成王，《易》之所記，是周王孝歷受高宗之命伐鬼方也，絶不可混爲一談也。四在損居外艮互坤之間，坤位西南，艮爲黔喙。今貴州爲黔省，貴鬼同在陰聲灰部見紐。古音同而變也。

六五：未濟之訟。**貞吉，無悔。君子之光，有孚，吉。**《帛書》："無悔"作"悔亡"。無悔，無所悔也。悔亡，有所悔而忘記也，則等於亡。亡，無開閉口音。

此續上伐鬼方之事。五自否二往，内成坤衆，外成乾。乾天離日光輝照耀坤衆。五本陽位，二陽上往。是離日之光與君子之光，交相孚映。《易》之《坎》《離》，皆有孚象。無悔者，無所悔恨也。悔亡，皆有悔恨而消亡也。本陽位而陰人居之，有恨鐵不成鋼之感。既居之安，則悔恨漸消亡矣。故"貞吉，無悔"也。干曰："以六居五，周公攝政之象也。……制禮作樂，復子明闢，天下乃明其道，乃信其誠，故'君子之光，有孚，吉'矣"。《晋史》孫登謂嵇康曰："火生而有光，而不用其光，果在於用光，人生而有才，而不用其才，而果在於用才。故用光在於得薪，所以保其耀；用才在於識真，所以全其年。"此亦貞吉爲光之説也。

上九：未濟之解。**有孚於飲酒。無咎。濡其首。有孚失是。**

此蓋謂殷紂沉溺於酒而失天下也。《乾鑿度》曰："《既濟》《未濟》爲最終者，所以明戒慎，而全王道也。"上以恒乾之中爻，而來居上位，坎爲酒，離爲鼓歌，艮爲奴僕。以作樂飲酒，宴酣之樂也。是讀爲"氏"，失氏者，醉倒不知姓氏也。乾爲首，以恒乾之體加於坎上，一若以乾首而埋於坎酒之中焉。虞云："乾爲首，五動首在酒中，失位，故'濡其首'矣。"是以《否》之三乾爲首，而降五爲二，則以上乾之首，埋於下坎之酒中。溺醉得人事不知，是非不明，俗説得好：溺於川猶可救，溺於酒不可救。昔之夷狄作旨酒，獻於禹，禹飲而甘之。禹曰："後世必有以酒亡其國者。"遂疏夷狄而絶旨酒。

史稱夏桀、商紂之亡也，皆以酒，真是濡酒而不知節者，誰能救之哉，成王作《酒誥》，以戒後之侯王勿溺於酒。因此周朝君王好酒之風，似比夏商確有好轉。《酒誥》云："文王誥教小子，有正、有事，無彝酒。越庶國，飲惟祀，德將無醉。"又曰："厥或告曰：'群飲'。汝勿佚，盡執拘以歸於周，予其殺。又惟殷之迪諸臣惟工，乃湎於酒，勿庸殺之，姑惟教之。"此惟殷之工人降於周，仍其醉溺於酒。此戒令之所許也，亦近於人情耳。紂工移爲周工，習慣勢力，暫時難改，故緩以寬之。

周易古經真詮副編

一、伏羲其人其事

伏羲是史前帝王，古人列爲三皇之一。三皇之名，始見於《周禮·春官外史》。考三皇之人，其説有六：1. 天皇、地皇、人皇，見《三五曆》，俗多從之。蓋歷家説也。2. 天皇、地皇、泰皇，見《史記·秦始皇本紀》。3. 伏羲、神農、女媧，見《春秋運斗樞》，鄭康成從之。苗族、瑶族以伏羲、女媧爲兄妹，結爲夫妻，并認爲是他們的祖先。4. 伏羲、神農、祝融，見《白虎通》。5. 譙周以燧人、伏羲、神農爲三皇。6. 孔安國《尚書序》、皇甫謐《帝王世紀》、孫氏注《世本》，皆以伏羲、神農、黄帝爲三皇。蔡邕《獨斷》："上古天子庖犧氏，神農氏稱皇。"此止兩皇之稱。《風俗通》："《尚書·大傳》説：'遂人爲遂皇，伏羲爲戲皇'神農爲農皇也。遂人以火紀，火，太陽也，陽尊，故托遂皇於天；伏羲以人事紀，故托戲皇於人；……神農以地紀，悉地力，種穀疏，故托農皇於地。"鄭玄《六藝論》："易者……自人皇初起。"人皇即遂皇也。鄭説與《風俗通》異。《魏志·高貴卿公紀》："包羲因燧皇之圖而製八卦。"豈龍馬呈圖在遂皇之世耶？伏羲繼遂皇而王，乃始得其圖，而製卦乎？待考。《帝王世紀》七篇，以伏羲爲第一篇，蘇轍《古史》同。

（一）伏羲形象

《帝王世紀》："庖犧氏風姓也。……蛇身人首。"《玄中記》：

“伏羲龍身。”《拾遺記》：“蛇身之神，即羲皇也。”《七緯·春秋合誠圖》：“伏羲龍身牛首。”疑“牛”字誤，諸書皆作“人”身。范文瀾《中國通史簡編》：“太昊——據説姓風。”神話説他：人頭蛇身，一説龍身。可能是蛇或龍圖騰一族。按當是龍圖騰族。《左傳》郯子稱他是龍師而龍名，“以龍紀官”也。《山海經·海内經》：“南方……有人曰苗民。有神焉，人首蛇身……名曰延維。”郭注：“委蛇。”聞一多謂延維或委蛇，即漢畫像中交尾的伏羲、女媧，乃南方苗族之祖神，疑當是也。

伏羲有聖德，見事如日月之明，故稱太昊氏。《説文》“昊”作“昦”。《九經字樣》隸省作“昊”。《爾雅·釋天》：“夏爲昊天。”《疏》“昊者，元氣博大之貌。”李巡云：“夏萬物盛壯，其氣昊故曰昊天。”按昊與皞、皓通用。《後漢書·郎顗傳》：“太皓悦和，雷聲乃發。”注通作昊。《史記·天官書》：“天皓”，《漢書》作“天昊”。《荀子·賦篇》：“皓天不復”，注：“皓與昊同。”《楚辭·遠游》：“歷太皓以右轉。”注：“即太皞。”昊作皞。《六書故》：“皞之从白，日之訛也。”經傳作皞，隸書也。太皞之事，《莊子》記載爲多，今以《莊子》書中録出以餉聞過則喜者，亦足以證明實有其人而非捏造。

《莊子·人間世》：“伏戲幾蘧之所行終。”《疏》：“伏牛乘馬，號曰伏戲，姓風，即太昊。”《釋文》：“伏戲本又作羲，亦作犧。同。許宜反。即太皞，三皇之始也。”按燧人在前，伏羲接其後。幾蘧，向云：“古之帝王也。”李云：“上古帝王。”

又《大宗師》：“伏戲氏得之，以襲氣母。”《疏》：“伏戲，三皇也，能伏牛乘馬，養伏犧牲，故謂之伏犧也。襲，合也。氣母者，元氣之母，應道也。爲得至道，故能畫八卦，演六爻，調陰陽，合元氣也。”

又《繕性》：“逮德下衰，及燧人伏羲始爲天下，是故順而不一。”《疏》：“伏羲則伏牛乘馬，創立庖厨，畫八卦以製文字，放蜘蛛而造密網。既而智詐萌矣，嗜欲漸焉，澆淳樸之心，散無爲之道。德衰而始爲天下，此之謂乎！是順黎庶之心，而不能混同至一也。”

又《田子方》：“仲尼聞之曰：‘古之真人，知者不得説，美人不得濫，盜人不得刼，伏戲黄帝不得友。’”

又《胠篋》：“子獨不知至德之世乎？昔者容成氏、大庭氏……伏犧氏、神農氏，當是時也，民結繩而用之，甘其食，美其服，樂其俗，安其居，鄰國相望，鷄狗之音相聞。”

又《天運》：“老聃曰：‘小子少進！余語汝三皇五帝之治天下。’”《疏》：“三皇者，伏羲、神農、黄帝也。……三皇行道，人心淳一，不獨親其親，不獨子其子，故親死不哭而世俗不非。必也非之，則强哭者衆。”

乃當今有某名學者，胡説史無伏羲其人，八卦與伏羲毫無關係。《周易》作者，爲晉之荀林父范中行氏，真是荒唐可笑。因此，愚不憚煩地謹將伏羲其人其事，略事搜羅，又將幽隱及其苗裔等事，一并揭出，以餉讀者。并勸告否認我國古無伏羲其人者之學説，可以休矣。又歡迎海内外學者，將本文不吝批評指教！

（二）關於畫卦之事及作用

改變官制，發揚畫卦精神，促使群衆，重視卦的作用，而立君臣上下之品級。《春秋緯·文耀鉤》曰：“伏羲作《易》名官。”乾爲天，天官所執圭上刻乾 ☰ 卦，坤爲地，地官所執圭上刻坤 ☷ 卦。離爲火，火官所執圭上刻離 ☲ 卦。坎爲水，水官所執圭上刻坎 ☵ 卦。巽爲木或風，木官或風官所執圭上刻巽 ☴ 卦。震爲雷，雷官所執圭上刻震 ☳ 卦。艮爲山，山官所執圭上刻艮 ☶ 卦。兑爲澤，澤官所執圭上刻兑 ☱ 卦。又“立九部，而民易理”。《坤靈圖》。此言寫九部之民族，創辦易理會，易爲《周易》之名詞，應作卦理。解決九部民族之間的糾紛和宣傳卦義也。

製造當時人民急需用的工具，伏羲自己動手，思考《離》

卦之形，製造罔罟，教民上山打獵，下水捉魚、改善人民的生活。神農氏繼之而起，用《益》卦的形象，“斫木爲耜，揉木爲耒，耒耜之利，以教天下”。大搞農業生產工具。又教民日中爲市，以物易物，有無相通，各得其所欲，通《噬嗑》之理，作交通之源，興起商業。以後各帝王、各才士，繼之而起，用卦發明創造者，世有其人也。

從《乾》《坤》兩卦，交相配娶，改變男女亂交，定婚姻嫁娶之對偶，以立夫婦父子之親。此爲人類發展之根本問題。

孔安國曰：“古者伏羲氏之王天下也，始畫八卦，造書契，標志刻畫記事方法開始。以代結繩之政，由是文籍生焉。”我國文字方形，《師》卦體之形也。筆畫橫直勾點，效爻之變也。我國記年月日之花甲，仿《易》書重卦之方法而作也。我國文學、《詩經・國風》，重疊章句，不脱重卦之科臼也。

（三）伏羲之家族後代

《帝王世紀》：“包羲氏……母曰華胥。燧人之世，有大人迹，出於雷澤之中，華胥履之而生包羲。”《水經注》瓠子水條：“瓠河又左徑雷澤北，……昔華胥履大迹處也。”《御覽》卷七十八引《詩含神霧》：“大迹出雷澤，華胥履之，生包羲。”《河圖》説同。《列子・黄帝篇》記華胥之國，説者謂伏羲母華胥所居之國，後人以國名名其母也。《太平寰宇記》：“藍田山，古華胥氏陵，在縣西三十里。”

（四）女媧與伏羲婚媾問題

苗族、瑶族，世世相傳伏羲與女媧爲兄妹，欲進一步結爲夫妻，女媧不肯，經過許多周折，始得成功。各書皆未見因婚姻關係及結果的事。《山海經・海内經》：“南方……有人曰苗民，有神馬，人首蛇身……名曰延維。”按指伏羲。郭注：“委蛇。”聞一多謂延維或委蛇，即漢畫相中交尾的伏羲女媧。乃南方苗族之祖先——神。按漢古文學家對女媧有煉石補天，聚灰止淫水，摶黄土爲人等故事。有古史編列出女媧爲一代女皇。以苗、瑶族的話，則女皇之説不能成立，因伏羲有百一十五年的帝位，伏、媧同時人，不可同時稱皇。兄妹之間，年齡相差不遠，又何時可稱帝，誠是神話。

《漢書》“羲”寫作“戲”。羲、戲同聲通假也。按孟京作“戲”。皇甫謐云：“伏羲或謂之宓羲。”考諸經史緯侯，無宓羲之號，蓋後世傳寫誤以“虙”爲宓也。《仲尼弟子列傳》：“宓不齊。”《顔氏家訓》云：“東門有子賤碑，漢世所立，乃云濟南伏生即子賤之後，是‘虙’之與‘伏’古來通。字誤爲‘宓’，較可明矣。虙字从‘虍’，音呼；宓从‘宀’，音綿。下俱爲‘必’，世傳寫誤也。”必得聲也。

相傳太皞有十五子，發展許多族氏。《皇王大紀》爲之考證頗詳。《帝王世紀》：“得風後於海隅，登以爲相。”《吴越春秋》載風胡，古之善劍者，以劍術事楚昭王。又見《越絶書外傳記》。《史記》：“誅風伯。”風伯，字飛廉，神也。春秋時，魯國存有任、宿、須句，顓臾四小國，皆是風姓子孫存在的國家。《左傳・僖公廿一年》：“子魚曰：‘……任、宿、須句、顓臾，風姓也，實司太皞與有濟之祀，以服事諸夏。’”太皞有女名宓妃，爲洛水之神。曹子建《洛神賦》：“斯水之神，名曰宓妃。”如淳曰：“宓妃，宓羲氏之女，溺死洛水，爲神。”《漢書・司馬相如傳》：“青琴虙妃之徒。”師古曰：“虙讀與伏字同。字本作虙也。”《山海經・海内經》：“西南有巴國。”郭注：“今三巴是。”“大皞生咸鳥，咸鳥生乘釐，乘釐生後照。照一作昭。後照是始爲巴人。”袁珂云：“大皞，吴任臣，郝懿行注均以爲即伏羲，是也。然大皞與伏羲在先秦古籍中，本各不相謀，至秦末漢初人撰《世本》，始以太昊與伏羲連文，而爲太昊伏羲氏。故《吕氏春秋・孟春紀》云：‘其帝太皞。’高誘注云：‘太皞，伏羲氏。’或即今本於《世本》之説也。”又云：《世本・氏姓篇》（秦嘉謨輯補本）云：‘廩君之先，故出巫诞。巴郡南郡蠻，本有五姓，巴氏、樊氏、曋氏、相氏、鄭氏，皆出於五落鍾離山，其山有赤、黑二穴，巴氏之子生於赤穴，四姓之子皆生黑穴，未有君長，俱事鬼神。廩君名曰務相，姓巴氏，與樊氏、曋氏、相氏、鄭氏凡五姓俱出皆争神，乃共擲劍於石，約能中者，奉以爲君。巴氏子務相，乃獨中之，衆皆嘆。又令各乘土船，雕文畫之，而浮水中，約能浮者，當以爲君。餘姓悉沉，惟務相獨浮，因共立之，是爲廩君。乃乘土船從夷水至鹽陽，鹽水有神女，謂廩君曰："此地廣大，魚鹽所出，願留共居。"廩君不許。……廩君於是君乎夷城，四姓皆臣之，世尚秦女。'《路史》作者羅泌，《世本》輯者之一雷學淇均以爲廩君姓巴氏，即太皡伏羲氏之後也。"伏姓，係出風姓，伏羲之後，子孫以其名爲姓者，漢有伏生，濟南人，名勝。秦時曾爲博士，文帝時，求能治《尚書》者。伏生年九十餘，帝使晁錯往受之。伏老不能正言，使其女羲娥，傳《尚書》於錯，《今文尚書》二十九篇是也。《後漢書·伏湛傳》載湛後漢東武人，字惠公。伏生九世孫也。光武拜爲大司徒，封陽都侯。自伏生以來，世傳經學。其子伏隆字伯文，以節操立名。光武遣使諭張步來降。步及留隆共守二州，隆不從，爲步所殺。伏又作虙，音扶解切。正與伏音同，故通用。孔子弟子伏子賤，伏，今作宓。《正義》："舊單父縣地，東門有子賤碑，漢世所立，乃云濟南伏生即子賤之後。是'虙'之與'伏'古來通。字誤爲'宓'。"

（五）伏羲死後爲神的傳説

《山海經·海内經》："（九丘）有木，青葉紫莖，玄華黄實，名曰建木，百仞無枝。（上）有九欘，下有九枸，其實如麻，其葉如芒，大皡爰過。黄帝所爲。"郭璞云："言庖羲於此經過也。"郝懿行云："庖羲生於成紀，去此不遠，容得經過之。"袁珂云："按郭、郝之説俱非也。過非經過之過，乃'上下於此，至於天見前柏高節。之意也。《淮南子·地形篇》云：'建木在都廣，衆帝所自上下。'高誘注：'衆帝之從都廣山上天還下，故曰上下。’……揆此文意，‘衆帝所自上下云’者，非自都廣，實自建木，建木乃樹之天梯，此‘建木……大皞爰過’之謂也。”仲陽按此言伏羲與黄帝死後，成爲天仙，皆從都廣地方的建木上天下地。故曰上下。於此上下，亦是經過也。所爲者，猶今言欲如此做作的意思。《禮記・月令》：“孟春之月……其帝大皞。……季秋之月……其帝少皞。”亦言爲歲神也。

（六）總結

關於伏羲的史事，《漢書》已出此人。晋皇甫謐《帝王世紀》第一篇是伏羲。宋胡宏《皇王大紀》亦逐記其事。宋蘇轍《古史》第一篇《本紀》，爲伏羲。清徐文靖《竹書統箋・前編》考伏羲神農紀年。現代聞一多教授所著全集有《伏羲考》可稱精博之作。范文瀾教授《中國通史簡編》開始於伏羲，他的證據偏重地理，以陳國之地，相傳爲大皞之墟，是有力證明，而非虚言也。《正義》：“《乾鑿度》云：‘孔子曰：“上古之時，人民無别，群物未殊，未有衣食器用之利，伏羲乃仰觀象於天，俯察法於地……故《易》者，所以斷天地、理人倫而明王道。是以畫八卦、建五氣以立五行之行；象法乾坤、順陰陽，以正君臣、父子、夫婦之義；度時制宜，作爲網罟，以佃以漁，以贍民用，於是人民乃治，君親以尊，臣子以順，群生和洽，各安其性。”’此其作《易》垂教之本意也。”典章無考，不能章分條晰，如斯而已矣。

二、伏羲之畫卦與重卦

伏羲之畫卦與重卦，這是一個重大問題，也是根本問題。若無伏羲之畫卦，則無卦可重，而文化的演進，什物模型的産生，長夜漫漫，摸索前進，不知需要多久的時間纔有光明。畫出了卦，纔是光明。伏羲争取光明，進行畫卦，是有不少的具體的史實可考。余略言之於下。

伏羲氏繼天而王，受《河圖》，畫八卦。《禮緯·含文嘉》："伏羲德合上下，天應以鳥獸文章，地應以《河圖》《洛書》，仲按《洛書》二字衍文。伏羲則而象之，乃作八卦。《中侯握河紀》："伏羲氏有天下，龍馬負圖出於河，遂法之畫八卦。"《綱鑑易知録》："太昊時有龍馬負圖出於河之瑞，因而名官，始以龍紀，號曰龍師。"《易學啓蒙通釋·本圖書》："孔安國云：'《河圖》者，伏羲氏王天下，龍馬出河，遂則其文以畫八卦。'"《漢書·五行志》："劉歆以爲虙羲氏繼天而王，受《河圖》，則而畫之，八卦是也。"此言畫卦爲伏羲，一般古記之文言也。再觀《繫辭下》曰："古者包羲氏之王天下也，仰則觀象於天，俯則觀法於地。觀《説文》叙作視。鳥獸之文與地之宜，近取諸身，遠取諸物，於是始作八卦。下有"以垂憲象"四字。以通神明之德，以類萬物之情。"此説伏羲畫卦取象之法。《繫辭上》曰："是故天生神物，聖人則之；天地變化，聖人效之；天垂象，見吉凶，聖人象之；河出《圖》，洛出《書》，聖人則之。"仲按《洛書》爲禹王治水所得，即《尚書·洪範》傳文。《論語·子罕》孔子止言"河不出《圖》"，尚後顧命陳寶《河圖》在東序，本文上節止言《河圖》。《洛書》爲禹治水所得不與畫卦相干，伏羲畫卦取象於《河圖》也。此言准此而言，伏羲畫卦是取象於《河圖》，不可諱也。何以自孔子而下至李唐言《易》者，皆不言《河圖》。孔子言《河圖》，主要是説伏羲畫卦取象之物，《河圖》也是其中重要之一種。伏羲畫卦大約形象取於龜骨文綫。龜甲憑甲脊分邊，每邊有四團文綫圖，還有一些小圖。畫卦用陰"--"陽"—"兩爻，實在簡單明瞭，而語其作用，則高矣深矣，無有尚矣。

世界上若無陰陽則無世界。陰衹有陽能生育萬物，萬物之形象，莫大於水、火、風、雷、山、澤。於是以乾坤代天地，天地爲體，乾坤爲用。《説文》："用，可施行也。"由乾坤之作用施行，而産生震☳，坎☵，艮☶之三陽卦；巽☴，離☲，兑☱之三陰卦。陽屬男性，陰屬女性，成爲基本父母卦，又叫八經卦。乃統率萬事萬物之生死存亡、盛衰成敗。雷風動，動無體而有聲；山澤静，静無聲而有形。動也，静也，皆非人力所能爲也。然而伏羲畫卦獨能表出之。水火爲生死，用之當則生，用之不當則死。水之强力在内，内氣也；火之强力在外，外形也。形氣相孚，則金石爲化；形氣相忤，則天崩地裂，萬物淹亡。乾表天用經綫，坤表地用塊方。用經綫量度之計算，用塊方山川之縮影。雷之聲在天，風之聲在地。在天爲聲光，在地爲變化。八卦既畫，無論三畫、六畫，皆爲天、地、人之三才。從今之學科説：天地屬自然科學，人屬社會科學。自然科學，由人轉化應用於社會科學。歸根到底，伏羲畫卦，是爲社會之發展，人類之生存也。

孔安國《尚書序》："古者，伏羲氏之王天下也，始畫八卦、造書契，以代結繩之政，由是文籍生焉。"此言畫卦爲了創造文字，以代結繩之政，是明確提出畫卦的目的。是崇高的，正確的，無可非議的。何以畫出八卦而終止了！非終止也，凡事皆有頭有尾，有頭可以發展，有尾可以收束。每卦與每卦相叠，都可叠八次，成爲八八六十四卦，此發展之極也。韓仲民先生認爲"六十四卦并非由八卦重叠而成者"，非也。六十四卦析而觀之，皆是八卦。關於六十四卦的形成，傳統的説法是：伏羲畫卦，文王重卦。伏羲是傳説中的人物。文王重卦是司馬遷所作的《史記》中提出的。揚雄、王充都因此説。獨《淮南子·要略》提出："八卦可以識吉凶、知禍福矣，然而伏羲爲之六十四變。"此最明白的判斷重卦爲伏羲自己而非别人也。可是這個問題，前人看法約有四種：1. 伏羲。2. 神農。3. 夏禹。4. 文王。對1種的認識代表有：《繫辭》曰："因而重之，爻在其中矣。"伏羲因畫卦而重卦，重卦也是畫卦，重卦就在畫卦之中而産生的。是一是二，如孿生子，不可分割。

還有李鼎祚、虞翻、《九家易》、王弼、孔穎達、陸德明、《乾鑿度》、曹元弼等。2 種代表有：京房、淳於俊、鄭玄、張惠言、吴翊寅等。余按此題確係誤讀《易大傳》："伏羲氏没，神農氏作。"此爻應是伏羲以上的事歸伏羲，神農以下的事歸神農，不可混淆。此没有講重卦，何以扯到神農身上去了。確不可解。3 種孫盛一人之説也。4 種《史記》共有三條記載：

(1)《周本紀》："西伯蓋即位五十年。其囚羑里，蓋益《易》之八卦爲六十四卦。"此條確有錯誤。文王衹作卦辭，應删"八卦爲"三字，於句底增"卦辭"二字，成爲"蓋益《易》之六十四卦卦辭"。《史記正義》："《乾鑿度》云：'垂黄策者羲，益卦演德者文，成命者孔也。'易《正義》云伏羲制卦，文王《卦辭》，周公《爻辭》，孔《十翼》也。"益，加多也。增加六十四卦卦辭。以前無卦辭，今增加之。故謂之益也。

(2)《日者列傳》："自伏羲作八卦，周文王演三百八十四爻而天下治。"按此説全文無錯。俗以爲周公作爻辭，殆無此事。文王被拘於羑里，在獄中無事可作，故有閑日讀《易》之竊作之。周公正策劃興周誅紂救父，當無暇及此。抑或曰：周公歸周以後所作也歟？

(3)《太史公自序》："昔西伯拘羑里，演《周易》。"此語亦無錯。例以三人占則從二人之言，那第一條應訂正。待校考。

此外王充説："説《易》者皆謂伏羲作八卦，文王演爲六十四。"《通卦驗》曰："虙羲作《易》，仲命德，維紀衡。注：仲，謂四仲之卦。維，謂四角之卦。紀，數也。衡，當也。周文增，通八八之節，轉序三百八十四爻。"仲按八八謂重卦也。從卦體作用看重卦：《觀》卦制器，皆是重卦。《益》《噬嗑》《涣》《隨》《豫》《小過》《睽》《大壯》《大過》《夬》，經卦《離》《乾》《坤》，此共十三卦。重卦制器有十卦。《益》《噬嗑》兩卦是神農。經卦《離》是伏羲。伏羲、神農皆用重卦制器矣！又九德之卦——《履》《謙》《復》《恒》《損》《益》《困》《井》《巽》，除《巽》爲經卦外，其他八卦皆在重卦範疇。

再從爻數看重卦《繫辭上》：“六爻之動，三極之道也。”八經卦本是三爻，此言六爻，則卦已重矣。又云：“六爻之義，易已貢。”云：“兼三材而兩之，故六。”《繫辭下》曰：“二與四同陰功也而異位，其善不同二多譽，四多懼近也。……三與五同功而異位。三多凶，五多功。”言四五則卦已重也。又曰：“六爻相雜，唯其時物也。”《説卦傳》亦云：“兼三才而兩之，故《易》六畫而成卦。分陰分陽，迭用柔剛，故《易》六位而成章。”此《説卦》言六畫，又言六位，則是卦皆已重也。又《左傳》《國語》所引的占筮皆是重卦。《周禮·春官》明載《連山》《歸藏》與《周易》爲三易。而《連山》《歸藏》至東漢時俱存。桓譚《新論》云：“《連山》藏於蘭台，《歸藏》藏於太卜。”《太平御覽》引同。《連山》《歸藏》，都無爻辭卦辭，所有文辭，關於某卦，即存於其卦内。馬氏輯佚叢書，可復按也。若以重卦爲周文王，則《歸藏》有二十二卦卦名，與《周易》不同，卦未重而有卦名，將作何解耶？以爲後人所捏造，則馬國翰所輯佚書，皆有來源，可考。并且鄭樵《通志》載唐有司馬膺著有《歸藏注》十三卷，但至宋已亡，更鐵證如山矣。重卦之事，余主第一類更有新證於下：

1979年，江蘇海安縣青墩，發掘出土骨角栖和鹿角枝上有易卦象八個。其中有兩個是：三五三三六四和六二三五三一，都是六個數字，是卦爻的標誌。按前爲《大畜》，後爲《大壯》。據考古學家鑑定：青墩出土文物，屬於新石器時代。紀仲慶：《江蘇海安青墩遺址》，《考古學報》1983年第2期。新石器是原始時代。

1950年安陽四盤磨出土卜骨上刻有七五七六六六《否》䷋，下有“曰魁”二字。又有七八七六七六《未濟》䷿，有“曰隗”二字。張政烺先生認爲魁隗氏是連山氏的別稱，當屬夏代卦象。張政烺：《帛書〈六十四卦〉跋》，《文物》1984 年第 3 期。

1981 年《考古》第 2 期載：安陽殷墟陶器上載七八六六八七《頤》䷚，六六七六七一《歸妹》䷵；山東平陰朱家橋九號墓出土陶罐上一八八六六一《頤》䷚；安陽小屯出土陶范上一七六七八六《漸》䷴，五七六八七一《中孚》䷼。此類數字極多，大約起於巫人之手，流入民間藝人群，故有此種數字卦流傳後世，皆鐵證也。張亞初，劉雨：《從商周八卦數字符號談筮法的幾個問題》。

現代學者，認爲重卦之説起於《繫辭》，歷史上并無重卦之説也。我以爲重卦之説，雖是後起，而重卦實起於伏羲之畫卦。已反復説明，夫復何疑？卦體皆是陰陽“--”“—”兩爻構成。首先由兩爻組織《乾》䷀、《坤》䷁、《坎》䷜、《離》䷝。此四卦無反復，再畫兩卦有反復，《震》䷲、《艮》䷳、《巽》䷸、《兑》䷹。此四卦是两卦的翻復構成的。八卦，祇六卦可獨立。全卦六十四卦，祇有八個卦無反復。《乾》䷀、《坤》䷁、《坎》䷜、《離》䷝、《頤》䷚、《大過》䷛、《小過》䷽、《中孚》䷼。總之，説不是重卦，其人太無頭腦。請分開任何一卦來看，哪個卦不是兩卦聯合的。八卦聯合成一部大書，無可比擬的寶書。中國人鉆研了幾千年了，没有人讀通。現在外國人來鉆研，萊布尼茨説：“中國的《易經》有雙進制數學方程式，是發明電子計算機的原理。”又有人説：《太極圖》者，量子圖也。國内現在有人撿起這些學説，大量研究，將來易學，可有大的發展，這是一個可喜的訊息。但無論如何的發展，都不能超過這陰 -- 陽 — 兩爻所做的文章。耿成鵬云：這兩爻乃是自然界和人類社會矛盾普遍性的概括和反映，是宇宙間兩大對立勢力的象徵。它絶不像有的學者認爲那樣，或是從結繩導引而來，或是像男婦性器官，或是模仿占卜的龜兆，也不是像有些論者認爲簡簡單單用來表示奇數和耦數的符號。它由兩爻、發展到三百八十四爻，而爻爻皆含事物的象征，也有矛盾對立的關係。人不厭其繁多，也不厭其重叠，活躍在人頭腦裏，令人思維着、探考着。古今中外，天地人物，無不彌綸在内，概括先遺。所以歐洲辯證法大師黑格爾曾盛贊陰陽兩爻，是一切事物的原則。《哲學史講演集》第一卷。這種説法，并不過分。我們可以毫不夸張地説：陰陽兩爻是中華民族抽象思維能力的産物，是中華民族智慧的結晶和象徵，是整個人類思想史、認識史的邏輯起點。以上用耿説有增删。

《繫辭傳》曰："是故天生神物，聖人則之；天地變化，聖人效之；天垂象，見吉凶，聖人象之；河出《圖》，洛出《書》，聖人則之。"按神物，謂《河圖》《洛書》也。爲什麽龍爲之負圖，龜爲之負書，人不知其然，聖人亦不知其所以然。《孟子》曰："聖而不可知之之謂神。"故曰"神物"，謂非人力所能爲也。《玉篇》："則，法也。""法，效也。"《説文》："效，象也。"是則、法、效三字爲同義字，謂效法取象也。天地變化，謂日月往來而成晝夜，寒暑相推而成歲時，風雨相潤而生萬物也。天垂象而見吉凶者，《史記·天官書》云："漢之興，五星聚於東井。吉象也。平城之圍，月暈參、畢七重。諸吕作亂，日蝕，晝晦。吴楚七國叛逆，彗星數丈，天狗過梁野；及兵起，遂伏尸流血其下。此皆凶象也。"《繫辭傳》又曰："八卦成列，象在其中矣，因而重之，爻在其中矣。"此言八卦之象在成列之中，不能離開成列而言象。例如《蒙》卦，坎下艮上，艮爲山，坎爲水，山水相連而成列，時起雪霧，故卦謂之《蒙》。不能單言坎，或單言艮，因爲它已成例，而産生新象了。爻從卦動，卦重則爻亦重，爻爲卦之體，無獨之立能，所以專言重卦而不言爻也。自周公作爻辭，一爻爲初，六爻爲上，陰爲初六、上六，陽爲初九、上九。中間四爻，表爻性。若是陽性是用九，九二、九三、九四、九五。若是陰性，則用六、六二、六三、六四、六五。陽以五爲尊貴，陰以二、四爲尊貴。明白爻與爻的作用，變動，不動，隔爻，不隔爻，又陰陽相交，敵友相遇，老少，貴賤，有別等等，但爻爲卦之體，卦爲爻之用，體用相倚，不可分割。然而體有組織之力，爻無獨立之能，故言重卦而不言爻也。例如人有手足，分爲四肢，四肢具備，成爲全人，若不具備，則爲殘疾人也。走路用脚，做事用手。指揮手脚者，則人之腦也。三爻之卦不備，六爻則全備矣。《繫辭傳》曰："若夫雜物撰德，辯是與非，則非其中爻不備。……二與四同功而異位，其善不同，二多譽，四多懼，近也。……三與五同功而異位，三多凶，五多功，貴賤之等也。……《易》之爲書也，廣大悉備，有天道焉，有人道焉，有地道焉。兼三材而兩之，故六。六者非他也，三材之道也。"

三、《易》書名稱由來和意義

伏羲畫卦重卦以後，改龍官而龍名，以卦爲官名，并用執圭制度。《乾》爲天官，《坤》爲地官，《離》爲火官，《坎》爲水官……并將官名，刻於執圭上。當時可名八卦爲八圭，圭的起源時期不可考，從圭字是兩土連合看，大約初起是土製的，無可懷疑，以後用玉製的，加玉旁成爲珪字。人民不知圭是什麽，八圭之名，就叫不出來。他們用繩索記事，用八根繩索打結繫起來。《乾》是六個大結。《坤》是并排兩行六個一排的小結。《坎》是當中一個大結，兩邊六小結。《離》是當中一個小結，兩邊各一大結如此成卦……人民自然地、直接地呼之爲八索。到黄帝製字之時，就從圭旁加一卜字，成爲卦字。圭、卦雙聲，一聲之轉也。由是八卦、八索之名，兩存不廢。孔安國《尚書序》云："八卦之説，謂之《八索》，求其義也。"《小爾雅》："大者謂之索，小者謂之繩。"則索爲名詞。索有求義，則爲動詞。求索、探索、追索，皆謂深究而追求文義。孔謂求其義，蓋追求八卦之義，舉八卦以概其餘也。《左傳·昭公十二年》楚左史謂倚相曰："是能讀《三墳》《五典》《八索》《九丘》。”孔安國謂即“上世帝王遺書也”。馬融注：“《八索》，八卦也。”孔謂上古遺書，全言之也。馬謂八卦單言《八索》也。左史謂能讀，是當時八卦就有一定的文字，流傳下來，不然，何得謂之書，又何得謂之讀耶？孔安國又云：“先君孔子生於周末……贊《易》道以黜《八索》。”《説文》：“黜，貶下也。”《六書故》：“黜……擯斥污暗也。”《説卦傳》連用六個索字，謂乾坤之爻變，非謂結繩，其義見而明白。但八卦名《八索》，傳於民間，習俗成性，不易改變，所以《八索》之名用得相當長久，不但見於《左傳》，又普遍見於《國語·鄭語》。

《竹書紀年》言黄帝受《河圖》作《歸藏易》，此語可不真實。《歸藏》爲殷商《易》是的而且確的。《周禮》談三《易》未涉及黄帝，是其確證。自來講《易》書相傳，亦未提起黄帝作《易》之事。《歸藏》是殷商時代的《易》名，何得提到黄帝時去？黄帝時大造文字，可能是爲八卦一書，换上文字，民間不知底細，以爲作《易》也。其實《八索》之書名，至夏禹受舜讓爲帝後，纔改《八索》之名爲《連山》。炎帝起於厲山，稱厲山氏，《左傳》作烈山氏。厲、烈古音同通用。有人以爲禹之《連山》，爲炎帝厲山氏之《易》書。真是狗吃蒼蠅——亂嚼。艮爲山，上艮下艮，故曰《連山》。蓋洪水未平之前，平原壙野，草澤莽莽，洪水滔滔，懷山襄陵，泛濫於中國，蛇龍居之，民無定所，下者爲巢，上者爲營窟。禹掘地而注之海，驅蛇龍而放之菹。水由地中行，禽獸之害人者消，然後人民得平土而居之。此禹對於人民的大功勞，而對於山地，亦有深厚的感情。從改《八索》之書爲《連山》，即可見之矣。艮又爲人，故夏代以易名《連山》取得人統。

《易》到三代，纔有真正的大發展。筮法大約起於夏代之巫教。故筮字从巫、从竹。竹，筮之工具也。又从草作蓍具。《説文·艸部》：“蓍，蒿屬。”陸機曰：“似藾蕭，青色。”《草木疏》

《博物志》説皆同。《尚書大傳》曰："蓍之爲言，耆也。百年一本生百莖。"《易》以爲數。段氏注："數，筭也。謂占《易》者，必以是計筭也。"天子蓍九尺，諸侯七尺，大夫五尺，士三尺。又有用小木枝爲占，謂之枚占，改變專用龜占。龜少，又看兆難分吉凶，筮則憑數計算，比用龜進了一大步。《吕氏春秋》："巫彭作醫，巫咸作筮。"《世本·作篇》："巫咸作筮。"《説文》："古者巫咸初作巫。"郭璞《巫咸山賦序》："巫咸者，實以鴻術爲帝堯醫。生爲上公，死爲貴神，豈封斯山而因以名之乎？"《御覽》卷八十二引《史記》："昔夏后啓筮，乘龍以登於天，占於皋陶，皋陶曰：'吉而必同，與神交通。以身爲帝，以王四鄉。'"郭璞注《山海經》引《歸藏·鄭母經》曰："夏後啓筮，御飛龍登於天。吉時，啓亦仙也。"又《御覽》卷七九引《歸藏》："昔黄帝與炎神争鬥涿鹿之野，將戰，筮於巫，巫咸曰：'果哉而有咎。'"《路史·後紀三》："（神農氏）乃命司怪主卜，巫咸、巫陽主筮。"則巫咸，神農時人也。又《御覽》卷七二一引《世本》宋衷注："巫咸，堯臣也，以鴻術爲帝堯之醫。"則與郭璞《序》同。古時筮、巫、醫三者一統，此蓋殷代以前之巫咸也，亦即始作筮之人也。查《山海經·大荒西經》云："大荒之中，有山名曰豐沮玉門，日月所入。有靈山，巫咸、巫即、巫肦、巫彭、巫姑、巫真、巫禮、巫抵、巫謝、巫羅十巫，從此升降，百藥爰在。"此十巫皆古巫，已成爲仙，從此上天下地，故曰"從此升降"。此古巫，巫咸爲第一位，殷時十巫，巫咸爲第二位。此書亦分巫咸爲二人也。筮卦蓋起於古之巫咸，而非殷之巫咸也，明矣！

下逮殷商之世，人民的衣食住行，皆有大的發展。平原的開發，生産率的提高，耕作工具的改良——用銅鐵製造代木製石椎，用牛耕代人力，所以一年耕有三年之食，三年耕餘九年之糧。而山林之礦藏，亦極豐富，所以殷商之鑄鼎，甲於三代。商代改《連山》爲《歸藏》，以《坤》爲首。坤，地也，萬物生於地，長於地，藏於地，欲發展萬物之生産，必先致力於地，故取《坤》以爲首卦也。夏、殷二代，對於卦書，極致力焉，皆用之於卜筮軍國大事及農牧、祭祀，一切大小諸事。殷之龜甲獸骨，占筮文字出土可證也。桓譚《新論》云："《連山》八萬言，《歸藏》四千三百言。《連山》藏於蘭台，《歸藏》藏於太卜。"桓譚，東漢光武時人。光武拜他爲議郎，著書二十九篇，號《新論》，言當世行事得失。是光武時，《連山》《歸藏》皆存在未失。桓譚之言，又見《太平御覽》所引，則非誣也。鄭樵《通志》云："《連山》亡矣。《歸藏》，唐有司馬膺注十三卷，今亦亡。"《連山》亡於何時，無考。朱子《易》贊曰："傳夏歷商，有占無文。"是朱子未見《新論》，而發出武斷之言也。以甲骨文證之，商《易》與甲骨文是兩碼事。甲骨文是占筮原稿，不上載於《歸藏》。所以《歸藏》之書衹四千三百言。現在的甲骨，散在美、英、德、法、日、俄等地，不知有多少。而在本國，亦不知有多少。有人説，《歸藏》無卦文，是的，説無八卦非也。《周易》是無卦辭、爻辭。相傳文王作卦辭，周公作爻辭，孔子作十翼。時經三古：上古、中古、下古。人經四聖：伏羲、文王、周公、孔子。《歸藏》以《坤》爲首，坤，地也，是得地統。《周易》以《乾》爲首，乾，天也，是得天統。《周易》者，因代以題周也。周又有周家、周旋、周遍、周轉等義。易者，《説文》："蜥易、蝘蜓、守宫也。"守宫一日十二變色，用以配名《周易》者，取其能周密旋轉變化也。《參同契》説："日月爲易，剛柔相當。"緯書説字，多言形而非其義。

《太史公自序》云："昔西伯拘羑里，演《周易》。"演有引申之義，廣延之義，先事試習之義。文王被拘於羑里七年，正是苦惱、憂患、閑暇之時，演《周易》，適其時也。《繫辭傳》曰："《易》之興也，其於中古乎？作《易》者，其有憂患乎？"又曰："《易》之興也，其當殷之末世，周之盛德邪？當文王與紂之事邪？”此皆明言文王演習《易》事，成爲《周易》，是信而可徵。何以徵之？徵之古經，《易》爲卜筮之書，除貞兆辭以外，其辭簡古樸質，艱於句讀。中國古書，祗有《周頌》《周書》略有類似。因在獄中更無助手，刀契文字，又不易刻，所以文辭絶不類於詩書之易讀。此其一也。爻辭中所引用的歷史事實，多是影影綽綽，上起夏之少康，下訖周公之輔成王。不少事實是殷與周，文王與紂之事，皆有微妙關係，其辭隱而晦，確有危懼之情。此其二也。那時中國西方還處於游牧時代，所以卦爻辭説畜牧田獵爲多，而農業還比較少。此其三也。地方物的色彩——岐山、西山、缶、井，是當時陝甘特點，説得多而詳。此其四也。凡此皆可證明，《周易》是産於西周人之手，無可疑也。其餘卦爻辭的修整特别謹嚴，方法又變化多端。有總結式：如《晋》卦先敘事後總結，《大有》卦亦然。《遯》卦先寫飼豬方法，後寫肉豬之作用。《大壯》先寫羊的作用，後寫飼羊的方法。有階升式：如《乾》卦之龍，由潛、而見、而躍、而飛、而亢，是從生到老。《漸》卦之鴻，漸干、漸磐、漸陸、漸木、漸陵、漸阿，是從低到高。《兑》卦由和兑、孚兑、來兑、商兑、引兑，步步深入。有重疊式：《蠱》卦“幹父之蠱”有三句，“幹母之蠱”一，“裕父之蠱”一；《蹇》卦之來往表示相對行爲。有對襯式：《臨》則内外相對；《大過》二五相對，三四相對；《觀》卦初二相對，五上相對；《姤》卦二四相對；《革》卦五上相對。爻辭重復，而各有作用，《咸》《艮》相重，而《咸》爲奴隸主治逃亡之奴隸，《艮》爲盗匪逼富家之財産。凡此皆是明明白白不是原筮之辭，而是有人極力修飾潤色，不但有斧鑿痕而露鬥琢法，也有哲理之卦、科學之卦、刑法訟獄之卦、天象星占之卦，非一般之人所能寫出來的。至於詩句、格言、韻語，亦非常人所能隨便寫出的。所以《周易古經》相傳爲文王、周公父子之作，是可徵信的。

《周易古經》，文王周公父子編纂。《史記·日者列傳》："周文王演三百八十四爻而天下治。"是也。所以它能明確指出發展生産：《大畜》定出馬種、牛種、豬種，是發展牲畜的目標。《遯》爲養豬之卦，《大壯》爲養羊之卦，《晋》爲發展馬匹之卦，《解》爲獵户之卦，《小畜》爲農業生産之卦，《大有》爲農業豐收之卦，并指出農業豐收之條件。以後《詩經》歌頌農業之發展，盛極一時，是《周易》打下了基礎。《易》到三代成爲卜筮書，《周易》不能例外。而《周易》之卜筮事件，精彩動人者，《左傳》《國語》皆選録之，有目共睹，恕不贅言。

《周易古經》之卦爻辭，皆由文王周公父子精心結撰，已於上述。予又考之馬國翰輯《輯佚叢書》商易《歸藏》部分和殷墟出土之甲骨文字，都與《周易》辭語不同，可見《周易》文辭是獨立結撰而無剿襲前人之語言嫌疑。謂予不信，請看下列所羅舉之證：

《歸藏》："滔滔洪水，無所止極。伯鯀乃以息石、息壤以填洪水。"

《歸藏》："鼎有黄耳，利取鮔鯉。"

《歸藏》："鯀死，三歲不腐，剖之以吴刀，化爲黄龍。"

《歸藏》："君子戒車，小人戒徒。"

按以上鯀兩條，蓋是《連山易》遺留下來的。事又見《山海經》。

《歸藏易》："上有高臺，下有雝池……若以賈市，其富如河、海。"

《歸藏》："剥。良人得其玉，小人得其粟。"

《歸藏》："有人將來，遺我貨貝。以至則徹，以求則得，有喜則至。""有人將來，遺我錢財，自自爲日之訛。夜望之。"

《歸藏》："乾爲天、爲君、爲父、爲大赤、爲辟、爲卿、爲馬、爲禾、爲血卦。"

《歸藏鄭母經》："《明夷》曰：'夏后啓筮，御飛龍登於天，吉。’”又見《山海經》。

“啓筮，徙九鼎，啓果徙之。”

“昔舜筮登天爲神，枚占有黄龍神曰：不吉。”

“武王伐殷而牧占蓍老，蓍老曰：‘吉。’”

“昔鯀筮注洪水，而枚占大明，曰：‘不吉，有初無後。’”按《書·大禹謨》“枚卜功臣”，謂不指人數一一而卜之也。《左傳·昭公十二年》枚筮之名。是枚卜，枚筮、枚占爲同义辭。枚筮不指其事泛卜吉凶。枚爲本枚，非蓍龜之工具也。

“昔者桀筮伐唐，而枚占於熒惑，曰：‘不吉。不利出征，惟利安處。彼爲狸，我爲鼠。勿用作事，恐傷其父。’”按枚占蓋用草木枝幹爲占之工具。

“昔者羿善射，彈十十蓋七字之訛。日，果畢之。”

按以上15條《歸藏》，祇有《鼎》卦与“乾爲天”兩條有點相同外，餘諸與《周易》無關。《歸藏》條文出《馬國翰玉函山房輯佚叢書》。至於卜辭，貞兆辭用法相同外，其餘皆不相同。卜辭敘事很簡古，今選録幾條於下：

西方受禾。戩廿六、四、甲。

北方受禾。戩廿六、四、乙。

我受黍年。戩廿六、六、甲。

貞使人於畢。戩廿六、十、甲。

丙申卜行貞翌，乙酉𢀛於祖丁，亡巷。戩五、四甲。

翌日，辛王其𡧊於向，亡哉。九、十七、甲。

丁巳卜即貞王賓叙亡丈。十八、九、甲。丈字。

其於小乙劢受又王受又。五、十一、乙。

丁未卜貞，王𢓊𢓊爲踐之異體字於宫，往來無巛。前二、二十二。巛，災之省文。

叀麥田亡𢦏。十、八、乙。𢦏即哉，哉即巛之假字。

乙丑卜貞、王步亡巛。前三、二十五。

再從《周易》内容分類統計表，可以知《周易》爲周代社會發展之歷史書。

1. 農業生産四卦次
2. 畜牧生産十七卦次
3. 禽獸十五卦次
4. 水産七卦次
5. 飲食九卦次
6. 婚姻十二卦次
7. 孕育三卦次
8. 田獵十卦次
9. 交通往來六十卦次
10. 社會生活三十六卦次
11. 物質生活十二卦次
12. 科學九卦次
13. 哲理十二卦次
14. 階級鬥争五卦次
15. 戰争二十五卦次
16. 祭祀二十卦次
17. 刑法訟獄十一卦次
18. 疾病八卦次
19. 盗賊六卦次
20. 歷史事實三十二卦次
21. 天象星占三卦次
22. 夢占一卦次
23. 工人五卦次

從上表看《周易》内容，豐富矣，《周易》不但是周代社會的發展歷史，而且是周建國以來之社會發展百科全書，内容如此富豐，而卦爻辭既簡古又文雅。雖有些不懂，是不明白其中歷史事實。如果得到一個頭緒，加以抽繹，如蠶吐絲，亦可乙乙而出也。吾想以中國之大，地下文物之富，將來必可得到不少的史實爲之證明焉，則吾所馨香項祝以俟者也。

四、《周易》産生的時代背景

《周易》内容充實完美，過於《連山》《歸藏》遠矣。則由文王整編六十四卦，演述三百八十四爻，實有賴於當時之社會生産發展基礎，爲之後盾焉。在古代中國，天文、曆律、工農業生産技術，已臻上乘。例如夏曆即今農曆，已有四千多年歷史，爲民間所尊重運用，至今而不衰。雖然商周兩代，廢置不用，但民間還是遵行。讀《周詩・七月》之篇，《大戴禮記・夏小正》之文，可知也。其餘歷朝雖有改作，而夏曆終未之廢也。如非至善，豈能爲人民所運用而保其青春乎？

又吾國冶金之術，在《周禮》已有六劑之法，《考工記》云："金有六齊：六分其金而錫居一，謂之鐘鼎之齊；五分其金而錫居一，謂之斧斤之齊；四分其金而錫居一，謂之戈戟之齊；三分其金而錫居一，謂之大刃之齊；五分其金而錫居二，謂之削殺矢之齊；金錫半，謂之鑒燧之齊。"是以科學方法用合金冶煉。我國鑄鼎始於黄帝，至夏禹鑄九鼎，則大量出産。今存商周之鼎，國内外皆有流傳，其數不少。再就當今出土古物而言：河南偃師二里頭出土青銅器，經研究已采用多合范而鑄造成功。河南安陽武官村出土商代司母戊鼎，净重八百三十二公斤。湖南寧鄉潙山出土商代四羊方尊，采用失臘鑄法。河北藁城出土商代鐵刃，刃口部是鍛打鐵薄片。江蘇儀徵破山口西周墓葬中出土一把刃口鋒利青銅鐮刀。

五千年前仰韶文化，已有彩陶。四千年前龍山文化，已有快輪製陶技術，製成黑陶器，内光外亮，稱蛋殼陶。商代名貴白陶，形制和花紋，可與青銅器比美。安陽小屯出土商代青釉瓷器，經過 1200℃高温燒成，其胎質和釉的化學成分，與宋明瓷器相接近。

在紡織方面，已有絲麻等，織品其精細密度，可與現代農村紡織細布相當。西周初已有斜紋提花織品，是有原始提花機。我國養蠶相傳是始於嫘祖，黃帝之妃。到周初已有三千多年的歷史。由周初到漢，又有千多年歷史，而絲織品已大量運銷歐、非等地，今之絲綢之路即其往來之途徑也。以上是手工業生產，已具有相當高文化技術程度，纔能製造出各種應用產品。

再看農業畜牧方面。我們發掘距今四千七百年前，浙江吴興錢山漾遺趾發現粳稻和籼稻等早晚不同品種，又有中耕耘田器、戽水、捻河泥之千篰等。甲骨文中有黍、稷、菽、稻、禾等，《诗·大雅·生民》有荏菽，大豆。比西方十九世纪纔種植大豆早。可見農作物品種繁多，足證生產率發展。畜牧方面，在《易經》上有專卦講述：《遯》卦養豬，《大壯》養羊，《大畜》選馬、牛、豬之種，《晋》卦養馬，《家人》六畜俱養，《解》卦田獵，《大有》豐收，等等，可見對於畜牧，很注重，并有方法指導，促進生產、繁榮、發展。在甲骨文中，有兩個字證明殷代已用牛耕，其字爲物物，勿勿當是犁頭，都伴以牛，豈不是用牛耕作嗎?《山海經·海内經》載：“稷之孫曰叔均，是始作牛耕。”在殷室有牛耕，不爲奇事。比用耒耜之耕，確是前進一大步。

凡此種種生產品，可見當時生產力，具有相當高的文化程度和技術能力爲之指導。生產力高長，促進社會前進。社會前進，又催促着文化向新階段發展。吾國文化，自伏羲畫卦重卦爲之開基，延至周文王父子演《易》時，已有四千多年的歷史，纔具備一種規模。開闢前進的新道路，此爲多麽艱苦的奮鬥纔創造出來的物品結晶。此種結晶全是人類勞動生產力爲基礎，無此基礎，則《周易》終與《連山》《歸藏》同爲一類型而已，終不可能前進也。

五、《周易》之編輯哲學

《周易》分上下經：上經三十卦，下經三十四卦。上經起《乾》《坤》訖《坎》《離》。乾坤即天地。天地之間，萬事萬物，分陰分陽。人得天地陰陽之和氣以生，而與天地并，謂之三才。老子説："故道大、天大、地大、人亦大。域中有四大，而王居其一焉。"老子之道，似有神奇微觀——他説："道之爲物，惟恍惟惚。惚兮恍兮，其中有象；恍兮惚兮，其中有物。"恍恍惚惚，是不可捉摸的東西，涉於唯心主義領域。《周易》首《乾》《坤》《屯》三卦，即表示三才之具體。屯即古村字——邨，東北人讀屯，人所居之地。此《易經》之實質，是唯物之實體，千變萬化，不離唯物之範疇。此非《連山》《歸藏》編輯所能企及也。

三卦之下十卦爲《否》《泰》，《否》《泰》陰陽平分，合之仍爲《乾》《坤》。此種緊密的邏輯思維，又加之以發展，則前進一步。人言《泰》通否塞何也？《泰》卦立春，陽氣上升，萬物生長，天地之氣，通而無阻。《否》卦立秋，陰氣收斂，萬物零落，天地之氣，塞而不通。通塞以氣言，否泰以運言。此天道之運行，不借人力而爲之也。再下十卦爲《剥》《復》，《剥》《復》見陰陽之消長。《剥》爲坤蝕乾，而僅留其一。《復》爲乾蝕坤，而僅存其一。其一皆陽也。《剥》一在上位，《復》一在初位。位不同而生死異，《剥》則陽死，《復》則陽生，生生死死，皆順乎天地之自然，而非人力所能抗也。凡此皆顯示出高度的辯證法哲理。

終之以《坎》《離》，《坎》《離》水火也。在天爲日月，古人大祭祀，欲向日月取火取水。人類非水火不能生活，動植物亦然。世界上一切事業非水火不能發展。尤其現在工業化、電气化，所有機械，非水火不能動彈，二者缺一都成死路。古人云：水火爲人生第二生命，此僅對人而言，何其見之小也！

《説卦傳》言“水火不相射”，不相射就不能起作用。《帛書》無“不”字，是也。相射者，爲對立矛盾，世界上一切事物，皆欲發展成對立矛盾，纔能發生作用，纔能解決問題。水可以滅火，火可以消水。然而火山之爆發，俱是泥水。海底之深，猶有温泉；地藏之厚，藴有天然之火。水火合作，其利無窮。開闢水火資源，更有望今之科學者，繼續勠力。

下經起自《咸》《恒》，古人以爲夫婦之卦。其實觀察爻辭，實無此種内容。而荀子曰：“《易》之《咸》，見夫婦。夫婦之道，不可不正也，君臣父子之本也。咸，感也，以高下下，以男下女，柔上而剛下。聘士之義，親迎之道，重始也。”下經重人事者，殆以此耶？荀子爲《易》學大家，陶潛稱之爲潔净精微之儒。其《易》學蓋出於馯臂子弓。在荀子書中，子弓與孔子并稱，即其明證。子弓爲子夏之門人。子夏與商瞿，俱傳孔門之《易》學。子夏居西河設教，而學《易》者蓋寡，學《詩》《禮》《春秋》者蓋多，故將子弓轉介於商瞿也。

下此十卦爲《損》《益》，孔子讀《易》至《損》《益》二卦，喟然而感曰：“事或欲以利之，適足以害之；或欲害之，乃反以利之。利害之反，禍福之門户，不可不察也。”《淮南子》引。《損》《益》兩卦名，不取於象，唯取於爻之移易而定名。《損》《益》爲反復卦，《損》《泰》三以加上爲《損》。《益》《否》四以加下爲《益》。下不可損，損民以益君，名雖益而實損。上不可益，益民而損君，名雖損而實益。此中富有辯證法存焉。亦人道之事也。又十卦爲《震》《艮》。震爲雷電，天道也。艮爲鬥狠，人道也。《震》反爲《艮》，《艮》反爲《震》。名雖不同，體實則一。《泰誓》曰：“天視自我民視，天聽自我民聽。”此言天人相通之理也。震雷，俗謂之天怒。鬥狠，荀子謂之人怒。荀子説：“行其少頃之怒，而喪終身之軀。”雖有天人之分，其怒義則一也。雷之發聲由陰陽兩氣對立而成。陽氣一震，而陰霾之氣消。兩人之鬥，亦由是非之理，相持不下，而起争端。其勝敗之分，則由力之强弱，技藝高低而定。而是非之准則，終不可明。陰陽以氣言，是非以理方，理氣之争，由於對立的矛盾，發展到了極點，非震與鬥，則不能解决也。故用《震》《艮》兩卦表示世界事物是以矛盾對立而發展。荀子云：“天有其時，地有其財，人有其治，夫是之謂能參。舍其所以參，而願其所參，則惑矣。”《荀子·天論》。參，三材也。

最後用《既濟》《未濟》總結全卦。《既》《未濟》者，《坎》《離》也。坎、離水火也。道家認爲世界十二萬年，全趨於毁滅，能毁滅世界者，水火也。佛家《因本經》説：“大三災時，有黑風吹使海水兩披，取日宫殿，置須彌山半，緣此世界有兩日出，河渠絶流。其後久久，大風取第三日出，大恒河竭。四日出，阿耨池竭。五日出，大海乾枯。六日出，天下煙起。七日出，天下洞然。”又仁王《般若經》云：“劫燒終訖，乾坤蕩然。須彌巨海，都爲灰揚。天龍人鬼，於中雕喪。二儀尚殞，國有何常。”《繫辭傳》曰：“《乾》《坤》毁則無以見《易》。”編注《易》者，其有見於《乾》《坤》之毁滅乎？不然，何以上經以《坎》《離》結收，下經又以《坎》《離》結收乎？佛生於周靈王時代，《因本經》不知作於何時？總之應在《周易》之後。佛經言七日并出，我國《山海經》有十日并出，後羿射其九而存其一，確是神話。以佛經照之，蓋亦煞有介事也歟？

六、修正《序卦傳》商榷[①]

乾坤者，天地也。天地爲形象之名。乾坤爲陰陽之用。有天地，然後萬物生焉，盈天地之間者唯萬物，故受之以屯。屯者，盈也。屯者，萬物之始生也。凡物始生必蒙，故受之以蒙。蒙者，蒙郭京云：蒙下，當有昧字。昧也。物之穉也。物穉不

① 本文文字加“▲”意爲作者自己所補、改字。

可不養也。故受之以需。需者，飲食之道也。飲食必多言，多言則争訟，故受之以訟。訟者，公言也。公言必有衆起。故受之以師，師者，衆也。衆必有所比，故受之以比。比者，親比也。郭京云：比下有親字。按比也之比，或當音毗二反。親比必有所畜，故受之以小畜。物畜然後有禮，故受之以履。履者，禮也。帛書《周易》："履"作"禮"。行之有禮，則泰然自安，故受之以泰。泰者，通也。物不可以終通，通則有塞，故受之以否。否者，塞也。物不可以終塞，故受之以同人。與人同者，物必歸焉，故受之以大有。有大黄侃本作有大，下同。者不可以盈。故受之以謙。有大而能謙必豫，故受之以豫。豫者，樂也。樂必有人隨，故受之以隨。以喜隨人者，心必惑，惑則生事。故受之以蠱。蠱者，故事也，又惑也。惑於事而求瞭解，必親臨而審察之，故受之以臨。臨者，大也，物大而可觀，故受之以觀。可觀必可食用，故受之以噬嗑。噬嗑者，食也。食物不可以苟且而合，須欲文之以禮，故受之以賁。賁者，文飾也，致飾然後亨則盡矣，故受之以剥。剥者，剥削也。生活資料被剥削，則己窮而人富。富者福也。《釋名》："福，富也。"故受之以復。復，福同音，《集韻》《廣韻》都音方六反。復則不妄，故受之以無妄。有無妄者，真實而非虚假也。故受之以大畜。大畜者，大牲畜也。家有大牲畜，然後老人可得肉養，故受之以頤。頤者，老人之養生也。養生不可以太侈，太侈則過。故受之以大過。大過者，暴殄天物也。物不能贍，欲望難填。故必想方設法以求之，求之失當，盲觸刑法，故受之以坎。坎者，陷也，陷於刑法，必須坐獄，故受之以離。離者，罹也。人罹於法，則生離死别矣。以上《序卦傳》上篇。

有天地然後有萬物，有萬物然後有男女，有男女然後有夫婦，有夫婦然後有父子，有父子然後有君臣，有君臣然後有上下，有上下然後禮義有所錯。夫婦之道，情欲之所感也。情感咸和，故受之以咸。咸者，感也。情感不可以不久也，故受之以恒。恒者，久也。物不可以久居其所，故受之以遯。遯者，退也。物不可以終遯，故受之以大壯。物壯必衰，衰退則老，故受之以晋。晋者，進也。争進必有損傷，故受之以明夷。夷者，傷也。傷於外者，必反於家，故受之以家人。家道窮必乖，故受之以睽。睽者，乖也。乖必有難，故受之以蹇。蹇者，難也。物不可以終難，故受之以解。解者，緩也。緩必有所失，故受之以損。損而不已必益，故受之以益。益而不已必決，故受之以夬。夬者，決也。決必有遇，故受之以姤。姤者，遇也。物相遇而後聚，故受之以萃。萃者，聚也。聚物而上者謂之升，故受之以升。升而不已必困，故受之以困。困乎上者必反乎下，故受之以井。井者地之下也。井污不可不革，故受之以革。革物者莫若鼎，故受之以鼎。鼎，重器也。主重器者須長子，故受之以震。震，長男也。長男不可動也，故受之以艮。艮者，止也。物不可以終止，故受之以漸。漸者，次也。次必有所歸宿，故受之以歸妹。女以男爲家，所歸者必大家，故受之以豐。豐者，大屋也。大屋易窮，必失其所居，故受之以旅。旅而無所容，故受之以巽。巽者，入也。入而後説之，故受之以兑。兑者朋友講習，焕乎其有文章也，故受之以涣。涣者，賢也，群賢元吉，用《吕覽·類》史墨説。萬物燦然，致遠以利天下，故受之以節。節者，國之信符也。故受之以中孚。具有信符，行使權勢，千慮一失，難免無過，故受之以小過。有過勿憚改，則萬事必濟，濟者，成也。故受之以既濟。物不可盡濟也，故受之以未濟終焉。

1. 晋韓康伯作注指出："凡《序卦》所明，非《易》之緼也。蓋因卦之次，托以明義。"

2. 王夫之説："是以知《序卦》非聖人之書也。"還有人説《序卦》是晚周儒者之作，其中有牽强處，如《大壯》何以受之《晋》，《明夷》何以受之《家人》等。宋代儒者，强持此卦序，以論年時之變化，亦未必然也。

3.《序卦》有三卦未入文内，《乾》《坤》《咸》是也。既是説明卦序，當然不能有卦不講。今爲之補入，以全體制。《序卦》一文，韓康伯、王船山等之評語，大有代表性。孔子晚年學《易》，雖然韋篇三絶，禱天祈年，尚自嘆曰：“假我數年，卒以學《易》，可以無大過矣。”《序卦》有些地方説不過去，實不可能。今爲删改增添與换易數字，似怡然理順，義亦昭昭焉矣。

或曰：兩千多年的書，自孔子始起。又是孔聖人的言。你何人斯，敢如此狂妄，亂爲竄改，毁聖滅道，該當何罪？予曰：唯唯！否否！予讀孔子之書，言簡而義深，言近而指遠，真百讀不厭。若《論語》及各經傳所引孔子的話，無不如是。而《易》書之十翼，相傳爲孔子所作，司馬遷所著《史記·孔子世家》，有一小節文字講述孔子學《易》云：“孔子晚而喜《易》，序《彖》《繫》《象》《説卦》《文言》。讀《易》，韋編三絶。曰：‘假我數年，若是，我於《易》則彬彬矣。’”予細讀之，認爲喜《易》下之“序”字，是作動詞用的，謂序述《彖》《繫》等篇之文也。若是講《序卦》，必定與《説卦》《文言》一類。《序卦》文義淺，義又不與各卦相融合。即使是孔子作，亦爲當時便於翻閲簡册，隨意而作，非欲傳於後世也。是欲傳於後世之大傳，其文夾雜，見譏於歐陽修，蓋孔子欲假年而未得，故未修正熨帖。未完妥之意。後人以聖人之書，不敢代爲裁剪收拾，而一并羅致無遺，薈萃成書，故未至彬彬然也。不能見諒於後世之讀者，如韓康伯、王船山諸先生説，該不爲之急時修正，表示人之惰性，今修正之可謂負其後死者之責也。但是以布衣點竄堯典舜典字，塗改生民清廟詩，誠爲班門弄斧耳！

1985 年立冬後八日仲陽識於長沙錦堂沖

七、太極圖説

《易·繫辭傳》曰："《易》有太極，是生兩儀。兩儀生四象，四象生八卦。"夫太極不曰天有，不曰地有，不曰古有，而曰《易》有者，何也？莊子曰："《易》以道陰陽。"太極者，陰陽之具體也。古之工匠畫太極，一個圓圈，邊紅邊黑，黑紅表示陰陽已分，但尚未脱離母體耳。三個生字，皆具有次第産生之意。衹待時機的成熟，依次序而産生新的物體。即《傳》所謂太極——兩儀——四象——八卦。夫《易》何以有太極？《繫辭》曰："生生之謂《易》……夫《乾》其静也專，其動也直，是以大生焉。夫《坤》其静也翕，其動也闢，是以廣生焉。"此兩生字之概念所由來也。由是《乾》之大生，《坤》之廣生，迭而言之，謂之生生。《乾》《坤》爲《易》之門，又爲《易》之緼。緼，絪緼也。《玉篇》："絪緼，元氣也。"《傳》曰："天地絪緼，萬物化醇。"《乾》《坤》成列而《易》立乎其中，《乾》《坤》毁則無以見《易》。《易》不可見，則《乾》《坤》或幾乎息矣。《乾》《坤》與天地名異而實同。廣大配天地，亦即謂乾坤也。析言之，稱天地言其形象也。在天成象，在地成形。稱乾坤者，言其陰陽也。《繫辭》曰："《易》與天地準，故能彌綸天地之道。"準，則也。彌綸者，具有概括、包羅之義。言《易》道廣大，與天地同一準則，并能包羅天地之道。正《繫辭傳》所謂："夫《易》廣矣大矣，以言乎遠則不禦。無所止息也。以言乎邇則静而止，'止'原作'正'，譌也。余改'正'爲'止'。以言乎天地之間則備矣。"此言《易》道廣大悉備，有天道焉，有人道焉，有地道焉。故能開物成務，嘗天下之道，如斯而不已者也。從上所述的理論來看，《易》有太極者，即有一陰一陽之謂道也。一陰一陽者，不是有陰無陽，或有陽無陰，更不是多陰多陽，而是每一類物皆有一陰一陽也。例如人類有男女之分，畜類有牡牝之分，禽類有雄雌之分。普通言之，謂之公母。即陰陽之異名也。孤陰不生，獨陽不長。故一陰一陽謂之道。道者，淺言之，往來之路也，生生之道也。生生即仁道也。萬物得此仁道，則生之長之，亭之毒之。但仁道者，譬之生物之核心也。即乾坤之道，天地之生機元氣也。故其形如鷄鳥之卵，外白爲陽，内黄爲陰，蓋實質亦相同也。天地之元氣，其大無朋，鷄卵之精髓，其有幾何？何可相況而言耶？且夫萬物成體皆有陰陽，竹有公竹母竹，木有公木母木，花有公花母花，蟲有公蟲母蟲。電力自然之物也，有陰電陽電之分。機械，工藝之製造也，有子母之開關爲動力，子母即陰陽也。所以我説，推動之發展動作，天地間萬物萬事，皆陰陽也。無陰陽則天地息矣。

古人對太極的解釋，《列子·天瑞》："太初者，氣之始也；太始者，形之始也；太素者，質之始也。"《漢書·律曆志》孟康注："泰極元氣，含三爲一。"此發揚列子之説。鄭玄謂："極中之道，淳和未分之氣也。"虞翻説："太極，太一也。天地未分，混沌之元氣也。分爲天地，故'生兩儀'。"《説文》："惟初太極，道立於一，造分天地，化成萬物。"一者天地未分，名曰太極，極天曰太，未分曰一，其氣極大而未分，故曰太一。所以虞翻説："太極，太一也。"極一，一聲之轉。太極又叫大儀。張茂先《勵志詩》："大儀斡運，天迴地游。"李善注："大儀，太極也。以生天地，謂之大，成形之始，謂之儀。"此古説都有邊際，而不是拓空之談。若宋代儒者，則多杳乎遠矣。周敦頤作《太極圖説》，他參彙道家思想學説，提出一個簡單而有系統的宇宙構成論。説"無極而太極"。朱熹認爲"周子所以謂之'無極'"即"無方所，無形狀"，是太極的形容詞。陸九淵認爲太極之上擺個無極，是叠床架屋。又説太極一動一静，産生陰陽萬物。萬物生生變化不窮，唯人也得其秀氣而最靈。因此下又産生人極。人極是誠，誠者，人性之能也。東扯西拽，終未能説明太極的實質。邵雍認爲心是太極。他説"萬化萬事生乎心也”，又言“太極不動，性也。發則神，神則數，數則象，象則器。器之變復歸於神也”。《皇極經世·觀物外篇》。朱熹認爲“總天地萬物之理，便是太極”。《朱子語類》卷九四。邵子主心，朱子主理，皆非也。心理皆不能生兩儀，何得謂之太極。張載謂：“一物而兩體，其太極之謂歟！陰陽，天道，象之成也；剛柔，地道法之效也；仁義，人道，性之立也。三才兩之，莫不有乾坤之道。”《正蒙·大易》。又云：“一物兩體，氣也。”《正蒙·參兩》。按張子說，兩體者陰陽也，氣者亦陰陽之正氣也。合而言之，即謂陰陽之道，亦《繫辭傳》所謂“一陰一陽之謂道”也，此是唯物主義的觀點。一物兩體之說，深明太極之理。一物者，一類之物也，既有陰體又有陽體之分。理解詳上。不是一個物件具有兩體也，朱子又提出：“理在氣先。”理是無生之名，氣是有生之機。理何以能生氣？王守仁提出心是最根本的，心一而已。以其條理言謂之理，以其流行言謂之氣。朱、王二說，皆是唯心主義的理論。與張子說是冰炭不相容的。王廷相、王夫之則肯定氣是最根本的。殊不知氣與理，都是無質之物，無體之形。理則恁事實而屈伸，氣則依物體而衰旺。浩然之氣，存於天地之間；沛然之氣，在於江河之域。清香之氣，發於花木；豪壯之氣，出於英雄。然而王廷相云，太極者，“天地未判之前，太始渾沌清虛之氣是也”。他在《雅述》中解釋說：“愚謂天地未生，祇有元氣，元氣具，則造化人物之道理即此而在，故元氣之上無物、無道、無理。”再來看我們正宗學府《易經》王弼注：“演天地之數，所賴者五十也。其用四十有九，則其一不用也。不用而用以之通，非數而數以之成，斯易之太極也。”他又解釋說：“四十有九，數之極也。夫無不可以無明，必因於有，故常於有物之極，而必明其所由之宗也。”一是太極，是本體無。四十九是有物之極，是本體的表現和作用。本體在作用之中，無在有中，通過有纔能明無。有是無的表現，離開無的本位，有就不能存在。此是唯心主義的詭辯，蓋從堅白論者學來，不是解經，而是欺騙人。

在科學昌明的今日，對宇宙的形成，太極的概念，應該有接近真實物體，作個對照。不能全用各人的心機，進行胡猜亂想，以爲决定的。我以爲在太極未形成之世，上天下地之形，早已成就，整個宇宙間，具有氦、氯、氫氣裏的基本粒子形態的物質，如中子、原子、電子、光子、介子、輕子等在孳生、漫衍、游移。宇宙還是混沌、黑暗、空虛無物的，衹有形勢的天地，而無一點作用。天無日月星光，又無雷雨；地無山川河流、動物植物以及形形色色的物質。好比我們現在世界外的南北極一樣，一片冰雪封鎖，毫無一點生機氣息。它是没有開發的世界，與我們開發的世界同一地球，尚是如此。揆其原因，未到太極時候。太極這東西的産生，由於氫氣、氦氣和一些粒子形態的物質等基本原素，在空氣中，不斷的、永恒的運動，自由相得的結合，由少聚多，由小到大，由稀到密，密到極點，産生熾熱。熾熱到極點，就會發生大爆炸，大爆炸衹是在外殼進行。那顆核心，未隨外殼爆炸。爆炸物都到了極點，故曰太極。這顆太極的核心，可能是主宰宇宙的太陽和太陰，故曰“太極生兩儀”。兩儀者，古今人都認爲是天地，我以爲是陰陽。陰陽者，日月也。《繫辭傳》曰：“廣大配天地，變通配四時，陰陽之義義讀爲儀。配日月。”陰儀陽儀，即月儀日儀。《吕氏春秋·勿躬》：“羲和作占日，尚儀作占月。”《史記索隱》曰：“《律曆志》黄帝使羲和占日，常儀占月。”《通鑑前編》：“常儀乃帝嚳之四妃。”後人襲前人之名。《淮南子》：“羿請不死之藥於西王母，姮娥竊以奔月。”《丹鉛總録》：“月中嫦娥其説始於《淮南》及張衡《靈憲》，其實因常儀占月而誤。……後訛爲嫦娥，以儀、娥音同耳。”和亦歌部音。兩儀即日儀月儀是也。

太極外殼爆炸後，産生氣雲，收縮凝結，産生不同的星體，圍繞爆炸物的核心——太陽。運動在宇宙的空間，没有方向和方位，繞天亂竄亂飛，据萬有引力的定律，能量轉化和守恒定律牽引起來，互相合并，小拼大，强吃弱，高就高，低就低，隨方安位，把摇動的星際天空，安定下來，形成我們今日天空星體的結構。在爆炸地方可能是銀河，爆炸物破破爛爛，無可收拾，無處堆積，變成無千數萬的星海。在太陽系這個大家庭裏，九大行星——水星、金星、地球、火星、木星、土星、天王星、海王星、冥王星，及其衛星、小行星、彗星、流星都有各自的勢力範圍，都沿着自己的軌道，圍繞太陽運轉，乃産生白晝黑夜，寒來暑往之規律，此所謂“兩儀生四象”也。四象者，春、夏、秋、冬，四時也。四時之氣象，大不相同，故曰四象。即《傳》所謂“變通莫大乎四時”也。“四象生八卦”者，德國萊布尼茨先生，首創雙進位的電子計算機，他衹改動兩個符號，陽爻爲 1，陰爻爲 0。八卦次序震 001，坎 010，兑 011，乾 111，巽 110，離 101，艮 100，坤 000。根據他的次序作八卦圓圖於下：

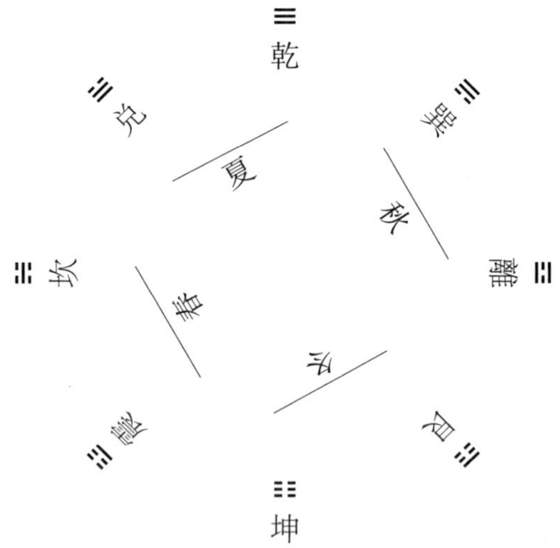

合乎卦的逆數與畫卦法。由下而上，自坤向左旋，依次爲震、坎、兑、乾、巽、離、艮、坤。自《坤》之初爻變爲《震》卦。自《震》卦之初爻上移成《坎》卦，即表陽氣上升，萬物初生過程，以春季當之，宜也。當《坎》之下爻變陽爻成《兑》卦，《兑》之上爻變陽成《乾》卦，即表陽氣再上升，生物旺盛，氣象壯麗，以夏季當之，宜也。此後《乾》之初爻變陰成《巽》，《巽》之初爻上升成《離》，表示陰氣來臨，生物果實成熟時期，以秋季當之，宜也。《艮》陰强盛，一陽將剥，果實收藏，萬物凋萎，以冬季當之，宜也。此爲“四象生八卦”之象徵過程。有如是者作四象歌以頌之：

震坎爲春。震雷，坎雨。

歌曰：“雷響天廷，雨打原林，百花競放草兒馨。處處醒人魂，處處醒人魂。水滿池塘緑，秧分田野青，鶯歌燕舞和蛙鳴。高興助春耕，高興助春耕。”

兑乾爲夏。乾爲日、爲禾。兑爲澤。

歌曰：“烈日陽陽，早禾黄黄。獨有荷花，宛在水中央。凉，凉，凉。熏熏南風，解我熱瘴。新穀且登場，家家户户搶栽秧。争取一年糧，争取一年糧。”

巽離爲坎，巽又爲風，爲利市三倍。離爲歌舞。

歌曰：“秋風起，雲飛揚。果實收回張滿倉。吃用不了，出賣市場。利收三倍强。人心舒暢樂洋洋，人心舒暢樂洋洋。”

艮坤爲冬。艮爲山爲火，坤爲寒冬。

歌曰：“進山斫柴，燒火禦寒冬。雪花飛舞蔽天空。雪炮敲打瓦丁咚。檐邊冰杖垂林筍，九九寒天困苦農。圍爐閑坐話年豐。婦女兒童老公公，暖衣足食已送窮，喜喜哈哈樂融融。”

八、《易》卦之發明是我國文字文學創始之先河

《繫辭傳》曰：“上古結繩而治，金文廿卅作蓋結繩之遺形也。後世聖人易之以書契，書契即刻畫文字。百官以治，萬民以察，蓋取諸夬。”按“夬”即契刻也，契古止作“丯”。《説文》：

“刼，巧刼也。”段注：“巧刼，蓋漢人語。”愚按《説文》：“巧，技也。”《韻會》：“巧，機巧也。”《孟子》：“智，譬則巧也。”巧刼，謂工人心智機巧，手有技術，能巧刼刻文字圖畫也。或作“㓞”。《六書正譌》言刼“音器，約也。从刀丰聲。象刀刻畫竹木以記事者。别作契，栔，从人所加。”又作契，讀刮。刮从舌聲，契从丯聲，同爲曷末部手見紐。舌定紐。契所用之刀爲金屬，故字又作鍥。《荀子·勸學》：“鍥而舍之，朽木不折；鍥而不舍，金石可鏤。”注：“鍥，刻也。”《大戴·勸學》作“楔”。《詩·大雅·綿》：“爰契我龜。”《釋文》“契”作“挈”。《周禮》引亦作“契”。《毛傳》：“契，開也。”《左傳》：“盡借邑人之車，鍥其軸。”《爾雅》音義所引。如是所以夬用刀刻劃文字，成爲書契之始。是由結繩記事，易爲刀刻之象形字來記事，所以《夬》卦成爲文字產生之伊始也。仲又按俞樾《諸子評議》云：“齒者，契之齒也。古者刻竹木以記數，其刻處如齒，故謂之齒。《易林》所謂‘符左契右，相與合齒’是也。《列子·説符篇》：‘宋人有游於道，得人遺契者，歸而藏之，密數其齒，曰：吾富可待矣。’”據此則契如今日合契之竹片，取物之憑證也。然睹古之文字，契特有一種書法，甲骨亦有丹書而後契者，可見契用刀刻文字。按《説文》：“契，大約也。”《周禮·司約》：“凡大約劑，書於宗彝。”《小宰》：“聽取予以書契。”大鄭注：“書契，符書也。”後鄭云：“書契謂出予受入之凡要。凡簿書之冣目，獄訟之要辭，皆曰契。”此是周代契约之作用。《説文》：“券，契也。券别之書，以刀判契其旁，故曰契券。”段注：“判，分也。契，刻也。兩家各一之書牘，分刻其旁，使可兩合以爲信。……書而契之是曰書契。”夬爲書契之始者何也？《説文》：“夬，分決也。从又，中象決形。”又手也，コ，物片之形也，所以分決也。由此而產契約，契約要書畫圖記，由此而產生象形等文字。故曰“後世聖人易之以書契者”，此之謂也。

《易緯》：“☰ 古文天字。……☷ 古墜，地字。……☴ 古風字。……☶ 古山字。……☵ 古坎字。……☲ 古火字。……☳ 古雷字。……☱ 古澤字。”考無來源，固不可盡信。然水火爲坎離之變形，則千真萬確，蓋後之造字者，即以卦文而正之也。尚云：“伏羲既畫卦，必更有書以申明其義。《周禮》：‘小史掌三皇五帝之書。’是三皇已有文字，特亡耳。後人謂黄帝始創字，尚注：黄帝集其成，非始於黄帝。伏羲衹畫卦，無文字者，謬也。《周禮》：‘太卜掌三易之法，一曰《連山》，二曰《歸藏》，三曰《周易》。’其在春秋時，皆三易并占。《左傳》《國語》所謂《艮》之八，《泰》之八，及所引爻辭爲《周易》所無者，先儒皆謂爲二《易》之辭也。”按尚氏所説，有些理智。愚亦認爲伏羲衹畫卦無文字者，其説未諦也。何以言之，其證有二：《説文·示部》：“祝，祭主贊詞者。从示，从人口。一曰从兑省。《易》曰：‘兑爲口爲巫。’”段注：“此字形之别説也。凡一曰，有言義者，有言形者，有言聲者。引《易》者《説卦》文，兑爲口舌，爲巫，故祝从兑省。此可證虙羲先仓頡製字矣。凡引經傳，有證義者，有證形者，有證聲者。此引《易》證形也。”此一證也。《史記·封禪書》：“管仲曰：‘古者封泰山禪梁父者七十二家，而夷吾所記者十有二焉。昔無懷氏封泰山，禪云云；虙羲封泰山，禪云云。’……其後百有餘年，而孔子論述六藝，傳略言易姓而王，封泰山禪乎梁父者七十餘王矣。”《韓詩·外傳》云：“孔子升泰山，觀易姓而王，可得而數者，七十餘人，不可得而數者萬數也。”萬數未免夸大，但七十二數之碑，當然有他自己文字或圖畫。此二證也。伏羲畫卦重卦，當然會定其名。然相傳數千年，至周，未必不有改變。《歸藏》之卦名與《周易》不同者，據我所知，共有二十二卦。略舉之：需作溽，豫作分，隨作馬徒，蠱作蜀，臨作林禍，賁作熒惑，剥作僕，坎作犖，遯作逯，睽作瞿，損作員，夬作規，逅作夜，震作釐。此舉十四卦，從表面看，義實不相合，然而細心求證，義并不相迕，而相通。《帛書》八卦名：鍵、根、贛、辰、川、奪、羅、筭。其餘五十六卦，有廿八卦卦名不同。否作婦，隨作隋，姤作狗，遯作椽，蠱作個，賁作蘩，小畜作少蓺等，你説它不是《周易》，衹卦的序次是與《周易》本同，爻辭大同小異。義雖無變，而字形總不相同者多。例如中國文字，用國際音標，注其音讀，而不改其字，用字注卦之名，而不改其卦者，亦此類也。然而卦之本質不變，而字形有變，有何傷乎？伏羲重卦以後，應有一套記卦名的符號，相傳下來。今世所傳禹碑文字，後人不識以爲僞作。封泰山七十二家有碑記，管仲所記十有二家，還有六十家不可識。十二家者，無懷氏、宓羲、神農、炎帝、黄帝、顓頊、帝嚳、堯、舜、禹、湯、周成王。禹在十位，以前還有九位，其字更不可識也。禹碑字不可識，管仲能認識，故能數清位數。《連山》《歸藏》遞傳至漢猶存。東漢桓譚説《連山》有八萬字，《歸藏》四千三百字。《連山》字多，自伏羲以下幾千年歷史，積纍於《八索》也。《易》之卦文本身，雖是我國文字之權輿，但不等於就是文字。因卦産生於文字之前，所以衹能就卦之本身，談文字形象，不能就文字而談卦義。段玉裁曰："或問伏羲畫八卦，即有乾、坤、震、巽等名不？曰：有之。伏羲三奇謂之乾，三耦謂之坤，而未有乾字、坤字，傳至倉頡，乃後有其字。坤、巽特造之，乾、震、坎、離、艮、兑，以音義相同之字爲之。故文字之始作也，有義而後有音，有音而後有形，音必先乎形。"按段氏此説謬甚。予謂創字之始，先有形，有音，而音由形體，形象所産生。例如鷄自呼叽，鴨自呼呷，豬自呼玀玀，今人亦呼之爲鷄，爲鴨，爲玀玀。猫自呼爲苗，鵝自呼俄，此皆由形聲而産生其名，非由義也。馬畫馬之形，牛畫牛之形，羊畫羊之形。馬爲側體，牛羊爲正立體。樹木之木呆立之形，碗爲兜空之形，壺爲立體之形。河流大而發出呵呵之聲，溪流小而發出溪溪之聲，此由具體之形或音而産生文字，并非先有其義也。義由人所派生，所以一字有多義也。段又曰："名之曰乾坤者，伏羲也。仲按乾坤，天地之化機也。伏羲畫卦，伏羲名卦，理所當然。字之者，倉頡也。"按此說亦非。倉頡整理創造文字則有之，未必爲無名之物者專著以名也。然而物皆有名者，蓋由後世産地或製造之人，依倉頡之法而製以字也。猶之今日化學元素之名，我國歷來無其字，就是根據形聲之法，而造其字也，則若固有之矣。又曰："畫卦者，造字之先聲也。是以不得云 ☷ 即坤字。"《說文》坤字注。准此以推，亦不得謂 ☰ 即乾字，☳ 即雷字，☴ 即風字，六十四卦皆作如是觀。則卦與文字，似不相妨也。《說文》："乾，上出也。"段注："此乾字之本義也。自有文字以後，乃用爲卦名，而孔子釋之曰：健也。健之義生於上出。……从乙。乙，物之達也。……倝聲。"籀文乾作，从，倒晶字。晶爲天空之星字，古星字作曐，又寫作。《說卦傳》："乾爲天。"甲骨文天作，金文作，《說文》篆作，皆是中部一横，兩頭垂下，呈半圓拱∩形。又甲骨文雨字作，上∩即是天形也。見郭沫若《殷契粹編》219片。《說文》古字，蓋∩亦是天形。在高空之下，極目力之所盡，視綫反映，仰深平闊，故有此∩形耳。所以俗人說"天像一口鍋子一樣罩下"，是一句有形的話。乾卦稍變其形亦如之。是乾表示天體，連亙不斷，健全無缺也。其實天本無體，空中衹有日月星辰，天之三才也，高高在上放出光明而已。

☷ 坤，《釋文》："巛，本又作坤。坤，今字也。"《左傳·昭公二十九年》："其坤 ䷁ 曰：'見群龍無首。'"《釋文》："坤本又作巛"。《大戴禮·保傳》："易之乾巛。"考漢《孔龢碑》《堯廟碑》《史晨奏銘》、魏《孔羨碑》、北魏《黑女誌碑》之"乾巛"，《衡府君碑》之"剥坤"，《鄐閣頌》之"坤兑"，或作、、，《家語·執輿》："此乾巛之美也。"王肅注："巛古坤字。"《後漢書·輿服志》："黄帝、堯、舜垂衣裳而天下治，蓋取諸乾巛。"凡此皆以巛爲坤。毛居正《六經正誤》："巛，古坤字。"

《玉篇》巛部注："巛……，古爲坤字。"《釋文》："巛，本又作坤。"甲骨文川字作333、作巛，金文作巛，青銅器父戊卣作[glyph]。據此，是古坤字。

變平面之 ☷ 作仄行之 ⁞⁞⁞，王筠以爲仄放之爲 ⁞⁞⁞ 是也。鄭樵《通志・六书略》："坤卦之 ☷，必纵写而后成巛字。"王筠蓋袭取鄭説也。巛即[glyph]，[glyph]即[glyph]，[glyph]即 ☷，☷ 即坤。因此巛即古坤字。巛古音讀爲春，坤春同部，故巛即代坤也。坤訓順，得水性也。《廣雅・釋詁一》："巛……順也。"水由地中行，又無反性，衹是順流而下也。坤爲女，俗云："女性如水。"是得水義。所以又造坤字者，以水有坎卦，而坤又屬地。《説文》："坤，地也。《易》之卦也。从土从申，土位在申也。按申爲音符。"《説卦傳》："坤爲地。"地有山川海洋，故自然形成塊塊之形象。坤卦之象，適與之符，故古人即假其形而名之也。由川演爲[glyph]，州从重川。古文州作[glyph]，甲骨文作[glyph]，金文散盤作[glyph]，是劃分地球之象。州在水中，四邊界水，兩八像水兩邊分流，中存爲[glyph]土之地。甲骨文土作[glyph]，金文作[glyph]。王國維曰："土字作[glyph]者，下一象地，上◇象土壤也。"余謂上◇像果實，果實人之生命也。人得天氣以生，得地氣以養。土生萬物，所以養人也。坤厚載物者，土之德也。土爲字母，滋生从土之字甚多。

☳《説卦傳》："震爲雷。"又云："震動也。"動萬物者莫疾乎雷。《左傳正義》引《河圖》云："陰陽相薄爲雷。陰激陽爲電……電是雷光。"總而言之謂之雷。言其振物謂之震，言其餘聲謂之霆，言其光耀謂之電。甲骨文電作[glyph][glyph][glyph]，雷作[glyph][glyph]，《説文》雷古文作[glyph][glyph]，籀文作[glyph]。古文電作[glyph]。籀文震作[glyph]。凡字形見《震》卦，卦形簡單，字形繁衍。可見卦形不即是字形，而文字成爲規範，是有不少變化。震从雨辰聲，無雲雨，電不閃，雷不震。从辰者，季春之月，生氣方盛，陽氣發泄，勾者畢出，萌者盡達。二月驚蟄，雷乃發聲，三月而大振動。辰爲房星，《爾雅》："大辰，房心尾也。"《説卦傳》："萬物出乎震。"

則言震之時節也。震爲雷雨，雨爲字母，繁衍無數从雨之字。

☴《説卦傳》曰："巽爲風。"風無形、無色、無臭，衹觸物則發聲。捕之不可，捉之不能。其怒也，則不可當，其奮也則不可制。拔樹傾墻，翻江倒海，無孔不入，無隙不鑽，故曰："巽入也。"古人以蟲是風所化生。《説文》："風動蟲生，故蟲八日而化。"所以字形以蟲，而寫作，从蟲凡聲，凡古音扶音切。風古音孚音切。今音方戎切。巽又爲木，變卦兩陽爻，爲一横一豎，下陰爻爲枝，篆寫成、。重之成林。風木皆是字母，孳乳不少字彙。

☵《説卦傳》曰："坎爲水。"横看即横水字，直觀則立水字。兹从立體説。甲骨文作，殷前二、四、三。作。殷前四、十二、七。石鼓文作。同敦銘作。凡此直立之水字，皆象形也。若横行之水字，石經古文水或作，像水波形。《説文》益篆作，上爲横水字，頻作，步中加一横水字。横直皆象形也。重爲林，之壘加。予疑爲淼之初文，《説文》無"淼"字，蓋遺落也。水字爲我國文字孳生之字母，孳乳無數含有水意之字。又爲月（），亦是字母，亦孳乳無數从月之文字。

☲《説卦傳》："離爲火。"稍變其形，即成火字。中間陰爻不動，上下兩陽爻成人字，插入陰爻中，仙家所謂一個人兩隻眼珠是也。王筠云：以陰爻置諸外，則成火字，亦是也。甲骨文火作、、，金文作、，像火在坦窩中炎燒，甲文是烤火、烹飪、光照之用。後文成堆上有煙焰之形，蓋留存火種，烤物之用。古無火柴，家家户户皆要留火種。火種滅，用兩石或鐵石相敲擊取火，用紙煝存有灰頭者以承接之，否則就要往上下鄰家取火。甲骨文猶存圖畫像物之真。篆書火與楷書火形不異。重之爲炎。上熛也變之作……平鋪也。火爲字母，孳乳含有火意之字甚多。離又爲日，日亦爲字母，産生从日之字亦甚多。

☶《説卦傳》："艮爲山。"甲骨文山作，卦形稍變，即呈群山矗立之形，衍之成，重之成屾所臻切。篆寫作。山爲字母，孳乳甚多从山之字彙。艮爲門爲石，甲文門作，門从艮形出，石从山土出。門石皆字母。孳乳从門从石之字，亦復不少。

☱《説卦傳》:“兑爲澤。”上⚋爻成爲半坎形，有水有泥，尚云:“《周易》……以兑爲月。”古文月作，或作，正像月之闕形。兑上畫中闕，與月形極肖。兑又爲羊，从像頭尾，中二像四足，與卦形酷似。月與羊皆爲字母，孳乳从月从羊之字不少。

以上姑就八卦而言之，非怪妄也，其實如是耳。若擴而言之，八卦代結繩爲記事之符號，有形、有音、有義，是具有文字之條件，目之爲一種文字，似無不可。但它代表事物的作用，比文字實廣範得多，簡化得妙，運用得巧。姑以八卦言:《説卦》言:乾爲天，震爲雷，巽爲風，坎爲月，離爲日。此代表天象也。又言:坤爲地，坎爲水，離爲火，艮爲山，兑爲澤。此代表地法也。又言:乾爲馬，坤爲牛，震爲龍，巽爲鷄，坎爲豕，離爲雉，艮爲狗，兑爲羊。此代表禽獸牲畜也。又言:乾爲首，坤爲腹，震爲足，巽爲股，坎爲耳，離爲目，艮爲手，兑爲口。此代表人之體官也。又言:震爲蒼筤竹、爲萑葦，巽爲木、爲木果，艮爲果蓏。此代表物産之宜形。又言:坤爲布、爲釜，坎爲弓輪，離爲甲胄、爲戈兵，艮爲門闕。此代表器物之形象也。李鏡池言:“以八卦爲文字，更進而研究以爲卦之每爻亦均爲文字，作這樣推想的，有法蘭西人Lecoiprier，著有*Yi-Ching and Its Auther*。《易經及其作者》，他以爲《易》卦、爻辭乃是一種字典，辭中的語詞、句子，都含有假借字之意，他舉《離》卦爲例。

經文	古字	今字	意義
畜牝牛	離下同。	㷰	家畜之女牛
履		縭《說文》:‘以絲介履。’	靴鞋之類
錯		謧	誤也，易誤之言
然		䄜	燃也
敬之		矖《集韻》:‘視也。’	注目諦視
黄離		離鸝，鵹。	黄鳥之名
日昃之離		離明也，黎明。	斜日之光
不鼓缶而歌		離後世驪歌。	‘不擊缶而歌’，歌之一種
則大耋之嗟		㰈《玉篇》:‘言不止也。’	老人之喋言
突如		離罹。	不意之遭遇
其來如		離麗，儷。	附也，來歸也
焚如		熹《玉篇》:‘火焱也。’	失火
出涕沱若		漓	流涕
戚嗟若		膍	如斧破木之音

劉師培師其法，又演繹《坤》《屯》二卦，小學發微，見《國粹學報》乙巳七期；陳柱又本其意，續演《乾》《需》二卦。《周易論略》。……我以爲此法實不可通，古今人作文，没有這樣支離破碎的方式。古人以卦位説卦，今人以文字説卦，如果過於着重其行迹上的推求，都是行不通的。”按李説甚是。以外國人來解中國古書能如是着想，是可取的。以中國人不顧情况，而師外國人之所爲，則是荒唐可笑。然而我説八卦本身是一種特别的文字，是由陰 -- 陽 — 兩爻創造成功的。而成爲六十四卦，都是這兩爻，而無重復之卦，誠是古今中外大塊文章。世界上任何宗教，道、佛、基督、伊斯蘭等都無此奇文奇事，科學家、哲學家、政治家、數學家、文學家、政治學家等都未跳出它的圈子。如當今赫赫然《易》有《革》卦，講階級鬥争；《易》有《小畜》《夬》《咸》《艮》講地主剥削；《易》有《剥》卦；凡此等等，馬克思以前，無人知曉，而《易》文巍然具存，被人歪曲埋没，至不可識。由於《易》是文字之母，而本身又有獨立意義，固得永存。可以説我國象形字一類，全是由

畫卦之觀念，而發展創造圖畫實物出來的。字定型爲方塊，雖是字之本身結構所約束，亦是《易》卦形態之牽引，以致不可改變。此爲我國文字之特點，又有書法藝術美，冠於全世界。書法家之字，爲外人所器重者，有一字千金之價值。全世界除我國外，無此奇事。懿歟？休哉。

卦之三爻，表示天地人三才。老子曰："一生二，二生三，三生萬物。"《説文》："三，天地人之道也。"此引《老子》與《説文》。以明畫卦至三畫而止之義。只母卦如是，重之爲六，亦三才也。每二爻爲一才。母卦自重，其形未變，故名亦不變。與他卦相重，則卦變名亦變也。變到窮而盡則止。若夫文字則無止境，所以吾説八卦不是文字，衹起創造文字之先河作用者也。

在黄帝時，大撓用天干十字：甲、乙、丙、丁、戊、己、庚、辛、壬、癸。地支十二字：子、丑、寅、卯、辰、巳、午、未、申、酉、戌、亥。相重叠爲六十花甲，正是用八卦重叠方法一點也，未有變動。又倉頡造文字，也用此方法造成一個一個的重叠字，二重、三重、四重、五重，六七重則是少數，兹略之。

二重方法：相纍，相并。二木相并爲林，二百相并爲皕，二目相并爲䀠，二土相纍爲圭，二又相纍爲叒友，二女相纍爲妥姣。

三重方法：三耳爲聶，三石爲磊，三人爲众，三木爲森、三虫爲蟲，三日爲晶，三口爲品。

四重方法：比二三重不同，以三重字爲本，再加一個可以獨立的字，例如桑、壘、颸、鑘、叕、畕、茻、焱、譱、讄等。

五重方法：例如輟、器、蹓、灅、囂等。

以上文字的重叠，皆是師法伏羲重卦方法，《康熙字典》每類都收有現在不用的叠字，指不勝屈。由此文字，形成的文學，在孔子以前，十五國風的《詩經》，經孔子删訂和選定，皆是用的重疊方法。試舉例如下：

《邶風・式微》："式微式微，胡不歸？微君之故，胡爲乎中露？式微式微，胡不歸？微君之躬，胡爲乎泥中？"

《鄘風・墻有茨》："墻有茨，不可掃也。中冓之言，不可道也。所可道也，言之醜也。墻有茨，不可襄也。中冓之言，不可詳也。所可詳也，言之長也。墻有茨，不可束也。中冓之言，不可讀也。所可讀也，言之辱也。"

《衛風・河廣》："誰謂河廣？一葦杭之。誰謂宋遠？跂予望之。誰謂河廣，曾不容刀。刀即舠字，小船也。誰謂宋遠？曾不崇朝。"

《鄭風・山有扶蘇》："山有扶蘇，隰有荷華。不見子都，乃見狂且。山有橋松，隰有游龍。不見子充，乃見狡童。"

《唐風・無衣》："豈曰無衣七兮？不如子之衣，安且吉兮！豈曰無衣六兮？不如子之衣，安且燠兮！"

《秦風・權輿》："於我乎，夏屋渠渠，今也每食無餘。于嗟乎，不承權輿！於我乎，每食四簋，今也每食不飽。于嗟乎，不承權輿！"

九、《易》學在秦漢時之傳授并附漢時治《易》人傳略説明

孔子傳《易》於弟子商瞿——馯臂子弘——矯子庸疵——周子家竪——光子乘羽——田子莊何——王子中同——楊何淑元

漢武帝立何爲《易》學博士。上表據《史記》訂立。

孔子傳《易》於弟子商瞿——橋庇子庸——馯臂子弓——周醜子家——孫虞子乘——田何子裝——王同子中——楊何此表據《漢書》訂立。

以上根據《史》《漢》兩書訂立，人數同而名字多異。子

弘，《漢書》作子弓，荀子稱子弓與孔子并提，則子弓似是荀子之師。而荀子生年在孟子後，孟子授業是子思之門人，離孔子四代。若子弓是荀子之師，則衹三代，據《漢書》則是四代。人的排列次序，應以《漢書》爲是。光羽，《漢書》作孫虞似勝，因光姓無考。矯疵，《漢書》作喬庇，亦以《漢書》爲長，有喬姓而無矯姓。今人謂孔子未治《易》，則二史書所載，至八傳而到漢武帝封楊何爲《易》學博士，是信而可徵，何以數典而忘祖也。豈不哀哉！

附漢時治《易》人傳略説明

中國各種學術，至孔子而集其大成。孔子歿，而其學術之流傳授受，各有專人。可以溯本求源，不致紊亂瞠目無稱者，則漢之兩史司馬遷《史記》，班固《漢書》。之功用，不在禹下也。《周易》傳至今日，奇談怪論之説生，孔子未學《易》，孔子更未傳《易》。吾爲兹懼，爰作《〈周易〉師承傳授表》以出之。

文學著四科：《序詩》、傳《易》《春秋》《禮》。卜商事子夏、衛人、温縣國人，今河南温縣。

孔子傳《易》於弟子商瞿魯人子木。——馯臂子弘楚人，《漢書》作江東人，子弘《漢書》作子弓。《荀子》有馯臂子弓。——矯子庸疵江東人，《漢書》作魯人。《漢書》作喬庇子庸。《漢書》次第：子弘在第三、子庸在第二。矯子庸疵，矯从喬聲，假字也。疵蓋庇二字不知誰訛。——周子家豎燕人，《漢書》作周醜子家。——光子乘羽淳於人，《漢書》作東武人，《漢書》作孫虞子乘。——田子莊何齊人。《漢書》作田何子裝。——王子中同東武人。《漢書》作王同子中。——楊何。菑川人。《漢書》作字淑元。

漢之言《易》者，本之田何！西都則有丁、孟、京、田，東都則有荀、劉、馬、鄭。漢武立楊何爲《易》博士。宣帝更立施、孟、梁丘爲《易》博士。元帝立京氏爲《易》學博士。由於皇家重視，漢家之《易》學彬彬矣。舉其犖犖大者，表之於下。

丁寬，梁人，字子襄。從田何受《易》，又從周王孫受《易》古義。他授同郡碭田玉孫，王孫授施讎、孟喜、梁丘賀，由是《易》有施、孟、梁丘之學

附注：景帝時丁爲梁孝王將軍，距吴楚，號丁將軍。從周王孫受古義，作《周易傳》。後又作《易説》三萬言，訓故舉大義而已。

施讎，沛人，字長卿。童年從田王孫受《易》與孟喜、梁丘賀并爲朋人。他授梁丘臨、賀子。張禹、琅琊魯伯，禹授淮陽彭宣、沛戴崇子平。魯伯授太山毛莫如少路、琅邪邴丹曼容，由是施《易》有張、彭之學。

孟喜，東海蘭陵人，字長卿。父孟卿使喜從田王孫受《易》，得《易》家候陰陽災變者，詐言師田生先死時傳授，厥後博士缺，衆薦喜。上聞喜改師法，遂不用喜。喜授同郡白光少子，沛翟牧子兄，後皆爲博士。由是《易》有翟、孟、白之學。

梁丘賀，琅琊諸人也，字長翁。從京房受《易》。後更事田王孫。宣帝聞京房爲《易》明，按明於易理也。求其門人，得賀。賀入説，上善之，以賀爲郎。上行祠，馬驚，賀筮之，言有兵謀，不吉。使有司伺之，得謀逆者。以筮有應，得近幸。學傳子臨。臨代五鹿充宗君孟爲少府。充宗授平陵士孫張仲方，沛鄧彭祖子夏，齊衡咸長賓。張爲博士，至揚州牧，家世傳葉；彭祖，真定太傅；咸，王莽時，爲講學大夫。由是梁丘《易》有士孫、鄧、衡之學。

京房，頓丘人。初從焦延壽授《易》。延壽自云從孟氏問《易》，翟牧、白生皆曰非也。至成帝時，劉向校書考《易》説，以爲諸《易》説，皆祖田何、楊叔、丁將軍，大誼略同，唯京氏爲異。房治《易》以明災異得幸，爲石顯所譖誅。其學授東海殷嘉、河東姚平、河南乘弘，皆爲郎、博士。由是《易》有京氏學。

附：焦延壽，梁人。治《易》著《焦氏易林》十六卷。其學傳京氏。嘗曰：學吾道而殺其身者，房也。其言果驗。學無師承，自云從孟喜問《易》。喜之門徒翟牧、白生皆曰非也。劉向云托之孟氏，不相與同。後世名之爲焦京之學。

高相，沛人。治《易》與費氏同時，無章句，專說陰陽災異，自言學出丁將軍。傳至相，相授子康及蘭陵毋將永。康以明《易》爲郎，與門人私言莽事。莽以爲惑衆，斬康。

費直治《易》，長於卦筮，無章句，徒以《彖》《象》《繫辭》十篇之言，解說上下經。劉向校《易》，費氏經與古文同。高費兩家之《易》，皆未嘗主於學官，而自傳於民間。

十、子夏、子弓、荀子皆傳《易》人

孔子傳《易》商瞿與子夏。《史記·仲尼弟子列傳》《索隱》云："子夏文學著於四科，序《詩》、傳《易》。又孔子以《春秋》屬商。又傳《禮》，著在《禮志》。而此史謂《弟子列傳》。并不論，空記《論語》小事，亦其疏也。"又引應劭說："子弓是子夏門人。"據上所述，謂子夏不傳《易》，《子夏易傳》爲僞書者，非也。《商瞿傳》云："瞿傳楚人馯臂子弘。"《索隱》"《儒林傳》《荀卿子》及《漢書》，皆云馯臂字子弓，今此獨作'弘'，蓋誤耳。"顔師古《漢書》注："馯姓。"臂名，子弘字。然則弘當作肱。《詩·無羊》："麾之以肱。"《傳》："肱，臂也。"《集韻》："肱，臂上也。"《豐》九三"折其右肱"。《帛書》："肱"作"弓"。《公羊·昭公三十一年》經："黑弓以濫來奔。"《左傳》《穀梁》皆作黑肱。《儀禮·鄉射禮記》："侯道五十弓。"注："今文改弓爲肱。"弘肱叠韻，古韻弓與厷同。爲登部見紐字，故通用。《索隱》《正義》以爲誤者，是不明古音也。

附孫卿子爲潔净精微之儒考

韓非子曰：“故孔、墨之後，儒分爲八，墨离爲三。”八儒之中有孫氏一家。孫氏即荀子也。荀子自稱爲孫卿子。而陶潛《聖賢群輔録》稱“公孫氏傳《易》爲道，爲潔净精微之儒”。此公孫氏爲誰？又是傳《易》學士。子夏、商瞿，皆非也。考《漢書》商瞿傳《易》江東人橋庇子庸，子庸傳江東馯臂子弓，子弓傳燕人周醜子家，子家傳東武孫虞子乘。但《史記》作淳於人光羽，孫虞傳《易》是第五代。羽、虞同爲模部字。子乘字史、漢都同。余疑光羽孫虞可能是一人。何以不同姓？孫是亡國之裔。謚法：“能紹前業曰光。”《古今韻會舉要》：“田光後秦末子孫避地，以光爲氏。”孫卿亦有此志歟？就地言，淳於、東武是兩縣名，皆屬高密。蓋先移淳於，後移東武。故《史》《漢》不同地名，亦不同姓名也。荀卿，荀爲郇之假借，郇爲侯國。《通志・氏族略》：“周文王之子封郇。今山西猗氏縣。”晋武公滅郇，以地賜大夫原氏。郇叔之後，因以爲氏，而寫爲荀。侯王之家失地爲百姓，故稱孫氏，人敬稱之爲公孫氏。此一證也。三家分晋，原地并於趙。屬今山西猗氏縣。故郇子爲趙國人。此二證也。郇子稱馯臂子弓與孔子并稱，子弓是孔子第三代《易》學家，處《汉書》是第四代。他學《易》於子弓，故尊稱爲宗師，而與孔子并重也。此三證也。《荀子》書説《易》引《易》，極有深義。例如《大略》篇：“《易》之《咸》，見夫婦。夫婦之道，不可不正也，君臣父子之本也。咸，感也，以高下下，以男下女，柔上而剛下。聘士之義，親迎之道，重始也。”此本《象傳》《序卦》之旨，而引申説明夫婦之道的重要性。“《易》曰：‘復自道，何其咎？’《春秋》賢穆公，以爲能變也。”此説明《易》理能變故無咎。《勸學》曰：“施薪若一，火就燥也；平地若一，水就溼也。”又見《大略》此引《易大傳》。《大傳》相傳爲孔子作，此一證也。《非相》曰：“君子之謂吉，小人之謂凶。故長短小大善惡形相，非吉凶也。”此用《易》理解釋人的吉凶之義。吉凶在乎人心之善惡，心術善則爲君子，心術惡則爲小人。“好其實不恤其文，是以終身不免埤污庸俗，故《易》曰：‘括囊無咎無譽。’腐儒之謂也。”《大略》曰：“善爲《易》者不占。”此爲當時的人，專以《易》爲占卜之用，而不知天地消長，人事得失，無不可以《易》理推測而治理之也。故説此言，以糾其編。夫《易》之爲用也，立天之道曰陰與陽；立地之道曰柔與剛；立人之道曰仁與義。豈在於占哉！占者小事也。荀子所謂以賢易不肖，不待卜而知吉。荀子之於《易》學，是深有所得。此四證也。

此外荀子與吕不韋有深切交情，荀子爲吕氏門客。荀子爲蘭陵令，吕不韋主之也。吕廢，蘭陵令隨之而撤。《吕氏春秋》蓋荀子所主編。荀子是《易》學大家，故《吕氏春秋》多引《易》文作斷語。《吕覽·應同》引《荀子·勸學》和《大略》所説的：“平地注水，水流溼；均薪施火，火就燥。”荀書有兩説相同，所以於《吕覽》又欲用之，祇得剛略幾個虚詞而實義無異，明眼人一望而知爲荀文，一也。又《大略》曰：“‘復自道，何其咎？’《春秋》賢穆公，以爲能變也。”《吕覽·務本》引申之曰：“以言本無異，則動卒有喜。”荀書言變，吕覽言動，變動義同。皆取《復》卦剛反之義。此亦確爲荀子説《易》之文，毫無疑義二也。此外《慎大覽》引《易》“愬愬履虎尾，終吉”。今本“愬愬”在“尾”字下，《帛書》：“愬”作“朔”，用母音詞也。餘同今本。《召類篇》引史默説“涣其群”之義曰：“涣者，賢也；群者，衆也，元者吉之始也。‘涣其群，元吉’者，其佐多賢也。”可證注疏本解涣爲涣散之非。元吉與大吉義異，元吉以德言，大吉以時言。《彖》曰：“大哉乾元，萬物資始。”《文言》曰：“乾元音，始而亨者也。”故曰元吉吉之始也。亦可證舊解元吉爲大吉之失。《史記·春申君傳》引《易》曰：“狐涉水，濡其尾。”此言始之《易》終之難也。此條文字與今本異，今本未濟卦作“小狐汔濟，濡其尾”。汔濟作涉水，此字異也。“小”字屬上句讀，此句讀異也。水尾同韻，則引文爲是。《既》《未濟》兩卦皆利於小而不利於大，所以應是“亨小”爲句，而不是“小利貞”，“小狐汔濟”也。據此可見通行本多誤，而嘆息荀氏《易》本之不傳也。荀卿爲春申君門客，故其《易》學，爲同門之友，有所積靡也。《吕氏春秋·士容》：“乾乾乎取舍不悦。”高誘注：“進不倦也。”謂前進而不止息也。陶潛稱公孫氏爲潔净精微之儒，良有以也。倘得遐日，須取《吕氏春秋》全部深研之。東漢末荀淑有子八人，時稱八龍。荀爽，荀氏八龍，慈明無雙，潁川人語，是否荀子之後裔。待考。

十一、《周易古經》文字、句讀、校議

上經

卦爻辭類別：主要内容説明

坤　六二　聞一多説：“直方疑即省方。”大字衍文。高亨説：“大字疑是衍文。”餘按非是，“大”下脱一“來”字。今增正。

蒙　六三　聞一多説：“疑夫當爲矢，躬當爲弓，并字之誤。”按此爲比喻句，弓矢一類也。此文首句“勿用取女”，女爲互卦之坤，下坎爲弓矢。下句即説“見金矢不有弓”。意謂有矢無弓不能射，外卦少男艮，不欲配此老女。男小女大，婚姻多敗。中國俗語。此爻意義，是戒早婚。

蒙　卦辭　“初筮，告。再三，瀆。瀆則不告。”按長沙馬王堆發抉帛書《周易》。兩“告”字皆作“吉”。《漢石經》殘片與之同。帛書《繆和篇》云：“瀆弗敬，故曰‘不吉’。”録

此存參。

需　卦辭　“有孚。(光)［元］亨，貞吉。利涉大川。”“孚”讀爲“乘桴浮於海”之桴。“光亨”疑爲“元享”之誤，光元形近而誤。因《易》無“光亨”一詞。《未濟》六五“君子之光，有孚，吉”一句，彼以隨殷高宗征伐鬼方而得到賞賜，此無所謂也。又按本卦六四：“需於血，出自穴。”《左傳・哀公元年》：“昔有過澆殺斟灌以伐斟尋，滅夏後相。後緡方娠，逃出自竇。歸於有仍，生少康焉。爲仍牧正。”此本卦六四爻之隱史也。“惎澆能戒之。澆使椒求之，逃奔有虞，爲之庖正，以除其害。”此本卦九五爻，“需於酒食”之隱史也。相傳此卦爲夏少康之母坐溽之卦，蓋出於《連山》之易。乞博雅君子，爲之索隱焉。

訟　　　訟卦歷史背景爲文王受理虞、芮兩國田土之争，其事見《詩・大雅・綿》《史記・周本紀》等書。孔子曰：“聽訟吾猶人也，必也使無訟乎？”又說：“片言可以折獄者，其由也與？”

師　卦辭　“師：貞。(丈)［大］人吉，無咎。”《注疏》作“丈人”。《子夏傳》作“大人”。李鼎祚曰：“《子夏傳》作‘大人’是也。”《集解》從之。崔憬曰：“《子夏傳》作‘大人’。”吴澄曰：“‘丈’字蓋‘大’字之訛。”姚配中曰：“此亦當從《子夏傳》‘大人’。”《困》：“貞，大人吉。與此句全同。大人爲帝王之稱，丈人爲老年之稱，師中戰鬥，老年不可參謀舉，不能做主帥。古人征戰，皆王者自主。黄帝伐蚩尤、汤伐桀、武王伐紂、殷高宗伐鬼方、周公誅管蔡皆其明證。

師　六三　“師或輿尸。凶。”《帛書》“尸”皆作“屍”，今無此“屍”字。下有示，表示神祇之意。

師　六五　“長子率師，弟子輿尸，貞凶。”文王興兵伐紂，病死軍中，太子發代將，號爲武王，用戰車載文王之屍主以行。《史記・伯夷列傳》：“及至，西伯卒，武王載木主，號爲文王，東伐紂。”這是事實。有人説武王與紂相攻，很多戰死兵士的尸體用戰車拖回來埋，真是書猴子，毫無一點實踐常識。自古至今，拖埋戰士屍體，有何人哉？

比　卦辭　“比：吉。原筮，元［亨］永貞。無咎。”各本皆脱“亨”字，從《左傳·昭公七年》所載事實補入。

比　六三　“比之匪人。［凶］。”《集解》本、《注疏》本皆無“凶”字。王肅本有。今從之補“凶”字。《帛書》“匪”皆作“非”。

比　上六　“比之無首。凶。”凡《易》第六爻稱首或稱頂。《大過》《既濟》《未濟》稱頂。頂，亦首也。《易》例：陽爻爲首，陰爻爲無首。無首者，亡首也。此卦蓋周公東征以後，大宴群臣，論功行賞，進行郊射，誅戮匪人，以謝天下。史實待考。

小畜　　《帛書》作“少蓺”。現行詞書字典，均無此“蓺”字，應是“孰”之繁文。古人對於農業的收成，分爲上中下三等。《漢書·食貨志》：“故大孰則上糴三而舍一，中孰則糴二，下孰則糴一，使民適足。”

小畜　　女奴隸主養一群男奴隸，爲她搞農業生産。男女之間，陰陽不和，發生齟齬，以致對立矛盾，層出不窮。卦名“小畜”者，以陰養陽，是以小畜大也。毛奇齡謂以大畜小爲小畜，非也。

［履］：履虎尾。不咥人。亨。［利貞。］此條卦辭，增三字“履，利貞”。卦名據王夫之、王湘綺、高亨等説所增。“利貞”字，據《集解》補入。《帛書》卦名“履”作“禮”。

履　六三　“履虎尾。［真。］咥人。凶。”

履　上九　《注疏》本“詳”作“祥”，此從《集解》本作“詳”。

泰　上六　“城復於隍，勿用［行］師，自邑告命。貞吝。”按《子夏傳》“隍”作“堭”，姚信作“湟”，《帛書》同。各本無“行”字，據高説補。復即覆，傾倒也。

［否］　　“否之匪人。”《帛書》“否”作“婦”。《集韻》婦音扶缶切。按《書·益稷》《詩·烝民》，《釋文》解否字俱兼缶、鄙二音。缶爲喉音，鄙爲唇音。大約北音同喉成缶，南音出唇成鄙，重否字，出卦名也。《帛書》：“匪”作“非”。《説文》段注：“有借爲非者。”

［同人］　　“同人於野。亨。利涉大川，利君子貞。”原不重“同人”二字，據高説補正。

同人　九五　末“吉”字由上爻移入。凡人在號咷時吉，而在笑時反不吉也，是違反人情。因此，我把哭時之吉，移作笑時之吉也。

同人　上九　“同人於郊。無（咎）［悔］。”按湘綺樓本“咎”作“悔”，虞、侯注皆作“悔”。

大有　初九　“艱（則）［貞］無咎。”“則”爲“貞”字之訛。

謙　卦辭　　“亨。君子有終。［吉。］”按《説苑》引此文，“終”下有“吉”字。今擬之補正。卦名謙，《歸藏》作“兼”，《子夏傳》作“嗛”，《帛書》同，《漢書·藝文志》同。

謙　六四　　“無不利，撝謙。”京房作“揮謙”。《帛書》作“譌謙”。撝譌同爲聲系，可通和。《尚書》“南訛”，《五帝紀》作“南爲”，索隱作南爲，謂所當爲之事也。

豫　　　　尚云：“《歸藏》作分。言震雷上出，與地分離也。”《帛書》“豫”作“餘”。孔子欲作《春秋》，卜得陽《豫》之卦。宋氏云：“夏商之卦名。”

豫　上六　　疑“成”爲“戒”字之訛，當改正。

隨　　　　《歸藏》名“馬徒”，作跟人之馬前驅卒也。今叫跟班。不在前面在後。《帛書》作“隋”，隨之省也。

蠱　　　　《帛書》作“箇”。“蠱。元［吉］亨。”《帛書》“元”下有“吉”字，今從之補“吉”字。《歸藏》作“蜀”。箇从竹固聲，固古文作怘。

蠱　上九　“不事王侯，高尚其事。”《帛書》“事”作“德”。有“凶”字，《帛書》爲優。蓋隱士不以事業爲忠心而以隱逸爲德操。此趙威後尚齊使於陵子仲尚存乎……何爲至今不殺？據此凶字，極有力量。伯夷、叔齊扣馬勸武王莫伐紂，左右欲兵之，亦危乎凶矣。

臨　《歸藏》作“林禍”，即“霖禍”。

臨　初九　“咸臨”《帛書》作“禁林”。禁林爲山林也。

又　九二　“（咸）［威］臨。吉。無不利。”《帛書》仍作“禁林”。是《帛書》作“林”，爲山林也。

觀　卦辭　“盥而不荐”，湘綺縷本作“盥而觀薦”。不薦者，不薦牲也。此是殺人以代牲，舉人頭以薦也。《帛書》“薦”作“尊”。薦尊同部，古音魂痕部精紐，通假也。

噬嗑：全卦隱語，暗喻用刑。初上是明白的。中間四爻頗費神思。

賁　尚云：“《歸藏》作熒惑。熒惑，火星。《史記》：‘察剛氣以處熒惑。曰南方火，主夏日，丙丁。’是也。卦上艮爲星，離亦爲星；下離爲火，艮亦爲火，離主夏位南，艮納丙亦南，故曰熒惑。於《象》恰合。至《周易》作賁。賁，《釋文》云‘傅氏作斑，文章貌’；鄭云‘文飾貌’。《太玄》擬作飾。”《説文》：“賁，飾也。”“斑，駁文也。”辭異而義同。

剥　或作“卜刂”。按为古“卜刂”字，又作“剛”，又从刅。《歸藏》作从双刅。有剥蝕，剥落，剥奪，剥削等義。

剥　六三　“剥無咎。”《注疏》本“剥”下有“之”字。《集解》本無。蓋添之字，以足語氣，非原有也。此種脱落於《象傳》以前，故《象傳》説，失上下也。是其確證。

剥　六五　“貫魚［食］，以宫人寵。”《帛書》“魚”下多一“食”字。今據之補“食”字。“寵”作“籠”。同音系，故相假。籠絡義與寵亦相近。

無妄　六二　“不耕，穫。不菑，畬。［凶。］則利有攸往。”

按今本皆無“凶”字，蓋脱也。據《坊記》補正。《帛書》：“畜”作“餘”，無“則”字。

大畜　《帛書》作“泰畜”。王夫之云：“《小畜》，畜之者之志異，故相持而不解。《大畜》，畜之者之道同，故相待而終行。”

大畜　初九　“有厲。利已。”厲讀爲癘。凡大畜之家，寒暑無節，人畜跟跑，倘一得病，醫藥維艱，衹有求神許願，以慰其心而安其神。再尋草藥，飲之食之或敷之。此“巳”即“祀”之母音字。讀“己”讀“已”皆非也，要讀祀。

大畜　九三　“良馬逐［逐］。利艱貞。吉。日閑輿衛。利有攸往。”按《注疏》本不重“逐”字，蓋不知爲兩馬競走也。此從鄭本，湘綺樓本。《顔氏家訓·書證篇》亦作“逐逐”。《帛書》：“逐”作“遂”。“閑輿”作“闌車”。曰高以爲四字之訛。余謂曰爲日字之訛。日，每日也。每日做好馬厩里的保衛工作，不使馬走失。故曰：“日閑輿衛。”

大畜　六四　“童牛之告。”童爲穜之省體字。穜牛也。俗叫雄牯子，喜鬥牛、鬥人。以爲小牛者，非也。

頤　六五　“拂經，居貞吉。”拂經，《注疏》本作“拂頤”，與六三同。王先生曰：“應二爲四陰之經，故同象也。衣食爲人所急，故兼言織。”高亨以“經”爲“脛”，以拂經爲以杖叩其脛之脛，何以欲扣脛，實無事理所説。孔子扣原壤之脛，以其無禮也。

習坎　《歸藏》原名。又名犖卦。勞、牢古讀音同也。勞从𤇾得聲，凡从𤇾得聲皆牢。牢是關養畜牲之地。古罪人比於畜牲，故俗稱監獄爲牢獄。《周易》之坎，全講牢獄之事。蓋襲殷人之舊。鄭解水性的勞而不倦，故稱坎爲《勞》卦。是曲解實際，其説非。《帛書》：“坎”作“贛”，贛坎古音同部。

離　九三　“日昃之離，不鼓缶而歌，則大耋之嗟。凶。”鄭“鼓”作“擊”。鄭薛本無“凶”字。《帛書》：“離”作

"羅"，離、羅古音同。

補遺

師　六五　"田有禽。利執（言）[訊]。"高亨以"言"爲"焉"之假借，引《説文》"焉爲鳥"爲據，不知高先生何出此言也。此"田有禽"，是武王伐紂。紂死。與他爲非助惡者皆擒捕到案，進行審訊。不言紂王諱之也。《爾雅·釋言》："訊，言也。"訊，考問也。《詩·出車》："執訊獲醜。"又《皇矣》："執訊連連。"皆言審訊俘虜。聞教授讀"執訊"甚是。

隨　九四　"隨有（獲）[穫]，貞凶。"《禮記·中庸》："驅而納諸罟擭陷阱之中。"孔疏："擭，謂柞樗也。"《周禮·雍氏》："春令爲阱擭溝瀆之利於民者，秋令塞阱杜擭。"又《冥氏》"掌設弧張，爲阱擭，以攻猛獸，以靈鼓驅之。"擭、獲、穫上列三字形相近，義相遠，音亦相同，同具蒦聲也。

蠱　六四　"裕父之蠱。"按裕謂衣食寬裕，引申裕有寬大之義，與卦義干父之蠱，實不相合。應讀爲孟子"格君心之非"的格。《書·冏命》曰："繩愆糾繆，格其非心。"此語可用之於君父。裕與格蓋形近而訛也。

頤　六二　"征"各本作"貞"，據《象傳》改作"征"。

下經

咸　初六　"咸其拇。"《釋文》："馬、鄭、薛云：足大指也。《子夏傳》作"蹞"，荀作"母"，《集解》本同。虞注："拇，足大指也。"《説文》："拇，將指也。"將指即大指。

咸　六二　"咸其腓。凶。居［貞］，吉。"原脱"貞"字，據高説補正。《帛書》"腓"作"䠊"。非、肥同部通用。

咸　《歸藏》作"欽"。《帛書》同。欽與感意同，但細繹其文字，不是欽感而是威脅，虐殺。自初九斬足大指，六二割腓肚，六三割股腰肉，九五刮削背脊肉，上六咸緘輔頰舌，不准説話。從脚至頭，一步一步上升，至無可復加矣。居心何其毒？舉手何其殘？奴隸主之對待奴隸，何其酷虐！

恒　九二　“悔亡。” 此條疑有脱文。爲甚悔亡？

恒　九三　“不恒其德，或承之羞。貞吝。”孔子論此卦之義，《論語·子路》：“子曰：‘南人有言曰：“人而無恒，不可以作巫醫。”善夫！不恒其德，或承之羞。’子曰：‘不占而已矣！’”此一章從反面論述，人不可無恒，無恒者不可以作巫醫。而所接受於人，多爲羞恥之事。這種鏤刻肺腑之言，誠書紳之銘誓。《述而》又説：“善人，吾不得而見之矣；得見有恒者，斯可矣。而爲有，虚而爲盈，約而爲泰，難乎有恒矣。”此是指示人進入有恒之門，欲從實做起，不能來半點虚假。説孔子與《周易》無關者，可以醒矣！

遯　　　“亨小。利貞。”遯爲養豬之卦。内卦言養小豬方法，外卦言養大豬及肉豬之作用。豚爲本字，加辵者，放豚善走難追。故標之以辵。《方言·八》：“豬……其子謂之豚。”《小爾雅·廣獸》：“彘，豬也。其子曰豚。”中孚豚魚，黄本作遯魚。是遯即豚之異體字。《帛書》：“遯”作“掾”，作“椽”。其實以“彖”爲主。《説文》段注：“彖者，豕走也。”《類》：“彖，豕屬。”與去尾之遯同類而異名。

遯　初六　“遯尾，厲。”凡獸有尾，冬季儲油，夏季驅蚊。老獵人説。厲，危也。

遯　六二　九三　飼養小豬，皆用吊繫之法，有時豚嚼斷皮條，或抽繫脱逃走了，故曰“莫之勝，説”。蓄養奴僕，每天吃了飯，也用繫關的方法，造成更多逃走，所以改變用裝飾物品迷惑女人的心，男僕重用一批，監督一批，纔可稍緩對抗性的矛盾。

大壯　　　“利貞。” 余謂此卦辭，疑有脱誤。《帛書》“大”作“泰”。余疑《大壯》爲養羊之卦。壯讀爲牂。牂者，大牝羊也。爿即牀之本字，大木片也。母羊不空身，欲栖宿於大木片上，免受潮濕。古人因事名物，故名母羊爲牂也。互兑爲羊。

大壯　初九　“壯於趾。征凶。(有孚。)”按“有孚”二字是錯簡。全書“有孚”二字有二十二個，未見此種用法。余疑是下爻九二的脱簡，錯落於此。其理由有三，詳見本卦注文。

大壯　九二　“[有孚] 貞吉”。“有孚”二字從上卦移入，理由見本書本卦文。孚讀爲乳。羊乳除養小羊外，對人營養作用不小。飲料、食料、煉油、煉乳、羼和作各食品。故曰“有孚貞吉”也。

大壯　九三　“小人用壯，君子用(罔)[罔]。貞厲。(羝羊觸藩，羸其角。)”此言祭祀用牲畜之禮。小人，齊民也。民間祭祀可用少牢、羊。罔、岡皆从網聲，古通用。後分清楚，不能亂用。罔爲岡之誤字，岡即犅之省字。《説文》訓犅爲特牛，特牛，牡牛也。祭祀皆用牡牛。蓋羊亦然。《詩》：“从以騂牡。”又《閟官》：“白牡騂剛。”《毛傳》：“白牡，周公牲也。騂剛，魯公牲也。”《公羊傳》：“魯公用騂犅。”《禮記・明堂位》：“周騂犅。”剛皆爲犅之假字。

大壯　九四　“[羝羊觸藩，羸其角。] 貞吉悔亡。藩决不羸，壯於大輿之輹。”按首句七字從上爻移入。此壯字讀爲戕，用强力敗壞之意。詳見本書本卦之注。

大壯　上六　“艱(則)[貞，] 吉。”則，爲“貞”字之譌。

晋　卦名　《説文》引晋作䢅。《帛書》作“溍”。《玉篇》：“溍，水也。一曰水名。”孟喜本“晋”作“齊”，是假齊爲躋，實非齊國。晋亦假晋爲進，實非晋國。

晋　初六　“晋如，摧如，貞吉，[悔。](罔)孚裕，無咎。”按《帛書》“摧”作“浚”，“裕”作“浴”。“罔”作“亡”，上有“悔”字，今據之補正。又按《説文》段注：“裕，衣物饒也。从衣谷聲。《易》曰：‘有孚，裕無咎。’”段注：“晋初六爻辭。今經有作网。虞翻、王弼同。則未如許所據《易》本獨異歟？抑字訛歟？"

晋　六五　"悔亡。矢得勿恤。往，吉。無不利。"尤其尾毛很長，中國用作冠彩，或山頭英雄或舞台武將，蓋皆用之，以自雄，而鳴得意。箕子自帥五千人入朝鮮。敚離周武與殷紂之轇轕，其意氣亦之以自豪矣。

明夷　六四　"入於左腹，獲明夷之心，於出門庭。"《帛書》"入於"作"夷於"。"腹"蓋"覆"之假。"之心"二字《帛書》無，通行本有，可見是後人妄增。高改爲"小心"，連下文爲句。出門庭何以欲小心？

明夷　六五　"箕子之明夷。利貞。"高氏欲於"之"下增一"獲"字，則與六四爻相復。一個明夷，捉幾次呢？此明夷應是地名，或國名，抑或種族名？予謂大明生於東。夷，東方之人也。合言之稱爲明夷，意即東方之人也。猶之現代外國人稱我們爲"華人"也，我們叫日本人爲"東洋人"，都有這些簡稱。

明夷　上六　"不明晦。初登於天，後入旅（地）[淵]。"《帛書》"晦"作"海"，形近而訛。天淵同先部。古籍用作對語，形容高低之勢。

家人　初九　"閑有家。悔亡。"按《帛書》"閑"作"門"。蓋寫者脱門内木字也。

又　六二　"無攸遂，在中饋。貞吉。"《列女傳》引《易》"無攸遂"在"中饋"句後。《帛書》"饋"作"貴"，以得聲爲義也。遂貴爲韻。

又　九三　"家人嗃嗃。悔，厲，吉。"按"嗃嗃"劉瓛作"熇熇"，荀作"確確"，《帛書》作"𤆀𤆀"。現行字詞典均無此字。予謂讀樂水樂山之樂，音傲。

睽　《歸藏》作"瞿"。《埤雅》："雀俯而啄，仰而四顧，所謂瞿也。"《禽經》："雀以猜疑瞿視也。"《禮記·玉藻》："視容瞿瞿。”注：“驚視不審貌。”《序卦傳》曰：“睽者，乖也。”《帛書》即作“乖”。《説文》：“乖，戾也。”《犬部》曰：“戾，曲也。”曲則不伸，故爲睽離。但乖外不相遇而有三遇，目不相視，而有三見。斯即睽乖之離奇也歟。

睽　六三　“見輿曳，其牛掣。其人（天）[兀] 且劓。無初有終。”按“輿曳”《帛書》作“車恝”。曳，引也。自後引之也。自後引則車倒退，車倒退而馬欲前進，故曰“車恝”。“車恝”即“輿曳”。《釋文》：“掣，鄭作犎。”《説文》作“觢”。《子夏傳》作“觭”。荀作“觭”。此言牛角問題。《子夏傳》的“觭”即《説文》之“觢”。一角仰也。《集韻》一角仰名豎角牛。《釋畜》：“角一俯一仰，觭；皆踊，觢。”《疏》：“牛角一低一仰者名觭，言傾欺也。……牛兩角豎者名觢。”觢或作犎。《集韻》“掣、觢通。”《説文》無掣字。《釋名·釋姿容》：“掣，制也。制頓之使順己也。”蓋謂牛性彊不服人之御也。

虞翻曰：“黥額曰天。”馬云：“剠，鑿其額曰天。”《釋文》：“天，剠也。”《漢書·刑法志》：“秦用商鞅……有鑿顛、抽脅、鑊亨之刑。”亨爲烹之假字。尚秉和曰：“古刑無名天者。俞樾云：‘天爲兀字。古文天作兲，以形近，故兀訛爲天。’《莊子》云：‘魯有兀者。’《釋文》云：‘刖足曰兀。’其人兀且劓。猶《困》九五曰‘劓刖’也。”仲按俞説近是。尚又云：“三震象半見，故曰刖足。”《説文》：“劓，刑鼻也。从刀臬聲。《易》曰：‘天且劓。’”此字《帛書》已然。遑問東漢？本卦互坎爲刑罰，上四爻，已成半坎，故刖足又劓鼻，成爲初九之惡人也。

高云：“見，疑當作其，蓋其損爲其，因訛爲見也。其輿曳，其牛掣，其人天且劓，句法相同。”按高説不合《易》體，《易》體以象言。離爲明，爲見，又爲牛，其輿曳。牛掣，人劓足兀，皆坎形爲之也。互坎正坎俱現，故人物皆乖而離奇。

睽　九四　“睽孤，遇（元）[兀] 夫，交孚。厲，無咎。”

聞曰："元讀爲兀。《説文》髡重文作髡，又'転，車轅耑持衡者'，經傳皆作軏，是兀元古同字。"《莊子·德充符》"魯有兀者王駘"，又有"兀者叔山，無趾"。《説文》："刖，斷也。"重文作䟤。元夫應讀爲兀夫。坎爲刑法，人成兀夫。義相當也。

睽　上九　"先張之弧，後説之（弧）[壺]……（則）[貞]吉。"《帛書》"弧"作"柧"。"壺"作"弧"。按"弧"作"柧"。《説文》："柧，棱也。"徐鍇曰："《字書》三棱爲柧。通爲觚。"《聘禮》注："壺，酒尊也。"《公羊傳》："壺，禮器。腹方口圓曰壺，反之曰方壺，有爵飾。"此皆以酒尊説睽乖之義。湘綺先生以此"爲旱禱也。火上澤，下旱豕畏暑則負塗。……迎鬼載之，故張弧。弧，旌旗上張縿幅者。壺，矢箙也。蓋桃弓棘矢以禳，得雨則説壺，送鬼之儀。"此確爲中國農村一般情況。

蹇　六二　"王臣蹇蹇，匪躬之故。"《帛書》："臣"作"僕"，"匪躬"作"非今"。古文臣僕兩字連合寫𦣞，臣僕分職臣在屈服事君，僕專供驅使辦煩瑣卑辱之事。蹇蹇者，欲歷險内坎外坎，故蹇蹇也。匪躬與非今之義，不是爲自己與今日。而是爲君王與將來。若関龍逢與比干皆匪躬之臣也。

蹇　九五　"大蹇朋來。"《漢石經》"朋"作"崩"。《帛書》作"倗"。此言文王落難羑里，四臣崩來相救也。《漢書·五行志》引《復》卦，作"崩來無咎"。是漢時《易經》崩、朋無分。此卦不講朋友之事。因君在大困難之中，爲臣應當若崩厥再稽首相救。聞曰："崩有走義。《詩·無羊》曰：'不騫不崩，畢來既升。'《説文》曰：'蹇，走貌。'蹇崩并舉，是崩亦走也。"按我們湘江中下流域急劇而走，謂之蹦。《玉篇》："蹦，走也。"《帛書》："朋"作"倗"。《説文·人部》仳，篆寫作，小兒，細小人臣，亦崩來相救也。

解　卦辭　"有攸往。（夙吉。）"按上句"其來復，吉。"此兩句實相重復。而下文初六，衹有"無咎"二字。予謂卦辭之末的"夙吉"一詞，應移於初六"無咎"爻辭之上，成爲

"夙吉無咎"。

解　初六　"[夙吉]。無咎。"按本爻原無"夙吉"二字，今從本卦卦辭移來。其理由請見正集本卦，玆不贅言。

損　初九　按"巳"爲古"祀"字，今正爲"祀"字。《釋文》："巳，虞作祀。"《集解》巳作祀。惠棟云："鄭《詩譜》云：'孟仲子，子思弟子。'子思論《詩》'於穆不巳。孟仲子曰：於穆不祀'。"知巳與祀通。古人祇有巳字，礻旁皆後人所加也。

益　六三　"益之用凶事。無咎。"按《竹書紀年》此爲殷王武乙賜古公亶父以岐邑，令之救濟王室的水災事。

益　六四　"中行告公從，利用爲依遷國。"按《竹書紀年》武乙三年："自殷遷於河北，命周公亶父賜以岐邑。十五年，自河北遷於沫。二十一年，周公亶父薨。"此兩爻之事，一爲救水災，二帮助王家遷都。

夬　初九　"壯於前趾，往不勝爲，無咎。"《帛書》："壯"作"牀"。"趾"作"止"。

夬　九五　"莧陸。夬夬中行，無咎。"按莧从草名莧菜。莧羊之形莧與莧與之相近而訛誤。孟喜曰："莧陸，獸名。"《路史》後記五引。《説文》："莧，山羊細角者，从兔足，𥄕聲。讀若丸。寬字從此。"《繫辭傳》曰："《本草注》莧羊似麢，羊角有文，俗作羱。"《爾雅·釋獸》："羱如羊。"郭注："羱羊似吴羊而大角，角橢，出西方。"《易》此文乃莧羊之莧。非莧艸之莧也。《釋文》："陸司馬云：陸，跳也。"

夬　上六　"無號。"無與毋通用，無號者，禁勸之詞也。高以無號爲犬號，似非。

姤　　　《帛書》作"狗"。按狗、姤同爲古後切，同聲通假也。《歸藏》作《夜》卦，可見古時卦有名字。

姤　初六　"繫於金柅，貞吉。有攸往。(見)[貞] 凶。"余疑"見"爲"貞"字之訛，首脱"卜"字，成爲貝，貝凶不可通。寫者將下八字灣八成爲見也。貞吉、貞凶對文，此言安於金柅貞吉，有攸往不安也。貞凶也。聞説似不可從。

萃　卦辭　“萃：亨。王假有廟。……用大牲。吉。……”《帛書》“萃”作“卒”，用母音詞。“假”作“叚”，正字應作假。“有”作“於”。“牲”作“生”，寫脱牛旁，故成生也。

萃　抑祇取生声而已。

萃　六二　“(引)[弘] 吉。”按引爲弘之訛，以形近而訛也。弘吉占卜術語，殷虚卜辭屢見。弘吉，大吉，元吉也。

萃　九五“匪孚，元[吉]。”高曰：“‘元’下疑當有‘吉’字。蓋轉寫誤去。匪孚元吉爲句。《坤》六五，《訟》九五，《履》上九，《泰》六五，《復》初九，《大畜》六四，《離》六二，《損》六五，《益》九五，《井》上九，《涣》六四皆云‘元吉’，可證也。”按高校甚確，余用之補“元”字。匪孚元吉者。匪非，孚，俘虜，軍所獲者。謂不是軍所獲的俘虜，就大吉也。

升《帛書》升作登。　卦辭　“升：元亨。用見大人。”按《釋文》：“用見”本或作“利見”。高曰：“作利見是也。《乾》九二、九五，《訟》《蹇》上六，《萃》《巽》并云‘利見大人’，即其證。仲按《帛書》作“利見”。

困　初六　“臀困於株木，入於幽谷，三歲不覿。[凶。]”按既受株杖，又坐牢獄三年，即是凶矣。轉寫遺脱“凶”字，今據《帛書》補入。《帛書》：“臀”作“辰”，“幽谷”作“要浴”。谷、浴古音同。臀、辰同爲魂痕部定紐字，同部音相假也。要浴即幽獄，通俗謂之監獄。

困　九二　“困於酒食，朱紱方來。利用享祀。無咎。征凶。”按“朱紱”《帛書》本作“絑發”。《説文》：“絑，純赤也。”發、廢古同聲。廢與紱又同音。同音相通也。末句應調爲“無咎，征凶”。無咎了結前文。征凶又另一事。征凶，征伐别國則凶。

困　九四　“來徐徐，困於金車。吝。有終。”《子夏傳》：“徐徐”作“荼荼”。湘綺樓本、翟元本、《集解》本皆同。王肅本作“余余”，與徐徐又同。徐从余聲，同聲通假。虞本同。注云：“舒遲也。”今人言《帛書》不重徐字非也。古人重字下打二作標志。後人不明，而亂説耳。金車，囚車也。

困　九五　“劓刖。困於赤紱，乃徐有説。利用（祭）[享]祀。”按九五爲君位，是判刑之所，劓刖是刑法之名。虞翻曰：“割鼻曰劓，斷足曰刖。”此爲朱紱案執行的刑法，不可改讀。《釋文》祭一作享。

困　上六　“困於葛藟。於臲卼。曰動悔有悔。征吉。”《漢石經》：“臲卼”作“臲劊”。《説文》作“劓𡰝”，云不安也。薛作“劓杌”。《帛書》：“葛藟”作“褐纍”，“臲卼”作“貳椽”，“動悔”作“悔夷”，“征”作“貞”。按“臲卼”是個雙聲連語。《帛書》用“貳椽”，完全錯誤。孔《疏》：“臲卼，動摇不安之貌。”《書·泰誓》作“杌隉”。韓愈《贈劉師服》詩作“兀臲”。詞序字形皆與《易》文異，而義則未變也。

革　　　《帛書》作“勒”。《説文》：“勒，馬頭絡銜也。”《爾雅》“轡首謂之革”。革即勒之省。馬絡頭者轡所繫也，故曰轡首。今謂之籠頭。籠頭勒御馬之馳驅，革命改更世道之變化。如此相比而言。革也，勒也，二字相輔相成者也。

革　卦辭　“己日乃孚。”“孚”爲“郛”之假字，又作“垺”，城郭也。蓋太王遷居岐山之下，擇日興工，修筑城郭。古人興修土工選擇時日，忌戊不忌已。所以説“己日乃孚”。

鼎　九四　“鼎折足，覆公餗，其形渥刑剭。凶。”《周禮·司烜》注引作“刑剭”，《帛書》作“刑剭”。《春秋繁露·精華》：“夫鼎折足者，任非其人也。覆公餗者，國家傾也。”任非其人而族誅之，故曰其刑剭。剭，誅夷三族也。作渥，握，屋皆假字也。

震《歸藏》作“釐”，《帛書》：“震”作“辰”。　李過曰“釐者，理也”。黄宗炎曰：“謂雷蟄地而出以作聲。”《三傳·僖公》《史》《漢》皆作蟄公。是其證。《帛書》作“辰”者，《説文》：“辰，震也。三月，陽氣動，雷電振，民農時也。”《釋名》：“辰，伸也。物皆伸舒而出也。”

震　上六　“震索索。”《帛書》作“昔昔”，“矍矍”作“懼懼”。按《周禮·考工記·弓人》：“老牛之角紾而昔。”注：“昔讀爲交錯之錯，謂牛角觕理錯也。”《集韻》：“昔，倉各切。音錯，觕也。”昔索鐸部心紐。矍懼都从瞿聲，模部見紐。

震　上六　“震不於其躬，於其鄰。[往]。無咎。”“無咎”上“往”字，據《帛書》增正。雷既擊物或人，即是餘氣，人可往來無妨。故曰“往，無咎”。

艮　　《歸藏》作“狠”。《説文》：“狠，犬鬥聲。从犬艮聲。”篆寫作，《孟氏易》作。又《彳部》：“很，不聽从也。一曰行難也。”艮从匕目。匕目猶言目相匕不相下也。金文作，曶鼎。作，宗周鐘。皆是人立而望之之形。甲骨文作《殷墟書契前編》卷一第二十九葉。作，同上書四卷四十五葉。并从目从人，像戴上方形或圓形之物保護眼睛。此爲兩士私鬥之武裝行爲，古謂之鬥狠。其狠何在？蓋在目下之匕，是比字之一半，讀卑履切。比古文作，蓋是一種兵器。前十字形，約爲箭鏃之匕首，後是尾，中空槽納手指於内挪捺以發射也。專打人目取勝。所以艮从匕目，篆文作尚可認識。隸變作艮，則不可認識矣。遺傳於後世，蓋武門所謂鏢匕類之絶招武器也。

漸　上九　“鴻漸於（陸）[逵]，其羽可用爲儀。吉。”俞樾《艮官易説》、江永等皆以“陸”爲“阿”訛。高以“陸”爲“陂”訛。余意以宋人舊説爲“逵”字之訛。考陸、逵二字，形相近而訛，乃可徵信。“儀”，《帛書》作“宜”。儀、宜古通用。見本書正集。

歸妹　　帝乙歸妹以詩證之，是紂父帝乙嫁妹於周文王。確是事實。尚氏以帝乙爲湯，非也。湯爲天乙。《史記·殷本紀》：“主癸卒，子天乙立，是爲成湯。”豈不明確耶？王夫之云：“‘歸妹’者，男舍其家，出而就女以爲歸也。”又云：“歸妹者，夫就婦而歸之，如後世之贅婿。”王船山之説亦極糊塗，不可結從。

豐　六二　“往得疑疾。有孚發若，吉”。《帛書》無此“吉”字。

豐　九三　“折其右肱。無咎”。按互兑爲毁折，折斷也。卦例上右而下左，今手折爲離之上，故稱右肱。肱弓古音并在登部，同部通轉。三當位有應，故“無咎”。

豐　上六　“闚其户，闃其無人。三歲不覿。凶”。孟“闃”作“窒”。《説文》：“窒，塞也。”《爾雅·釋言》同。窒，塞則是無人也。《説文》：“闃，静也。”段本無此字。《玉篇》：“闃，静無人也。”《説文》徐注：“案《易》：‘窺其户，闃其無人。’窺，小視也。狊，大張目也。言始小視之，雖大張目亦不見人也。”段本《説文》有“䦧”字，蓋闃之異體。讀若[illegible]。《帛書》：“闃”作“哭”。查《字彙》補有哭字，無音。“覿”作“遂”。覿讀迪，本音讀牘，徒浴切。陸雲贈顧驃騎詩：“沉機饗駭，幽神廣覿。和以同人，物歸時育。”可證也。遂借爲逐，《頤》卦“其欲逐逐”。蘇林音迪。逐、覿古音皆同蕭部。

旅　初六　“旅瑣瑣，斯其所取災”。“斯”，郭京作“㒋”。㒋爲賤役之人。《風俗通·怪神篇》引《易》曰：“其亡斯自取災。”兩句析爲三句，多亡、自兩字。蓋異本也。

旅　六二　“懷其資［斧］。得僮僕。貞［吉］”。原文脱“斧”“吉”。斧字據《釋文》或本有補正。郭氏《舉正》有“吉”字，補正。

旅　九四　“旅之處，得其資斧。我心不快”。《注疏》本作“資斧”。漢太尉橋公廟碑作齊斧。《釋文》：“《子夏傳》及衆家并同。”《春秋元命苞》：“斧之言輔也。”故資斧又曰資輔，又曰齊輔。斧、輔同聲相假，資、齊同部一讀也。齊讀資。《論語》："攝齊津私切。升堂。"《詩·楚茨》："既齊既稷。"《釋文》："齊，……鄭讀資。"从齊得聲之字多讀齊盛，齊衣、齎、齍、齋皆讀資是其證。《旅》《巽》兩卦"資斧"《帛書》皆作"溍斧"。蓋春秋中葉，齊晋是兩大國，迭爲盟主，淺學妄人。以爲齊國是齊國的斧子，他妄改齊斧爲晋斧，與之相抗。《帛書》溍字有三點水，他也加三點水。殊爲可笑。

巽　《孟氏易》作"顨"，湘綺樓本同。《帛書》作"筭"。按《説文·丌部》："巽，具也。"具也者，巽之本義也。"从丌巴聲。巺古文巽。"二書者，具意也。"巽篆文巽。"顨巺也。从丌从頭。《頁部》："頭，選具也。"此《易·巽》卦爲長女爲風者。准此而言，顨爲卦名。巽爲卦備。今祇取其德而棄其名矣。《帛書》作"筭"。筭爲算數之具。古用竹籤，徑一分長六寸，二百七十一枚而成觚爲一握。今用算盤。《論語》："鬥筲之人何足算也？"《漢書·鄭弘傳贊》："算"作"選"。選、巽古同音通用。《漢書·西南夷傳》："議者選懦，復守和解。"《後漢書·西羌傳》："而公卿選懦，容頭過身。"又《清河王傳》："選懦之恩，知非國典。"選懦皆即巽懦也。

巽　九三　"頻巽。吝。"按《玉篇》顰："《易本》作頻。"《易本》是書名，説《易經》與五行鬼神之事。詳見《三國志·管輅傳》。編从扁聲。與頻同先部同部通假也。

兑　《帛書》："兑"作"奪"。按奪、脱叠韻連語。敚，古奪字。兑即敚之省文。敚，强取也。

兑　卦辭　"亨［小］。利貞。"《帛書》亨下有小字。今據補正。

涣　《歸藏》作"奂"。初六　"用拯馬，壯。吉。［悔亡。］"《帛書》無"壯"字，蓋脱也。吉下有"悔亡"二字，今據補正。

涣　六三　无（悔）［咎］。《帛書》"悔"作"咎"。按《説文》："悔，恨也。""恨，怨也。"是悔生於自心。《説文》："咎，灾也。"引申之咎過也、惡也、殃也。皆自外來者也。故咎字从人各。各者，可相違也。言災殃之來，各人自召，更可由各人自相回避也。

渙　六四　“渙其群。元吉。渙有丘，匪夷所思”。姚信“丘”作“近”，形似而誤也。荀“夷”作“弟”，弟、夷古音同。《帛書》：“夷”作“娣”，與荀本同。匪夷，《尚書·湯誥》：“凡我造邦，無从匪夷。”匪夷同聲系，故通假。

渙　九五　“渙（汗其）[其汗] 大號”。按通行本作“汗其”。《帛書》作“其汗”，今據乙正。與上下文句一律。高氏同有此説。

渙　上九　“渙其血。[血] 去。逖出，無咎”。《帛書》不重“血”字，又無“無咎”二字。今據《小畜》整理，增一血字，無咎保存不動。

節　初九　“不出户庭，無咎”。《帛書》作“户牖”。按《説文》：“牖，穿壁以木爲交窗也。从片、户、甫。谭长以爲：甫上日也，非户也。牖，所以見日。”牖，今窗也，在墻曰牖，在屋曰窗。古者室必有户有牖。牖東户西，皆南向。言户牖是在一室之内也。

節　九二　“不出門庭。凶”。《帛書》：“庭”作“廷”，按庭謂家庭，廷謂朝廷。朝廷不屋故不从廣，守門庭而不出，所以凶者一失位，二失時，三無應，四爲三所乘，故凶也。

中孚　卦辭　“豚魚吉”。按“豚魚”即金文“豘魯”，“屯魯”也。聞一多説，值得斟酌參考。江豚别名鯆魚，天欲風則見。魏武帝食制，謂之鮃鯆。《本草集解》：“河鲀狀如科斗，大者尺餘，背色青白，有黄縷，無鱗鰓，目能䀹者有毒。一名鯸鮧，一名胡鮧。”鲀本作豚。江豚、河豚是兩種魚，不可混一。

中孚　六四　“月幾望。馬匹亡。無咎”。《帛書》：“匹”作“必”。四爻互震已完，故馬匹亡也。匹、必同部。匹謗紐，必邦紐。

中孚　九五　“有孚攣如”。《帛書》：“攣”作“論”。按攣、論爲雙聲詞。曹植《文帝誄》以言論相韻，與此攣論合一，同一例也。

小過　初六　“飛鳥以［矢］。凶”。按各本皆無“矢”字，據高説補。《帛書》亦無“矢”字，則脱“矢”字，由來遠矣。考高説：“疑以下當有矢字，轉寫脱去。飛鳥以矢者，鳥帶矢而飛去。”高説甚是。今據之補矢字。鳥帶矢而飛，見《國語·魯語》。

小過　九四　［公戈取彼在穴。］無咎……

小過　六五　密雲不雨，自我西郊。（公弋取彼在穴。）此六字已移入九四爻。其事實與理由，詳見本書正編本卦。

既濟　《歸藏》作“岑霽”。霽即霽字。上坎爲雨，下離爲日，雨止日出，故曰岑霽。《爾雅·釋天》：“濟謂之霽。”《疏》：“濟，止也。”今南陽人呼雨止爲霽，是濟、霽相通。

既濟　九三　“高宗伐鬼方，三年克之”。按高宗武丁伐鬼方，《後漢書》及《通典》，通考皆以鬼方爲西戎。《竹書紀年》武丁“三十二年，伐鬼方，次於荆。三十四年，王師克鬼方，氐羌來賓。”鬼方是今之貴州等地，其民族爲苗族。干寶、王國維、高亨等以爲北狄，非也。

既濟　九五　“東隣殺牛［以祭］，不如西鄰之禴祭，實受其福。［吉。］”據《帛書》牛下有“以祭”二字。福下有“吉”字，余據之增正。

未濟　卦辭　“未濟：亨小。狐汔濟。濡其尾。無攸利”。按今人一般皆以“小狐汔濟，濡其尾”爲句，非也。虞氏以“亨小”爲句是存漢讀。《史記·春申君傳》引《易》曰：“狐涉水，濡其尾。”不以小狐爲句也。可見秦漢人讀《易》，猶存師法。

未濟　六三　“未濟，征凶。［不］利涉大川。”此從朱熹、高亨説增“不”字。

未濟　六五　“貞吉。無悔。”按《帛書》作“悔亡”。悔亡者，有悔而消亡也。無悔者，完全無有悔也。

附表：通行本《周易》与《歸藏》《帛書周易》卦名對比[①]

通行本《周易》	《歸藏》	《帛書周易》
乾		鍵
坤	䡅	川
屯		
蒙		
需	溽	襦
訟		
師		
比		
小畜	小毒畜	少蓺
履		禮
泰		
否		婦
同人		
大有		
謙	兼	嗛
豫	分	餘
隨	馬徒	隋
蠱	蜀	箇
臨	林禍	林
觀		
噬嗑	筮	
賁	熒惑	蘩
剥	僕	
復		
無妄	毋亡	無孟
大畜		泰蓄
頤		
大過		泰過
坎	犖	贛
離		羅

① 此表根據作者手稿整理而成。

續表：

通行本《周易》	《歸藏》	《帛書周易》
咸	欽	欽
恒		
遯	遂	掾
大壯		泰壯
晋		溍
明夷		
家人	散家人	
睽	瞿	乖
蹇		蹇
解	荔	
損	員	
益	誠	
夬	規	
姤	夜	狗
萃		卒
升	稱	登
困		
井		
革		勒
鼎		
震	釐	辰
艮	狠	根
漸		
歸妹		
豐		
旅		
巽		筭
兑		奪
渙	奂	
節		
中孚		中復
小過		少過
既濟	岑霽	
未濟		

后　记

父親張仲陽（1911—1991），派名彦庚，號智行，又號南嶽樵客，湖南衡山人。衡山，屹立於華夏南方大地，五嶽之南嶽也。南嶽大廟有“千年儒釋道，江南第一廟”之稱，已有一千三百多年歷史，湖湘學派自此産生。父親一生有關著述，落款大都爲“衡山張仲陽”。這是中國古代文化習俗，表示對家鄉養育的感恩戴德之情。曾祖父張焕新，早年家貧，長期爲商店雇員，晚年在白果開華盛裕商號獲利。爲了逃避戰火，安置家人，在現衡山嶺坡鄉迴水灣置舊宅一棟，水田七十畝。祖父張縠藩早年在湘潭經商，後繼承父業白果華盛裕號。

父親兒童時代家境貧困，身患腿痛疾病。請一鄉間醫生治病，未能湊效，成了終身痼疾——左脚殘廢，但他意志堅强，又是家族中的長孫，深受長輩疼愛。湖南人窮不廢學，家中培養他讀書，其爲湘潭耆儒許篤齋高足，又拜趙韋庵、符定一爲師，攻訓詁，學貫古今，成衡岳名儒。

父親投身教育工作四十餘年。1943 年，中國知識分子興起教育救國潮流，父親與周順循在衡山花石辦了一所補習學校，設在張氏宗祠裏，取名花田張氏勵進小學，以學田收入作爲辦學的部分經費。學校惠及鄉民子弟，成績斐然。1946 年該校遷到湘潭龍口高箭樓，正式取名爲弘道中學。學校擴大，進行改制，由魯實先任董事長，張平子任校長，周順循任主事，父親任總務主任兼國文教員，正式招收初中學生。1950 年，湘潭市政府接管弘道中學，與化名中學和新群中學合并爲湘潭市第二中學。

1949年後，國家建設，百廢待興。1952年，重工業部在瀋陽市籌建瀋陽有色金屬工業學校，父親由其弟張彦博介紹到校工作。1957年，由於我们母親病重，父親調回長沙有色金屬工業學校工作。1959年以後，他先後調動到望城幹部學校、長沙縣高冲中學、銅官中學、大托中學工作。1981年10月，在長沙跳馬中學退休。父親從事教育工作四十餘年，德高望重，桃李芬芳。

父親二十六歲時，完成了他的處女作《荀子札記》。書稿約三十萬字。廖海廷先生云："爾時仲陽撰《荀子札記》若干卷，魯君（指魯實先）已擇其優，引入所著《史記廣著》中矣。"後《荀子札記》一稿由魯實先帶往香港、臺灣作大學講義。

《史記》是我國古代第一部紀傳體史書，日本漢學家龍川資言的《史記會注考證》於1934年出版問世，魯實先研究該書之後，擬寫《史記會注考證駁議》一書，邀請父親和廖海廷參與此書勘誤、校對及後記工作。見岳麓書社1987年7月《史記會注考證駁議》(第一版)，第191、196頁。

《周易》産生於周代，被尊爲"群經之首，諸子百家之源"。"讀書自經始，讀經書自訓詁始，學問本源必由於此"。父親就是依遵這條教誨，勤精學業，開始了他著述立説之路。

《周易古經真詮》以下均簡稱《真詮》。書稿是父親傾盡畢生心血，五易其稿而成的一部《周易》學術專著，"集諸家之説，取長棄短，去僞存真。此余之所以命其書爲《真詮》也"。1984年初夏，"中國《周易》學術討論會"在湖北武漢召開，國內外專家學者彙集研討。父親應邀參加，其書稿《真詮》列入本次《周易》討論會專著論文目録。父親在本次討論會中，發表詩詞一首：

中國《周易》學術討論會在武昌開幕，詩以頌之

此會非常會，高朋四海英。
爲研上古史，撥正後來程。
奕世增光耀，環球報喜聲。
南風吹勁楚，洗耳聽鶯鳴。

父親在無涯學海，苦泛其舟，遺稿尚有《老子通釋》《帛書老子箋識》《成語字典尋源例解》《古漢語虚詞詞彙例證》等，約一百餘萬字，創見卓識，論著淵博。

父親一生潛心學問，通經致用，成就了《真詮》。《真詮》的出版得到了岳麓書社的大力支持和幫助。由於作者是用文言文體，其中間有古字，加大了出書的難度，劉文博士全程指導，作爲子女，我們在此深表感謝！

今年是父親112周年誕辰，我們出版本書作爲紀念。

張定宇　張文輝　張清香　張兢强　張　幸

2023年11月28日

圖書在版編目(CIP)數據

周易古經真詮/張仲陽纂.—長沙:岳麓書社,2025.1
ISBN 978-7-5538-2117-7

Ⅰ.B221.5

中國國家版本館 CIP 數據核字第 2024B9A424 號

ZHOUYI GUJING ZHENQUAN

周易古經真詮

纂　　者:張仲陽
責任編輯:劉　文
助理編輯:許二朋
責任校對:舒　舍
封面設計:羅志義

岳麓書社出版發行
地址:湖南省長沙市愛民路 47 號
直銷電話:0731-88804152　0731-88885616
郵編:410006

版次:2025 年 1 月第 1 版
印次:2025 年 1 月第 1 次印刷
開本:640mm×960mm　1/16
印張:24.75
字數:321 千字
書號:ISBN 978-7-5538-2117-7
定價:169.00 圓

承印:湖南省衆鑫印務有限公司

如有印裝質量問題,請與本社印務部聯繫
電話:0731-88884129